天

Borderless

下

博稽古今 融汇天下

天
Borderless
下

博
观

HISTORY
OF
POLITICAL PHILOSOPHY
Third Edition

政治哲学史

（第三版）

上册

[德]列奥·施特劳斯
[美]约瑟夫·克罗波西 主编

李洪润等 译

法律出版社 LAW PRESS · CHINA
北京

History of Political Philosophy, Third Edition

By Leo Strauss and Joseph Cropsey

Printed in the United States of American

Licensed by The University of Chicago Press, Chicago, Illinois, U.S.A.

原著第三版于1987年出版，著作权归属于芝加哥大学。

中译本由芝加哥大学出版社授权法律出版社独家出版发行。

著作权合同登记号

图字：01-2020-1934

作 者 简 介

列奥 · 施特劳斯 Leo Strauss

生于德国马堡的犹太人，曾就读于马堡大学，1921 年获哲学博士学位；1925 年至 1932 年，任职于柏林犹太研究学院。1938 年移居美国。1938 年至 1949 年任教于纽约新社会研究院；1949 年至 1968 年任教于芝加哥大学政治学系。列奥 · 施特劳斯被认为是 20 世纪极其深刻的思想家。1973 年去世。

约瑟夫 · 克罗波西 Joseph Cropsey

芝加哥大学教授，斯特劳斯的遗嘱执行人，朋友，编辑。2012 年去世。

校译者言

如果说三十年前本书刚译介到汉语学界之时,尚需对列奥·施特劳斯的生平介绍颇费辞章,在此校译版即将付梓的今日,则似乎全无必要。施特劳斯在中国不仅引发学术界的思潮激荡,甚至开宗立派,引得无数学人竞折腰;更通过通识教育、意识形态论争对社会政治产生重要影响。“一千个读者,就有一千个施特劳斯”,保守主义的现代性批判、国家主义的哲学王思考,古典学的经典解释,都从施特劳斯的宏大理论中汲取思想资源。虽然施特劳斯学派在西方曾有很长一段时间都游离于主流学术界之外,引入中国的时间也晚于自由主义、现象学、分析哲学等现代思潮,但施特劳斯作品在中国的翻译数量之多、理论影响之大、传播范围之广,现代西方思想家里似乎无能出其右者。围绕施特劳斯所展开的译介、研究、论辩,以及由此形成的施特劳斯中国学派,构成当代中国思想界的独特景象。此次重新校译的《政治哲学史》(第三版)虽然被施特劳斯视为“政治哲学的入门书”,“旨在引导政治学专业的学生学习政治哲学。”却是一部不折不扣的经典著作,也是初窥施特劳斯学派理论观点与研究方法的不二之选。

《政治哲学史》,从严格意义上来说,并不能算是施特劳斯的学术专著,但对理解施特劳斯及其弟子们的核心观念却有非常重要的意义。首先,政治哲学史是一个视角。施特劳斯及其弟子以此视角勘察当前西方时代弊病和现代文明危机。借助政治哲学史,施特劳斯及其弟子对古典政治哲学和现代政治哲学进行开放性审视。施特劳斯亲自撰写了绪论、柏拉图、马基雅维利等篇目,为苏格拉底、柏拉图开启的古典政治哲学以及马基雅维利开启的现代政治哲学定下基调。根据施特劳斯的诊断,在现代性浪潮的不断冲击下,西方文明的目的和价值标准被消解,走向彻底的虚无主义。现时代的种种灾难都与西方现代文明的危机相关。进步主义、历史主义、相对主义使古典政治哲学的教诲被遗忘,自由民主危机不仅造就任性、自私的市侩投机分子,甚至煽动起一大批狂热激进的愚民暴民。更为可怖的后果便是,西方文明丧失了目的,一切是非善恶的价值标准都将泯灭无存。围绕人的终极目的及道德行为,古今之争论题重新凸显。如何看待这一切,则需要政治哲学史的视角。回到古典,反思现代,既追溯当今西方文明危机在现代政治哲学中的思想根源,更要理解和深究古典政治哲学所揭示的真理,并从中判断和发掘解决当下危机所需要的东西。

其次,政治哲学史是一个答案。施特劳斯意义上的政治哲学“乃是一种尝试,旨在真正了解政治事物的本性以及正当的或者好的政治秩序”。政治哲学所能提供的恰恰是超越历史限制的普遍性知识。但是激进历史主义摧毁了哲学基础,否定摆脱历史束缚进而获取普遍性真理的可能性。施特劳斯念兹在兹地便是将人从历史主义的桎梏中解放出来,提供对历史经验的真正理解。不过施特劳斯虽然夜以继日地带着弟子们攻读古典哲人的对话,并编纂了这部《政治哲学史》,对于很多重大的理论问题,施特劳斯并未选择给出明确的终极答案。所以在施派弟子们那里也是教外别传,各有心印,才会有所谓哲学的与政治的美国施特劳斯学派分裂。通过政治哲学史,施特劳斯并非想要给出一套清晰的社会政治方案或者说古典哲人明确的教诲,而是展现出一种探索的、质疑的哲学态度和生活方式。施特劳斯意图阐明真正哲学生活的本质,并通过对古典政治哲人对话进行坚持不懈的研究以探索真正问题、克服意见幻觉、发现永恒真理,进而唤起具有高贵美德的公民或者未来立法者的义务感和正义感。克服现代西方文明危机的答案,便隐含在政治哲学史特别是伟大经典著作之中。

再次,政治哲学史是一种教育。施特劳斯学派力图通过政治哲学史完成对公民和政治家的自由教育。施特劳斯在政治哲学史研究中发掘出“显白”与“隐微”二重言说的解释方法,将迫于社会现实压力或需要的显白教诲,与求索永恒普遍政治真理的隐微写作区别开来。显白教诲通俗易懂,可以向社会大众宣说;隐微的写作艺术往往因为政治迫害或社会压力而不得公开申述,唯有通过严格训练的精英,反复揣摩才能读出经典著作的微言大义。通过政治哲学史,施特劳斯将这种研究方法展示出来,引导人们去研读古典哲学的经典著作,探寻古典哲人对话形式背后所揭示的永恒的基本问题。这些隐微的教诲历久弥新,贯穿人类文明发展的前后终始。当人们意识到政治哲学所蕴含的永恒基本问题。这一行为本身就标志着施特劳斯自由教育完成了第一步,将人们从历史主义的枷锁中拯救出来。而政治哲学史所展现出的第二重教育意义乃在于政治,政治哲学就意味从政治生活走向哲学生活。通过阅读古典哲人的经典著作,唤醒未来立法者的责任感,引导他们去推进政治共同体的立法和变革,实现人类的幸福与尊严以及世界的善。

最后,《政治哲学史》是一次定位。本书初版于施特劳斯晚年(1963),直到他去世前一年仍出版了第二版(1971),并修订了部分章节。从绪论中的苏格拉底开始,到海德格尔作结,包括西方政治思想传统研究不太重视的伊斯兰思想家法拉比和犹太哲人迈蒙尼德。哲学家的遴选暗含了施特劳斯对西方政治哲学潮流的判断。以苏格拉底为政治哲学的开端,引导人们回归古典,去发现自然,以达致对人的自然、人之灵魂的自然或自然正当的整全性本质认知。以海德格尔作结,则指明西方现代文明已经泥足深陷,步入彻底的虚无主义。海德格尔即是激进历史主义或者现代性最充分的铺陈开显。而《政治哲学史》所展现的诸神纷争,正是古今之争最为充分的展现。施特劳斯率领众弟子藉此重新开审16~18世纪古代人与现代人之争的思想公案。他们选择避开经典哲学史的叙事谱系,重新发掘出迈蒙尼德、法拉比等犹太和阿拉伯哲学家的思想遗产,从犹太伊斯兰传统重返古希腊哲学世界,借此寻找回未经基督教传统以及现代性思潮渲染的古典政治哲学之初心。由此也开启贯穿施特劳斯一生研究旨趣的犹太问题,以及犹太问题背后所展现出的人类理性与神的启示之争,这种神学—政治问题的争执关系被施特劳斯视为理解西方文明的关键,亦是解决西方现代文明危机的"秘钥"。而在施特劳斯眼中,现代人以打击神的启示,压制或者无视神学政治问题来寻求解决方案,而这种处理办法恰恰一步步将现代人类引向激进的虚无主义和蒙昧主义。存在主义思想家海德格尔便是必然的结果。正因如此,胡塞尔与海德格尔这些严格意义上不算政治哲学家的人比博丹等更有存在的意义。而在施特劳斯逝世后出版的《政治哲学史》(第三版)(1986)中,则收入施特拉斯高足内森·塔科夫和托马斯·L.潘高所撰写的"列奥·施特劳斯与政治哲学史",将施特劳斯视为政治哲学史传统之中的思想家。后记中的施特劳斯与绪论中的苏格拉底在全书首尾遥相呼应,作为一个隐喻,将施特劳斯视为西方现代文明危机时刻振衰起敝的政治哲人。施特劳斯即是当代的苏格拉底,呼吁着城邦的公民们回归古典,重新思考真正哲学生活与真理的确切本质。职是之故,《政治哲学史》既是施特劳斯学派政治哲学的成形,亦是这一学派对施特劳斯及学派思想在政治哲学传统当中的自我定位。

正因如此,《政治哲学史》就不仅是一部一般学术研究著作,更与当代思想潮流密不可分。在此可以与政治思想领域同样具有经典地位的萨拜因的《政治学说史》和剑桥学派的政治思想史著作进行对比。萨拜因《政治学说史》在美国风靡数十年,一直是政治思想的经典入门书。在前言中,萨拜因明确将政治理论视为社会环境的产物,并主张政治思考会随着制度、政府机构及各种道德压力而演进。更为重要的是,萨拜因坚决认为政治理论严格来说并不能宣称是正确的,因为不可避免会存在个人的价值判断和偏好。因此萨拜因遵循休谟的教诲,主张事实、价值与逻辑区分,以一种"社会相对论"的视角撰写西方政治理论的历史。施特劳斯在编纂《政治哲学史》时,便与当时最为流行的《政治学说史》针锋相对,否定后者所蕴含的进步信念,特别是鲜明的相对主义和历史主义基础。施特劳斯学派以极大心血成此著作,力图扭转萨拜因所代表的现代社会科学潮流,完成对政治哲学的非历史主义叙事,防止将政治思考降格为时代的反映 ,而力图将其超拔为永恒的问题形式。因而,施特劳斯特别强调经典文本的重要意义,特别是细致领会政治哲人的论辩对象和言说真谛。这种戏剧背景下的结构与动作往往引申出哲人难以明说的微言大义。然而这种研究方法同样遭到以斯金纳、波考克、邓恩为代表的剑桥学派的质疑 。他们主张政治思想研究不应当仅仅将目光局限在经典文本之中,而应当集中于特定历史时期总体的社会和政治词汇。因而对重要文本的口诵心惟将转化为对这些文本得以产生的意义领域的阐释。经典文本必须被放置在它自身恰当的思想语境之中才能被准确理解。换言之,变化着的历史进程塑造着变化中的历史语境,不同时代思想家所运用的概念系统,所思考的重大问题,存在本质不同,具有不可通约性。如果施特劳斯力图通过政治哲学史撰写充当重审古今之争问题的大法官,斯金纳则回应施特劳斯及其信徒,史家之职责是“做记录的天使,而不是杀人的法官”。同时,剑桥学派在古今之争的价值立场上也与施特劳斯学派迥然相异。虽然双方都对主流自由主义颇有微词,而强调古典传统的价值,但他们分属“古典派”针锋相对的左右两端。所以同一个马基雅维利,在剑桥学派笔下乃是古典共和传统的复兴者,而在施特劳斯笔下则是古典政治哲学传统的颠覆者、西方现代性的奠基人。相比较而言,剑桥学派重点在于共和主义的现代复兴,故而仍处于现代潮流之中,也与自由主义颇多亲近之处;施特劳斯学派则与西方现代文明彻底决裂,颇有势不两立的姿态。这种论争的战火蔓延到中国,同样引发学术界关于激进与保守,统治精英与普罗大众的笔墨官司。由此可见,《政治哲学史》与其说是一锤定音的政治哲学圣经,毋宁说是引发思想大论争的导火索。施特劳斯式政治哲学带来的真理普遍与特殊之争、历史具体与哲学永恒的紧张关系仍然留待后世学人,特别是中国读者去质疑和探究。

正是基于以上缘由以及《政治哲学史》的独特价值,译介《政治哲学史》对于中国读者的意义自不待言。本书的中文译本自1993年首次出版以来,多次再版印刷,一时洛阳纸贵,在相关专业和读者当中已经产生巨大影响。本次校译是在法律出版社2009年译本基础上进行的,对原书译文的翻译错误作出必要修改。囿于集体分工合作以及校译者水平,仍难免存在诸多错误,祈盼读者同仁批评教正。

本次校译分工如下:

姚力博:绪论、修昔底德、柏拉图

张式奇:色诺芬、亚里士多德、马尔库斯·图利乌斯·西塞罗

陶倩瑛琦:圣奥古斯丁、阿尔·法拉比、摩西·迈蒙尼德、托马斯·阿奎那

许超、陈越瓯:帕多瓦的马西利乌斯、尼科洛·马基雅维利、马丁·路德、约翰·加尔文

李曌:理查德·胡克、弗兰西斯·培根、雨果·格劳秀斯、托马斯·霍布斯、勒内·笛卡尔

白冉冉:约翰·弥尔顿、别涅狄克·斯宾诺莎、约翰·洛克、孟德斯鸠

陈冠宏:大卫·休谟、让-雅克·卢梭、伊曼努尔·康德

杨同宇:威廉·布莱克斯通、亚当·斯密、联邦党人、托马斯·潘恩、埃德蒙·伯克

郑斯璐:杰里米·边沁、詹姆斯·密尔、乔治·威廉·弗里得里希·黑格尔、亚里克西·德·托克维尔、约翰·斯图亚特·密尔

徐逸尘:弗里德里希·尼采、约翰·杜威

匡本熙:埃德蒙·胡塞尔、马丁·海德格尔、后记:列奥·施特劳斯与政治哲学史

清华大学法学院副教授鲁楠,法律出版社的编辑韩满春先生、黄琳佳女士为本书校译再版付出巨大的努力和心血,在此一并致谢。当然校译的错误和疏漏仍需由我们承担,还望同仁学友不吝赐教。

许　超

己亥中秋于蓟门烟树

目录

上　　册

绪 论

当今,“政治哲学”几乎成了即便不是“神话”也是“意识形态”的同义语。的确,政治哲学被理解为与“政治科学”截然不同的东西。这种区别是哲学与科学基本区分的结果。甚至这种基本区分也是新近产生的。就传统而言,哲学和科学没有区别:自然科学是哲学的最重要部分之一。17 世纪伟大的理性革命开辟了当代自然科学的道路,这一革命是新哲学或科学反对(主要是亚里士多德式的)传统哲学或科学的革命。但是,新哲学或科学只是获得了部分成功。新哲学或科学最成功的部分是新的自然科学。由于其所取得的成功,新的自然科学越来越独立于哲学,甚至日益明显地成了哲学的裁判官。于是,哲学和科学的分野得以确立,政治哲学和作为一种研究政治事物的自然科学的政治科学之间的区分也最终获得了广泛认可。然而,从传统上看,政治哲学和政治科学仍然是一回事。

政治哲学不同于一般的政治思想。政治思想与政治生活是同步的,而政治哲学则产生于有文字记载的历史中的一种特定的政治生活,即古希腊的政治生活。根据传统观点,雅典人苏格拉底(公元前469—前399)是政治哲学的创始人。苏格拉底是柏拉图的老师,后者又是亚里士多德的老师。柏拉图和亚里士多德的政治著作是流传下来的最早的政治哲学著作。由苏格拉底所创立的那种政治哲学被称为古典政治哲学。16、17世纪现代政治哲学产生以前,古典政治哲学一直居于统治地位。现代政治哲学是同苏格拉底所奠定的原则在意识上决裂的结果。由于同样的原因,古典政治哲学并不限于柏拉图、亚里士多德及其学派的政治学说,它也包括斯多葛学派乃至神父和经院哲学家的政治学说,当然是以这些学说不以神的启示为唯一根据为前提。将苏格拉底视为政治哲学创始人的传统观点需要作一些修正,确切地说,需要作些解释,但无论如何,它还是比其他观点正确些。

苏格拉底确实不是最早的哲学家。这意味着哲学先于政治哲学而存在。最早的哲学家被亚里士多德称为“论述自然的人”,以区别于“论述神的人”。因此,哲学最早的主题是“自然”(nature)。什么是自然呢?有著作流传于世的第一个希腊人是荷马,他最先也只有一次提及“自然”。他关于“自然”的最初提法对于我们理解古希腊哲学家所谓的“自然”是一个重要的启示。在《奥德赛》第10卷中,奥德修斯讲述了他在女巫喀耳刻的一座小岛上的遭遇。喀耳刻把他的许多同伴变成猪关进了猪圈。在去喀耳刻的住处营救同伴的路上,奥德修斯遇到了愿意保护他的神赫尔墨斯。他答应送给奥德修斯一棵奇草以对付喀耳刻的巫术。赫尔墨斯“从地上拔下一棵草,并让我察看它的自然——根是黑的,花是乳白色的,神称之为摩利。凡人很难把它挖下来,但神却无所不能”。然而,如果神不首先了解这棵草的自然——它的外观和力量,就算他能够拔下这棵草也不会有丝毫的用处。神能够如此无所不能,并不是因为他们真的无所不知,而是因为他们认识事物的自然——而这并非是由他们创造的东西。这里所谓的"自然"是指某物或某类物的特征、外观和活动方式,同时也指某物或某类物不是由神或人创造的。假如我们有权采用富有诗意的表达方式,我们可以说,我们所知的第一个提到自然的人是维利·奥德修斯,他见过许多人居住的城邦,因而知道各城邦或部落的人在思想上有什么不同。

似乎古希腊语中表示自然的词(physis)最初意指"生成"(growth),因而也指某物所长成的样子,也就是说,"生成"一词表示某物在完全长成、能像成熟的同类物一样活动时所具有的特征。诸如鞋子、椅子之类的物件则不是"生成"(growth),而是被"做成"(made):它们不是"凭自然"(by nature),而是"凭人为"(by art)。另外,有的物"凭自然"却并不"生成",甚至不以任何方式存在。据说它们之"凭自然"不仅是因为它们不是被做成的,而且还因为它们是"原初物",所有其他自然物都是由它们或通过它们而产生的。哲学家德谟克利特把原子看作万物的根源,认为原子在上面所说的第二种意义上是凭自然的。

无论怎样,自然也不能自然地被认识。自然必须被发现。例如,《希伯来圣经》中就没有表示自然的词。在这部以希伯来语写就的经典著作中,与"自然"相近的词类似于"方式"或"习惯"(way或custom)。在发现自然之前,人们知道每一物或每类物都有其"方式"或"习惯"——"固有的活动"形式。火、狗、女人、疯子、人都有各自的方式或习惯:火燃烧,狗吠叫、摇尾,女人排卵,疯子胡言乱语,人会说话。而不同部落的人(埃及人、波斯人、斯巴达人、摩押人、亚摩利人等)也都有各自的方式或习惯。由于自然的发现,这两种“方式”或“习惯”之间的根本区别成了关注的焦点。自然的发现导致将“方式”或“习惯”一分为二,一部分归入“自然”(physis),另一部分归入“习俗”(convention)或“法律”(nomos)。例如,人会说话这是自然的,而某一特定的部落说某种特定的语言则是由于习俗(俗成)。这个区别意味着自然先于习俗。自然与习俗之间的这种区别对古典政治哲学乃至大部分现代政治哲学来说十分重要,这种重要性从自然法与约定法(或习惯法)的区分中很容易看到。

自然一旦被发现并被理解为与法律或习俗有着不同起源,就有可能而且有必要提出这样的问题:政治事物是自然的吗?如果是的话,那么它在多大程度上是?这些问题恰恰包含着如下含义:法律不是自然的。而服从法律一般又被认为是正义的。因此,人们不得不考虑正义是否只是习惯上的,或者有没有自然而言就是正义的东西。进一步明确地说,法律仅仅是习惯上的还是有其自然根据?法律若成为好的法律是否不一定“凭自然”,特别是不凭人的自然(本性)呢?法律是政治共同体的产物或基础,那么政治共同体是自然的吗?在试图回答这些问题时必须作出如下预设:就人之为人而言,有些东西自然就是好的。问题因而涉及对人而言自然是好的东西同正义或公正之间的关系。简单的选择在于:所有的正义都是约定的还是有些正义是自然的。在苏格拉底之前就有两个相反的答案。由于种种原因,没必要在这里全面介绍那些前苏格拉底学说。以后在讨论柏拉图的《理想国》时,我们将接触到传统主义的观点(认为所有的正义都是传统的)。至于相反的观点,在这里只能说它是由苏格拉底创立的,而且一般意义上的古典政治哲学远远超出了早期的观点。

那么,断言苏格拉底是政治哲学的创始人意味着什么呢?苏格拉底没有任何著述。根据最早的记载,他从研究神圣或自然事物转向全力探索人类事物,比如正义的事物、高尚的事物以及对人之为人是善的事物。他总是谈论"什么是虔诚,什么是不虔诚;什么是高尚,什么是卑贱;什么是正义,什么是不正义;什么是节制,什么是放纵;什么是勇敢,什么是怯懦;什么是政治家,什么是统治,什么是统治者"等诸如此类的问题。[1] 苏格拉底放弃对神圣或自然事物的研究似乎是出于他的虔诚。神不愿让人探究他们不想启示的东西,特别是天上和地下的事物。因此一个敬神的人只能探究留待人来探究的东西,亦即人间事物。苏格拉底的研究是通过谈话进行的。这意味着他的研究是从人们普遍持有的意见出发。在普遍持有的意见中,最有权威的意见是经城邦及其法律——最庄严的约定——批准或认可的那些意见。然而,普遍认可的意见却总是相互矛盾的。因此,有必要超越一切意见的领域,或者可能导致知识的那些意见的领域。由于最有权威的意见也仅仅是意见,苏格拉底甚至不得不超越法律或习俗而追溯到自然。但现在似乎比以前更清楚了:意见、习俗或法律包含真理,它们并不是任意的,或者说在某种程度上它们是自然的。如此说来,法律,即人的法律,是以某种神圣的或自然的法则为起源的。可是,这意味着人的法律恰恰由于不同于神圣的或自然的法则而不是绝对正确或公正的:只有自然的正义本身,即正义的"理念"或"形式",才是绝对正义的。然而,人的法律,城邦的法律,对于服从它的人有绝对的约束力——如果他们有携财产迁移的权利,即如果他们对城邦法律的服从是自愿的话。

要理解苏格拉底何以是政治哲学的创始人,只需看看他在其

---

[1] 色诺芬:《回忆录》(*Memorabilia*),Ⅰ1.11—16。

谈话中论述问题的特点即可。对每一事物他都提出了“什么是……”的问题。这种提问题的方式意味着要阐明所问事物的自然(本性),即事物的形式或特征。苏格拉底假定,关于全体的知识首先是关于全体之各部分的形式、特征或“本质”特征的知识,以区别关于全体从何者或通过何者而产生的知识。如果说全体由本质上不同的部分所组成,那么至少可以说,政治事物(或人间事物)在本质上不同于非政治事物——政治事物自成一类并因此能够被自身所研究。苏格拉底比前人更认真地看待“自然”的本来意义:他认识到“自然”首先是“形式”或“理念”。如果真是这样,那他就没有简单地放弃对自然事物的研究,而是开创了对自然事物的一种新研究——在这种研究中,诸如正义的自然或理念,或者说自然的正义,以及人或人的灵魂的自然,是比如太阳一类事物的自然更为重要的。

如果不了解人类社会的自然,就不可能了解人的自然。苏格拉底以及柏拉图和亚里士多德都认为人类社会最完美的形式是*polis*(city,城邦)。[1] *polis* 现在常常被理解为希腊的城邦或城市国家(city-state)。但对于古典政治学家来说,*polis* 在希腊世界比在非希腊世界更为普遍完全是偶然的。有人因此会说,古典政治哲学的主题不是希腊的城邦国家,而是(一般的)城邦国家。然而,这种说法预设了城邦国家是一种特殊形式的“国家”(state),因而也预设了国家的概念除包含其他形式的国家外,还包含了城邦国家。但是,古典政治哲学中并没有“国家”这个概念。现在,当人们谈及“国家”时,他们通常指的是与“社会”(society)相区别的“国家”。这种区分是古典政治哲学所不了解的。因此,如果说 *polis*

---

〔1〕 柏拉图:《克里托篇》(*Crito*),51d—e。

包括国家和社会是不正确的。因为“城邦”(city)这一概念先于国家和社会的区分。因此,如果说 city 是由国家和社会组成的话,那么就无法理解“city”这个概念——在一般人的理解水平上,“城邦”的现代同义词是“国”(country)。例如,当一个人说“某国处于危险之中”时,他也尚未区分国家和社会。古典政治哲学家主要关心的之所以是城邦,原因并不是他们不了解其他形式的一般社会以及其他形式的特殊的政治社会。他们了解部落(民族),也知道波斯帝国之类的结构。他们主要关心城邦是因为他们偏爱城邦,而不喜欢其他形式的政治社会。这种偏爱的理由可能是这样的:部落不能达到高度文明,而大规模的社会又不可能是自由的社会。我们不要忘记《联邦党人文集》的作者们仍被迫证明一个大规模的社会有可能是自由的或是共和制的。我们也要记住,《联邦党人文集》的作者们自称“普布利乌斯”(Publius):共和主义暗示着古典时代,而且因此暗示着古典政治哲学。

修昔底德

(公元前460—前400)

大卫·鲍罗廷

修昔底德只有一部著作,即《伯罗奔尼撒战争史》。[1] 出于明显而充分的理由,我们一般都不把他看作政治哲学家,这不仅是因为他从未使用过"政治哲学"一词,而且因为他没有或至少没有明确提到过政治哲学的一般问题。虽然他给我们介绍了他认为是他所见过的最好的雅典政体,但从未单独讨论过一般意义上的优良政体;尽管他赞美过几个优秀人物,却从没论及最好、最优秀的生活方式本身。[2] 他"探究真理"(Ⅰ20.3)的唯一结果,表现为记述了一起政治事件,即斯巴达人及其同盟历时27年战胜雅典帝

---

〔1〕 除注明者外,本章所有引文出处均为修昔底德《伯罗奔尼撒战争史》(*The War of the Peloponnesians and The Athenians*)一书,且均由作者本人译自希腊文。

〔2〕 Ⅷ97.2、Ⅳ81.2、Ⅵ54.5、Ⅶ86.5.

国的伯罗奔尼撒战争。正是由于这些原因,人们常常把他看作历史学家。但与其前辈希罗多德不同的是,修昔底德从未用过“历史”一词。事实上,他的主题也不限于一场特定的战争。他说,他对这场战争的研究将不仅有助于人们了解一场战争,而且有助于人们更一般地了解过去甚至未来,因为在他看来,未来同他所阐明的过去还会有相似之处。因此,他敢于称自己的著作是“所有时代的财富”。(Ⅰ22.4)由于他认为他对一特定事件的研究暗示了至少是有关人类事务的普遍和永恒的真理,所以我们不能因为他注重于一起事件就把他看作一个单纯的历史学家。然而,由于他很少谈到普遍的东西,甚至没怎么讨论他的主张的普遍意义,因此很难把他看作一位哲学家或政治哲学家。或许最好不要试图将他的思想加以归类,还是先来认真考察一下这部著作最为显著的特点吧。

修昔底德一开篇就告诉我们,从伯罗奔尼撒战争一开始他便着手写这部书,因为他预见到这将是一场伟大的、史无前例的战争。他又说,这场战争将被证明是希腊人历史上“最大的骚乱”或变化。为了支持这种观点,他评论道,交战双方处于财富和力量的顶峰,但战争给双方造成的结果是不平衡的。(Ⅰ1.1—2、23.1—2)但是,修昔底德并未继续论证他一开始提出的这些论断,以使我们相信这场战争的伟大和重要。更激动人心的是这部著作的整体震撼力,其严肃而又生动的叙述使我们目睹了它所记载的战斗及其苦难。历历在目的战争场面使我们感受到了这场战争的伟大。这种感受由于修昔底德所记述的政治演讲而得到进一步增强。这些政治演讲由参与方直接阐述。我们似乎听到他们以正义或上帝的名义辩论,诉诸对自由的热爱与帝国的荣誉,警告错误政策的可怕后果。这些言论确实使我们感到战争似乎就发生在眼前。更重要的是,他们谈论的是我们自己也同样关心的政治的和道德的问题,而且敌对双方都呼吁我们按照他们的观点来看待这场战争。这部著作的叙述次序及重点的选择,也正是为了唤起我们对这些政治的和道德的问题的关心。修昔底德主要就是以这种方式使我们相信这场战争的伟大及其普遍意义。

修昔底德著作中的这些演讲以其道德的严肃性和迫切性呼吁我们予以支持或反对,然而,这些坦率的言论同作者本人的沉默之间的明显对比,一定会给每位读者留下深刻印象。确切地说,修昔底德确实作出了一些明确的判断,但绝大部分不是要我们按照他所希望的那样来看待交战城邦、它们的领导者以及书中所叙述的许多言行。现在看来,修昔底德的沉默并非是无动于衷,也并非不再像他鼓励我们所做的那样,以赞同或反对的态度对有关人、事作出反应,毋宁说,这种沉默表明他是一个老练的政治教育家。由于他在我们身上培育的道德的严肃性尚不成熟,尚不足以帮助我们促进我们社会的幸福——尽管它必然想促进这种幸福,除非由政治智慧所引导或最终导致政治智慧。而且因为政治智慧首先表现为对前所未有的特定情况的良好判断,它不是一门可以教授的课程,而是一种通过实践培养起来的技能。所以,修昔底德没有告诉我们他是否赞成某一既定政策,而是让我们自己作出判断,然后让其经受战争的考验。他让我们倾听那些在集会上双方就赞成与反对某一行动路线的演讲,而我们必须像与会者一样在缺乏明确指导的情况下选择我们自己的立场,而无论是这个还是另一个立场,唯有后来政治生活本身的实际进程,才能让我们懂得那些行动所产生的实际后果。这也就是要由我们来评估那些行动的真实影响,并恰如其分地推断其中所包含的智慧。的确,修昔底德对记述内容的选择和安排,以及他因罕见而更有分量的明确判断,有助于我们确定反思的方向。这是一种潜移默化的影响,正如修昔底德著作的译者霍布斯所说:“他的叙述本身秘而不宣地引导读者,比说教所可能达到的更为有效。”[1]但是,唯有当我们接受了本书的挑战,并因而选择了我们自己的立场以及从失误中学习的时候,这些帮助才是有效的。

修昔底德的沉默不仅仅限于有关特定问题的某些政策,还特别扩展到一些普遍的问题,尽管其著作中的发言者在一些重要问题上有许多相互矛盾的主张。但我们将会看到,这同样不是他无动于衷的表现,而是他教育读者的一个要素。在普遍的问题上采取错误的立场有可能导致在一种特定问题上进行错误判断的模式,而修昔底德的叙述有助于聚精会神的读者注意,并因而克服深层的错误根源。此外,不同的发言者借以支持他们普遍观点的论据常常是不一致的,这暴露了发言者自身立场的困难。如果我们认真思考这些困难——权当是我们自己遇到而不得不思考——那么这些困难就会指向更正确的理解方向。修昔底德的确也会偶尔给出他自己关于这些普遍问题的答案,部分是以批评某些领导人在战争中的错误观念的方式呈现出来的。即便在这种情况下,即在他明确引导我们思考的地方,他仍首先鼓励我们采取自己的立场(尽管可能同他的立场相悖),并鼓励我们通过对本书所述内容的亲身感受而接近他的观点。还有,他明确给出的判断常常是不完整的,并且往往又引出更进一步的问题要我们来回答。

在简要介绍了希腊文明的产生和发展之后,修昔底德开始叙述这场战争本身。他首先考虑的是战争的起因。在他看来,尽管没有公开宣称,但战争的真正原因是雅典人的日益强大引起了外界的不安,从而迫使斯巴达人发动了战争。不过他又说,他也要记

---

〔1〕 理查德·施莱特编:《霍布斯的修昔底德》(*Hobbes's Thucydides*),第18页。

述公开宣称的原因,或毋宁说——按照我们对这个希腊词的翻译——公开宣称的指控。的确,同他视为最为真实的原因相比,修昔底德似乎更关注这些公开宣称的指控。然而,这样的印象容易让人误入歧途,因为这些公开的指控恰恰关涉雅典势力发展的事例,而雅典势力的发展本身在修昔底德看来正是战争的真正原因。考虑到如下一点,他这样安排也没什么错了:这样处理有助于我们按照战争起因的实际的、公开的表现来感受它们的影响。假如这些表面现象确如修昔底德所说的那样具有某种欺骗性,那么他的介绍会促使我们自己来确证而不是靠他的权威来认可这一事实。而且,只有从这些最简单的表面现象出发,我们才能正确地理解修昔底德有关这场战争的研究主题,即正义或正义与强权的关系。

战争中最初的指控是科林斯对雅典的指控。科林斯同雅典一样是海上强国,并且是斯巴达联盟即伯罗奔尼撒同盟的重要成员。科林斯人指责雅典人,说他们在一次海战中帮助科林斯的殖民地克基拉攻击科林斯人,破坏了斯巴达和雅典两个联盟之间的休战协定。雅典最近与受到科林斯战争威胁的克基拉结成了防御同盟——尽管科林斯警告这会挑起一场大战——因为雅典人认为战争无论如何都将爆发,他们不允许拥有大量海军的克基拉落入科林斯人之手。克基拉位于通往意大利和西西里的海路上,有着重要的战略地位,这也是促使雅典人决定同克基拉结盟的重要因素,尽管我们未被告知这一决定是出于防卫还是进攻的考虑。同科林斯初次冲突之后不久,出现了科林斯再次指控雅典的机会,而雅典人则以反控回应。攻击克基拉的海战以科林斯的失利告终,但雅典担心科林斯将通过鼓动波提狄亚——科林斯的殖民地,但现在是雅典的盟邦——反叛雅典联盟来进行报复。于是,雅典人命令波提狄亚拆除城墙、送交人质、驱逐担任执政官的科林斯人。然而,波提狄亚人拒绝了这些要求,而且这些要求促使他们立即发动了反叛。反叛确实是科林斯人鼓动起来的,而且得到了斯巴达的鼓励;他们答应,一旦雅典进攻波提狄亚,他们便入侵雅典本土。科林斯派了一支部队来帮助保卫波提狄亚,雅典也派遣了大量的攻击部队,双方把休战协议抛在脑后,再次发生了战斗。当雅典乘胜包围波提狄亚时,科林斯谴责雅典包围其驻有科林斯军队的殖民地。而雅典则谴责科林斯在他们的一个进贡盟邦挑起反叛,并公开站在反叛者一边参加战斗。

波提狄亚被包围后不久,科林斯将其盟友召集到斯巴达,在那里他们谴责雅典破坏停战协议并不公正地对待伯罗奔尼撒人。斯巴达人也主动邀请其盟友在一个斯巴达集会上就雅典的不正义行为进行辩论,其间许多城邦纷纷谴责雅典。科林斯人在集会上发言说,雅典对克基拉和波提狄亚所采取的行动只不过是它企图奴役整个希腊的一贯政策的最新例证。科林斯人说,许多城邦已经成了雅典的奴隶,而现在它又策划对斯巴达联盟采取行动,企图剥夺它们的自由。为了强调希腊世界所面临的危险,科林斯人指陈了雅典人的性格特征:大胆、足智多谋,以及贪婪,一句话,雅典人的“天性是既不让自己安宁也不让别人安宁”。(Ⅰ70.9)最后,科林斯人敦促斯巴达不失时机地入侵阿提卡,以挽救波提狄亚及其他城邦。其后,此次集会的最后一个发言者,一位斯巴达执政官,也敦促其同胞不要在雅典侵略者面前背弃自己的盟友。此次集会以占压倒优势的意见决定,雅典已经破坏了停战协议,并且正在做不正义之事,因此,他们准备要求各盟邦一致对雅典宣战。(Ⅰ87.2—4)可见,表面看来,战争的起因是雅典人对整个希腊,特别是对斯巴达联盟所采取的不正义行动以及在未来可能采取的不正义行动所带来的威胁。据修昔底德说,这是希腊世界相当普遍的看法,因而在战争开始时他们普遍倾向于同情斯巴达,特别是因为斯巴达声称自己从事的是解放战争。(Ⅱ8.4—5)甚至连德尔斐神庙的神都答应支持斯巴达,不管是否被请求这样做,这也暗示了斯巴达的战争是秉持神的意志以惩罚雅典人的不正义行为。(Ⅰ118.3,参见Ⅱ54.4—5)

然而,修昔底德已经告诉我们,斯巴达发动战争和试图摧毁雅典帝国的决定,更主要的是由它自己的担心而非其盟邦对雅典的谴责所激发的。而且,修昔底德对从波斯战争到伯罗奔尼撒战争50年历史的叙述,也倾向于支持上述看法,它至少表明,斯巴达未能认真阻止雅典帝国的迅速崛起。(Ⅰ89.1—118.2)由此我们可以知道,科林斯人在斯巴达的发言既是对雅典的指责,也是在抱怨斯巴达的无动于衷。科林斯人甚至威胁说,如果斯巴达仍旧无所作为,他们将退出联盟。尤其是在面临此种威胁的情况下,似乎主要不是为了保护盟邦,更不是为了从雅典人的暴政下解救其他希腊城邦,而是由于怕失去众多的盟友,斯巴达才转变了不愿进行战争的一贯立场。这种看法后来被斯巴达在战争期间的行为,特别是被它处理布拉底问题的方法以及同雅典达成的尼西亚斯和约所证实。然而,不论斯巴达宣战动机中含有多少慷慨的因素,雅典的侵略看起来仍旧是触发这种动机的原因。

指控雅典的理由并不像表面上看来那么有力,至少在某一方面实际上是很虚弱的:虽然科林斯人和斯巴达人指责雅典破坏停战协议,但他们在这方面的论据似乎很不充分。雅典与克基拉的防卫同盟不管多么具有挑衅意味,都未明显违反停战协议。连科林斯人都从未声称雅典对波提狄亚的控制是违反停战协议的。况且,雅典人提出要根据停战协议将所有的争端提交有约束力的仲裁,而斯巴达人既没提出也没接受这一主张。雅典领导人伯里克利主要就是根据这些事实来说服雅典人不要屈服于斯巴达的最后通牒。就连在斯巴达集会上表示反对战争的斯巴达国王阿希达穆斯都承认,对一个主动要求仲裁的城邦宣战是不合法的,他警告说,如果真的宣战,斯巴达会被认为是战争的发动者。后来,当斯巴达人在战争中开始失利时,他们自己也逐渐相信,由于他们拒绝了仲裁及其他形式的解决办法,所以他们对破坏停战协议并发动战争负有罪责。(Ⅰ81.5,Ⅶ18.2;参见Ⅳ20.2)

然而,修昔底德不同意斯巴达人引咎自责的想法,也不同意这一想法所包含的为雅典人开脱罪责的意思。他说过,雅典人"迫使"斯巴达人发动了战争,正是因为前者的日益强大才引起了后者的不安。虽然斯巴达人发动战争的真正动机并不值得称道,但也不能指责他们破坏停战协议,因为他们是被迫那样做的。(参见Ⅳ98.5—6)对雅典的担心使他们别无选择,或者说,至少他们没充分的理由相信还有别的更合理的选择。因此,我们还是回到最初的印象吧:雅典人,而非斯巴达人,才应对引起战争负责。

雅典人的罪责或许在他们应对他国谴责的反应中表现得更为明显。例如,碰巧在斯巴达公干的一些雅典人,在听了科林斯及其他城邦对雅典的指控之后,要求并获准代表雅典在集会上发言。他们的发言不是针对那些指控以为自己辩护,好像斯巴达人是法庭上的法官似的,而是劝说斯巴达人不要轻率地决定进行战争。但他们辩论的核心却是声称,他们不应因拥有自己的帝国而遭此仇恨,并且他们拥有自己的帝国并不是不合理的,或许也不是不公正的。为了支持这一主张,他们辩称,他们之所以建立和扩张自己的帝国,首先是出于担心,其次是为荣誉,最后是为利益所迫——他们后来一概说成是为"最伟大的事业"所迫。但是,如果行为的动因不仅出于担心,而且还为了荣誉和利益,那么这样的行为能说是被迫的,并以此为借口吗?如此说来,岂不是做任何事情都是合理的?可见,雅典人以这种方式为自己所做的辩护确实算不上辩护,因为它攻击的恰恰是所有那些指控的前提:他们存在这么做的故意。雅典人继续争辩说,就屈服于帝国的诱惑而论,他们并非是第一家,但帝国总是通过强者征服弱者而建立起来的,有机会凭强力获取某种东西的人从不被有关正义的说教所劝阻。这些雅典人似乎相信,他们令人震惊的强辩会吓倒斯巴达人,因为只有强邦才敢如此说话;而且他们相信这样便能阻止斯巴达发动战争。不过,他们确实又进一步宣称,他们的统治比他们的帝国要求的还要正义,也比处于他们地位的其他人通常会做的更为正义。他们还警告斯巴达人不要破坏他们之间的停战协议,而是应通过仲裁解决争端。像这样地承认正义,或许暗示了雅典人尚无足够的力量迫使斯巴达容忍他们的帝国,而他们现在所做的一切都是为了加强它,因为他们唯一害怕的就是斯巴达。然而,他们还是公开承认,正义决不会阻止他们追求未来的帝国。因此,毫不奇怪的是,这些争辩未能避免战争,因为它们清楚地表明了雅典人的意图,正是这种意图使斯巴达联盟感到恐惧和愤怒。

这些雅典人在斯巴达为帝国所作的辩护在战争期间被雅典发言人多次重复。伯里克利领导雅典人投入战争,后来当雅典人开始厌战时,他告诉他们说,他们的帝国就"像一个暴政,接受它被认为不正义,而放弃它又是危险的"。(Ⅱ63.2—3)他还向他们指出了帝国无限优越的前景,敦促他们不管它会引起多大的仇恨,都应起而捍卫它,这一切都是为了帝国给他们所带来的荣誉,特别是未来永远值得纪念的光荣。(Ⅱ62.1—3、64.3—6)战争开始很久以后,侵入中立的米洛斯小岛的雅典军队使节再次重复了这一帝国论调。他们试图说服米洛斯领导人自愿服从他们的统治。这一次他们甚至不想为雅典帝国或其侵略行径的正义性作辩护。他们声称,除非是两个平等国家间的相互竞争,否则正义毫无容身之处。米洛斯领导人坚持拒绝投降,他们相信神会保佑他们,因为他们反对不正义之事。对此,雅典人回答如下:

> 至于来自神的善意,我们也自认并不缺乏。因为我们既没声称这样做是我们的权利,也没有做超出人对神的信仰或人希望于自身的任何事情。一方面根据神的意见,另一方面根据人的永恒的天性,我们认为谁有力量谁就应该统治。这一法则不是我们规定的,也不是我们首先运用的,但我们承认它的存在,并愿它永远存在。而且,我们之所以运用它,是因为我们知道,如果你们同我们一样强大,你们也会运用它。(Ⅴ105.1—2)

雅典使节与米洛斯领导人之间的这次对话,是修昔底德著作中最臭名昭著的一段话。然而,雅典人在米洛斯的声明不过是更充分地暴露和阐明了由来已久的雅典帝国主义的核心思想,并因此提供了一个最强有力的诱因,引导我们将这场战争看作反对不正义的雅典人的战争。

如果从反雅典人的观点来看待这场战争,那么我们便准备注意以及肯定会被修昔底德著作中两次最富戏剧性的巧合所影响,同时也要准备把这部著作看作有其统一主题的。伯里克利在葬礼演讲中赞美了雅典帝国,甚至吹嘘说,雅典人所到之处,无论是在好事上还是在坏事上都建立了不可磨灭的丰碑。这番话刚说过不久,雅典就暴发了可怕的、毁灭性的瘟疫。(Ⅱ34—54)米洛斯对话更令人震惊,因为雅典人未能说服米洛斯人投降,后来便屠杀了其成年男子,并掳其妇幼为奴。但恰在此次对话后不久,西西里远征便接踵而至,这次远征雅典人终因野心太大而告以惨败,并由此决定了其最终厄运。修昔底德就这样引导我们把雅典瘟疫、西西里惨败以及雅典在战争中的最后失败看作神对雅典人的傲慢和不正义的惩罚。(参见Ⅰ23.3—6)

然而,修昔底德本人似乎并不把这场战争视为神对雅典人的惩罚。虽然他拒绝推论雅典瘟疫的原因,但他告诉我们,在雅典之前亚洲和非洲也曾流行过瘟疫,而且他还嘲笑了那些轻信雅典瘟疫是被古代神谕所预言的人。(Ⅱ48、54.1—3;参见Ⅴ26.3—4)至于西西里远征,修昔底德说,尽管野心过大,但要是有更好的领导和更多的后方支援,本来也会成功。况且,由于记述中断于战争结束前6年,那时雅典人刚建立起优良的政体,而且刚赢得了一场重大的海上胜利,因而他们又恢复了战胜斯巴达的信心,所以我们不得不怀疑这场战争的结果是否就是命中注定的。

但是,甚至撇开雅典灾难的原因不谈,我们越多地读修昔底德的著作,就越少地感到雅典人的灾难是罪有应得。而且一般而言我们对这整部著作的最初反应不是满足于正义得到了伸张,更可能是感到悲哀。这一悲哀之情至少在很大程度上产生于这样一种愈益加深的感觉,即雅典人的失败并不是正义的胜利;相反,正义本身就是战争的主要受害者之一。无论我们是否注意到雅典的失败并未及时使米洛斯人及雅典帝国的其他受害者得到拯救这一事实,我们都会发现,胜利的斯巴达人变得至少与雅典人一样残暴。例如,正是斯巴达及其盟邦攻占了布拉底——尽管他们曾发誓出于对布拉底人在波斯战争中的英雄主义表示敬意而保护布拉底的独立,尽管布拉底是因为斯巴达对其所面临的来自邻邦底比斯的威胁漠不关心才被迫与雅典结盟。在包围布拉底之后,斯巴达人屠杀了所有已投降的布拉底人,不是因为他们相信了底比斯人对布拉底人的蛮横指责,而是,如修昔底德所说,仅仅为了取悦于底比斯人,因为他们认为在目前的战争中底比斯人对他们有利。(Ⅲ68;参见Ⅱ71—74、Ⅲ55.1)后来,为了换回300名战俘——其中100多人出身名门望族,斯巴达签订了所谓的尼西亚斯和约,出卖了那些正是根据斯巴达领导人布拉西达斯的慷慨允诺才起而反叛雅典的城邦。[1] 这只不过是两个例子,说明雅典使者在米洛斯对斯巴达人的指责并非无稽之谈,也就是说,斯巴达人处理对外关系的宗旨是:有利即为正义(以及令人满意即为高尚)。(Ⅴ105.4)然而,以其行为证明战争中正义力量之软弱无能的,并非只是斯巴达人和雅典人。仅举一例来说,许多城邦和国家都参加了攻打或保卫西西里的战争,修昔底德指出,所有这些城邦和国家的行动并不是出于正义,而是出于利益或其他动机。

更有甚言,除了以满足直接的欲望为目的之外,即使当行为并不涉及切身利益,人也会公然漠视正义或法律的约束。因此我们至少可以理解雅典瘟疫期间所发生的事情,当时由于死亡的迫近,人们摆脱了来自神或人类法律的约束,认为尽快获益和及时行乐并无不当,因为生命和财产都是暂时的。而难以理喻的是,嗜血若渴的色雷斯雇佣兵在自雅典返家途中杀害了许多男人、妇女和儿童,而且这些"野兽"在小城迈克里苏更是兽性大发。这是一个灾难,修昔底德说,像战争中发生的所有事情一样令人痛心。最可怕的是修昔底德著作中所记述的克基拉内战以及后来席卷全希腊世界的内战。这些战乱的发生植根于占有欲、迷恋荣誉的统治欲,但不久暴力就成了无缘无故、肆无忌惮的行为。过火的复仇获得了

---

〔1〕 对照Ⅵ18.5—8、32.1与Ⅳ86.1、114.3—4、120.3。同时参见Ⅳ81.2、108.6—7、117与Ⅴ14.3—15.1。

更大的尊重,其不以正义或城邦的利益为限,而是以强者的随心所欲为转移。此外,保持中立的居民会被敌对双方所杀害,原因既可能是他们没有参加他们的派系也可能是因在战乱中可能得以生存而遭妒忌。

这种正义在自私与暴行面前无能为力的可悲景象不仅仅是伯罗奔尼撒战争的特征。修昔底德通过对古代希腊、西西里以及正在崛起的强国马其顿和色雷斯的描述表明,正义在伯罗奔尼撒战争中的命运是其以往命运的继续,其他地方也概莫能外。首先,他告诉我们,内战期间发生于诸城邦中的那种暴行过去就发生过,而且,只要人类的本性没有改变,将来总还要发生。这番有关人性毫无希望的议论是对修昔底德在其著作开篇就表达过的希望的最清楚的呼应:揭示广泛、永恒的人类事物的真理。的确,无论是对政治家还是对其他人来说,整部著作最为显著的教益就在于使我们清醒地认识到,只要人类继续存在,人的天性一有机会就会一次次地突破正义和法律的脆弱约束。不过,修昔底德并没有说希腊内战使所有的人都一样堕落了。例如,斯巴达人并没有像雅典人那样利用自己在希腊世界中的优越地位建立起一个帝国,用修昔底德的话说,斯巴达人同基安人所做的一样,在繁荣的同时还保持克制。然而,正如修昔底德稍后指出的那样,斯巴达人和基安人在拥有奴隶的数量上超过了其他城邦。换句话说,斯巴达在对外事务中的克制根源于对奴隶造反的恐惧。他们的行为与正义和法律软弱无能的通则并不矛盾,因而也难以缓和修昔底德的整部著作起初给我们造成的悲哀之感。

然而,对于战前就声称无人曾因顾及正义而被劝阻的雅典人来说,我们所谓战争中正义的软弱与其说是悲哀的理由,不如说是对他们所谓强者必然总是统治弱者这一基本命题的进一步确证。

雅典人赞同这一命题,并因此拒绝献身于他们传统上所理解的美德,因为这样的美德不符合人对安全、荣誉和利益的自然和无法克制的欲望。现在我们可能会认为,雅典人借口自然的驱使为他们自己以及历史上的霸权行径所作的辩护未免是过于匆忙了,因为即便有力量攫取或统治的人总这样做,也不能由此得出结论说他们这样做是被迫的。但是,雅典人并没有根据这一不适当的证据为自己辩解。为了更清楚地明了这一点,我们有必要再看看雅典使者在米洛斯的言论,大国的优越感使他们在那里的言论最为坦率。雅典人企图吞并米洛斯,他们告诫米洛斯领导人说,不要指望以米洛斯人从未对雅典人有过不正义为由来劝阻他们,因为米洛斯领导人自己——雅典人断言——也知道正义取决于相互匹敌的国家之间的竞争,强者可以随心所欲,弱者就得屈服。从米洛斯人的回答可以看出,他们认为雅典人是在禁止他们谈论正义,命令他们只限于考虑自身的利益——假如他们想让雅典人倾听他们的呼声的话。然而他们误解了雅典人,后者实际是说正义并不存在,因此不可能真正道出正义,也就没有必要在双方利益冲突的场合下禁止谈论正义。因为,我们要是明智的话,不都被迫追求自己的利益吗?说到底,这一关于正义的辩论,通过宣称坚持正义终归是我们自己的利益,本身不就承认这种利益是一种强迫性力量吗?无论如何,当米洛斯人后来在发言中指责雅典人不正义的时候,他们也警告说,雅典不会成功地征服他们,因为他们是无辜的,不仅会得到他们的亲戚斯巴达人的援助,也会得到神的保佑。(Ⅴ104)的确,正义永远在于个人自身的最大利益这一主张恰恰包含在正义的概念之中,因为我们把正义看作共同利益,而共同利益包括个人利益。实际上米洛斯人自己在最初试图依据利益而非正义进行争辩时,也是从正义的上述概念出发的,尽管这一点并不十分明显。

因为米洛斯人说的是,别破坏“共同利益”,允许公平和正义来帮助弱者,并允许弱者根据不甚完善的理由获得某些好处,这对雅典人也是有利的,因为雅典人自己某一天也可能处于弱者境地。然而,雅典人能够表明,允许米洛斯人保持独立不符合雅典人自己的利益。一般说来,雅典人的观点是人们之间的共同利益,或毋宁说利益的一致性并非在任何情况下都是存在的,此外,它还断定,在利益不一致的情况下,而且一旦了解了这一情况,我们就会被迫追求与他人不同的自身利益,因为真正的正义不能与我们追求自身利益的自然力量相悖,甚至代表正义的反对论点最终也不得不承认这一点,而如果我们不这么做,就会付出高昂的代价。[1] 更进一步说,如果我们根据上述理由被迫追求我们自己的利益,那么我们也在被迫追求我们认为是我们利益的东西,虽然对什么是我们的真实利益的错误判断确实会让我们遭受重大损失。现在雅典人认为取得并扩张他们的帝国对他们是有利的,即使是冒着与斯巴达开战的危险,并且最终正是根据这个理由他们认为自己这样做并没有错。

人们禁不住要拒绝这种纯粹雅典人的论点,特别是因为继雅典使者在米洛斯发言之后所进行的对米洛斯居民的屠杀。但是,这种反应是不适当的,因为,不仅这些屠杀,而且雅典使者所发出的实施屠杀——如果米洛斯人不投降的话——的威胁,都不是这一论点之必然或适当的结果。雅典人的论点可能真的会对他们建立并维持帝国的愿望有所帮助,但同样真实的是,雅典人,或至少其最优秀的领导人,极为关心雅典人何以有资格实行帝国统治,以及何以高尚的问题。尽管看上去相反,但他们的帝国主义理论确

---

〔1〕 参见Ⅴ25.3,但对照Ⅶ57.1。

实在很大程度上是他们考虑正义和高尚的结果,因为正是这些考虑使他们觉得有必要为自己的帝国辩护——一种不带通常的伪善的辩护。此外,对于雅典人来说,认可他们为其自私以及为其帝国所作的辩护,并不必然否定真正最高贵或最高尚的东西。因此,对我们来说就会有极大兴趣来看看雅典人根据什么相信他们是高尚的,甚至自夸为优越的,并来检验一下他们对自己的看法是否正确。

雅典人以多种方式谈及他们的优越,特别是他们作为个人与其他城邦居民相比的优越性。雅典人在斯巴达为其帝国辩护时,既以自然的驱迫力为由——其实其他有统治欲的强国也可以此为借口,同时也宣称他们特别有资格进行统治,因为他们有优越的智慧和热情。当然,这些雅典发言人并未谎称这些优秀品质——曾给雅典人在波斯战争中的胜利极大帮助——仍在为希腊人的自由服务,虽然他们以前确实起过这样的作用。但他们把这些优秀品质视为统治帝国的资格,或至少是免遭仇恨的理由。雅典人在斯巴达所说的话,在伯里克利的葬礼演说中得以进一步精心炮制,他宣称雅典人民是美与智慧的热爱者。此外,他赞美雅典人在战斗中的勇敢精神,说他们不需要依靠长期艰苦的训练;他还赞美雅典人积极参与政治生活,这种生活并不需要忽视个人利益,而是促使个人能力全面、和谐、完善地发展。根据伯里克利的观点,雅典的强大是其全体杰出公民的成就,而雅典公民的杰出之处使得唯有雅典才能使其属邦对其统治无可挑剔。(Ⅱ37—41)

雅典人调用其智慧及其他天赋时,能慷慨地从城邦的利益出发,并随时准备为城邦献身,这是雅典人自视高尚的一个重要方面。伯里克利在演说中鼓动雅典人的爱国热情,要求他们不要斤斤计较于由抵抗敌人所获得的那种众所周知的利益,而更重要的是保持城邦的强大，热爱城邦并努力学习阵亡将士为城邦献身的高尚品德。（Ⅱ43.1）伯里克利用“高尚”“美”这些字眼赞颂阵亡将士，因为他认为他们为城邦献身的精神超越了单纯的自私自利之心。同样，当他含蓄地宣称雅典的美和高尚足以激发爱心时，他根据的不仅仅是雅典的强大，还有雅典即使在对外事务中都能超越计较私利的优越性。这并不是说他认为雅典的政策是出于对正义的考虑，前面曾提到过，他吹嘘雅典人所到之处无论是在好事还是在坏事上都建立了不朽的丰碑。但伯里克利确实说，雅典是唯一更多的是出于对雅典人自身自由的信赖，而非对于利益的计算而使他人受益的国家。（Ⅱ40.5、41.4）甚至在谈及好、坏事的不朽纪念时，实际上他既是指雅典对他人的伤害，也是指雅典自己遭受的苦难。雅典人抱负的无限性，及为实现最伟大的目标而不怕牺牲的意志，恰恰证明了伯里克利所谓雅典不单纯计较私利的崇高优越性。特别是作为个体在与城邦的关系上，甚至作为城邦在与其他城邦的关系上——至少雅典人自视如此——雅典人都能自愿献身于伟大、崇高的目的。与此相关的是，我们不应忘记，雅典人在斯巴达曾说，他们的城邦在对其属邦臣民施予限制方面表现了值得称道的克制，尽管这种克制会助长反抗，并因而使雅典的统治更为困难。（Ⅰ76.3—77.5）

因为他们自视高尚并应该统治，所以雅典人把他们所期待的帝国的荣誉和光荣视为不仅于自己极为有利的事情，而且也是更伟大的事情。伯里克利曾对他们说，人们要是明智的话就应该追求无限的帝国，不管这会引起怎样的仇恨，因为仇恨是短暂的，而帝国的辉煌及未来的光荣则会永垂不朽。但他又说，这种荣耀将是非常高尚的，此话的部分意思是说，要着眼于他们高尚的优越性，而不仅仅囿于狭隘的私利计较。（Ⅱ64.5—6）与雅典人对荣誉或光荣的这种态度一致的是，当他们的使者在斯巴达谈到迫使他们建立并扩张帝国这项伟大事情的时候，他们所说的荣誉不同于也不能归结为单纯的私利计较。（Ⅰ75.3、76.2）亚西比德后来说，他渴望荣誉是他渴望利益的一个方面，这话是当真的。但虽说如此，像修昔底德所指出的那样，亚西比德并不仅仅把荣誉视为最大或最令人愉悦的利益，而且还视为对高尚行为的崇高奖赏，而在他看来，这种高尚的行为既须具有内在的伟大，又有益于整个城邦。（Ⅵ16.1—3、16.5—6；参见Ⅵ15.2）

雅典人是特别高尚和令人钦佩的，这一点并非纯粹是他们自封的。甚至连敌对的科林斯人，为了警告斯巴达联盟提防来自雅典的威胁，都赞扬了雅典人的品格，说雅典人"能为了城邦而运用他们最为疏远的肉体，为了于城邦有利而使用他们最独具的智慧"。（Ⅰ70.6）显然，科林斯人为了刺激其盟邦而夸大了雅典人的热情。同样，为了吓唬对手，雅典发言人在赞美雅典人的美好与荣耀时也不乏不实之词。但在实际上，雅典人以行动表明，他们在某些方面比伯里克利气势磅礴而又明显夸张的演说还要让我们信服。例如，战争初期，福尔缪在科林斯湾两次战胜更为强大的伯罗奔尼撒舰队，辉煌地证明了他在指挥方面的果敢、机智以及士兵热烈的首创精神。稍后我们便看到了民主的最好表现。当时还不是指挥官的狄摩西尼，大胆建议在位于伯罗奔尼撒的皮洛斯构筑要塞，并说服雅典军队这样做，因为他们不想闲待在那儿等待有利时机。这一行动，以及随之而来的关于狄摩西尼的机智和雅典人的勇敢的进一步事例，导致了前述300名斯巴达人的投降，从而使雅典人以有利的条件结束了战争的第一个阶段。

雅典民主更为美好的一面，在米蒂利尼的反叛后果中得到了进一步的证明。雅典粉碎了这次反叛。雅典人起初决定处死该城的全部男性居民,甚至已派船前去传达这一命令,但第二天他们又改变了主意。他们反省到,这是一个残酷而过分的判决,将毁灭整个城邦,而不只是那些对反叛负有责任的人。因此,他们在当天举行了第二次公民大会,在会上决定不杀大部分的米蒂利尼人。第二只令船被立即派出,多亏这只船桨手的热情和第一只船桨手的勉强,新的命令及时送达,米蒂利尼免遭灭顶之灾。雅典人在这种情况下改变主意,至少是在战争期间一国全体人民表现宽容品格绝无仅有的事例。雅典人理解克里昂在公民大会上的主张:正义要求惩罚米蒂利尼。但他们并不同意这一主张。雅典人的正义感和高尚感促使他们为其帝国辩护,而且他们这样做时并无任何虚伪性,但同样的正义感和高尚感也促使他们对米蒂利尼采取庄重和克制的态度(Ⅲ36、49)。

然而,体现雅典人高尚的最辉煌的事例是雅典人表现最不克制的事例,即西西里远征。将西西里并入雅典帝国一直是雅典人的梦想。伯里克利自己就抱有这样的梦想,他给雅典人指出了海上霸业的无限前景。不过,伯里克利也告诫过,不要在与斯巴达交战期间扩张帝国,而且他要是活着的话,他大概会以时机不成熟为由反对这次远征。伯里克利的观点是,雅典城邦崇尚高贵,但又勤勉节俭,而西西里远征却是耗费巨大的、空前的冒险。不过,伯里克利本人也会承认这种不遗余力的努力有其特别的优美之处,虽说不是健康的美。据修昔底德说,所有雅典人都迷恋于西西里远征。事实上伯里克利呼唤过的热爱在西西里战役前夕攫住了全体雅典人。[1] 精力旺盛的人们不是被物欲、权欲甚至荣誉欲所激励,而是"被对遥远缥缈的景象的渴望所激励"。(Ⅵ24.3)雅典人宣称

〔1〕 Ⅵ24.3;参见Ⅰ143.5—144.1;Ⅱ62.2、65.7及40.1。

他们进军西西里的目的是援助亲戚莱昂蒂尼及伊格斯坦盟邦,(Ⅴ16.1、18.1—2、19.1)这也许并不纯粹是借口。此外,当最开始的远征严重受挫时,伯罗奔尼撒人同时攻占了雅典附近的一个要塞,给雅典本土造成了威胁。在这种情况下,雅典人不仅坚持留在西西里,而且还派出了与第一支远征舰队几乎同样规模的另一支舰队。修昔底德说,事先没人相信他们自己竟会这般不屈不挠。甚至雅典在西西里惨败之后,它又重新与斯巴达开战,其所拥有的恢复力令整个希腊世界震惊。[1] 顺境中的斯巴达的确比雅典更为克制。但是,就伟大抱负和在逆境中坚韧不拔的精神而言,任何城邦都比不上雅典,西西里战役及其后果突出地表明了这一点。

西西里战役以失败告终。然而,伯里克利几年前就告诉雅典人,未来他们将以最伟大的希腊帝国的统治者而著称于世,尽管在实现这一目标的过程中可能会遭受暂时的失败。他说,失败总是难免的,因为任何事物按其本性来说也都是要衰亡的。(Ⅱ64.3)的确,伯里克利明智地意识到任何事物最终必然灭亡,并因此认为雅典人最好把永远值得纪念的光荣当作最大的利益来追求。我们也记得,伯里克利甚至曾赞美雅典人的失败所留下的不朽纪念。然而,我们很难赞美雅典在西西里战役的失败,虽然这是雅典最值得纪念、在某种意义上也是最崇高的失败。而且,人们不禁要想,至少在这件事情上,追求帝国的光荣是不明智的,也不值得付出这么惨重的代价。因为我们不仅仅感受到了雅典军队的痛苦之伟大,也看到了雅典人逐渐暴露出的丑陋,而这正是其失败的原因。虽然雅典人在一场鲁莽的战役中表现了惊人的毅力——修昔底德自己对此表示赞许——但雅典在西西里全军覆灭的原因却正是贪

[1] Ⅷ1—2、24.5;Ⅶ28.3、42.2.

图眼前私利而牺牲公共利益。

为了颂扬伯里克利,修昔底德把雅典在战争中特别是在西西里的失败,归咎于追逐名誉和利益的个人野心,这种野心在伯里克利死后再也不被第一公民富有智慧和公益精神的领导所制约。领导者个人的抱负与公共利益的和谐丧失了,而这种和谐曾是伯里克利领导下的雅典的特征。这一分析令人想起了尼西亚斯对亚西比德的指责。为了劝阻雅典人发动西西里战役,尼西亚斯指责其同事亚西比德将军完全出于自私的动机而极力促成这一战役。(Ⅵ12.2)现在有人可能会为亚西比德辩护说,他对西西里远征所带来的荣誉和财富所抱的个人野心完全符合雅典公民大会的愿望。但还必须说,在公民大会上所表达的人民愿望并不真实地反映城邦利益,而且还不仅仅是因为他们不知道这些利益。

甚至雅典人民也开始使公共利益服从于私利,这在他们对赫尔墨斯神像遭到破坏的粗暴反应中表现得尤为明显。破坏赫尔墨斯神像发生在西西里远征军正准备出发的时候。雅典人认为这是此次远征的不祥之兆,而且,尽管没什么根据,他们还是相信这是一个反人民的阴谋的一部分。(Ⅵ27)一些雅典人也许认为西西里远征失败,或遭到僭主制的拥护者的暗算是罪有应得,是对一个暴虐的城邦的惩罚。但无论如何,对寡头政治或专制政治的阴谋所持的病态恐惧心理,激起了他们向渎神行为复仇的狂热,尽管这种狂热并不是他们的典型特征。他们仅仅根据指控就逮捕并杀害了许多有名望的人。他们甚至召回远在西西里的雅典军队指挥官亚西比德,使其面对会招致死刑的渎神指控,因为他们宣称这一渎神行为与反人民的阴谋有关。(Ⅵ53、60.1—61.1)这下有确实的理由怀疑亚西比德有专制野心了,而他为了逃避审判,叛逃到了斯巴达。然而,亚西比德是雅典最有才华的将军,他被解职加上他向斯巴达所进献的良策直接导致了雅典在西西里的失败。雅典人民,或更准确地说,自称代表整个雅典社会的、居多数地位的雅典穷人阶层,是如此醉心于征服西西里,以致其反对此次远征的同胞都不敢举手表示反对。这些雅典人并未因为他们自己所相信的不祥之兆而放弃这次远征。同样也是这些雅典人又很少关心远征军的安危和城邦在战争中的存亡;相反,他们更关心的是他们自己在城邦中的统治地位,这可以解释他们何以试图以“莫须有”的罪名处死最有才能的将军。至于说西西里的成功可能会带来亚西比德成为未来的僭主这种危险,正是雅典民主本会接受的西西里冒险的代价。此外,修昔底德岔开话题说,早期的雅典僭主在他们大部分的统治时间里都奉行“美德和智慧”,而且他们遵守绝大部分的习惯法,其中特别包括宗教仪式。(Ⅵ54.4—6;cf. Ⅵ24.4)这种行为自然与平民百姓的行为形成了鲜明的对照,平民百姓往往被愚蠢的党派偏见左右,而且其行为也轻率鲁莽得多,因为他们显然认为,他们为自己着想也就是为城邦和神着想。据此,修昔底德断言,与其说导致雅典的衰落是因为亚西比德,毋宁说是大多数雅典人,是他们出于自私的对亚西比德的愤怒断送了雅典。(Ⅵ15.3—4;cf. Ⅱ65.8—10)

亚西比德被解职之后,留在西西里的两个雅典将军之一是尼西亚斯,一个温和而虔诚的人,他虽反对此次远征,但其忠诚深得雅典人信赖。在尼西亚斯投降并死于锡拉丘兹人之手的时候,修昔底德对他表示了同情,他评述道:“在我生活的时代,尼西亚斯是希腊人中最不该遭此厄运的人,因为他完全地献身于传统美德。”(Ⅶ86.5)可是,这样的评价会使部分读者感到诧异,因为修昔底德的记述表明,尼西亚斯优柔寡断的性格和他的判断促成了雅典的失败。那就让我们来看看尼西亚斯怎样促成了雅典的失败吧,这样我们就会有较充分的根据来解释修昔底德的叙述与其评价之间的明显不一致。尼西亚斯多次希望阻止此次远征,尽管雅典人已经作出了这样的决定,而如果他被迫参加远征,他也希望尽可能安全,因此建议雅典人多派军队。他未能阻止此次远征,但成功地说服了雅典人多派军队。正是他的建议坚定了雅典人对远征安全的信心,雅典人这才表现出对远征的热情。不情愿的尼西亚斯对安全以及对他作为成功的将军的名誉的关心,不仅直接促成了雅典人的热情,也对他们在西西里的损失程度负有直接责任。(Ⅵ19.2、24—26)不过,尼西亚斯最重大的错误还是发生在战役后期,当时虽有狄摩西尼的增援,但雅典人仍未能攻占锡拉丘兹。战船破损严重,部队士气衰落,敌人则正在积蓄力量,显然雅典人本应立即返航,同时雅典海军的优势尚可允许他们这样做。而尼西亚斯由于没有本土的命令,不愿撤退,因为他担心雅典人,包括大部分吵着撤退的士兵,将会认为将军们被敌人收买了。"(他说)由于了解雅典人的性格,如果别无选择的话,他宁愿冒落入敌人之手的危险,也不愿遭受雅典人不公正的羞辱和责难。"(Ⅶ48.4)鉴于雅典民主对其领导人素有戒心,尼西亚斯有充分的理由担心,假如率军回到雅典,他会遭到放逐甚至被处死。由此可见,尼西亚斯"自私"地选择死在西西里这一事实,直接导致了全军覆没,断送了成千上万雅典士兵的性命。你可以为尼西亚斯辩护说,当时他还认为有可能攻占锡拉丘兹,而当敌方援军的到达使他意识到自己的错误时,他同意率军撤退。可当时月食正困扰着大多数雅典人,他们催促甚至命令将军们推迟撤退,尼西亚斯说,在占卜者所规定的"三个九天"过去之前,他甚至不考虑如何撤退的问题。修昔底德对此评论说,"他(尼西亚斯)过于相信占卜之类的东西了"。(Ⅶ50.4)尼西亚斯可能真的相信舰队安全的最大希望在于留在锡拉丘兹等待规定的日期,但一个将军屈服于迷信却让人难以原谅。因为愚蠢地拖延,雅典军队失去了安全撤退的最后机会。在孤注一掷攻打锡拉丘兹的港口时雅典人遭到最后的失败,他们在这一巨大灾难面前完全垮了下来,以致他们甚至连虔诚的尼西亚斯都没想到要求归还他们战友的尸体。[1] 逃出来的雅典人还含泪自责地丢弃了他们受伤的战友,但这支军队仍未能幸免于难。根据这些情节,我们要注意,当修昔底德谈到尼西亚斯不该遭此不幸时,他说这是因为他献身于"传统美德",这也就是说,传统美德与一般的美德是完全不同的。虽然尼西亚斯恪守传统美德使他赢得了极高的尊重,并因而使他成了大部分雅典人在通常情况下可以信赖的人,但他和他所理解的美德却经不起西西里战役这一极端情况的考验。尼西亚斯完全忠诚于传统美德,无论如何,他决不愿做任何有损于其祖国的事情。然而,传统美德是靠不住的东西,因为它依赖于愿望,并部分地被这些愿望所引导,但这些愿望除了对传统美德自身的信仰以外没有任何其他基础。尼西亚斯忠诚于传统美德的最终目的,是希望确保他的安全或声望。(cf. Ⅴ16.1)而我们知道,这种对个人安全的盲目愿望在很大程度上促成了他个人的死亡及城邦的灾难。

西西里战役是个严重的错误。雅典的成功乃至军队的安全撤退仰赖于它协调私利一致的力量,而此次远征远远超出了这种力量的限度。雅典人要是运气好的话——例如,如果没有打碎赫尔墨斯神像——他们可能会在西西里获得成功。尽管如此,西西里远征的企图仍然是过分的和不明智的。更重要的是,远征的巨大损失以及所暴露出来的城邦内部的不和谐,可能有助于我们更清

---

[1] Ⅶ72.2;参见Ⅶ75.3,并对照Ⅳ44.5—6。

楚地认识雅典帝国主义。如果我们不被蒙蔽了雅典人的冠冕堂皇的词句所蒙蔽,我们早就会认识到,他们的帝国主义从一开始就是有缺陷的、根本不明智的。雅典人及其最优秀的领袖都热衷于缔造伟大而高尚的帝国。不过,既然自视高尚,他们就不能无视他们欲加统治的那些城邦对他们的谴责。因此,他们觉得有必要反驳这些谴责以为其帝国辩护,而他们为自己辩护的方式却是论证他们同所有的人一样为自私的本性所驱使,或被迫把自身利益放在首位。同时,由于自视高尚,他们就不得不接受与其统治相关而与其自身利益不符合的某些风险和困难。这样做本应会使他们感到不安,因为按照他们为其帝国的辩护,这些附加的风险和困难似乎应该是毫无意义的牺牲。但雅典人显然又没把它们视为牺牲,而是视为值得付出的代价,因为他们认为与追求帝国相关的所有这些困苦都会被永恒荣誉的奖赏所补偿。然而,在这一点上他们错了。他们对荣誉或未来前景的"体验"被他们的信念所歪曲,这一信念就是:荣誉不仅仅是有利的而且是高尚的。也就是说,他们承认自己能够超越纯粹的自私利益并且有时愿意作出牺牲。换句话说,他们没有正视他们为其帝国辩护的论点,因为这一论点没有给高于自身利益的东西或超出自身利益之事留有任何余地。因此,如果他们真的接受了这一论点,他们就不会或以同样的方式为未来的荣誉所动,他们也就不会认为他们追求帝国的艰难困苦会得到完全的、一劳永逸的补偿。早在西西里灾难之前,雅典人及其最优秀的领袖就已经被他们对自己以及其所渴望的目标的错误理解引入了歧途。

若正确理解的话,雅典人的论点是说,并没有超越自身利益的高尚存在。有人不免会因此得出一个颇具迷惑性的结论:修昔底德所记述的最聪明的雅典人是米洛斯的雅典使者,因为他们为强者统治所作的辩护最少被高尚的考虑所歪曲。这个结论恐怕是不正确的,这并不只是因为这些使者的野蛮恐吓更坚定了米洛斯人反抗雅典统治的决心。更深刻地理解了雅典的论点是一个雅典讲演者。这个讲演者就是狄奥多托斯,一个其他史料没有记载的非凡人物,在修昔底德的记述中也只出现过一次。虽然他看起来并不是一个政治家,但他对雅典政治生活的唯一一次介入却表现得相当纯熟。他成功地说服雅典人以相当人道的态度对待一个附属盟邦,从而维护了雅典帝国。此外,他的演讲文雅、优美,这在修昔底德的著作中是罕见的,这似乎反映了修昔底德本人的特点。

狄奥多托斯发表演讲的那次大会我们前面曾提到过,那次大会上雅典人在重新考虑屠杀米蒂利尼人的命令,狄奥多托斯敦促他们撤销了这个命令。他的任务十分艰巨,尽管这次大会是应人民中间要求改变决定的呼声而召集,因为克里昂——当时最有影响力之人——在狄奥多托斯之前就已表示反对任何改变。克里昂已经有力地论证道,正义和雅典人的利益要求对反叛的米蒂利尼人施以最严厉的惩罚。但狄奥多托斯更直接关切的是,克里昂抨击了雅典人朝令夕改的习惯。他不把这种习惯归因于对公共利益的关心,而是认为这是因为发言者希望表现出他们高于法律的智慧和展示他们在公共事务中的才能,因为这些被认为是最重要的事情。克里昂说,发言反对昨日命令的人,肯定是被发言者本人的虚荣心或许还有贿赂驱使他们这样做的。(Ⅲ38.2—3、37.3—4)面对这些抨击,狄奥多托斯首先为在城邦事务中三思而后行的正当性作了辩护。他特别警告说,发言者相互指责对方收受贿赂对城邦是有害的。他说,城邦最好不允许有人这样肆意攻击他人。在一个“宽厚的城邦”,他继续说,一个不成功的发言者不应该遭此羞辱,更不用说被控不正义并受到惩罚,显然,在这样一个城邦中,所有在大会上发言的人将会完全免于个人意气,不致因发言失败而感到难堪。不过,狄奥多托斯充分意识到,同现实中的任何城邦一样,雅典民主政体必定会怀疑发言者的个人动机,而且城邦的利益有时甚至要求这种警惕性。由于深谙政治生活的严酷现实,他抛弃“宽厚的城邦”的理想标准,开始羞辱克里昂,指责他的发言要么是愚蠢的,要么就是抱有个人目的。但雅典人的疑心很重,特别是克里昂对他人的指责已经唤醒了这种疑心,在这种情况下,为使雅典人能听得进自己的论点,狄奥多托斯必须走得更远。他大胆地说,雅典人生性忌妒,如果他们怀疑某个发言者有个人动机,即使这个发言者的建议显然对城邦最有利,他们也会拒绝这一建议。因此,一个发言者要想朝有利于城邦的方向引导城邦,他就必须首先克服人们对他的怀疑,而这一任务单靠直接的手段是完全不可能的。狄奥多托斯得出结论说,一个发言者要想提出更好的建议,他甚至必须欺骗大多数人以求得信任,要想有利于城邦而不欺骗它是不可能的。(Ⅲ42—43)狄奥多托斯以惊人的坦率告诉雅典人他要欺骗他们。这便给我们提出了这样的问题:为什么不欺骗城邦就不能赢得它的信任?狄奥多托斯是怎样进行欺骗的?

狄奥多托斯的欺骗似乎表现在他声称将不考虑正义问题,即米蒂利尼是否不正义,而只考虑杀死他们是否符合雅典的利益的问题。的确,他反对屠杀的大部分论证是对雅典自身利益的冷静分析。但不难觉察到,他并不像他所假装的那样冷酷无情。而且,我们将会看到,他并没有完全放弃正义的考虑。狄奥多托斯起初宣称,即便最严厉的惩罚也不能阻止所有的反叛,因此雅典应准备以尽可能小的代价平息已经发生的反叛。他说,雅典可以做到这一点,办法就是分化反叛者,对大多数愿意交出城邦——大多数米蒂利尼人在重兵压境时多少已经这样做了——的人作出宽大处理。但后来,令人惊讶的是,狄奥多托斯又说,现在再屠杀这样的大多数人就是不正义的,因为与米蒂利尼的执政寡头不同,他们是有利于雅典的人。[1] 所以,尽管有言在先,狄奥多托斯还是明显地以正义之名进行了辩论。而且,他在发言中巧妙地把话题逐渐引向了基于正义的论辩。因为,为了表明阻止反叛是不可能的,狄奥多托斯指出,所有的人天性就有越轨倾向,任何法律或惩罚的威胁都无法禁止。换言之,迫于自然的激情和愿望,我们身不由己地去追求我们最强烈欲求的对象。(Ⅲ45)由于我们是被迫这样做的,所以,不管我们对于成功所抱的希望有多么愚蠢,我们的错误或越轨都不是有意的。而连克里昂也承认,非故意的犯罪可以被宽恕。狄奥多托斯并未明确得出结论说所有的越轨都应该被宽恕:他不反对审判反叛的罪魁祸首。但是,通过阐明越轨的不可避免,他唤起了雅典人的宽容心,重新唤醒甚至加深了他们的温和情绪,狄奥多托斯就是以这种方式使雅典人接受了他的论点:杀死大多数米蒂利尼人是不正义的。

然而,要是狄奥多托斯的欺骗就在于假装不关心正义,那就产生了这样的问题,他为什么不更直截了当地说正义(或人道)与雅典人的自身利益一样要求他们不要杀害大多数米蒂利尼人呢?原因在于他这样说是不明智的。特别是克里昂的演讲已经唤起了雅典人的愤怒情绪。在这种情况下,公开辩论屠杀的不正义性会刺痛他们,而且会使他们怀疑他的辩论不是从雅典自身利益出发的。更为重要的是,他们会相信克里昂的指责,怀疑他因抱有个人目的才假正义或人道之名而行出卖城邦利益之实。由于这个城邦如此

[1] 比较Ⅲ47.3(及46.5—6)与Ⅲ44。

不信任持此种论调的发言者,狄奥多托斯必须尽力赢得信任,因此他就得假装对正义漠不关心,至少要把正义与城邦的利益分别看待。因此,他还几次谈到,城邦的利害关系,特别是城邦的自由和对其他城邦的统治,是"最重要的事情"。[1] 由于表面上把城邦的利益或城邦的自由以及帝国置于正义之上,并视其为高于一切的利益,狄奥多托斯成功地使自己赢得了信任。这一成功自然依赖于谎言和欺骗。

但是,狄奥多托斯的欺骗实际上比我们迄今所知的走得还要远,因为他已经骗我们相信了他隐含的关心首先是对正义的关心。为了明白这一点,我们有必要看看他对我们迄今所谓雅典帝国的论点所作的解释。狄奥多托斯说过,越轨是所有人的天性,任何法律都无法禁止。但既然他了解这一有关我们天性的事实,法或正义就不可能是他考虑的主要问题,即使在有些情况下恪守正义是有用的。然而,他明确地把雅典为其帝国辩护的论点应用到私人或个人身上,这是修昔底德著作中的其他演讲者都没做过的,此举表明了狄奥多托斯主要关心的是什么。换句话说,唯有他明确指出,利益的至上性究其实际是有别于城邦利益的个人利益的至上性;正如没有比利益更重要的东西一样,对个人来说也不存在重于其自身利益的东西。由此可见,雅典人有充分论据怀疑其发言者主要是被个人私利所驱使的,至少狄奥多托斯本人的情况就说明了这一点。现在,真实情况是,狄奥多托斯作为一个雅典人,其利益及其有教养的人性促使他为有利于雅典而说服雅典人取消轻率和不明知的命令,也就是说,狄奥多托斯的发言首先是出于自私的动机。雅典人如果能意识到这一点,他们就不会同意他的建议。

---

〔1〕 Ⅲ42.1、43.4、45.6;参见Ⅲ37.4、40.3。

无论是出于对专制的恐惧,还是出于对别人更大利益的妒忌,雅典人都不会接受他有益的建议,除非他使他们相信关心城邦对他来说是“最重要的事情”。而他并不认为关心城邦是最重要的事情,所以他才被迫说谎。

虽然狄奥多托斯明确指出至善是不同于城邦利益的个人利益,但他却几乎没有阐明这种最终至善的特点。不过,既然对城邦的事业是“最伟大的事业”这一主张持批评态度,他就不大可能仅仅满足于来自政治生活的奖赏。的确,恰恰是我们对这个有政治天赋的人知之甚少的事实,表明他并不把对他人的统治及其成果视为个人的最终利益。但是,除了有关三思而后行的必要性之外,他还掩盖了他关于这种善的积极思想。在这方面像在其他方面一样,狄奥多托斯与修昔底德本人颇为相似。因为正如我们已经注意到的那样,修昔底德也缄口不谈最好的生活方式这一问题。在修昔底德的著作中,唯一一次提及哲学是在伯里克利的葬礼演说中,伯里克利赞扬了雅典人坚定的哲学思想,其意思显然是指不逃避政治生活。他还着重强调积极的或政治的生活比悠闲的生活更为高尚。[1] 但伯里克利不了解雅典人的哲学思考本身的弱点。因为人们,或至少最富才能的人们,恰恰被他们对道德和政治问题的严肃关切驱使来探究他们最为挚爱的信念的真理性,并最终转向哲学作为他们的至善。修昔底德所具备的精神力量使他能够接受这种驱使,认真思考,清楚领悟,并从这种领悟中获得了进一步的力量。因为唯有从如此获得的观点出发,他才能在其著作中以如此宁静、明晰,以及如此公允和仁慈的态度来看待政治生活,而无论这种生活优美动人还是令人恐怖、憎恶。

---

〔1〕 Ⅱ40.1、40.2、63.2—3、64.4—5;参见Ⅱ41.4。

阅读书目

修昔底德:《伯罗奔尼撒人和雅典人的战争》。[中译本:《伯罗奔尼撒战争史》(上、下),谢德风译,商务印书馆1960年版。——译者注]

柏拉图

(公元前 427—前 347)

列奥·施特劳斯

被当作柏拉图的著作流传于世的,有 35 篇对话和 13 篇信札,今天看来这些著作并非都是真的。有些学者甚至怀疑这些信札没一篇是真的。为了不使有争议的问题妨碍我们的介绍,我们将完全不考虑这些信札。此外必须说,柏拉图从未以他自己的名义说话,因为在其对话中发言的只有书中的角色。因此,严格说来并不存在柏拉图的学说,至多只有在其对话中充当主要角色的人的学说。很难说清楚为什么柏拉图以这种方式写作。或许他怀疑真正意义上的哲学学说的存在。或许他与他的老师苏格拉底一样,也认为哲学终究是关于无知的知识。在柏拉图的大部分对话中,苏格拉底的确是主要角色。可以说,柏拉图的对话与其说是介绍一种学说,不如说是为苏格拉底的生活——他的生活的精髓——树碑立传:它们展现了苏格拉底如何从事其最重要的工作,即启迪他的同胞并努力把他们引导到他本人所奉行的善的生活中来。不过,苏格拉底在柏拉图的对话中并不总是主角;有几篇对话中他不过是其他发言者的听众,有一篇对话(《法律篇》)他甚至没出现。我们之所以提及这些事实,目的在于表明谈论柏拉图的学说是何等的困难。

所有柏拉图的对话多多少少都涉及政治问题,但从篇名上看,只有其中三篇属于政治哲学:《理想国》、《政治家》和《法律篇》。柏拉图的政治学说主要就是通过这三部著作为人所知的。

《理想国》

在《理想国》中,苏格拉底同许多人讨论了正义的本性问题。当然,有关这一主题的对话发生于特定场合:特定的地点、时间,对话者有特定的年龄、性格、才能、社会地位和外貌。对话的地点十分清楚,而时间即年代却不怎么清楚。因此,我们无从了解这种有关政治原则的对话发生的政治背景。不过,我们可以设想它发生于雅典政治衰退的时代,因为苏格拉底及其他主要对话者(格劳孔和阿得曼托斯)极为关注这种衰退,并思考健全政治的重建。可以确知的是,苏格拉底提出了激进的“改革”建议,而且并未遭到严厉反对。但《理想国》中有几处表明,他所渴望的这种改革不可能在政治上获得成功,或者说唯一可能的改革是个人的改造。

对话以苏格拉底提问开始,被问者是在场的一位老者,名叫克法洛斯,他以富裕和虔诚而颇受尊敬。苏格拉底的提问合宜得体,恰如其分,堪称典范。他给克法洛斯一个机会来谈谈其所拥有的一切美好的东西,以展示其幸福所在;而实际上他关心的是能从老者身上学到的一些东西:人老了感觉如何。在回答这个问题的过程中,克法洛斯渐渐谈到了正义与不正义。从其所谈内容看,他似乎把正义等同于讲真话和欠债还钱。苏格拉底向他解释说,讲真话和归还他人财产并不总是正义的。在这一点上,克法洛斯的儿子和继承人玻勒马霍斯起而为其父的意见辩护,遂在对话中取代了他的父亲。但他为之辩护的意见并不完全是其父的意见。用苏格拉底的玩笑话说,玻勒马霍斯仅继承了其父智识的一半,甚至还不到一半。玻勒马霍斯没再坚持讲真话是正义的本质要素,因而无意中制定了《理想国》的一项原则。正如这部著作后来所表明的那样,在一个有良好秩序的社会中,对儿童,甚至对成年人讲一些假话是必要的。[1] 这个例子揭示了《理想国》第1卷中的讨论的特点,在这一卷中苏格拉底反驳了很多有关正义的错误观点。然而,这卷否定或破坏的讨论本身却包含着整个《理想国》的大部分肯定的或建设的主张。我们不妨从这种观点出发来考察一下在第1卷中讨论的有关正义问题的三种意见。

由玻勒马霍斯(在其父离开之后)接过来的克法洛斯的意见的大意是,正义就是欠债还钱。更概括地说,克法洛斯主张正义就在于归还、交托或给予他人所属的一切。但他还主张正义是好的,即有益的,不仅于归还者有益,对接受者也有益。然而,显然在某些情况下将属于某人的东西归还某人对其是有害的。并非所有的人都善于或明智地利用属于他们的东西以及他们的财产。如果以严格的标准来判断,我们不得不说很少有人能明智地利用其财产。如果正义是有益的,我们就会被迫要求每个人只应在有益的时间内拥有"适度的"、于其有益的东西。直截了当地说,我们就不得不

---

〔1〕 柏拉图:《理想国》(*Republic*)377以下、389^{b-c}、414^{b}—415^{d}、459^{c-d}。

要求废除私有财产,实行共产主义。因私有财产与家庭紧密相关,我们甚至得要求废除家庭或实行绝对的共产主义,这种共产主义不仅涉及财产,也涉及妇女和儿童。只有极个别的人能够明智地确定每个人利用什么以及利用多少是有益的,唯有智慧超常的人才能够做到这一点。因此,我们就得要求由智慧者即严格意义上的哲学家来统治社会,行使绝对权力。由此可见,对克法洛斯的正义观的反驳含有对绝对共产主义和哲学家绝对统治必要性的论证。不用说,这一论证略去了许多最为相关的东西,或者说它是从许多最为相关的东西中抽象出来的,它是极端"抽象的"。要想理解《理想国》,我们就必须知道这些被略去的东西是什么以及它们为什么被略去。如果仔细阅读,就会发现《理想国》为这些问题都提供了答案。

在进一步探讨之前,我们必须消除当今流行的一个误解,迄今我们概括介绍的《理想国》的这部分内容清楚地表明,柏拉图,至少苏格拉底,并不是一个自由民主主义者。它们同样也足以说明柏拉图不是马克思意义上的共产主义者或法西斯主义者:马克思的共产主义和法西斯主义与哲学家的统治是不相容的,而《理想国》的主题却是推崇哲学家的统治。现在还是让我们快点回到《理想国》吧。

有关正义的第一种意见其实只是经克法洛斯暗示而由苏格拉底明确表述的,第二种意见虽由玻勒马霍斯陈述,但也经过了苏格拉底的帮助。而且,克法洛斯的意见在其心目中同这样一种看法相连,即不正义是不好的,因为不正义的人死后要受神的惩罚。这种看法并不包含在玻勒马霍斯的意见中。他在两种意见之间产生了矛盾:一方面正义必须有益于接受者,另一方面正义又在于给予他人其应得之物。玻勒马霍斯解决矛盾的办法是放弃第二种意见。他也修改了第一种意见。他说,正义就是帮助朋友,损害敌人。如此理解的正义似乎绝对有益于归还者和对归还者有益的接受者。不过,困难之处在于:如果正义被认为是归还属于他人的东西,那么正义之人必须知道的唯一事情就是什么东西属于他与之交往的人;而法律提供了这方面的知识,从原则上讲只要留神听一下就很容易知道。但是如果正义之人要给予其朋友有益的东西,他就必须自己来判断;他必须知道对他的每一位朋友而言什么东西是有益的,因此,正义包括更高层次的知识。至少可以说,正义必须是类似于医术的学问或技艺,即了解和制造于人体有益的东西的技艺,玻勒马霍斯未能辨别与正义相关或本身就是正义的知识或技艺,所以他不能说明正义是如何有益的。这一讨论暗示了这样的观点:正义是给予每个人于其灵魂有益的东西的技艺,亦即正义同哲学——灵魂的医术——是一致的,或至少是不可分割的。这便暗示了下述看法,即除非由哲学家来统治,否则人们中间就没有正义。但苏格拉底还没有明确表述这种观点。不过,他向玻勒马霍斯解释正义之人会帮助正义之人而不是帮助他的"朋友",而且他不会伤害任何人。他没说正义之人会帮助所有的人,或许他认为有些人并不能被施予帮助,但他也确实另有所指。玻勒马霍斯的理论可以说反映了最有力的正义观——这种观点认为正义意味着公益精神,即完全献身于自己的城邦,而这个城邦作为一个特定的社会是其他城邦潜在的敌人。这样理解的正义即爱国主义,而且这样的正义确实在于帮助自己的朋友,如帮助自己的同胞和打击自己的敌人,亦即打击外邦人。对正义的此种理解在任何城邦都难以完全避免,不管这个城邦是多么正义,因为即使最正义的城邦也是一个城邦,一个特定的、封闭的、排他的社会。因而苏格拉底自己在其后的对话中就要求城邦的保卫者天生就应该友善对待自己的人民,并严厉对待异邦人。[1] 他还要求正义城邦的居民不要视人类为其兄弟,并将博爱的感情和行为仅限于自己的同胞之间。[2] 在《理想国》第1卷所讨论的众多广为人知的正义观中,玻勒马霍斯唯一正确理解的意见被完全保留在《理想国》肯定性和建设性的部分之中。再说一遍,这种意见的主旨是主张正义在于完全献身于公益,它要求人们除了城邦以外不能拥有任何自己的东西;因而这种意见本身——如果撇开其他因素而抽象地来谈——要求绝对的共产主义。

《理想国》第1卷中所讨论的第三种也是最后一种意见是色拉叙马霍斯的主张。他是这部著作中唯一一位缺乏教养、行为无礼甚至野蛮的对话者。他对苏格拉底与玻勒马霍斯的对话结论极为恼怒。特别是苏格拉底关于正义不允许伤害任何人的观点使他大为震惊。为了理解《理想国》或为了一般地理解问题,最重要的是我们不要以色拉叙马霍斯的态度,即愤怒、疯狂或野蛮的态度对待色拉叙马霍斯。如果我们不以愤怒之情来看待色拉叙马霍斯的愤怒,那我们就必须承认他的愤怒反应在某种程度上是对常识的反叛。因为城邦时常要进行战争,而战争难免要伤及无辜,[3]无条件地谴责伤人就等于谴责即使是最正义的城邦。此外,完全相称的是,这个在场的最野蛮的人坚持最野蛮的正义观。色拉叙马霍斯认为正义是强者的利益。这种主张只不过是一种不仅不显野蛮反而极受推崇的观点的结果。根据这种观点,正义无异于合法的东西,即城邦的法律或习惯规定的东西。而这种观点意味着,除了人为的法律或惯例规定的以外,人们不能诉诸更高的东西。这种观

---

〔1〕《理想国》,375^{b}—376^{c}。

〔2〕《理想国》,414^{d-e}。

〔3〕《理想国》,471^{a-b}。

点现在被叫作“法律实证主义”,但在起源上它并不是学术的,它是所有政治社会都倾向于奉行的观点。如果正义等同于合法,那么正义的源泉就是立法者的意志。每个城邦的立法者都是政府——统治城邦的人或集团:独裁者、平民、贵族,等等。根据色拉叙马霍斯的主张,每个政府都只根据其自身利益制定法律。由此可知,恪守法律或正义并不必然有益于被统治者,甚至还可能有害于他们,而对统治者来说,正义根本就不存在:他们制定法律时唯一关心的是他们自己的利益。

我们暂且同意色拉叙马霍斯关于法律及统治者的观点是正确的。统治者确实可能犯错误。他们所决定的事情可能实际上于他们自己不利而于被统治者有利。在这种情况下,正义的或守法的臣民实际上将会做不利于统治者而有利于臣民自己的事情。当这一困难被苏格拉底指出时,色拉叙马霍斯犹豫片刻后宣称,如果统治者犯错误,统治者就不是统治者了:严格意义上的统治者是不会犯错误的,正如严格意义上的手艺人不会犯错误一样。苏格拉底极为巧妙地利用色拉叙马霍斯所谓“严格意义上的手艺人”这一概念来反驳色拉叙马霍斯。因为严格意义上的手艺人实际上所关心的不是自己的利益,而是他为之服务的人的利益:鞋匠为他人制鞋,只是偶尔才为自己制鞋;医师为患者治病,着眼于患者的利益。因此,如果统治类似于技艺(art)——而这是色拉叙马霍斯所承认的——那么统治者就为被统治者服务,即为了被统治者的利益而统治。严格意义上的手艺人或工匠是不犯错误的,也就是说他的工作做得好,而且他唯一关心的是他人的福利。然而,这意味着严格意义上的技艺就是正义——行为中的正义而非仅仅守法之类的动机中的正义。“技艺即正义”——这一命题反映了苏格拉底关于美德即知识的论断。苏格拉底与色拉叙马霍斯的讨论隐含了这么一个结论:正义的城邦将是一个工匠社会,在其中每个人(包括女人)都有一份工作,他们不仅做得好,而且全力以赴,也就是说,他们不考虑自己的利益而只为他人利益或只为公益而努力。这一结论贯穿于《理想国》的整个学说。作为典范建立的城邦所依据的原则是“一人一事”。在这样的城邦中,士兵是城邦自由的“工匠”;哲学家是公共美德的“工匠”;还有专司神圣事务的工匠;甚至连神也是工匠——永恒理念的工匠。〔1〕 因为在这个正义城邦中公民身份是这种或那种技艺,而且技艺存于灵魂而非肉体中,所以两性之间的区别便失去了它的重要性,或者说两性的平等就实现了。〔2〕

色拉叙马霍斯本可以避免失败,假如他从统治者自然会犯错这一作为常识的观点出发来谈问题,或假如他说统治者依据他们明显的(而非必然的)利益来制定法律的话。由于他不是一个高尚的人,所以我们有理由怀疑他为了自己的利益而选择了一个结果对他自己极为不利的另一种主张。色拉叙马霍斯是个著名的辩术师(当时他碰巧是《理想国》的对话者中唯一掌握一门技艺的人)。为了说服统治者,特别是居统治地位的公民大会,至少表面上使他们相信他们的真正利益,劝说术是必要的。甚至统治者自己也需要劝说术,以便劝臣民相信实际上只根据统治者的利益而制定的法律是为臣民的利益服务的。色拉叙马霍斯技艺的成败都系于这种观点,即明智(prudence,也可译为精明、智谋、谨慎)对统治者来说是最为重要的。更明确地说,犯错误的统治者根本不再是统治者。

色拉叙马霍斯的失败不是因为别人严厉拒绝了他的正义观,也不是因为他自己偶尔口误,而是因为他对正义的贬低或漠视有

〔1〕《理想国》,395^{c}、500^{d}、530^{a}、507^{c}、597。

〔2〕《理想国》,454^{c}—455^{a};参见 452^{a}。

悖于他的技艺所暗含的意义:技艺即正义的观点有一定道理。你可以说——实际上色拉叙马霍斯自己就说,苏格拉底的结论,即任何统治者或其他工匠从不考虑自身利益的观点,是极为幼稚的:苏格拉底似乎一窍不通。至于本来就是工匠的人,他们当然要考虑自己劳动的报酬。实际情况可能真是这样,就医师关心的是酬金而言,他施展的不是医师的技艺,而是赚钱的技艺。医师是这样,鞋匠及其他工匠也是这样,所以你大概不得不说,唯一普遍的技艺,包容所有技艺的技艺,即技艺之技艺,就是赚钱的技艺;因此必须进一步说,只有通过施展赚钱的技艺,工匠为别人服务或行正义才是于己有利的,或者说没人为正义而正义,再或者说没人喜欢这样的正义。但对苏格拉底的观点最具毁灭性的证明来自与统治者对被统治者最残酷和自私的剥削明显相关的技艺。这样的一种技艺就是牧羊人的技艺——色拉叙马霍斯聪明地选择了这种技艺攻击苏格拉底的论点,特别是王者及其他统治者自古以来就被比作牧羊人。牧羊人确实关心羊群的幸福,但其目的是得到最肥美的羊排。正如色拉叙马霍斯指出的,牧羊人关心的只是羊群的所有者及牧羊人本身的利益。[1] 但是,所有者同牧羊人是有区别的:最肥美的羊排是给所有者而不是给牧羊人的,除非牧羊人不诚实。现在,色拉叙马霍斯或任何像他这样的人与统治者和被统治者的关系,恰恰是牧羊人同羊和所有者之间的关系:色拉叙马霍斯可以安全地从他给予统治者(不管统治者是暴君、普通人还是卓越之人)的帮助中获益,只要他忠诚于他们,好好为他们工作,保持为交易的一方,只要他是正义的。与他自己的断言相反,他必须承认一个人的正义不仅有益于他人特别是统治者,而且也有益于自己。

---

〔1〕《理想国》,343b。

部分是因为意识到了这个道理,他在本卷最后一部分明显地改变了立场。统治者的帮手情况是这样,统治者本身以及其他在无论多么不正义的事业中需要他人帮助的人(包括君王和流氓)的情况也是这样:如果构成联合体的成员不在他们自己中间推行正义,那么任何联合体都不可能长久存在。[1] 然而,这等于承认正义可以是仅仅谋求不正义或利用他人的一种手段。首先,不排除这样的可能性,即城邦是由集体的自私自利而非别的东西维系的共同体,或者城邦与强盗团伙之间没有任何根本区别。这些以及与之类似的困难说明了苏格拉底为什么会认为他对色拉叙马霍斯的批驳是不全面的:他在第1卷结束时说,他试图证明正义是有益的,但没有阐明什么是正义。

为正义作充分辩护或赞美,不仅需要明白什么是正义这种知识,而且还需要对正义进行充分诘难。第2卷一开始,格劳孔就试图提出这样的诘难。他声称要以比色拉叙马霍斯更大的气魄重述色拉叙马霍斯的命题,虽然他并不相信它。格劳孔也认为正义当然等同于法律或习俗,但他试图指出习俗何以出身自然。从自然或本性上讲,每个人都只关心自己的利益,而全然不关心他人的利益,乃至毫不犹豫地损害其同胞的利益。由于每个人都照此行事,造成了他们之中的绝大多数人所不能忍受的局面。多数人即弱者断定,如果大家在一个人可以做什么或不可以做什么的问题上达成一致意见,那么每个人的境况都会得到改善。格劳孔没有说他们都在什么问题上达成一致,但可以猜得到其中的部分:他们同意任何人都不能侵害共同体的任一成员或任一同胞的生命、荣誉、自由及财产,每个人都必须尽最大努力抗击外敌以保卫自己的共同

---

〔1〕《理想国》,351c—352a。

体。禁止这样的侵害和保卫共同体的义务都不是他们自身所渴望的,他们所渴望的只是必然的恶,仅次于普遍的不安全之恶。但多数人与“真正的人”有不同的要求,后者能进行自我保护,如果不服从法律或约定他可以过得更好。不过连这样的人也以服从法律和正义来约束他们的天性:他们之所以服从只是因为害怕不服从的结果,即害怕受到这样或那样的惩罚,而不是出于自愿和乐意。因此,如果能肯定不被发觉,每个人都宁愿要不正义而不要正义:正义之所以比不正义更可取只是因为顾及可能被发觉,或顾及名声及其他报偿。因此,格劳孔希望正义是因其自身的缘故而值得选择的,所以他要求苏格拉底证明正义者的生活比不正义者的生活更可取,即使正义者被反常地视为不正义而遭受各种惩罚或深陷不幸,即使不正义者被认为完全正义而获得各种奖赏或幸福至极:极端的不正义,即出于本性行为的顶峰,就是巧妙地利用法律或约定而单单谋求个人私利,也就是极端狡猾而独断的暴君的行为。在与色拉叙马霍斯的讨论中,这个问题被关于正义与技艺之间密切关系的暗示掩盖了。格劳孔通过把极端不正义的人与熟练的工匠相比较,从而使这个问题明确起来,不过他认为完全正义的人是除正义之外别无其他品质的单纯的人。审视整个《理想国》的学说,我们不得不认为格劳孔是按照纯粹的毅力来理解纯粹正义的;他所设想的完全正义的人令人想到一位无名战士,他经历了最痛苦、最羞辱的死亡,他别无所求,只是为了英勇地死去,并且不指望他的崇高行为有朝一日为人所知。

格劳孔对苏格拉底的要求得到了阿得曼托斯的强烈支持。从阿得曼托斯的发言中,我们可以清楚地看到,格劳孔关于正义完全是因其自身之故而值得选择的观点颇为新颖,因为在传统观点看来,正义之值得选择,即便不是唯一也主要因为神对正义的奖赏和对不正义的惩罚以及各种其他结果。阿得曼托斯的长篇发言有别于格劳孔的发言,因为他提出了这样的事实,即如果正义是因其自身之故而值得选择的,那它就必须是轻松愉快的。[1] 格劳孔和阿得曼托斯的要求建立了一个标准,人们必须根据这个标准来判断苏格拉底对正义的赞扬;他们促使人们去探究在《理想国》中苏格拉底是否或者在多大程度上证明了正义是因其自身之故而值得选择的,或是愉快的,甚或其本身就足以使人们在通常被认为是最悲惨的境地中也感到十分幸福。

为了捍卫正义事业,苏格拉底与格劳孔和阿得曼托斯一道转而在对话中探讨建立一个城邦的问题。探讨这个问题之所以必要,理由可概括如下:正义被认为是守法或决意归还属于他人的东西,即根据法律属于他人的东西;而正义又被认为是好的或有益的;但服从法律或归还他人根据法律所属的东西并非绝对是有益的,因为法律可能是坏的;唯有法律是好的,正义才能是有益的,而这又要求法律所据以产生的制度是好的。因此,只有有一个好城邦,正义才是完全有益的。苏格拉底转而探讨这一问题还意味着他认为好城邦实际上尚不存在,这是他被迫建立一个好城邦的原因。他对其转向城邦进行了解释:正义在城邦中比在个人中更容易被觉察,因为前者比后者大。可见,他的意思是说,在城邦与个体之间,或更准确地说,在城邦与个人的灵魂之间,存在某种对应关系。这意味着城邦与个人的对应关系所依据的是对个体的某种抽象。就城邦与个人或灵魂之间存在对应关系而言,城邦至少类似于一个自然的人。不过,这种对应不是完全的对应。虽然城邦与个人似乎可以是同等正义的,但却不一定是同等幸福的(参见第

[1] 比较《理想国》,364[a,c—d]、365[c] 与 357[b]、358[a]。

4卷的开头部分)。个人的正义与其幸福之间的区别已由格劳孔指出,他要求赞扬正义不应考虑它是否有外在的诱惑。常识也指出了这一区别,它认为正义需要个人完全献身于公益。

好城邦的建立经由三个阶段:健康的城邦或猪的城邦,纯洁的城邦或兵营式城邦,美的城邦或由哲学家统治的城邦。

讨论城邦的建立之前首先要指出,城邦根源于人的需要;每个人无论是正义的还是不正义的,都有多方面的需要,而且至少因为这个原因也需要他人。健康的城邦恰好是为了满足最基本的需要,即肉体的需要。满足此种需要要求每个人只掌握一门技艺。这意味着每个人几乎完全为他人而劳动,而他人也为自己劳动。所有的人都将与他人交换自己的产品,私有财产会存在,为他人的利益而劳动,同时,每个人也是在为自己的利益而劳动。每个人之所以掌握一门技艺,原因在于人天性有别,即不同的人有适合不同技艺的天赋。由于每个人将掌握其天性适于掌握的技艺,所以每个人的负担都比较轻。健康的城邦是个快乐的城邦:没有贫困,没有强制或政府,没有战争及人吃人的现象。城邦之快乐在于其每个成员都是快乐的:没有政府,因为每个成员的劳动与其报酬之间有着完美和谐的一致;任何人都不侵犯他人。之所以不需要政府是因为每个人都由自己来选择最适合他的技艺;自然的天赋与爱好之间不存在不和谐。有益于个人的东西(他选择其天性最适合的技艺)与有益于城邦的东西之间也是和谐一致的;自然将事情安排得如此巧妙,以至于没有过剩的铁匠或短缺的鞋匠。健康的城邦之快乐在于它是正义的,而它之所以正义则在于它是快乐的;在这快乐的城邦中,正义显得轻松愉快而不带任何自我牺牲的色彩。其正义是不假思索的,也就是自然而然的。由于同样的原因,一般的无政府主义是绝对可能的。只要人们依然处于蒙昧无知的状态,无政府主义就总是难以避免的,而也正由于无知的本质,正义容易丧失。人只有通过知识才可能是正义的,而人要获得知识就必须经过努力和对抗。换句话说,虽然健康的城邦在某种意义上是正义的,但它缺乏美德和优秀:它所拥有的这种正义不是美德。没有劳作、努力或对自身的恶的抑制,美德是不可能的。健康的城邦是唯有恶占统治地位的城邦,只是在健康的城邦开始向下一个阶段过渡时,死亡才被提及。[1] 称健康的城邦为猪的城邦的人不是苏格拉底而是格劳孔。格劳孔并不怎么理解他自己所说的话,因为照字面意义来说,健康的城邦是没有猪的城邦。[2]

在纯洁的城邦出现或确切地说被建立以前,健康的城邦必定已经灭亡,造成它灭亡的原因是人们渴望摆脱束缚而开始追求不必要的东西,即于身体健康非必需的东西。于是繁荣或发烧的城邦出现了,其特点就是为无止境的财富欲求而奋斗。可以想象,在这样的一个城邦中,个人将不再仅仅掌握一种其天性所适合的技艺,而是要掌握任一或多种最有利可图的技艺。劳动与报酬之间不再有严格的一致性:因而将出现不满和冲突,并因此需要用政府来恢复正义;因此将需要在健康的城邦中完全不存在的另外的某种东西,即至少是统治者的教育,以及更特别需要的正义教育。必将出现扩张版图的需要并因而将发生侵略战争。根据“一人一事”的原则,苏格拉底要求军队组成人员必须是仅仅具有武士技能的人。似乎武士或卫士的技能远优于其他技能。在这之前似乎所有技能都有平等地位,唯一普遍的技能或包容所有技能的技能是赚钱的技能。[3] 而现在开始出现了技能的真正等级。这种等级是金

---

〔1〕《理想国》,372^{d}。

〔2〕《理想国》,370^{d-e}、373^{e}。

〔3〕《理想国》,342^{a-b}、346^{e}。

字塔形的;普遍的技能是最高的技能,指导所有其他技能的技能,除了最高级的人以外谁都无法掌握这种技能。这种技能将被证明是哲学。而目前我们只被告知,武士一定具有类似于哲学动物——狗——的品格。因为武士肯定生气勃勃,从而一方面勇猛、严厉,另一方面又彬彬有礼,因为他们肯定严厉地对待敌人而礼貌地对待同胞。他们一定无私地热爱同胞而憎恶敌人。具有这种特殊天性的人需要额外的特殊教育。他们所从事的工作使他们有必要接受战争技能的训练,但这并不是苏格拉底主要关心的教育。他们凭天性就会是最好的战士和唯一拥有武装和受过军事训练的人,他们必然是唯一的权力拥有者。此外,纯真时代已成过去,恶在城邦中横行因而也在武士中蔓延。武士而非其他人所需要的教育因而首先是公民美德的教育。这种教育是"音乐"教育,特别是通过诗与音乐所进行的教育。并非所有的音乐和诗都适于培养一般的好公民和特殊的武士或卫士。因此不符合这一道德和政治目的的诗和音乐必须予以废除。苏格拉底绝没要求用蹩脚的作家取代荷马和索福克勒斯;他所要求的诗必须真正是诗意的,他特别要求将神作为人优秀品质的榜样,即武士可以而且必须追求的那种优秀品质的榜样。统治者将出自武士中的杰出人物。然而,无论多么优秀和有效,这种教育都是不够的,因为这种教育有赖于一种正确的制度,即有赖于绝对的共产主义或彻底废除隐私,人人都可随意进入他人的居所。作为对他们所提供的服务的奖赏,武士们得到的不是金钱,而是足够数量的食品以及我们可以设想的其他生活必需品。

让我们看看所描述的这种好城邦怎样展示正义因其自身的缘故就是好的甚至是有吸引力的。正义,或在劳动与报酬之间以及在为他人劳动与自身利益之间遵守公正的比例,是必要的。这一点在与色拉叙马霍斯的讨论中已由强盗集团的例子说明。苏格拉底与阿得曼托斯一致同意武士的教育并非是正义的教育,[1]它是勇敢和节制的教育,特别是与体育有别的音乐教育属于节制教育,这意味着爱美,即爱自然而然令人倾心的东西。正义在狭义和严格意义上可以说出自节制,或出自节制与勇敢的适当结合。苏格拉底就这样不动声色地阐明了强盗集团与好城邦之间的区别;本质的区别就在于好城邦中武装的和居于统治地位的人被对美的热爱所激励,即由对值得赞美的或优美的事物的热爱所激励。区别不在于好城邦与其他城邦——无论是希腊人的还是野蛮人的城邦——的关系以正义为指导原则:好城邦的版图大小由该城邦自己有节制的需要而非其他东西所决定。[2] 困难之处在于当苏格拉底讲到统治者时他所讲的内容。除其他所需品质以外,统治者必须有关心或热爱城邦的品质,但人最可能爱的是他认为与自己的利益一致的人,或他认为其幸福是自己幸福的条件的人。这里所提到的爱显然不是无私的,也就是说,统治者之爱城邦或服务于城邦并不是为爱而爱或为服务而服务。这可以解释苏格拉底为什么要求无论在活着还是在死后都应给统治者以荣誉。[3] 无论如何,对城邦以及人们相互之间最高程度的爱将不会立即出现。除非人们误以为所有同胞而且唯有同胞才为兄弟。[4] 一言以蔽之,随健康城邦的灭亡而失去的个人利益与城邦利益的和谐尚未恢复。因而难怪在第4卷一开始阿得曼托斯便表达了对军营式城邦中武士境况的不满。阅读有关整个辩论的文本可以看到,苏格拉底的回

---

〔1〕《理想国》,392^{a-c}。

〔2〕《理想国》,423^{b};参见 389^{b} 和 422^{d}。

〔3〕《理想国》,414^{a}、465^{d}—466^{c};参见 346^{e} 以下。

〔4〕《理想国》,415^{b}。

答大意是:一个人只有作为快乐城邦的一员才能是幸福的;只有在一定的界限之内一个人或城邦中的其他部分才能是幸福的;完全献身于城邦就是正义。不过,完全献身于城邦是否就是或能够是个人的幸福,这点尚不清楚。

当好城邦的建立大抵上完成之后,苏格拉底和他的朋友们开始转而寻求该城邦中的正义和不正义之所在,以及幸福的人必将具备正义还是不正义。[1] 他们首先寻求的不是正义而是三种美德(智慧、勇敢和节制)。一方面,在依自然而建立的城邦中,智慧存在且只存在于统治者身上,因为智慧的人自然是城邦中的极少数人,而城邦不由他们来统治是不好的。在好城邦中,勇敢存在于武士阶层,因为与野蛮的胆大妄为不同,政治的勇敢只有通过教育才为天性适宜的人所具备。另一方面,节制应为好城邦中的所有阶层所具备。在目前的文本中,节制并不完全意味着在讨论武士教育时所说过的那些,而意味着以本性上更好的东西来控制本性上更坏的东西——通过此种控制而达于整体的和谐。换言之,节制是本性上的优与劣在何者应于城邦中居统治地位这一问题上的一致。由于控制与被控制不同,因此我们必须假定统治者的节制不同于被统治者的节制。虽然苏格拉底和格劳孔在好城邦中很容易找到上述三种美德,却难以在其中发现正义,因为像苏格拉底所说的那样,正义在好城邦中是那么明显。正义在于人人做一件属于城邦而又为其天性所擅长的事情,或只在于人人关心自己所做的事情;正是因为如此理解正义,其他三种美德才成其为美德。[2] 更准确地说,一个城邦之正义只在于其三部分(生意人、武士、统治

---

〔1〕《理想国》,427^{d}。

〔2〕《理想国》,433$^{a—b}$。

者)中的每一部分都做且只做自己的工作。[1] 因此,与节制而非勇敢与智慧相同的是,正义不是某一特殊部分的专有物,而是每个部分都需要的。因而与节制一样,正义在三个等级中有不同的特点。例如,必须假定智慧的统治者的正义受其智慧影响,而生意人的正义受其智慧的缺乏影响,因为即使武士的勇敢也只是政治的或公民的勇敢而不是纯粹和绝对的勇敢,[2]所以他们的正义——更不用说生意人的正义——也不会是纯粹和绝对的正义。为了发现纯粹的正义,有必要考虑个人中的正义。如果个人的正义与城邦的正义一致的话,这就会很简单了。而这将要求个人或毋宁说其灵魂同城邦一样由三种"本性"构成。权且考虑一下灵魂似乎就可确立这一要求:灵魂含有欲望、激情或愤怒[3]以及理性,恰如城邦包括生意人、武士和统治者。因此我们可得出结论说,一个人正义的前提是其灵魂的三部分各司且只司其职——如果其灵魂处于健康状态的话。但如果正义就是灵魂的健康,反之不正义就是灵魂的疾病,那么显然正义就是好的,不正义就是不好的,而不管一个人是否被认为是正义或不正义的。[4] 一个人之正义的前提是其理性部分具有智慧且居于统治地位,[5]而且其激情部分服从并协助理性抑制欲望的无限膨胀。然而这意味着只有以智慧统治其他两部分的人,即只有智慧者才能是真正正义的。[6] 因此,难怪正义之人最终被证明是哲学家。[7] 生意人和武士即使在正义城邦中也不是

---

〔1〕《理想国》,434[c]。

〔2〕《理想国》,430[c];参见《斐多篇》(*Phaedo*),82[a]。

〔3〕《理想国》,411[a—c]。

〔4〕《理想国》,444[d]—445[b]。

〔5〕《理想国》,441[e]。

〔6〕 参见《理想国》,442[c]。

〔7〕《理想国》,580[d]—583[b]。

真正正义的,因为他们的正义仅仅来自这样或那样的习惯而非来自哲学,因此他们在灵魂深处渴望暴政,即渴望彻底的不正义。[1]于是我们看到,当苏格拉底预料到会在好城邦中发现不正义时他是多么正确。[2] 当然这并不否认不是哲学家的人作为好城邦的成员,其行为比他们作为坏城邦的成员会更为正义。

当城邦中的正义与灵魂中的正义被分开考虑时,非智慧者的正义表现方式是不一样的,这表明城邦与灵魂的对应论是有缺陷的。这种对应论要求,正如在城邦中武士比生意人居于更高的等级一样,灵魂中的激情部分也高于欲望。保卫城邦以防御国内外敌人并接受过音乐教育的人,似乎有理由比既缺乏公共责任又缺乏音乐教育的人更值得尊敬。但激情似乎就没多少理由比欲望更值得尊敬。的确,"激情"包括大量不同的形象:从对不正义和卑鄙、堕落的最高尚的愤怒一直到被剥夺了所欲(无论多坏)之物的顽童的恼怒。但"欲望"的情形也是如此:一种欲望是爱欲(*eros*),从渴望传宗接代形式的不死、不朽名声形式的不死到经由知识上参与不变事物的不死,都属于健康形式的爱欲。因此激情高于像这样的欲望的论断是值得怀疑的。别忘了,有哲学之爱,也有无哲学的激情;[3]换句话说,色拉叙马霍斯更显然是激情的化身而非欲望的化身。这一存疑的论断是因为对爱欲的有意抽象,而这种抽象正是《理想国》的特点。

这种抽象最明显地表现于两个事实:当苏格拉底说人类社会起源于人的基本需要时,他缄口不提生殖的需要,而当他描述不正

---

〔1〕《理想国》,619$^{b—d}$。

〔2〕《理想国》,427^{d}。

〔3〕参见《理想国》,366^{e}。

义的化身暴君时,他把暴君描述成爱欲的化身。[1] 在有关激情与欲望各自等级这一主题的讨论中,他缄口不提爱欲。[2] 似乎在爱欲与城邦之间,因而在爱欲与正义之间存在紧张关系:只有通过抑制爱欲,城邦才能保持为城邦。爱欲服从其自身的法则而非城邦的法则,不管后者有多么好;在好城邦中,爱欲完全服从于城邦的要求。好城邦要求一个人所有的爱——对其父母、孩子、朋友及恋人的所有自发的爱——都必须献给城邦,即为共同的爱牺牲其他的爱。必须尽可能废除个人的爱,只保留对特定的城邦即自己城邦的爱。尽可能用爱国热忱取代爱欲,而且后者与诸如战斗热情、“暴躁”、恼怒、愤慨之类的情绪的关系比与爱欲的关系更为密切。

虽说因为柏拉图不是一个自由民主主义者而对其进行攻击是有害无益的,但也不好抹杀柏拉图主义与自由民主主义之间的区别,因为从“柏拉图是令人钦佩的”和“自由民主是令人钦佩的”这样的前提,不能正当地得出结论说柏拉图是一个自由民主主义者。建立好城邦的出发点是人生而有别这一事实,而这一事实被用来证明人生而具有不平等的地位。他们的不平等特别关涉到他们获得美德的能力。天生的不平等由于不同的教育或习惯以及城邦的不同部分所享有的不同生活方式(共产主义的或非共产主义的)而得以强化和深化。结果好城邦成了与种姓社会相似的社会。听到《理想国》有关好城邦的描述,柏拉图书中的一个角色想起了古埃及的种姓制度,虽然埃及的统治者显然是祭司而不是哲学家。[3] 在《理想国》的好城邦中,确实并非血统而是天赋首先决定一个人

[1] 《理想国》,573^{b-e}、574^{e}—575^{a}。

[2] 参见《理想国》,439^{d}。

[3] 《蒂迈欧篇》(*Timaeus*),24^{a-b}。

属于哪个等级。但这导致了一个困难:一方面,较高等级的成员过的是共产主义生活,他们不可能知道其生身父母,因为他们被假定将所有年长一代的男女视为父母。另一方面,非共产主义的较低等级中有天赋的孩子可以转为较高等级(反之亦然)。由于他们的天赋并非必然在一出生就被认识,所以他们很可能会熟悉其亲生父母,甚至会逐渐依恋他们,这将会使他们不适于转为较高等级。有两种办法可以解决这一困难。第一是将绝对共产主义扩大到较低等级;第二是考虑到生活方式与教育的联系,将音乐教育也扩大到较低等级。〔1〕 据亚里士多德说,〔2〕苏格拉底未能解决城邦中彻底的共产主义是限于较高等级还是也扩大到较低等级的问题。其留下的这一悬而未决的问题与苏格拉底公开贬低较低等级的重要性的意见是相吻合的。〔3〕 而且,苏格拉底希望将共产主义和音乐教育限于较高等级,〔4〕这也没有多少疑问。因此,为了消除上述困难,他不可避免地承认了人们在等级制度中高低有别的等级身份,从而违背了最基本的正义原则之一。此外,令人不解的还有,在有无适于武士职业的天赋之间是否能划出一个十分明确的界限,因此十分公正地指定某人为或高或低的等级是否可能,而好城邦能否是完全正义的。〔5〕 但无论如何,如果共产主义被限于较高等级,那么在生意人等级和哲学家中就还将存在隐私,因为城邦中有一位哲学家就足够了,根本不需要一群哲学家:武士是完全从事政治或公共事务,完全献身于城邦的唯一等级,因此就“正义”一词的一种意义而言,仅仅武士就提供了正义生活最明显的例子。

---

〔1〕《理想国》401^{b-c}、421^{e}—422^{d}、460^{a}、543^{a}。

〔2〕《政治学》(*Politics*),$1264^{a}13$—17。

〔3〕《理想国》,421^{a}、434^{a}。

〔4〕《理想国》,415^{e}、431^{b-c}、456^{d}。

〔5〕再考虑《理想国》,427^{d}。

在此,我们有必要理解为什么共产主义被限于较高等级,或共产主义的自然障碍是什么。天生私人性的或一个人自己的东西是身体,且只有身体。[1] 身体的需求或欲望诱使人尽可能扩张其私人的或自我的范围。这种最强有力的努力遭到音乐教育的遏制,因为音乐教育培养节制,是一种最严格的灵魂训练,而且似乎只有少数人才能做到。然而这种教育并不能根绝人自然的物欲:武士若不服从哲学家他们便不会接受绝对的共产主义。因此,为个人的利益奋斗显然最终受制于哲学,即受制于对真理的追求,而真理不是任何人的私有物。自私的是肉体,而公共的是精神,且是纯粹的精神而非一般的灵魂。《理想国》中所说的共产主义之于非共产主义的优越性,只有作为哲学之于非哲学优越性的反映才能被理解。这显然与前段论述矛盾。这一矛盾可以而且必须通过区分正义的两种意义加以解决。要想明了这一区别,先得理解《理想国》中关于哲学与城邦关系的学说。为此我们必须有个新开端。

第 4 卷结束时,看上去苏格拉底好像已经完成了格劳孔和阿得曼托斯交给他的任务,因为他已证明,正义作为灵魂的健康之所以值得向往,不仅是因为正义的结果,而且首先是由于正义自身之故。但后来,在第 5 卷的开始,我们突然遇到了一个新的开端,本书开始时的情形再度出现。在本书及本书第 5 卷(别处没有)开始时,苏格拉底的伙伴们作了一个决定,并且是投票表决,而没有参加表决的苏格拉底也服从这一决定。[2] 苏格拉底的伙伴们在这两个场合都表现得像个城邦(公民大会),虽说可能是最小的城邦。[3] 但是这两个场合有个决定性的区别:第一个场合中色拉叙

---

〔1〕《理想国》,464[d];参见《法律篇》(*Laws*),739[e]。

〔2〕比较《理想国》,449[b]—450[a] 与 327[b]—328[b]。

〔3〕参见《理想国》,369[d]。

马霍斯不在场,而第二个场合中他已成了好城邦的一员。似乎好城邦的建立需要色拉叙马霍斯转变为其公民的一员。

在第5卷的开始,苏格拉底的伙伴迫使其接受关于妇女和儿童的共产论题。他们并不像阿得曼托斯在第4卷开始时反对关于财产的共产那样,反对这一提议本身,因为甚至连阿得曼托斯都改变了初衷。他们只是想知道如何正确看待关于妇女和儿童的共产。苏格拉底以两个更尖锐的问题取代了上述问题,这两个问题是:(1)那样的共产主义可能吗?(2)它值得向往吗?关于妇女的共产似乎是两性职业平等的结果或前提:城邦不能失去,其成年人口一半的劳动力和战斗力,而且在适于各种技能的天赋上,男女之间无本质差别。两性平等的要求需要传统的彻底颠覆,这种颠覆在这里被描述得与其说是令人震惊不如说是可笑。为这种要求进行辩护的根据是,只有有用的才是合理的和高尚的,而只有坏的即反自然的才是荒谬的:两性行为的传统差别被斥为反自然的,而革命性变革意味着根据自然来造就秩序。[1] 因为正义要求每个人都要掌握一种他(她)天生适合的技艺,不管习惯或法律具有怎样的支配作用。苏格拉底首先表明两性平等是可能的,即与两性在掌握各种技艺的能力上所表现出的自然本性相一致,然后他表明这种平等是值得向往的。在证明这种可能性的过程中,他显然抽掉了两性在生殖上的差别。[2] 这意味着整个《理想国》的论证——根据这一论证,城邦是男女工匠的共同体——最高程度地抽掉了城邦是本质性的、"通过自然"而非"通过技艺"而产生的最高级的活动这一观点。

苏格拉底接着转向关于妇女和儿童的共产,并说明它是值得

---

〔1〕《理想国》,455$^{d—e}$、456$^{b—c}$。

〔2〕《理想国》,455$^{c—e}$。

向往的,因为它将使这样的城邦比由各个家庭组成的城邦更加“统一”,因而也更加完善:城邦应尽可能类似于单个的人或单个的生命体,即类似于自然的存在。[1] 由此,我们会更好地理解苏格拉底在开始讨论正义时为什么要假定城邦与个人之间的对应:他预先想到了城邦之最大可能的统一。废除家庭当然不意味着放纵或乱交,它意味着以对城邦有用或符合公益为准则来最严格地规定性交。可以说,有用性的考虑超过了神圣的考虑,[2]人类男女交配的唯一出发点就是生育最优良的后代,这与狗、鸟和马的饲养员所抱的想法是一样的;爱情的要求将彻底沉寂。新秩序自然要在习惯法上实行对乱伦的禁止,即习惯法上最神圣的正义法则。[3] 在这一新制度中,谁都不认识自己的亲生父母、子女及兄弟姐妹,每个人都认年长一代的人为其父母,认同代人为兄弟姐妹,以及认年幼一代为其子女。[4] 然而这意味着,依据自然建立的这一城邦,其生活一个最重要的方面更加依赖法规而不是自然。正是由于这个原因,我们失望地看到,虽然苏格拉底提出了妇女和儿童的共产是否可能这一问题,但他马上又放弃了。[5] 由于所考虑的这种制度是好城邦所不可缺少的,因而苏格拉底把好城邦如正义城邦之可能性的问题搁置起来暂不予解决。这使其听众及《理想国》的读者感到意外,因为他们为了这个正义的城邦已经作出了最大的牺牲——如爱情及家庭的牺牲。

苏格拉底并未长久地被允许逃避其巨大的责任,他必须回答正义城邦之可能性的问题。果断的格劳孔迫使他面对这一问题。

---

〔1〕《理想国》,462^{c-d}、464^{b}。

〔2〕参见《理想国》,458^{e}。

〔3〕参见《理想国》,461^{b-c}。

〔4〕《理想国》,463^{e}。

〔5〕《理想国》,466^{d}。

或许应该说,苏格拉底明显地脱逃到战争问题——对格劳孔来说这个问题比妇女和儿童的共产问题更容易且更有吸引力——但却按严格的正义要求来论述这一问题,从而极大地削弱了它的吸引力,苏格拉底以此迫使格劳孔要求他回到上述基本问题。尽管可能如此,但苏格拉底和格劳孔所回到的问题却并不完全是他们所离开的那个问题了。他们所离开的问题是,符合人天性的好城邦是否可能;而他们所回到的问题是,好城邦能否通过改造现有的城邦而成为现实。[1] 后一问题可能被认为以前一个问题的肯定回答为前提,但这并不完全正确。就目前所知,我们企图发现何为正义(以便使我们知道它如何与幸福有关)的全部努力都是在寻求作为"范式"的"正义本身"。所谓寻求作为范式的正义本身,意思是说,正义的人和正义的城邦都不会是完全正义的,但确实将特别接近地近似于正义本身,[2] 只有正义本身是完全正义的。[3] 这就是说,甚至正义城邦特有的制度(彻底的共产主义、两性平等及哲学家统治)也不完全是正义的。正义本身并非在它能成为现实的意义上是"可能的",因为它总是"不可能经历任何变化的"。正义是"理念"或"形式",是众多"理念"之一。理念严格说是唯一"是"的东西,即不掺杂任何非存在的东西,因为它们是在变化之外的,而变化的东西处于存在与非存在之间。由于理念是唯一处于变化之外的东西,所以在某种意义上它们是所有变化及所有能变化的东西的原因。例如,正义的理念是所有事物(人类、城邦、法律、命令及行为)成为正义的原因。它们是自足的、永恒的存在。它们极为壮美。例如,正义的理念是完美无缺的正义的。但

---

〔1〕《理想国》,473^{b-c}。

〔2〕《理想国》,472^{b-c}。

〔3〕《理想国》,479^{a};参见538^{c}以下。

它们的完美是肉眼看不到的。唯有对于精神的眼睛,理念才是“可见的”,而精神之作为精神所感知到的只有理念。然而,理念有很多,而且感知理念的精神也根本不同于理念本身,这些事实表明,一定还有某种高于这些理念的东西:“善”或“善的理念”,它在某种意义上是所有理念以及感知这些理念的精神的原因。[1] 人具备感知“善”的天赋,而且只有通过对“善”的感知,好城邦才能实现并存在下去。

苏格拉底给格劳孔阐述的理念论很难理解。首先它特别令人难以置信,更不用说听起来十分怪诞。在这之前我们已知正义是人类灵魂或城邦的某种基本特征,即某种非自给自足的东西。而现在又要我们相信它是自足的,与分享正义的人类及其他任何事物存在于完全不同的地方。[2] 至今尚无人成功地对这种理念论作出明白的或令人满意的解释。不过,倒是可能相当准确地指出其根本困难。“理念”首先是指事物的样子或外观;其次是指具有同样的“外观”,即同样的特征和力量,或同样的“自然”(性质)的一种或一类事物;因此它是指属于某一类事物的特征或“自然”(本性):一事物的“理念”就是我们试图发现的一个或一类事物的“什么”或“自然”。(参见绪论)“理念”同“自然”的联系在《理想国》中通过下列情况显示出来:“正义的理念”被称为“自然而然是正义的东西”,并且同非理念的东西或可感觉的东西相反的理念被说成是在“自然”中的。[3] 然而,这并未说明理念同分享理念的事物为什么被说成是“分离”的,或换句话说,为什么“狗性”(狗的类特征)应该是“真正的狗”。有两种现象似乎可以帮助苏格拉底证明

---

〔1〕《理想国》,517^{c}。

〔2〕参见《理想国》,509^{b}—510^{a}。

〔3〕《理想国》,501^{b}、597$^{b—d}$。

其主张。第一,数学上的东西永远不可能在感性事物中发现:画在沙地和纸上的线不是数学家所意会的线。第二,我们所谓正义及其类似的东西,就其纯粹或完善的形式而言,不一定存在于人类或社会之中,似乎所谓正义超越了人所能达成的所有事物,最正义的人恰恰是最了解自己的正义之缺点的人。苏格拉底似乎说,数学和美德是这样,其他一切事物也都是这样:存在床或桌子的理念,就如同存在圆或正义的理念一样。果真如此吗?说完美的圆或完美的正义超越于所有可见事物显然是有道理的,但很难说完美的床是无人可以在上面休息的东西。尽管如此,格劳孔和阿得曼托斯还是相当容易地接受了这种理念学说,比接受彻底的共产主义还要容易。这种自相矛盾的情况并不让我们十分吃惊,因为不知为何,我们相信这些有才华的年轻人在苏格拉底教授的指导下研究哲学,并且在无数场合亲耳聆听过他对理念论的阐述,尽管我们不相信《理想国》的哲学论述是讲给熟悉更初级(或更早)的对话的读者听的。不过,柏拉图只以苏格拉底与格劳孔及《理想国》中的其他对话者的对话为媒介,来向《理想国》的读者讲话,而且作为《理想国》的作者他并没有暗示格劳孔——更不用说阿得曼托斯及其他人——已经认真地研究过理念论。[1] 然而,虽说难以相信格劳孔和阿得曼托斯真正理解了理念论,但他们毕竟听说过,而且在某种意义上他知道有 Dike 或正义[2]及 Nike 或胜利之类的神,并且胜利之神不是这个或那个胜利,也不是这座或那座神像,而是一切胜利的原因,是自足的、完美无缺的存在物。更概括地说,他们知道有自足的神,这些神是一切善的事物的原因,有着令人难以置信

〔1〕 比较《理想国》,507^{a-c} 与 596^{a}、532^{c-d};对照《斐多篇》,65^{d} 和 74^{a-b}。

〔2〕 《理想国》,536^{b};比较 487^{a}。

的完满，但又不能被感官所把握，因为它们从不改变其“形式”。[1]这并不否认在《理想国》中“神学”[2]所理解的神与理念之间存在着深刻差别，或者说，在《理想国》中神在某种程度上被理念取代了。它只不过是断定，接受那种神学并从中得出所有结论的人容易理解理念论。

现在我们必须回到正义城邦之可能性的问题上。我们已经知道，在任何现实的事物都能够是完全正义的意义上，正义是不“可能的”。其后我们马上知道，不仅正义本身，而且连正义的城邦在上述意义上也是不“可能的”。这并不是说《理想国》中所描绘的正义城邦像“正义本身”一样是一个理念，也不意味着这样的城邦是一个“理想”：“理想”不是柏拉图的术语。正义的城邦不像正义的理念一样是独立自存、位于上天某处的东西。毋宁说它类似于一个极度完美的人的画像，只是由于画家的画才得以存在。更准确地说，正义的城邦仅存于“谈话”中：它之所以“是”（存在），只因为它是根据正义本身或天然正确的东西而被描绘出来的。虽然正义的城邦与正义本身相比处于较低层次，即便如此，作为范式的正义城邦也不能变为现实，因为它只是一个蓝图，只能指望实际的城邦接近这个蓝图。[3]这里的意思并不清楚。它的意思是说最可行的解决办法将是妥协，所以我们必须容忍某种程度的私有财产（如必须允许每个武士都拥有自己的鞋子之类的生活必需品）和某种程度的两性不平等（如某些军事或行政职能仍留给男性武士）吗？没有任何理由假定这是苏格拉底的意思。根据其后的对话部分，下面的设想似乎更有道理：有关正义城邦作为蓝图不

---

〔1〕 比较《理想国》，379^{a-b}和380^{d}以下。

〔2〕《理想国》，379^{a}。

〔3〕《理想国》，472^{c}—473^{a}；比较500^{c}—501^{c}与484^{c-d}及592^{b}。

可能实现的主张只是临时性的,或只是为后一主张作准备。这后一主张是:正义城邦虽然能够但却不大可能实现。无论如何,在宣称唯一能合理预期的是尽可能接近的好城邦之后,苏格拉底立即提出了问题,即现实的城邦转变为好城邦的充分必要的条件是什么?他的答案是,政权与哲学的"一致性":哲学家必须是最高统治者或最高统治者必须真正而充分地研究哲学。这一答案在《理想国》第1卷的概述中我们就已经指出,所以现在听起来一点都不奇怪。如果正义不是给予每个人法律指定给他的东西,而是给予每个人于其灵魂有益的东西,而于其灵魂有益的东西就是善,那么由此得出的结论就是:一个人要是不懂得"善本身",或一般说来不懂得理念,或者说不是一个哲学家,那他就不可能是真正正义的。

通过回答好城邦何以可能的问题,苏格拉底引入哲学作为《理想国》的主题。这意味着在《理想国》中哲学并未被当作人的目的,即人应为之生活的目的,而是被当作了实现正义城邦的手段,这一正义的城邦是座军营,其特征是在上等阶级即武士阶级中实行彻底的共产主义和两性平等。由于哲学家的统治不被当作正义城邦的一个要素而是实现正义城邦的手段,所以亚里士多德在批判分析《理想国》时漠视这一制度是有道理的(《政治学》第2卷)。无论如何,苏格拉底还是成功地将正义城邦之可能性的问题归结为哲学与政权相一致之可能性的问题。这种一致的可能性一开始就最难以令人置信:谁都能看到,哲学家于政治即使不是有害也是无用的。苏格拉底——他对雅典城邦有些亲身体验并以其被处死刑而达到顶点——认为对哲学家的这一指责是有充分根据的,尽管需要进一步解释。他把城邦与哲学家的对抗主要归咎于城邦;目前的城邦,即非由哲学家统治的城邦,像一群疯子的集合,它们腐蚀了绝大多数适于成为哲学家的人，因而它们被那些在逆境中成功成为哲学家的人厌恶和抛弃是理所当然的。但是苏格拉底远没对哲学家一概宽容。唯有双方都彻底改变才能实现哲学家与城邦之间本应具有的和谐。这种改变恰恰在于：城邦不再不愿由哲学家统治，而哲学家不再不愿统治城邦。哲学与政权之间的这种一致是难以做到的，可能性不高。要实现所需要的城邦的改变，即非哲学家或大众的改变，正确的劝说是充分且必要的。正确的劝说来自劝说术，即由哲学家指导且为哲学服务的色拉叙马霍斯的技艺，因而难怪苏格拉底宣称他刚与色拉叙马霍斯成了朋友。非哲学家的大众本性善良，所以能被哲学家说服。[1] 但如果确是这样，那么过去的哲学家们，且不说苏格拉底本人，为什么没有成功地说服大众相信哲学及哲学家的至上性，并因此实现哲学家的统治，从而使其城邦被拯救和获得幸福呢？尽管听起来有点奇怪，但在这一部分的论证中，劝说大众接受哲学家的统治似乎比说服哲学家来统治城邦更为容易：哲学家不可能被说服，他们只能被迫来统治城邦。[2] 唯有非哲学家可以迫使哲学家来关心城邦。但是鉴于对哲学家已有的偏见，如果哲学家不首先劝说非哲学家来迫使哲学家去统治他们的话，这种强迫将不会发生。而这种劝说也不会发生，因为哲学家不愿去统治。我们因此得出这样的结论：正义的城邦是不可能的，因为哲学家不愿去统治。

哲学家为什么不愿统治？这是因为他们把知识作为一种必需之物加以追求的欲望居支配地位，或认为哲学是最令人幸福愉快的财富，因此哲学家们无暇俯身于人间事务，更不用说去关心

---

〔1〕《理想国》，498^{c}—502^{a}。

〔2〕《理想国》，499$^{b—c}$、500^{d}、520$^{a—d}$、521^{b}、539^{e}。

它们了。[1] 哲学家们相信他们在有生之年已经稳稳地安居于远离城邦的快乐岛,[2]因此只有强迫才能使他们参加正义城邦的政治生活,因为正义城邦视正确培养哲学家为其最重要的任务。正因为知道什么是真正重要的事务,世间事务对哲学家来说才显得微不足道。哲学家的正义——避免欺骗其同胞——恰恰来自对非哲学家们所激烈争夺的东西的蔑视。[3] 他们知道,不献身于哲学的生活——因而特别是政治生活——就像洞穴中的生活一样,连城邦都可以等同于洞穴。[4] 洞穴居民(非哲学家)只看到被造物的影子。[5] 就是说,他们根据其对正义和崇高事物的意见,而且是立法者的命令所允许的也就是因袭的意见,来理解他们所感知到的东西,而且他们不知道他们最珍视的信念也只不过是意见。因为连最好的城邦也难免会陷于谬误,哪怕是高尚的谬误,可以预料,不完美的城邦所依赖或相信的意见将不会是真理。恰恰最优秀的非哲学家或好公民热衷于坚持这些意见并因此激烈地反对哲学,[6]因为哲学总是企图超越意见而趋向知识:大众是不可能被哲学家说服的,在较早的一番论证中我们就自信地假定过这一点,这是哲学与政治权力的一致之所以极不可能的真正原因;哲学与城邦的倾向是背道而驰的。

苏格拉底看到,要克服城邦与哲学家之间的自然对立是困难的,所以他才从与人的自然本性相符合意义上的正义城邦是否"可能"的问题,转向了通过改造现实的城邦而实现正义城邦是否"可

---

[1] 《理想国》,485^a、509^{b—c}、517^c。

[2] 《理想国》,519^c。

[3] 《理想国》,486^{a—b}。

[4] 《理想国》,539^e。

[5] 《理想国》,514^b—515^c。

[6] 《理想国》,517^a。

能”的问题。与第二个问题不同的是，第一个问题暗示正义城邦是否不能通过仅仅将以前毫无关系的人聚集在一起而实现。苏格拉底给了这个问题一个否定的暗示，转到正义的城邦能否通过改造现存城邦而实现的问题。一方面，好城邦不可能在尚未经过人类纪律约束的人中实现，即不可能在“原始人”或“愚蠢的动物”或“野蛮人”中实现。其潜在的成员必须是已经经历了初步文明生活的人。原始人成为文明人的漫长过程不可能是好城邦的创建者或立法者的产物，而只能是他的前提条件。〔1〕 但另一方面，如果潜在的好城邦一定是旧有的城邦，那么，其居民就会已经被他们城邦传统上被视为神圣的不完善的法律或习俗彻底塑造成形了，而且他们将执著地坚持这些法律与习俗。苏格拉底因此被迫修改他起初的建议，而根据这一建议，哲学家的统治是正义城邦得以实现的充分必要条件。鉴于起初他曾提出只要哲学家成为统治者，好城邦就会实现，所以最后他提出，一旦哲学家成为统治者，好城邦实现的条件就是由他们来把所有 10 岁以上的人驱逐出城邦，即把儿童与其父母及父母的生活方式完全隔离开，以在好城邦全新的生活方式中培养这些儿童。〔2〕 通过接管城邦，哲学家们确保其臣民将不会成为野蛮人；通过驱逐所有 10 岁以上的人，他们确保其臣民将不被传统文明所束缚。这种解决办法十分简洁。不过，却有一个疑问，哲学家们何以能迫使 10 岁以上的人顺从驱逐令呢？毕竟他们尚未培养出对他们绝对顺从的武士阶层。这并不是要否认苏格拉底可以说服许多优秀的年轻人，甚至一些老者，使他们相信大多数人可以被哲学家说服，而确实不是被强迫离开他们的城邦和孩子，前往荒野居住，以便于正义的城邦得以实现。

---

〔1〕 比较《理想国》，376[e]。

〔2〕 《理想国》，540[d]—541[a]；比较 499[b]、501[a,e]。

《理想国》论述哲学的部分是该书最重要的部分。因此,这部分把对正义问题的回答推到了《理想国》所能给予的最高限度。对何为正义问题的明确回答却一直是相当含混的:正义在于城邦或灵魂的每一部分都“做其天性最适合的工作”,或做“一种”那样的工作;每一部分只要以“某种方式”做其工作或关心自己的事情,那他(它)就是正义的。要消除这种意义的模糊性,须用“最好的方式”或“很好的方式”来取代“某种方式”:正义在于每一部分都做好其工作。[1] 因此正义的人就是其灵魂的每一部分都做好各自工作的人。因为灵魂的最高部分是理性,而且因为如果其他两部分做不好工作,这部分也就不能做好工作,所以只有哲学家才真正可能是正义的。但哲学家做得好的工作具有内在的吸引力,而且实际上也最令人愉快,因为他无须顾及工作的结果。[2] 因此,唯有在哲学中正义与幸福才是一致的。换言之,就好城邦是正义的而言,哲学家是唯一正义的人:他是自足的,真正自由的,或者说他的生活很少致力于为其他人服务,就像城邦的生活很少致力于为其他城邦服务一样。但认为好城邦中的哲学家是正义的也是就下述意义而言,即他为其同胞及城邦服务,他遵守法律。这就是说,认为哲学家是正义的也是就下述意义而言:正义城邦的所有成员,以及在某种意义上任何城邦的正义成员,都是正义的,而不管他们是哲学家还是非哲学家。然而这第二种意义的正义不具有内在吸引力,它不是因正义本身之故而值得选择的,而只是因为从结果上看有益,或虽不高尚却必要:哲学家服务于其城邦,甚至服务于好城邦,不像其追求真理那样是出于自然倾向,出于热爱,而

---

〔1〕《理想国》,433^{a-b}和443^{d};比较亚里士多德《尼各马可伦理学》(*Nicomachean Ethics*),1089^{a} 7—12。

〔2〕《理想国》,583^{a}。

是出于强迫。[1] 不用说,自我强迫也是强迫。根据一种比苏格拉底的定义所暗示的更常见的正义观,正义在于不伤害他人。这样理解的正义至多不过是哲学家伟大灵魂的伴随物。但如果从给予每个人有益于其灵魂的东西这一更广的意义上来理解正义,就必须对两种情况加以区分:一种情况是这种给予出自给予者的内在兴趣(这将是潜在的哲学家的情况),另一种情况是这种给予出自义务或被迫。这一区别恰巧构成了苏格拉底自愿的对话(他主动寻求的对话)与被迫的对话(出于礼貌推卸不掉的对话)之间区别的基础。由于其本身之故而值得选择的、全然不顾其结果以及与哲学相一致的正义,同仅仅是必要的、至多与哲学家的政治活动相一致的正义,这两者之间的明显区别之所以可能,原因就在于有意忽略了爱欲,而这样的忽略是《理想国》的特点。因此可以说,没有任何理由说明为什么哲学家不应出于自己的爱国主义而参与政治活动。[2]

到第7卷结束时,正义已被充分阐明。苏格拉底实际上已完成由格劳孔和阿得曼托斯给他规定的任务,即说明正确理解的正义是由其自身之故而值得选择的,而非考虑到其后果,所以正义无条件地比不正义更为可取。然而,对话继续进行,因为我们对正义清楚的理解并不包括对不正义清楚的理解,因而有必要做进一步的补充以便清楚理解完全不正义的城邦和完全不正义的人:只有像理解完全正义的城邦和完全正义的人一样清楚地理解了完全不正义的城邦和完全不正义的人,我们才能决定是追随苏格拉底的朋友,即选择了不正义的色拉叙马霍斯,还是追随选择了正义的苏

---

〔1〕《理想国》,519^{e}—520^{b}、540^{b,e}。

〔2〕参见《苏格拉底的答辩》(*Apology of Socrates*),30^{a}。

格拉底本人。[1] 这也要求对正义城邦的可能性的假设仍然被保留。实际上《理想国》从未放弃这种假设：作为有别于神或神之子的社会的人类社会，正义城邦是可能的。[2] 当苏格拉底转而研究不正义时，他甚至有必要比以前更有力地重申这种假设。正义城邦越是可能，相应地不正义城邦就将越丑恶，越值得谴责。但是，如果正义的城邦从未实现过，那么正义城邦的可能性就将依然存疑。因此，苏格拉底现在断言，正义的城邦曾经实现过。更准确地说，他让缪斯断言这一点，或毋宁说暗示这一点。正义城邦曾实际存在过的断言，可以说是一个虚构，与最好的是最古老的这一虚构的前提是一致的。苏格拉底因而通过缪斯之口断言，好城邦在最初，在坏城邦出现以前曾实际存在过；[3] 坏城邦是好城邦的衰败形式，是纯粹的和完整的城邦之瓦解败坏了的碎片；因此一种坏城邦在时间上越接近于正义城邦，它就越好，反之亦然。说好坏政体比说好坏城邦更恰当(注意 543^{d}—544^{a} 从“城邦”到“政体”的过渡)。“政体”(regime)一词是我们对希腊语 politeia (国家构成)的翻译。我们称为《理想国》的这本书在希腊文中就叫 Politeia。这个词通常被译作“政制”(constitution)，指的是被理解为城邦形式的政府形式，也就是这样的东西：它通过规定城邦所追求的目的或其仰望的最高目标，以及规定城邦的统治者而确定城邦的特征。例如，寡头制是一种政体，在这种政体中富人是统治者，因此对财富及财富需求的赞许激励着整个城邦；而民主制则是一种所有自由人进行统治，因而自由是城邦追求的目的的政体。根据苏格拉底的学说，有五种政体：(1)王国或贵族制，由

---

〔1〕《理想国》，545^{a-b}；比较 498^{c-d}。

〔2〕《法律篇》，739^{b-c}。

〔3〕参见《理想国》，547^{b}。

最优秀的人或人们进行统治,追求的是善或美德,此为正义城邦的政体;(2)荣誉至上的政体,统治者是热爱荣誉的人或志在优胜的人;(3)寡头政体或最重财富的富人的统治;(4)民主政体,最重自由的自由人的统治;(5)僭主制,最不正义的人的统治,坚持的是彻底的、恬不知耻的不正义。这五种政体的顺序模仿的是赫希奥德的五种人的顺序:金种、银种、铜种、英雄神种、铁种。[1]我们马上就会看到,就赫西俄德的英雄神种来说,柏拉图的对应物是民主政体。我们很快就会明白,这种看上去很奇怪的对应理由何在。

《理想国》建立在城邦与灵魂之间存在严格的对应关系这一假定之上。据此苏格拉底断定,正如有五种政体一样,也有五种品格的人,如荣誉至上的人就对应于荣誉至上的政体。当今政治学中曾流行一时的做法就是区别威权的和民主的"人格",而且把这种区别对应于威权社会和民主社会的区别。这一区别模糊、粗糙地反映了苏格拉底早已作出的区别:相应于贵族的、荣誉至上的、寡头的、民主的和僭主的政体,苏格拉底区别出君王的或贵族的、荣誉至上的、寡头的、民主的和僭主的灵魂或人。应该提到的是在这种联系中,在描述这些政体时,苏格拉底并未谈及属于这些政体的"意识形态";他关心的是每一种政体的特点,其明确追求的目的,以及为正在探讨中的目的所作的政治辩护,这种政治辩护不同于任何来自宇宙学、神学、形而上学、历史哲学、神话等的辩护。在研究较低级的政体时,苏格拉底在每一种情况下都先考察这一政体,然后再考察相应的人或灵魂。他介绍的每种政体及相应的个体都源自在前的制度及相应的个体。我们这里只

---

〔1〕 比较《理想国》,546^{e}—547^{a},与赫希奥德《工作与时日》(*Works and Days*),106以下。

考虑他对民主制的介绍,这既是因为这个问题对民主政体的公民最重要,也因为这个问题具有本质重要性。民主制源自寡头政体,后者又源自荣誉至上的政体,即不善音乐而以勇敢至上为特点的武士阶级的统治。寡头政体是欲望至上的第一种政体。在这种政体中,占统治地位的欲望是对财富或金钱的欲望或无限渴求。寡头政体下的人节俭、勤勉,抑制除对金钱的欲望之外的所有欲望,缺乏教育,具有源于自私的虚伪。寡头政体必须给予每个人以随意处置个人财产的绝对权利,因此不可避免地会出现"雄蜂",即统治阶级的一些成员,他们或负债或破产,因而被剥夺得一贫如洗,成了乞丐,他们留恋已经挥霍掉的财富,并希望通过改变制度来恢复他们的财富和政治权力(谋反者的存在)。此外,正统的寡头们由于本身既富有又不关心美德和荣誉,难免使自己,特别使他们的后代饱食终日、放纵、软弱,他们因此会逐渐遭到卑贱的赤贫者的憎恨。民主制实现之时,也就是穷人意识到自己对于富人的优势之时;领导穷人的可能是些"雄蜂",他们是本阶级的叛逃者,又掌握一些通常只有统治阶级的成员才掌握的技能;穷人们在有利的时机通过打败富人而使自己成为城邦的主人,在这个过程中他们杀死其中一部分富人,并允许其余的部分同他们一样享有充分的公民权。民主制的特征之一就是自由,包括言论自由和行为自由:人人都可以追求他最喜欢的生活方式。因此民主制是鼓励最大程度的多样化的政体,每一种生活方式,每一种制度都可包含其中。因此我们必须说,民主政体是哲学家在其中可以不受干扰地保持自己特殊生活方式的唯一最好的政体。正是由于这个原因,可以有些夸张地将民主制比作赫西俄德的英雄神时代,这个时代比其他任何时代都更接近于黄金时代。的确,在民主制中不存在身为哲学家的公民被迫参与政治生活或执政的情况。[1] 既然苏格拉底认为最好的政体是不可能的，因此有人不明白苏格拉底为什么没把民主制列为诸种政体之首，或干脆赋予其最高地位。可以说，他以其“行为”表明了他对民主制的偏爱：他在民主的雅典度过了一生，在战争中为雅典而战，并因服从雅典的法律而死。但不管怎样，他在“言论”中确未表现出他对民主制的偏爱。原因在于，作为一个正义的人，他不仅要考虑哲学家，也要考虑那些不是哲学家的人，而且他坚持认为，民主制的目的不是引导那些不是哲学家的人尽可能地行善，因为民主制的目的不是美德而是自由，亦即根据自己的爱好或高贵或卑贱地生活的自由。因此他给民主制安排的位置甚至低于寡头政体，因为寡头政体要求某种限制，而他所描述的民主制却憎恶一切限制。似乎可以说，在适应了话题之后，当苏格拉底谈及厌恶限制的制度时，他放弃了所有限制。他宣称，在民主制中，假如他不愿意的话，任何人都不会被迫统治或被统治；城邦处于战争状态而他却可以平静地生活；死刑对于被判刑者丝毫没有影响；他甚至不被监禁；统治者与被统治者的秩序完全颠倒了；父亲的行为看起来像个孩子而儿子既不害怕也不尊敬父亲，老师害怕学生而学生无视老师，两性也是完全平等的；甚至马和猴子见人都不让路。在柏拉图的笔下，雅典民主政体似乎并未执行对苏格拉底的死刑判决，而且按照苏格拉底的说法，当赫尔墨斯神像在西西里远征开始前被打碎时，[2] 雅典民主似乎并未陷入对有罪者和无辜者不分青红皂白地血腥迫害的狂热中。苏格拉底把民主制的宽容夸张为无法无天，与此相应他也大大夸张了民主制中的人的放荡不羁。后一种夸张不可避免，因为他试图以他在讨论次等政体时所遵循的方法推演

---

〔1〕《理想国》，557$^{d—e}$。

〔2〕 参见修昔底德第 6 卷，27—29 和 53—61。

民主制。这种方法就在于把对应于某一次等政体的人理解为对应于前一种政体的人的儿子。因此民主制中的人就得被描述为寡头父亲的儿子,只关心赚钱的富有父亲堕落的儿子:民主制中的人是懒汉、饱食终日者、软弱者、挥霍无度的顽主、贪图安逸者,他们把平等推行至一切平等和不平等的事物,整日完全屈服于最低下的欲望。其次是苦行者,根据马克思的理想,他们"上午打猎,下午捕鱼,傍晚从事畜牧,晚上致力于哲学",亦即每时每刻都在做他在那一时刻碰巧喜欢的事情:这样的民主制下的人不是贫困、耐劳、节俭及只做一种工作的工匠或农人。〔1〕苏格拉底对民主制有意夸张的指责在某种程度上是可以理解的,因为他直接的听众是严肃的阿得曼托斯,他不苟言笑,曾在武士教育那部分中充当有关诗的严肃讨论的听众:苏格拉底以有意夸张地谴责民主制来为阿得曼托斯所谓民主的"梦想"提供借口。〔2〕同时也不要忘记,过去对大众的乐观看法只不过是一种临时需要,目的是证明城邦与哲学之间的和谐一致,而现在有必要纠正这一看法。因此,对民主制这种夸张的指责使我们比以往任何时候都更强烈地意识到哲学与人民之间的不和谐。〔3〕

在苏格拉底阐明了完全不正义的制度和完全不正义的人,并将完全不正义的人与完全正义的人进行了一番比较之后,正义比不正义更可取这一点已明白无疑。然而对话继续进行。苏格拉底突然又转到诗的问题上来,而这个问题在讨论武士教育时他已详细回答过。我们必须试图理解这一明显而突然的转折。苏格拉底显然离开了讨论僭主政治这一正题,并指出,

---

〔1〕 比较《理想国》,564^{e}—565^{a} 和 575^{e}。

〔2〕 比较《理想国》,563^{d} 与 389^{a}。

〔3〕 比较《理想国》,577^{c-d} 与 428^{d-e} 和 $422^{a,c}$。

诗人赞美僭主也被僭主(及民主制)所尊敬,而其他三种较好的制度不尊敬诗人。[1] 僭主制和民主制的特点就是屈服于感性的欲望,包括最低级的欲望。僭主是爱欲的化身,而诗人歌颂爱欲。他们极为关注和尊敬的恰恰是苏格拉底在《理想国》中尽其最大力量加以避免的东西,因此诗人助长了不正义。色拉叙马霍斯就是这样。但尽管如此,正如苏格拉底可以是色拉叙马霍斯的朋友一样,他也可以是诗人特别是荷马的朋友。或许苏格拉底需要诗人是为了在另一个场合恢复爱欲的尊严:《会饮篇》是柏拉图对话中苏格拉底与诗人交谈的唯一一篇完全专注于爱的对话。

柏拉图在讨论劣等政体及劣等灵魂时,就为重返诗的问题埋下了伏笔。从最好的政体过渡到劣等政体显然应归因于缪斯"悲剧的"说法,而从最好的人过渡到劣等的人则实际上带有"喜剧的"色彩:[2] 当最高的主题——被理解为哲学的正义——开始下移,诗便占据了主导地位。在回到诗的问题之前,苏格拉底先介绍了劣等政体及劣等灵魂,随后便讨论"美德的最大报偿",亦即正义或哲学本身在本质上所没有的报偿。[3] 重回诗的问题构成了《理想国》这部分讨论的中心,彼时对话已由最高主题向下进行。这并不奇怪,因为作为对真理的追求的哲学是人最高级的活动,而诗是不关心真理的。

柏拉图在长时间以哲学为主题进行介绍之后便开始讨论诗,诗不关心真理这一点被认为是它主要的长处,因为这里需要的是谎言。[4] 最优秀的诗人被逐出了正义城邦,不是因为他们宣扬谎

---

〔1〕《理想国》,568$^{a—d}$。

〔2〕《理想国》,545$^{d—e}$、549$^{c—e}$。

〔3〕《理想国》,608^{c}、614^{a}。

〔4〕《理想国》,377^{a}。

言,而是因为他们宣扬一种错误的谎言。这时有一点变得清楚起来,那就是唯有探究哲理的哲人的生活才是正义的生活,这种生活不需要谎言,事实上它完全排斥谎言。[1] 从城邦乃至最好的城邦进展到哲学家,似乎要求对诗歌从有条件地接受进展到无条件地排斥。

在哲学看来,诗只不过是对真理即理念的模仿之模仿。沉思理念是哲学家的活动,对理念的模仿是普通工匠的活动,而模仿工匠的作品是诗人及其他"模仿"艺人的活动。起初苏格拉底以下述说法来表达这种等级秩序:理念(如床的理念)的制造者是上帝,模仿的制造者(制造实用的床)是工匠,模仿之模仿的制造者(画一张床)是模仿的艺人。继而他又用以下说法重述这种等级秩序:第一是使用者,第二是工匠,第三是模仿艺人。床的理念源于使用者,他根据床的用途来决定床的"形式"。因此使用者具备最高或最有权威性的知识:而这是任何工匠或艺人所完全不具备的;诗人处于与使用者相反的另一极,他没有任何知识,甚至没有正确的意见。[2] 为了理解对诗的这种看似蛮横的指责,我们必须首先识别其作品被模仿的工匠。诗的主题首先是人类的善恶;诗人从善出发看待人类事物,但他们所向往的善是不完美的,甚至是被歪曲了形象的善。[3] 其作品被模仿的工匠是那些不是哲学家的立法者,他是善的不完全的模仿者。[4] 特别是城邦所理解的正义必然是立法者的作品,因为城邦理解的正义是法律。更清楚地理解苏格拉底这一暗示的莫过于尼采,他说:"诗人总是

---

〔1〕《理想国》,485^{c-d}。

〔2〕《理想国》,601^{c}—602^{a}。

〔3〕《理想国》,598^{e}、599^{c-e}、600^{e}。

〔4〕比较《理想国》,501^{a}。

某些道德的仆从……"[1]但是根据法国谚语,仆人眼里无英雄:艺术家,尤其诗人,他们觉察不到他们眼中的英雄所有隐秘的软弱吗?苏格拉底的答案是肯定的。譬如,诗人能够充分表达一个人在失去亲人时的悲伤,而一个德高望重的人就不会这么充分地显露出这种情绪,除非没别人在场,因为别人在场时表达这种情绪既不合适,也不合法:诗人表达我们本性中被法律所强行禁止的东西。[2] 如果真是这样,即诗人能够成为最好地理解被法律所禁止的天然激情之人,那他们远非仅仅是立法者的仆从;他们也是明智的立法者应该学习的人。从哲学家的观点来看,真正的"诗与哲学之争"[3],问题不在于诗的价值,而在于哲学与诗的等级地位。根据苏格拉底所言,诗的合法性只在于它从属于优秀的"使用者",从属于身为哲学家的王者,而不在于它本身的独立性。因为独立的诗表现的是人独立的生活,也就是并非倾向于哲学的生活,因而除了喜剧式的歪曲以外它从不表现哲学生活本身。因此,独立的诗必然或为悲剧或为喜剧,因为被视为独立的非哲学的生活无法逃避其或是基本或是荒唐的困难。但是从属的诗表现那些从属于哲学生活的非哲学生活,因而它表现哲学生活本身。[4] 从属的诗的最伟大的典例便是柏拉图的对话。

《理想国》最后讨论的是对正义的最高奖赏和对不正义的最大惩罚。这一讨论由三部分组成:(1)灵魂不朽的证明;(2)神或人对在世之人的奖赏和惩罚;(3)死后的奖赏和惩罚。这里核心问题不

---

〔1〕《快乐的科学》(*The Gay Science*),No. Ⅰ。

〔2〕《理想国》,603^{e}—604^{a}、$606^{a,c}$、607^{a}。

〔3〕《理想国》,607^{b}。

〔4〕比较《理想国》,604^{e}。

是对哲学家而言的：活着时奖赏正义和惩罚不正义对于那些不是哲学家的人来说才是必要的，因为他们的正义不像哲学家的正义那样有内在吸引力。对死后的奖赏和惩罚的解释采取的是神话形式。神话并非没有基础，因为它根据的是灵魂不朽的证明。如果灵魂由许多东西构成，它就不可能不死，除非其构造是最完善的。但是我们根据经验所理解的灵魂缺乏那样完善的和谐。为了发现真理，人们必须经过推理才能发现灵魂的原来或真实的本性。[1]这种推理不是在《理想国》中完成的。也就是说，苏格拉底证明灵魂不朽时没有讲灵魂的本性。《理想国》结束时的情形与第1卷开始时的情形相呼应，在这两种情况下苏格拉底均表明，他在不知道“什么”是正义或正义的本性的情形下证明了正义是有益的。在第1卷之后的讨论中，他的确阐明了灵魂的等级次序，但如果不知道灵魂的本性，何以知道灵魂的等级次序？这里我们也要记住这一事实：灵魂与城邦对应论是《理想国》所阐述的灵魂学说的前提，而这个前提显然是可疑的，甚至站不住脚。《理想国》不可能阐明灵魂的本性，因为它忽略了爱欲和肉体。如果我们真正想发现什么是正义，在我们研究灵魂时就必须采取与《理想国》“相反的途径”。[2] 这并不是说我们从《理想国》有关正义的论述中学到的东西不是真的或完全是暂时性的。《理想国》有关正义的学说虽然不全面，但在下述的范围内它仍然正确：正义的本性取决于城邦的本性，因为如果不理解城邦，也不可能理解政治以外的东西，同时城邦是可以完全理解的，因为其条件可以完全被阐明：为理解这些条件，不必先解答有关整体的问题；提出这些问题就够了。因此在这个意义上可以说，《理想国》阐明了什么是正义的问题。但是，像西

---

〔1〕《理想国》，611b—612a。

〔2〕《理想国》，504b、506d。

塞罗评论的那样,《理想国》没有阐明最好的政治制度,毋宁说只阐明了政治事物的本性——城邦的本性。[1] 在《理想国》中,苏格拉底阐明了城邦需具备何种特征才能满足人的最高要求。通过让我们看到按照这一要求建立城邦是不可能的,他让我们了解了城邦在本性或本质上的限制。

《政治家》

在《政治家》之前的是《智者篇》,而先于后者的是《泰阿泰德篇》。《泰阿泰德篇》介绍了苏格拉底与青年数学家泰阿泰德的对话,在场的还有著名的中年数学家狄奥多罗斯及其名叫苏格拉底的青年朋友;对话的目的是弄清楚何为知识或科学。谈话没有产生积极的结果:苏格拉底本人只知道自己无知,而泰阿泰德不像格劳孔或阿得曼托斯那样能在苏格拉底的帮助下(或帮助苏格拉底)提出一种肯定的学说。两人谈话后的第二天,苏格拉底又遇到了狄奥多罗斯、年轻的苏格拉底和泰阿泰德,但这次在场的还有一个无名哲学家,被称作来自埃利亚的异邦人。苏格拉底问异邦人,其同胞认为智者、政治家和哲学家是一种人、两种人还是三种人。关于智者、政治家和哲学家同一还是不同一的问题似乎取代了下面的问题,又似乎更清楚地表达了下面的问题:什么是知识?异邦人回答说,他的同胞认为智者或王者与哲学家彼此有别。哲学家不同于王者这一事实在《理想国》的核心命题中已被承认,根据这一命题,哲学与王权一致是拯救城邦及人类的条件:同一的事物不存

[1] 西塞罗:《共和国》(*Republic*),Ⅱ52。

在一致的问题。但《理想国》并未完全阐明王权或治国才能的知识地位。《理想国》很容易给人造成这样的印象,即要求于哲学王的知识由两部分构成:一方面是纯粹的、关于理念的哲学知识,其顶点是看到善的理念;另一方面只不过是政治经验,不具有任何知识的地位,但却能让人在洞穴中不致迷失方向,而且能辨别穴壁上的影子。但哲学知识的必要补充似乎也是一种技艺或科学。[1] 埃利亚的异邦人好像坚持后一种更高的、政治家特有的非哲学意识的观点。但在《智者篇》和《政治家》两篇对话中,他阐明了智者与政治家各自的性质,亦即两者之间的区别,而没有阐明政治家与哲学家的区别。狄奥多罗斯向我们保证,埃利亚的异邦人还将阐述(在《政治家》的续篇中)什么是哲学家的问题,但柏拉图没有遵守他借狄奥多罗斯之口的诺言。如此看来,一旦我们理解了什么是智者和政治家,我们也就理解了什么是哲学家吗?难道治国才能不只是哲学的补充,像《理想国》所显示的那样,而是哲学家的要素吗?也就是说,治国才能、政治技艺或知识远非仅为政治家在洞穴中行路所需要的意识,远非独立于善的理念之见,而是善的理念之见的条件乃至要素?若果真如此,那么依据《政治家》来看"政治"远比依据《理想国》来看重要得多。关于王者或政治家的对话进行时,苏格拉底已被控犯有导致其不久被处决的死罪(参见《泰阿泰德篇》的结束部分):城邦在《政治家》中比在《理想国》中显得有权威得多,无怪乎《理想国》中苏格拉底的对手色拉叙马霍斯只拿城邦当儿戏。然而另一方面,在《理想国》中,在热烈关心正义的兄弟俩的帮助下,苏格拉底建立了一个城邦,尽管是以谈话的形式。而在《政治家》中,苏格拉底默默地听一个无名异邦人(一个缺乏政治责

---

〔1〕 比较《理想国》,484^{d} 和 539^{e} 及 501$^{a—c}$。

任感的人)在严肃的数学气氛中谈论什么是政治家:对什么是政治家的关心似乎是哲学的而非政治的。[1] 《政治家》似乎比《理想国》更为清醒。

可以说《政治家》比《理想国》更科学。所谓“科学”,柏拉图理解为最高形式的知识,或唯一称得上知识的意识。他把这种形式的知识称为“辩证法”。“辩证法”首先指辩术,其次指最高形式的辩术,即苏格拉底掌握的那种辩术,也就是以提示事物是“什么”或以揭示事物的理念为目的的那种辩术。辩证法因而是关于理念的知识——一种不依赖于任何感性经验的知识:它从理念到理念,直到穷尽整个理念王国,因为每一理念都是部分并因而指向其他理念。[2] 形式完善的辩证法要从最高的理念,即统治理念王国的理念,逐步下推到最低理念。这一进展过程是“逐步”进行的,而这一进展过程所依据的是理念的自然联系和区分。《政治家》以及《智者篇》所提供的只是对这种辩证法的一种模仿,二者均试图给出这种辩证法的暗示,这种模仿看上去带有游戏的性质。然而游戏不仅仅是游戏。假如不依赖于感性经验的理念运动是不可能的,换言之,假如《理想国》不仅在它所说的最好的城邦方面是空想的,而且在它所谓最好的哲学或辩证法方面也是空想的,那么最好的辩证法由于是不可能的也就不会是严肃的。可能的辩证法仍将依赖于经验。[3] 《政治家》的这一特点与下面的情况有关:《政治家》中所说的理念是一个集体或包括所有“分享”同一理念的个体,因此不是独立于个体“之外”而存在的。无论怎样,在《政治家》中埃利亚的异邦人试图阐明政治家的性质,其方法就是从“学

---

〔1〕 参见《政治家》(*Statesman*),285^{d}。

〔2〕 《理想国》,511^{a-d}、531^{a}—533^{d}、537^{c}。

〔3〕 参见《政治家》,264^{c}。

问”或“知识”一步步过渡到政治家的学问,或一步步区分“学问”直至政治家的学问。由于各种原因,我们这里不可能采用他的这种“方法”。

对话开始后不久,埃利亚的异邦人要青年苏格拉底同意废除公私之间的区别。他通过两步达到这个目的。首先,由于治国之术或王者之术本质上是一种知识,因此一个具备这种知识的人是否由于当选而身着官服或他是否居于私人地位,这是无关紧要的。其次,城邦与家庭之间,因而政治家或王者与家长或主人(奴隶的主人)之间,没有任何本质区别。法律和正义一开始就未被考虑,尽管它们是典型的、相互间不可分割的政治现象,因为治国之才被理解为一种知识或技艺,而这或许是因为有意忽略了政治与技艺的区别。埃利亚的异邦人在这里有意忽略了这一事实:纯粹的身体力量是人统治人的必需要素。这一忽略的部分理由是认为,治国之才或王者之才是认知的而不是身体的技艺。然而,它并不像算术一样仅仅是认知上的技艺,它是给人发布命令的技艺。而所有发布命令的技艺之所以发布命令是为了实现某种东西。有些这样的技艺发布命令是为了造就生物或动物,即它们所关心的是动物的饲养和培育。就正确理解的王者之术而言,王者之术是这类技艺的一种,仅仅将属划分为种,即将“动物”划分为“人”与“野兽”,是远远不够的。这种区分如同希腊人和野蛮人的区分一样是任意的,它不同于男人和女人的区分;它不是自然的区分,而是源于自负的区分。[1] 异邦人在辩证法或种、类、理念的划分术方面训练年轻的苏格拉底,这种训练与节制的训练同时进行。根据异邦人对动物种类的划分,最接近于人的一类甚至比达尔文物种起源

[1] 《政治家》,262c—263d、266d。

论中所说的还要低级。但达尔文严肃认真看待的东西,异邦人却是以玩笑的态度来对待的。[1] 为了将人提高到神,亦即为了成为真正的人,人必须学会看到自己地位的低下。

对“技艺”的划分导致了这样的结果:政治家的技艺是养育或照看一群名曰人的动物的技艺。这个结果显然是没有充分根据的,因为有许多技艺——如医学和做媒——都跟政治技艺一样正当地声称与照料人群有关。这里错误的原因在于把人等同于其他动物。但人是一种十分特别的群体:将“动物”划分为人与野兽并不仅仅是由于人的自负。有一个神话消除了这一错误。根据这一现在首次被完整叙述的神话,从前有个时代(克洛诺斯时代)神统治整个动物世界,后来又有个时代(宙斯时代)神放手让这个世界自己运动。在克洛诺斯时代,神统治和照料动物的方式是把不同种类的动物交由不同的神统治和照料,这些不同的神类似于牧羊人,由此保证了宇宙的和平和富足;没有政治社会,没有私人财产,没有家庭。这并不必然意味着在克洛诺斯时代人们是幸福的;只有当他们利用现有的和平和富足来推究哲理时,他们才有幸福可言。无论如何,在目前的时代神不管人:在目前的时代不存在神圣的天意,人必须自己照料自己。失去神的照料,世界必然产生混乱和不正义;人必须尽可能好地建立秩序和正义,同时认识到,在这个匮乏的时代,共产主义或绝对的共产是不可能的。《政治家》揭示了《理想国》没有说出的东西,即《理想国》中描述的最好的政治制度的不可能性。

《政治家》中的这一神话意在解释埃利亚的异邦人和年轻的苏格拉底在《政治家》的最初定义中所犯的错误:在寻求照料人群的

---

〔1〕 参见《政治家》,271e、272b—c。

唯一技艺时,他们不明智地指向了克洛诺斯时代即指向了神的照料;随着神的照料的丧失,亦即在人看来优于人的存在物对人的照料的丧失,每种技艺或每个人都不可避免地相信自己与其他技艺或其他人一样有资格进行统治,[1]或至少许多技艺会成为统治技艺的竞争者。从克洛诺斯时代向宙斯时代过渡的这一不可避免的最初结果不过是一种幻想,亦即幻想所有技艺及所有人都是平等的。其错误就在于假定统治技艺专用于人群的整体照料(整体照料会包括被统治者的养育与婚配),而不是部分或有限的照料。换言之,其错误就在于忽略了这样一个事实:在除人牧人之术以外的所有其他牧术中,牧者与其牧群都属于不同种类。因此我们必须把所有的"牧群照料"分为两部分:牧者与其所牧者同种的牧群照料和牧者与其所牧者不同种(人牧野兽,神牧人)的牧群照料。我们还必须对上述第一种情况进行进一步划分,以便发现牧者与其所牧者同种的牧群照料中的哪一部分属于统治术。我们假定所寻求的这部分照料是"统治城邦"。统治城邦自然划分为被统治者愿意的统治和被统治者不愿意的统治(纯粹武力统治);前者是王者统治,而后者是僭主统治或专制统治。这里我们依稀看到了自由这一特别的政治话题。但是刚间接遇到这一难题,异邦人马上就回避了。他发现前面的整个论述过程不能令人满意。

在神话和分类及归类方法失败的地方,举例的方法被证明具有帮助。异邦人举了个例子来说明举例的用处。这个例子意在说明人取得知识的情况——知识是《泰阿泰德篇》—《智者篇》—《政治家》这三部曲的导向主题。所选的例子是儿童的阅读知识。从知道字母("要素")逐步进展到熟悉音节("要素"的结合),然后再

---

[1] 《政治家》,274^{e}—275^{c}。

进展到掌握长难句,这是儿童获得阅读知识的过程。如果拥有类似于这种阅读的技巧,关于整体的知识便是不可能的:一定要有要素的知识,要素的数量必须相当少,所有要素不必都能结合。[1] 但我们能说我们具有关于整体的“要素”的知识或我们可以永远从绝对的开端出发吗?在《政治家》中我们是从正确理解的“技艺”或“知识”出发的吗?虽然我们必然渴望整体的知识,但我们还是被判定止于关于整体之部分的片面知识,因而永远不能真正超越意见的范围,情况不是这样吗?因此哲学乃至人类生活不是必然像西西弗斯的劳作那样苦无尽头吗?这可以解释为什么对自由的要求并非像当今许多自由的热爱者以相近的想法思考得那样存在充分的理由吗?(或许这会引人思考陀思妥耶夫斯基根据柏拉图的《理想国》所写的《宗教法庭庭长》)在迫使我们提出这许多问题之后,异邦人开始举例,不是要阐明一般的知识或哲学,而是要阐明王者的技艺。他所用的例子是编织的技艺:他不是以诸如放牧和领航之类的“外向的”技艺,而是以持家的技艺来说明政治技艺;他以典型的女人的技艺来说明最富男性气质的技艺。为了理解什么是编织,有必要划分“技艺”,不过要与起初的划分有所不同。对编织技艺的分析所根据的是一种新的划分,在明确地将分析结果运用于王者技艺之前,这种分析使异邦人既能阐明一般技艺,又能阐明王者的特殊技艺。或许这里最重要之处是区分两种度量的技艺:一种是在相互关系中考虑大小,另一种是根据适宜或适度考虑大小(现在被理解为过分或不足)。所有的技艺,尤其是王者的技艺,其衡量标准着眼于中庸或适度,也就是说,它们不是数学的。

通过明确地将对编织技艺的分析结果运用于王者的技艺,异

---

[1] 参见《智者篇》(*Sophist*),252^{d-e}。

邦人能够阐明王者的技艺与所有其他技艺的关系,特别是与那些打着正义的幌子同王者技艺竞争城邦统治的技艺的关系。最成功、最聪明的竞争者是那些自称具有王者技艺的杰出的智者,这些人是城邦的统治者,也就是缺乏王者技艺或治国才能的统治者,或者说,他们实际上是全部政治统治者——过去的,现在的,也是将来的。这种政治统治有三类:一个人的统治、少数人的统治和多数人的统治;而这三类中的每一类又都划分为两部分,这里的划分所依据的是暴力与自愿或合法与非法之间的区别;因此君主制不同于僭主制,贵族制不同于寡头制,而民主制之名则归于多数人的统治,不管多数穷人对富人的统治是征得了富人的同意并且完全合法的,还是诉诸暴力而且多少是非法的(异邦人所概括的这些政体的区分几乎完全同于亚里士多德在《政治学》第3卷中所作的区分;不过要考虑其中的差别)。所有这些政体无一将其要求奠定在统治者的知识或技艺之上,即奠定在唯一绝对合法的要求之上。因此说,基于国民意愿(基于同意或自由)以及基于合法性的要求是可疑的。为这一判断所作的辩护依据的是其他技艺特别是医学的例子。医生就是医生,不管他给我们治病时我们是否愿意,不管他用刀割、用火烧还是让我们承受其他痛苦,也不管他是否遵守成文法则;他是医生,只要他的做法有益于我们的身体。与此相应,唯一正确的政体是具备王者技艺的人进行统治的制度,不管他们的统治是否依据法律,也不管被统治者是否同意,只要他们的统治能增进国家利益;为了达到这一目的,他们是杀一批人、放逐一批人,从而缩小城邦的规模,还是广招移民从而扩大城邦的规模,这都无关紧要。

令青年苏格拉底大为震惊的不是异邦人所说的屠杀和放逐,而是无法的统治(绝对的统治)可以是合法的这一主张。要完全理解青年苏格拉底的反应,必须注意的情况是,异邦人没有区分人的法律与自然的法则。异邦人将青年苏格拉底最初的愤怒转变为讨论后一问题的愿望。法的统治次于人的统治,因为法律由于其一般性而不可能明智地在所有无限复杂的具体情况下确定何者正当:只有在现场的明智者才能正确地决定在当下的具体情况中何者是正当的。不过法律还是有必要的。少数明智者不可能总守在无数愚人身边,告诉其中的每个人怎样做合适。所有法律,成文的或不成文的,都是明智者个人统治蹩脚但不可少的替代物。它们是根据实际经验得出的粗糙的规则,但足以应付绝大多数情况:它们把人类当作畜群来对待。把根据实际经验得出的粗糙做法凝固为神圣的、不可侵犯的和不可改变的法规的做法,虽然从科学和技艺的角度来说会被当作可笑的东西加以排斥,但对于安排人类事务来说是必要的。这种必要性是政治领域与超政治领域之间不可消除的区别的直接原因。对法律的主要反对不在于它们不能进行个别地考虑,而在于它们被假定为束缚明智者,即束缚具备王者技艺的人。[1] 但即便这样的反对意见也不是完全正确的。像异邦人通过比喻解释的那样,[2]明智者服从法律,尽管法律的正义和智慧不及他的正义和智慧,这是因为愚人们难免不信任明智者,而且这种不信任并非完全没道理,因为他们不能理解他。他们不相信一个值得作为真正的王者而实行无法统治的明智者会愿意并且能够统治他们。他们之所以不相信,根本原因还在于没人在肉体和灵魂方面有那么明显的优势,以至于所有的人都毫不犹豫无所保留地服从他的统治。[3] 愚人们难免会对明智者作出判断,因而难怪

〔1〕《政治家》,295$^{b—e}$。

〔2〕《政治家》,297^{a} 以下。

〔3〕《政治家》,301$^{c—e}$。

明智者不愿统治他们。愚人们甚至必定要求明智者完全承认法律的权威性,甚至不允许他怀疑既定法律是完全正义和明智的;如果他不这样,他就负有腐蚀青年的罪恶,而且是一种死罪;他们必定要禁止自由探讨那些最重要的问题。必须接受所有这些法治的意义,因为唯一可能的替代物是个人的无法统治,即人治。明智者必须服从法律,不仅要在行为上服从,言论上也要服从,尽管法律在智慧和正义上都不如他(这里我们不禁心生疑惑,搞不清明智者对法律的服从是不是无条件的。柏拉图给出了如下说明:苏格拉底毫无畏惧地服从了判其死刑的法律,罪名就是所谓腐蚀青年,但他不会服从正式禁止其追求哲理的法律。参见《苏格拉底的申辩》)。法治优于愚人们无法的统治,因为法律不管多坏,它们都在某种意义上是推理的结果。这种看法允许将所有不正当的制度分成等级,所谓不正当的制度也就是除真正的王者或政治家的绝对统治以外的所有制度。实行法治的民主制次于实行法治的少数人的统治(贵族制),也次于实行法治的一人统治(君主制),但无法的民主制优于无法的少数人统治(寡头制),也优于无法的一人统治(僭主制)。“无法”在这里并不意味着没有任何形式的法律或习惯。它意味着政府习惯于漠视法律,特别是意在限制政府权力的法律:一个可以改变任何法律或“至高无上的”政府就是无法的政府。根据异邦人的观点,顺理成章的是,即使由真正的王者统治的城邦也将存在法律(真正的王者是真正的立法者),但真正的王者与其他统治者不同,他会正当地改变法律或反对依法行事。在没有真正的王者的情况下,如果城邦通过由一位明智者制定的法典来统治,而这法典只在极端的情况下才可由愚人改动,那异邦人大概也就满意了。

在将真正的王者技艺与所有其他技艺加以区分之后,留待异邦人解决的问题就是确定王者的特殊工作。编织技艺的例子在这里具有决定性意义。王者的工作类似于编织一张网。根据通常的见解,所有的美德都是完全和谐一致的。但事实上它们之间存有对立。首先,勇敢或男子气概与节制、儒雅或注重礼仪之间就存在对立。这种对立可以解释以勇敢支配的人与以儒雅支配的人之间的对立乃至敌意。真正的王者的任务是将这些不同的人组织在一起,因为要是城邦中的人民完全不可能变得勇敢,也不能变得温和,那他们根本就不可能成为公民。王者组织工作的一个重要部分就是在主勇敢的家庭的孩子和主儒雅的家庭的孩子之间进行联姻。作为人的王者因而必然近似于拥有神性的牧人,因为他将严格意义上的城邦统治技艺扩而大之,以至于连偶配或安排婚姻之术都尽囊其中。王者所实行的婚配类似于苏格拉底所主张的婚配,[1]但二者并非完全相同。如果我们成功地理解了二者之间的密切关系,我们就会在理解王者与哲学家的关系方面取得进展。有一点可以肯定:诚然在定义王者时能够乃至必须谈及"人类牧群",但哲学家却与"牧群"毫无关系。

《政治家》属于以知识为主题的三部曲之一。在柏拉图看来,知识或追求知识本身即哲学。哲学努力追求的是关于整体的知识或关于整体的沉思。整体由部分构成,关于整体的知识即是关于整体所有部分的知识。哲学是最高的人类活动。而人是世界在总体上优秀或许最优秀的部分。如果没有人,没有完善的人,整体就不成为整体。但人成为完善的人并非没有经过自己的努力,而这种努力就假定了一种特殊的知识:不是沉思或理论的知识,而是指令性、命令性[2]或实践性知识。《政治家》即是从理论上来讨论实

---

〔1〕 参见《泰阿泰德篇》(*Theaitetos*),151^{b}。

〔2〕 《政治家》,260^{a-b}。

践知识的。与此相反,《理想国》则是从实践的或政治的生活进展到哲学或理论的生活;《理想国》是从实践上讨论理论,即它给关心解决人类问题的人指明,人类问题的答案在理论生活之中;《理想国》阐明的知识是指令性或命令性的。在只是阐明王者技艺之特点的《政治家》中,关于最高实践知识(王者技艺)的理论讨论具有命令的特点:它阐明了统治者应该做什么。虽然理论知识和实践知识有区别,但将它们割裂却是不可能的(从这一观点出发考虑《泰阿泰德篇》173[b]—177[c]对理论生活的描述)。王者的技艺是直接关系到造就完善的人的诸种技艺之一。人类两性之别最明显地标志着每个人的不完善,同时也标志着他们能够实现完善的方式:正如男女结合——爱欲的首要目标——使“人”自足地达到人类的长存一样,人的所有其他不完善之处在人类中,在人的“理念”中都是完善的。作为世界整体的一部分而非世界整体的主人或征服者,人类全体而非其部分才是自足的。或许正因为这个缘故,《政治家》以赞美某种婚配而结束。

《法律篇》

《理想国》和《政治家》以有区别而又相近的方式超越了城邦。起初它们说明,如果城邦想在哲学面前继续要求其至上性,它就必须如何进行改变。后来它们又指出,城邦不可能经历这种转变。《理想国》暗示普通的城邦——非共产主义城邦,不是工匠联合体而是议员联合体——是唯一可能的城邦。《政治家》则明确指出了法治的必要性。《理想国》和《政治家》以各自的方式揭示了城邦的本质局限和本质特征。因此它们为回答最好的政治制度——与人类本性相一致的最好的城邦制度——这一问题奠定了基础。但它们并未阐明这种最好的制度。这一任务留给了《法律篇》,因而可以说《法律篇》是柏拉图唯一地道的政治学著作。它是柏拉图唯一一篇苏格拉底未出场的对话。《法律篇》中的角色都是有丰富政治经验的长者:雅典的无名氏、克里特的克雷尼亚以及斯巴达的米吉洛。在这篇柏拉图对话中,雅典的无名氏占据了通常由苏格拉底所占据的位置。谈话在远离雅典的克里特岛上进行,当时这三位老者是从克诺索斯城前往宙斯洞的途中。

我们的最初印象是,雅典的无名氏去克里特是为了考察那些在某方面最为著名的希腊法律,因为克里特的法律被认为源自宙斯——最高的神。克里特的法律近似于斯巴达的法律,后者甚至比前者更为著名,因为它被追溯到阿波罗。应雅典人的提议,三人开始谈论法律和政治制度。雅典人从克里特人处得知,克里特的立法者制定所有的法律时都着眼于战争:就其本质而言,每个城邦均与其他所有城邦处于不宣而战的状态;在战争中获胜,因此战争本身,是所有幸福的前提。雅典人轻而易举地使克里特人相信,克里特法律的目的是错误的:和平,而非战争,才是目的。因为如果战争的胜利是所有幸福的条件,那么战争就不是目的:幸福本身属于和平。因此好战、勇敢的美德是最低级的美德,次于节制更次于正义和智慧。一旦我们了解了美德的次序,我们就会知道立法的最高原则,因为立法必须关心美德,关心人类灵魂的卓越,而不是关心其他好处。雅典的无名氏向克里特绅士克雷尼亚保证,只要具备了美德,他热切关心的其他好处如健康、优美、力量和财富等必会随之具备。[1] 由于相信城邦的目的是战争而不是和平,所以

---

〔1〕《法律篇》,631^{b-d};参见 829^{a-b}。

斯巴达和克里特的立法者通过让其臣民体验巨大的痛苦和恐惧的方式来培养他们的勇气，即对于痛苦和恐惧的自制；但他们没有通过让其臣民体验最大快乐的方式来很好地培养他们的节制，即在享乐方面的自制。事实上，如果米吉洛的话是可信的话，那么无论如何斯巴达立法者全然不鼓励享乐。[1] 斯巴达和克里特的立法者确实禁止饮酒作乐——而这是雅典人所自由享有的。雅典的无名氏认为，饮酒乃至醉酒只要做得适当会有助于作为勇敢的孪生美德的节制。为了能做得适当，饮酒必须公开进行，以便监督。如果饮酒之人由适当的人来管束，饮酒乃至醉酒就是有益的。就一位船长而言，仅仅具备航行的学问是不够的，他还必须免于晕船。[2] 对于掌管一场宴会的人来说，仅有知识或学问也同样是不够的。对于统治任何社团特别是城邦的人来说，仅有知识是不够的。与船（"国家之船"）相比，宴会是更为恰当的比喻，因为正如宴客醉于酒一样，公民们醉于恐惧、希望、欲望和反感，因而需要清醒的人加以统治。由于宴饮在斯巴达和克里特是非法的而在雅典是合法的，因此雅典的无名氏被迫为雅典的制度进行辩护。辩护词是一长篇大论，这是雅典人而非斯巴达人和克里特人的特点。雅典的无名氏于是以雅典人的方式为雅典的制度辩护。他必须将他的非雅典人的对话者在某种程度上转变为雅典人。只有这样他才能纠正他们的错误观点，从而最终纠正他们错误的法律。因此我们会更好地理解《法律篇》的整体特点。在《理想国》中，[3] 斯巴达和克里特的制度曾被用作荣誉至上的政体的例子，这种制度仅次于最好的制度，却远优于民主制，而民主制在苏格拉底（和柏拉图）生活

---

〔1〕《法律篇》,636^{e}。
〔2〕《法律篇》,639^{b-c}。
〔3〕《理想国》,544^{c}。

时代的雅典是居统治地位的制度。在《法律篇》中，雅典的无名氏试图改造荣誉至上制，将其变成《理想国》中最好制度与荣誉至上制之间最可能好的制度。这种最可能好的制度将会被证明与一种“祖先的制度”极为相似，即雅典的前民主制。

克里特和斯巴达的法律被认为是有缺陷的，因为它们不允许国民体验最大的享乐。但能说饮酒可以提供最大的享乐甚至最伟大的感官快乐吗？雅典的无名氏想说的其实是人民可以公开享有的最大快乐，而那些也是他们必须经受的快乐，目的就在于让他们学会节制自己。宴会之乐在于饮酒歌唱。为证明宴饮的合理性，还必须讨论歌唱、音乐乃至整个教育：[1]音乐的享受是人民可以公开享受的最大快乐，也是他们通过体验而必须学会节制的快乐。斯巴达和克里特法律的重大缺点是，他们根本不或至少不充分地使其国民接触音乐享乐。[2] 其原因就在于这两个社会不是城邦而是兵营、畜群：在斯巴达和克里特，即使天生适合由私人教师单独施教的年轻人，也仅仅被作为畜群的分子来培养。换言之，斯巴达人和克里特人只知道如何唱合唱曲：他们不知道最美的歌、最高尚的音乐。[3] 《理想国》中的兵营式城邦，即大加改良了的斯巴达，被美的城邦所超越，而美的城邦是哲学即最高的缪斯在其中充分受尊敬的城邦。在《法律篇》中，虽然描述了最可能好的制度，上述的超越却没有发生。不过，《法律篇》中的城邦并不是任何意义上的兵营式城邦。但它确有与《理想国》的兵营式城邦相同的某些特征。正如在《理想国》中一样，这里的教育也是以节制为目标的教育，这样的教育要求由政治家或立法者监督乐师和诗人。但是，

---

〔1〕《法律篇》，642^{a}。

〔2〕参见《法律篇》，673^{a-c}。

〔3〕《法律篇》，666^{e}—667^{b}。

《理想国》中的节制教育以爱美为顶点,而《法律篇》中的节制则毋宁说带有羞耻或敬畏的色彩。教育确是美德教育,即对公民或人的美德教育。[1]

人的美德首要的是正确对待享乐与痛苦,或适当节制享乐与痛苦;适当的节制是受正确推理影响的节制。如果推理的结果被城邦采用,这种结果就成为法律。名副其实的法律是正确推理的命令,而这命令首先是针对享乐与痛苦的。正确的推理与好的法律相近而不相同,与此相应,好人与好公民相近而不相同。为了学会节制通常的享乐和痛苦,公民必须从小就体验诗和其他模仿艺术所提供的快乐,这些艺术反过来被好的或明智的法律所制约,因而法律应当从不改变;诗与其他模仿艺术自然的革新愿望必须尽可能加以抑制;达到这一目的的手段就是正确的东西一经出现便使之神圣化。完善的立法者将说服或迫使诗人这样来教导人们,即正义伴随着快乐而不正义伴随着痛苦。完善的立法者要求教导这一明显有益的学说,即使它不是真理。[2] 这一学说取代了《理想国》第2卷的神学。在《理想国》中,关于正义与快乐或幸福的关系的有益教导,不会在那些不是哲学家的人的教育范围内加以讨论,因为与《法律篇》不同,《理想国》没有假定主要的对话者知道什么是正义。[3] 有关教育进而有关立法目的或原则的全部谈话都被雅典的无名氏归入"酒"甚至"醉酒"的话题下,因为旧法律的改善只能委托给教养良好的老者才安全,而这样的老者又反感任何变化,因此,为了使自己变得愿意去改变那些陈旧的法律,老者们就必须经历类似于饮酒所产生的那种青春焕发。

---

〔1〕《法律篇》,643^{e}、659$^{d—e}$、653$^{a—b}$。

〔2〕《法律篇》,660^{e}—664^{b}。

〔3〕《理想国》,392$^{a—c}$。

只是在确定了政治生活的目的(教育、美德)之后,无名氏才转向政治生活的开端即城邦的起源,以便发现政治变迁特别是制度变化的原因。政治生活有过多次开端,因为洪水、瘟疫及其他灾难多次毁灭过几乎所有的人以及所有的工具和所有的技艺。只有很少的人在山顶或乡野幸存下来,过了好几代他们才敢下山,其间原先积累的技艺失传了。所有城邦及制度、所有的技艺和法律、所有美德和邪恶所借以产生的条件,就是所有这些东西的缺乏;某事物"借以产生的东西"就是该事物的一种原因,我们称之为文明的东西在最初时的缺乏似乎是所有政治变迁的原因。〔1〕 如果人有完善的开端,就不会有任何变化的理由,而其开端的不完善在文明的所有阶段都必然有影响,不管这个阶段上的文明有多么完善。无名氏指出,从人的天真无知(实即野蛮)状态开始,直到最初建立的斯巴达及其姊妹城邦麦西尼和阿尔戈斯的毁灭,这一期间人生活的变迁就说明了上述道理。这里他只是含蓄地提到斯巴达人对麦西尼人的残暴奴役。他将其探讨的结果概括为若干普遍认可和有效的统治资格。这些资格或权利之间的矛盾是制度变迁的原因。基于智慧的统治资格尽管是最高的,但也只是诸种资格之一。在其他诸种资格中,还有主人统治奴隶、强者统治弱者以及通过抽签被选中的人统治未被选中的人的资格。〔2〕 智慧不是充分的资格,行之有效的制度的前提是基于智慧的资格与基于其他优势的资格相结合,或许某些其他资格的适当结合可以取代源于智慧的资格。像埃利亚的异邦人一样,雅典的无名氏也没有忽视身体的力量,他把这种力量视为统治的一种必需要素。行之有效的制度是混合型的。斯巴达的制度就是混合型的。但它混合得是否明智?为回答

〔1〕《法律篇》,676^a,c^、678^a^。

〔2〕《法律篇》,690^a—d^。

这一问题,我们首先必须单独看看正确结合的要素。这些要素是君主制和民主制,前者波斯提供了最杰出的样板,后者雅典提供了最杰出的样板。[1] 君主制代表着明智者或主人的绝对统治,民主制则代表着自由。正确的结合也就是智慧与自由的结合,智慧与同意的结合,亦即由明智的立法者所制定并由城邦中最优秀的成员管理的法治与人民统治的结合。

在阐明最好的制度的目的及一般特征之后,克雷尼亚揭示了目前的对话对他的直接用处。克里特人计划建立一个殖民地,他们令他与其他人一起负责这项工作,特别是负责为这个殖民地制定他们认为适宜的法律;他们甚至可以选用外邦的法律,如果这些外邦法律优于克里特的法律的话。到殖民地定居的人来自克里特和伯罗奔尼撒:他们并非来自同一城邦。如果他们来自同一城邦,有相同的语言、相同的法律及相同的宗教信仰,他们便不会接受与其母邦不同的制度。与此同时,未来城邦人口的异质性又容易造成冲突。[2] 现在看来,异质性似乎足以可能造成更好的变化,亦即建立最可能好的制度,同时不妨碍融合。这样我们就有了一个可行的办法来取代《理想国》中为建立最好的制度而提出的驱逐10岁以上的年长的人的做法。不同的移民所带有的传统不是被消灭,而是被改变。正在筹建殖民地的时候,恰逢雅典的无名氏在克里特,这便为明智地改变传统提供了很好的机会。所有比较重要的因素都要认真对待,以使在这位明智者的指导下建立的新制度日后不被愚蠢的人改变;它应尽可能少地经历变化,因为明智制度的任何改变似乎都是更坏的变化。无论如何,没有雅典的无名氏在克里特的这个机会,新城邦就别指望有明智的立法。这有助于

---

〔1〕《法律篇》,693^{d}。

〔2〕《法律篇》,707^{e}—708^{d}。

我们理解这位无名氏的如下断言,即不是人而是机会立法:大部分法律实际取决于灾难。虽说如此,立法术仍有一席余地。或者反过来说,拥有立法术的人若无好运相助将一事无成,而好运是他只能祈求的东西。对立法者来说,最好的机遇是他欲为之制定法律的城邦被一位年轻的僭主统治,这位年轻的僭主在某些方面类似于哲学家,但他不必贤德备至,也不必热爱真理,亦即不必是正义的;他之不正义(他只为自己的权欲和荣誉欲所推动)并不妨碍他愿意倾听聪明的立法者的建议。一旦具备了这一条件——通过僭主与聪明的立法者合作而达到最高权力与智慧的一致——立法者就能最快、最彻底地改良居民的习惯。但由于要建立的城邦将经历尽可能小的改变,因而或许更重要的是认识到,最难以改变的制度是寡头政体,即在《理想国》所描述的制度等级中居中心地位的那种制度。[1] 当然,要建立的城邦一定不是由僭主统治的。最好的制度是像克罗诺斯时代即黄金时代那样由神或精灵统治的制度。与神的统治最近似的模仿是法治。但法律又依赖于能够制定和实施法律的人,这里所谓的法律即是制度(君主制、僭主制、寡头制、贵族制、民主制)。在所有这些制度中都是城邦的一部分人统治其余的人,因此他们统治城邦的目的是部分人的利益,而不是共同利益。[2] 我们已经知道了解决这一困难的办法:必须采取在某种意义上像斯巴达和克里特那样的混合政体,[3] 而且还必须采用聪明的立法者制定的法典。

聪明的立法者将不限于单纯发布命令,亦即不单以惩罚相威胁。那是领导奴隶的方法而不是领导自由人的方法。他要在前言

---

〔1〕 比较《法律篇》708e—712a 与《理想国》487a。

〔2〕 《法律篇》,713c—715b。

〔3〕 《法律篇》,712c—e。

中阐明制定该法的理由。说服不同的人需要不同理由,但理由的多样性可能导致混乱,因而不利于服从的简明性。立法者因此必须具备应有的技能,亦即能同时向不同的人说明不同的情况,而且立法者的话还能在所有场合下产生同一的结果:对他所制定的法律的服从。为了获得这一技能,他在很大程度上有赖于诗人的帮助。[1] 法律必须是双重的:首先,它们必须是“不可调和的法律”,大胆声言何者该做或何者该禁,即“专制的规定”;其次,它们也必须有诉诸理性的前言,以起温和的劝说作用。[2] 强制与劝说、“专制”与“民主”、[3]智慧与同意的适当结合在任何时候都是明智的政治制度的特征。

法律需要一个一般的前言——一种规劝,以尊重在合适的制度中应该受到尊重的各种人。由于法治模仿的是神的统治,所以敬意必须首先给予神,其次给予卓越的人,再次给予祖先,最后给予父母。每个人还必须尊敬自己的灵魂,而其次才是神。尊敬自己的灵魂与尊敬父母之间的等级次序并不清晰。尊敬自己的灵魂意味着获得各种美德,否则不可能是好公民。一般的规劝最终在于证明善的生活比恶的生活更令人快乐。在新殖民地的创立者着手立法前,他必须采取两个极为重要的措施:首先,他必须对可能的居民进行筛选,只有符合要求的移民才能被新殖民邦认可;其次,土地必须分配给那些被承认有居民权的人,因此共产将不存在。不管共产有多么优越,如果立法者自身不实行专制统治,它也是不可行的,[4]而在目前情况下甚至未考虑立法者与专制统治者

---

〔1〕《法律篇》,719^{b}—720^{e}。

〔2〕《法律篇》,722^{e}—723^{a};对照808^{d-e}。

〔3〕参见亚里士多德:《政治学》,1266^{a}1—3。

〔4〕《法律篇》,739^{a}—740^{a}。

的合作。但是,土地必须仍然是整个城邦的财产;任何居民都不是分配给他的土地的绝对主人。分配的土地不得买卖,也不得以其他方式变更,而确保实现这一要求的前提就是拥有者将其整份土地传给他的一个儿子,其他的儿子必须设法与女继承人结婚;为了不使男性居民人口超过原来所确定的土地份数,有必要控制生育,在极端情况下还要将一部分人送出殖民地。城邦内不允许有金银,赚钱的活动也尽可能加以禁止。财产的平等是不可能的,但公民拥有的财富应有最高限额:最富有的公民所拥有的财富不得超过最贫穷的公民的 4 倍,包括所分得的土地份额、房子和奴隶。在分配政治权利时不可能不顾及财产的不平等。根据财产的拥有量,全体公民被划分为 4 个等级。分派给每个公民的土地必须足以使他在战争中作为骑士或武士为城邦服务。换句话说,公民身份或公民权只限于骑士或武士。这种制度似乎是亚里士多德所说的一种政体——受财产资格限制的民主制。但这并不正确。特别能说明问题的是它有关议事会成员及议事会选举的法律。议事会也就是我们常说的政体的行政部分;议事会由 12 个人执政,每人执政 1 个月。议事会由 4 个同样大小的团体构成,第一个团体选自最高的财产等级,第二团体选自次高的财产等级,如此等等。所有公民都有同样的选举权,但是所有的公民都应从最高的财产等级中选举议事会成员,而只有两个最高财产等级的公民应从最低财产等级中选举议事会成员。这样的安排显然意在有利于富人;这样的制度意在成为君主制与民主制的中间形态,[1]或更准确地说,更偏重于寡头制或贵族制而非民主制的中间形态。在公民大会中的权力以及在掌握最重要的官职方面,富人也被给予同样的特权。

---

〔1〕《法律篇》,756b—c。

然而,富人并非因为富有就受到优待,工匠或商人不管多么富有都不可能是公民,只有那些有暇致力于实践公民美德的人才可以是公民。

这种立法本身最惹人注目的部分是针对不虔敬的行为,它自然被放入刑法的范围加以处理。最根本的不虔敬是无神论或否认神的存在。一部好的法律不仅要惩罚犯罪或诉诸恐惧,而且还要诉诸理性,因此雅典的无名氏不得不证明神的存在。但由于神并不关心人的正义,既不奖赏公正的人,也不惩罚不公正的人,所以对于要建立的城邦来说,神是不够的,他还必须证明神圣的天道。《法律篇》是柏拉图唯一一部包含这种证明的著作,也是唯一一部以"神"开始的著作。可以说它是柏拉图最虔诚的著作,这是他要打击不虔敬即否认神存在的观点的原因。雅典的无名氏提出了神的问题,尽管这个问题甚至在克里特和斯巴达都未受重视,不过这个问题在雅典是存在的。[1] 克雷尼亚强烈拥护这位雅典人提供的证明,因为它可以构成整部法典最精良的前言。在驳斥无神论者之前,雅典的无名氏先叙述了他们的主张。他们主张肉体先于灵魂或精神,或灵魂和精神源自肉体,所以没有什么东西自然就是正义或不正义的,所有的公正都源于约定。对这种观点的驳斥在于证明灵魂先于肉体,这样的证明也就是肯定自然的公正的存在。对不虔敬的惩罚根据不虔敬的不同而有所区别。如何惩罚正义的无神论者并不清楚,但对他的惩罚肯定轻于对以营利为目的而利用外邦辩术的人的惩罚。即使对其他的不虔敬行为,死刑惩罚也极为罕见。我们之所以提到这些情况,是因为在这些问题上考虑不周会导致无知的人谴责柏拉图缺乏自由主义精神。在这里,我

---

〔1〕《法律篇》,886;参见891^{a}。

们并不因为有些人相信自由主义,要求无条件地宽容所有不管多么危险和低劣的意见和学说,而把他们视为无知的。我们称他们无知是因为他们看不到柏拉图的自由的卓越之处,原因就在于他们所根据的是他们自己的标准,而这个标准不可能是“绝对的”。关于柏拉图时代普遍认可的标准的最好说明是雅典的实践,因为雅典是以其自由和儒雅而高度闻名的城邦。在雅典,苏格拉底被处死是因为他不相信为雅典城邦所崇拜的神的存在——其存在由传说为人所知。而在《法律篇》的城邦中,对神的信仰的要求被限制在神的存在能被证明的范围内;此外,那些虽不信服这些证明但本身是正义的人,将不会被判处死刑。

雅典的无名氏所描绘的这种制度的稳定性的保证似乎可以保证任何政治制度的稳定:这需要绝大多数居民服从尽可能不变的、明智的法律,而这种服从主要是美德教育的结果。此外,法律仅是次优的东西,任何法律都不可能像在场的真正明智者的决定那样明智。因此必须准备根据政治制度日益增长的不完善,也为了防止法律的衰败而不断地改善法律。立法因而必须是一个没有完结的过程,每个时代都必须有充满朝气的立法者。法律的改变必须尽可能小心谨慎,也必须在普遍认为有必要的时候进行。后来的立法者必须与原来的立法者抱有同样庄严的目的:他们必须是城邦成员中具有卓越灵魂的人。[1] 为了防止随意改变法律,必须被严密监视本邦居民与外邦人的交往。任何居民都不许因私出国,但享有较高声望且年过50,希望考察国外的生活状况,特别是与国外杰出人士交往,以便从中学习改善法律者,他们出国应该予以鼓励。[2] 不过,所有这些及类似的措施尚不足以拯救法律和制度,其

〔1〕《法律篇》,769^{a}—771^{a}、772^{a-d}、875^{c-b}。

〔2〕《法律篇》,949^{e} 以下。

仍然缺乏坚实的基础。坚实的基础只能来自夜间议事会,该机构成员为最杰出的年长居民以及被推选出的30岁的年轻居民。夜间议事会就像关心个人的事情那样为城邦出谋划策。为了使其发挥作用,其成员必须首先具备最适于单一目的的知识,而这单一的目的是所有政治活动直接或间接的目标。这单一的目的就是美德。美德是单一的,但也是多样的;有四种美德,而至少其中两种——智慧与勇敢——相互之间根本不同。[1] 那么何以有城邦的单一目的?如果夜间议事会不能回答这一问题,它就不能履行其职能,或更概括更准确地说,夜间议事会必须至少包括这样的一些人,他们知道什么是美德本身,或知道各种美德的理念,以及如何把它们统一起来,以便将它们全部正当地称为单一的"美德":"美德"作为城邦的单一目的是一个,是整体,还是别的什么?就人之所能而言,他们还必须知道关于神的真理。对神坚定不移的敬畏不仅来自灵魂的知识,也来自星辰运动的知识。唯有把这种知识与大众美德结合起来的人,才是城邦合适的统治者:夜间议事会一旦出现,城邦的统治权就应交给它。柏拉图将《法律篇》的制度逐步转变到《理想国》的制度,[2]《法律篇》的终点也就是《理想国》的起点。

阅读书目

1. 柏拉图:《理想国》。(中译本:《理想国》,郭斌和、张竹明译,商务印书馆2003年版。——译者注)

2. 柏拉图:《法律篇》。(中译本:《法律篇》,张智仁、何勤华译,上海人民出版社2001年版。——译者注)

---

〔1〕《法律篇》,963^{e}。

〔2〕亚里士多德:《政治学》,1265^{a}1—4。

色诺芬

（公元前430—前354）

克里斯朵夫·布鲁尔

在所有以苏格拉底为写作对象的苏氏弟子中，只有柏拉图与色诺芬的作品几乎完整地留存于世。柏拉图的著作差不多都是关于苏格拉底的，而色诺芬的四部关于苏格拉底的著作（《回忆录》《财源论》《会饮篇》《苏格拉底的答辩》）仅是其全部五卷本著作中的一卷。因此读者面临着在研究柏拉图时未曾遇到过的任务，即需要理解色诺芬关于苏格拉底的著作在其所有著作中的地位。

色诺芬最长的著作是《居鲁士的教育》，记述的是波斯帝国的创始者的教育与生涯，在色诺芬的笔下，这位创始者是实践王者统治术的典范。篇幅次长的作品是《希腊史》，记载了色诺芬的生活时代中希腊世界著名的政治、军事事件。这部著作的早期部分有时被认为是对修昔底德所中断了的历史记载的继续和完成。《远征记》大部分叙述的是色诺芬本人政治生涯中的著名事件。他曾率“万人”希腊雇佣军团随小居鲁士进入波斯帝国的腹地，以帮助小居鲁士推翻其兄——波斯国王——的统治。居鲁士在战斗中阵亡，他的残余部队投降国王，希腊人在那里已成孤军，色诺芬遂率军团大部安全回到希腊。传统上归于色诺芬的其他与苏格拉底无关的著作篇幅都很短。其中包括一篇阿格西劳斯的颂词，此公是斯巴达国王，与色诺芬个人相交甚厚；一篇僭主希罗与诗人西摩尼德有关僭主制的对话；还有若干论文，内容涉及斯巴达与雅典的政治制度、雅典的税收、骑兵指挥术、骑术以及带狗狩猎术。

色诺芬本人曾经是一个庄园主，[1]其著作给我们的印象是，他有着一个希腊绅士的情趣和见解。例如，他一方面推崇王者统治术，[2]另一方面又赞美斯巴达式的共和体制。[3] 此外，这位绅士的许多活动都带有乡野情调，对马和狗有着颇高的需求。[4] 这些情况不免引人断定，他的著作在整体上不仅仅反映了这样一种情趣，而且更重要的是有意倡导这种情趣。当我们注意到色诺芬的著作与柏拉图的著作的另一种区别时，这种印象可能会进一步得到加强。在色诺芬身上很难发现柏拉图对话所具有的那种严肃、感人、半悲剧式的风格，相反，我们看到的是简单、轻松、活泼、优雅，还不时带些幽默。他是一个能假借两个男孩——其中大的穿小衣服而小的穿大衣服——的故事来揭示正义问题的作家。[5] 他似乎极力逃避高度严肃，如同伯蒂·伍斯特(P. G. 沃德豪斯笔下

---

〔1〕《远征记》(*Anabasis*)，V3. 7—13。

〔2〕《财源论》(*Oeccnomicus*)，21. 10、4. 4、13. 5。

〔3〕《回忆录》(*Memorabilia*)，Ⅲ5. 15—16。出自伯里克利之子的宣言，即雅典反斯巴达政策的制定者。

〔4〕《财源论》，5 和 11。

〔5〕《居鲁士的教育》(*Cyropaedia*)，Ⅰ3. 16—17。

的末日绅士)意图从与女人的纠缠中逃遁一样——那种“充满了严肃目的”而意图改变他的意识的女人,而且色诺芬比后者更为成功(更成功地完成了逃避)。

对色诺芬的著述动机及其意向中的读者对象的最初印象,在很大程度上可以说是准确的。但这种看法没顾及色诺芬有关苏格拉底的著述的情况。虽然在其全部著作中最广泛论及的是绅士的生活方式,但色诺芬从中表明,他所描述的那种绅士对苏格拉底并不感兴趣,[1]而色诺芬本人则全神贯注于苏格拉底。不仅其关于苏格拉底的著作本身说明了这一点,而且他其他每一部主要著作中苏格拉底的在场及相关论题也说明了这一点。[2] 明白了这一点,我们就可更近于公正地看待色诺芬著作的两个方面——苏格拉底的和非苏格拉底的,以及揭示两方面统一的可能性。我们的意见是,色诺芬致力于探讨的是最好的生活方式这一苏格拉底的问题,而他并未完全接受最好的生活方式是哲学的生活方式这一苏格拉底式的回答。

这一意见的部分根据是,色诺芬——常常叫人注意他与苏格拉底的个人关系,在这一点上他与柏拉图形成了鲜明对照,他甚至将其主要的关于苏格拉底的著作称为《回忆录》,亦即他回忆苏格拉底的著作——详加叙述了他与苏格拉底的友谊的两个插曲,而这两个插曲更多地证明了他对苏格拉底的教诲和忠告的抵触而不是接受。[3] 如果色诺芬的轻浮使我们怀疑像他这样写作的人关心

---

〔1〕《财源论》包括有关苏格拉底同一位十足的绅士的对话,比较了他们的两种生活方式。这一对话由苏格拉底引起,所有的问题也由他提出;对话便于其获得有关绅士生活的知识。

〔2〕《远征记》,Ⅲ1.4—8;《希腊史》(*Hellennica*),Ⅰ7.15(比较《回忆录》,Ⅰ1.17—18和Ⅳ4.1—2);《居鲁士的教育》,Ⅰ6.31—34、Ⅲ1.14及1.38—40、Ⅶ2.15—25)。

〔3〕《回忆录》,Ⅰ3.8—13;《远征记》,Ⅲ1.4—8。

最好生活方式问题的可能性。换句话说,如果他的轻浮妨碍了我们接受前述意见,那我们不妨回忆一下柏拉图本人的暗示:对悲剧的爱好是一种有问题的爱好,[1]虽然柏拉图比色诺芬更愿放任此种爱好。即使我们的意见将不得不根据我们对色诺芬著作的研究而加以修改或限制,这个意见仍有助于我们在开始这项研究的时候首先辨别其著作中最重要的部分。

在《居鲁士的教育》中,通过对完善的统治者和最高形式的政治生活方式的描述,色诺芬表达了自己的思想。在以《回忆录》为主的关于苏格拉底的著作中,色诺芬根据自己追随苏格拉底的亲身经历描述了优秀的哲学家和哲学的生活方式。"居鲁士"和"苏格拉底"是对色诺芬影响最大的两个人,在他看来,这两个人是仅有的两个可供选择的对象,构成了包容其他可能的人类事物(如绅士的半公共生活)的两极,而且只有参照这两极,这些事物才可被理解。在《远征记》中,两极合并了,因为色诺芬作为苏格拉底的学生不顾后者的劝告,离开苏格拉底而前去参加由小居鲁士组织的征战。

《居鲁士的教育》

大居鲁士所取得的成就部分是由于其出身(家庭),部分是由于其天赋,部分是由于其所受的教育。[2] 假如没有某种天赋(杰出的自然能力,并伴有以某种方式利用这些能力的倾向),[3]他不可

---

〔1〕 参见如《法律篇》,658^{d}2—4;《麦诺篇》,76^{e}3—7。

〔2〕 《居鲁士的教育》,Ⅰ1.6。

〔3〕 《居鲁士的教育》,Ⅰ2.1、3.1—3、4.24。

能构想出伟大计划并实现这些计划。假如他不是出身于双料皇族——其父是波斯国王，其外祖父是米底亚国王——他的机会就会大受限制，这也会大大影响其所取得的成就。[1] 不过，暂时把这些事情放在一边，我们还是开始考察他所受的教育吧，正如色诺芬作品的题目所要求我们的一样。

“他接受的是波斯法律的教育。”色诺芬的叙述并不严格要求历史性。根据色诺芬的叙述，居鲁士在波斯成长。他率领波斯军队征服亚洲，并以波斯命名其建立的帝国。波斯是一个相当小的共和国，或我们称之为立宪君主制的国家。而且，它是按照斯巴达的方式建立起来的典型的共和政体，一个经过改良的斯巴达。如果说色诺芬崇拜斯巴达，那他一定更崇拜这个“波斯”。像斯巴达一样，波斯对青年进行公共教育，培养他们的军事技能以及自制和服从，但禁止斯巴达的偷窃教育，而支持正义教育。[2] 像柏拉图和亚里士多德所赞美的城邦一样，色诺芬笔下的波斯认为其法律的最重要任务就是培养公民的品格：它希望将其公民造就得甚至不想做坏事或丑事。[3] 也像其他被高度尊敬的城邦一样，它是贵族政体，因为国民对法律的最高目的的忠诚有赖于政治权威，而政治权威牢牢地掌握在这样一些人手中，他们接受过为实现上述目的所需要的教育。[4] 换言之，良好的政治制度不仅仅是未来的目标或愿景，而且也是在过去某时确曾存在过的，除此之外色诺芬对波斯的介绍遵循的是我们在柏拉图和亚里士多德那里更为熟悉的线

---

〔1〕 着重参见Ⅷ5.17—20、5.26、5.28及Ⅶ5.37以下。他的统治的相对温和性部分来自对立法的尊重，尽管在其出生之后，便为保持这样的状态付出努力与辛酸。

〔2〕 《居鲁士的教育》，Ⅰ2.6以下；比较《斯巴达的政体》(*Constitution of Spartans*)，2.6以下，以及《远征记》，Ⅳ6.14。

〔3〕 《居鲁士的教育》，Ⅰ2.2—3。

〔4〕 《居鲁士的教育》，Ⅰ2.15。

索。色诺芬将居鲁士与波斯人的成功归功于波斯法律对他们的塑造。[1]《居鲁士的教育》是对造就了他们的那些法律和波斯政制的一种赞颂。

但就广义的教育而言,居鲁士的教育并不仅限于波斯,他还在米底亚其外祖父的宫廷中受过教育,而其外祖父是一个典型的东方暴君,统治着一个迥异于波斯的国家。[2] 据此来看,居鲁士的成功对波斯而言不啻是一场政治变革,也的确是极为广泛的政治变革。他所建立的波斯帝国与旧波斯很少有共同之处,前者有效地取代了后者,使后者沦为一个小邦——尽管如此,出于全面的政治考虑,居鲁士还是希望强调新旧制度的相同性而不是强调其差别。[3] 色诺芬对居鲁士改造波斯的同情似乎不亚于他对被居鲁士所改造的旧波斯的同情。况且,假若旧波斯不存在重大缺陷,居鲁士所造成的变革就不会发生,或者说就不会得到他的守卫。在介绍居鲁士的事业时,色诺芬不能不叫人们注意这些缺陷。然而,这意味着他不得不强调柏拉图和亚里士多德暗示的东西:最高或最崇高形式的古典共和政体的缺陷。他因此采取了一个倾向于马基雅维利式的更无情的批判路径,马基雅维利在很多有见地的评论中都承认了他对这种批判方法的偏爱。[4]

还回到居鲁士的米底亚教育问题。15 岁或 16 岁的时候,他是在其外祖父的宫廷中度过的,那里有他喜欢的东西,也有他厌恶的东西。例如,他喜欢米底亚风格的服饰,因为它们华丽多彩,令波

---

〔1〕 参见《居鲁士的教育》, Ⅰ1.6、2.2、3.1、5.7—13, Ⅱ1.3, Ⅲ3.50—55、3、70, Ⅳ2.38—46、5.1—4、5.54, Ⅴ2.15—20, Ⅶ5.70, Ⅷ8.15。

〔2〕 比较《居鲁士的教育》, Ⅰ2.2 与 3.1、3.13—18、4.1、4.25 及 5.1。

〔3〕 《居鲁士的教育》, Ⅷ5.85。

〔4〕 尤其参考《居鲁士的教育》,见《王子》,14 与 16,以及《对话》, Ⅱ13, Ⅲ20、22 和 39。

斯人望尘莫及。[1] 此外，他还极为迷恋学习骑马。[2] 但他讨厌米底亚人耽于奢侈食品——既复杂又费时，使食欲永远得不到满足[3]——以及酩酊宴饮，因为这会使国王及其仆从忘记对他的尊重。[4] 虽然居鲁士严厉批评米底亚君主的作为——至少是以回顾的形式[5]——但即便作为一个孩子他也会意识到彻底的君主制并非没有优点。[6] 在那时或稍后一些时候，他形成了一种看法，认为他在波斯的同志也会像他一样被“米底亚的”致富和出名的机会所吸引，而这样的机会在俭朴和严肃的波斯共和国是没有的。

当居鲁士大约只有二十六七岁时（这个年龄在波斯已被视为成年人），亚述国王集结军队开始威胁米底亚（当时由居鲁士的舅舅基亚克萨里斯统治）。威胁米底亚就是威胁波斯，因为与邻国的联盟一直是波斯保持独立的基础之一。波斯政府因而决定应基亚克萨里斯的请求，派31，000人的军队帮助保卫其盟国。居鲁士被任命为这支军队的指挥官，这也合基亚克萨里斯的心愿，因为居鲁士以前在那儿待过十多年，直到此时还有许多朋友在那里。居鲁士，像他自己所说的那样，“并非不愿”接受这个任务。这想必是他久已期待的机会。但要想了解勇敢、果断、沉着、创造性、深谋远虑和坚韧不拔这些杰出政治领导才能的基础要素，我们只需考虑这一任命授权他做的事情与他想做的事情之间的差距，以及这一任命为他提供的人力物力与他的更大目标所需要的人力、物力之间

---

〔1〕《居鲁士的教育》，Ⅰ3.2—3；比较Ⅷ1.40—41和3.1—14。

〔2〕《居鲁士的教育》，Ⅰ3.3、3.15、4.4—5；比较Ⅳ3和Ⅷ3.16及3.25。

〔3〕《居鲁士的教育》，Ⅰ3.4；比较Ⅰ5.12，Ⅳ2.38—47、5.1—7，Ⅴ2.14—21、3.34—35，Ⅵ2.25—29；同时比较Ⅷ2.1—7。

〔4〕《居鲁士的教育》，Ⅰ3.10—11；比较Ⅷ4.9—15。

〔5〕《居鲁士的教育》，Ⅰ6.8；比较3.18。

〔6〕参见《居鲁士的教育》，Ⅰ3.16—18、Ⅷ1.22，以及亚里士多德：《政治学》，1269a8—12、1286a9—16。

的差距,便可知晓。

居鲁士确实是波斯王位继承人,但即便作为国王,除了为国家利益而牺牲之外,他也不会有任何独立的权威。[1] 因而他的合法的权威完全在于这次任命中授予他的军事指挥权。也就是说,这项军事指挥权完全取决于波斯政府(可撤回)的决定。现在,鉴于交给他的军队的规模和特点及派遣出国的缘由,政府想必认为他只不过是参加一次有限的保卫战而已。而且,唯有这样的战争才会真正与维持波斯独一无二的生活方式的愿望相一致,这种生活方式要求相互熟悉的公民在日常接触中彼此密切监督。[2] 在一个可能通过吞并外国被征服者而建立的"大波斯"中,这种生活方式可能会难以维持,它会遇到来自两方面的威胁:一是生活方式的多样性,二是波斯人的管控失范,这是把被占地区作为行省来统治时不免要发生的情况。然而,居鲁士的意图并不仅仅是要通过帮助波斯的盟国从而保卫波斯,而是要征服所有对抗波斯的国家,将它们与其他国家一道并入他设想的"大波斯"。而且,他并不打算把这些被征服者交给波斯政府,交给他有朝一日会掌握的有限的王权。毋宁说他决心一开始(其父在位期间)就亲自统治它们,做一个绝对的、不受法律限制的君王。

为了采取必要的步骤来实现上述目标,他将违抗波斯政府的意愿或指令。[3] 直到他给予他们不可抗拒的诱惑,[4]或给予他们既成事实,[5]或二者兼而有之。他的军事目的需要一支庞大的军队,而他原有的波斯军队至多只能提供这支庞大军队的核心——即

〔1〕《居鲁士的教育》,Ⅷ5.26;比较Ⅰ3.18。

〔2〕《居鲁士的教育》,Ⅰ2.3—5。

〔3〕参见《居鲁士的教育》,Ⅵ1.4。

〔4〕《居鲁士的教育》,Ⅳ5.16。

〔5〕《居鲁士的教育》,Ⅷ5。

便如此也需要保证他原有的军队同意他本来无权要求他们承担的任务,他还必须保证其原有军队同意作实质性改建,以便通过提高战斗力来弥补数量的不足。除了米底亚人以外,还必须有其他盟国有意无意地为波斯的霸权及他们的从属地位而甘愿出力、冒险,即使米底亚人(更不用说居鲁士的舅舅基亚克萨里斯)也必须承认他们在一直平等甚或相对低劣的盟国关系中的霸权地位。最后,居鲁士的波斯战友中有许多是他的政治对手——差不多全是他的长辈,使他们向居鲁士俯首称臣并承认其超凡权力地位是必要的。尽管波斯人没有向别人俯首称臣的习惯。[1]

交给居鲁士的军队有1000名"贵族"——完成了波斯的教育因而获得完全的公民权的人——和3万名平民(而波斯总共有12万人)。[2] 这一比例的军事意义在于,只有贵族是被武装起来准备进行近距离肉搏的人。这种作战方法一般为希腊人所擅长,它能使在数量上居劣势的军队打败只准备进行小规模作战或远距离作战的具有数量优势的军队。但居鲁士军队内的这种划分也有其政治意义。在波斯本土,整个所谓的贵族等级人数很少,然而他们却统治着占绝大多数的平民,后者是不享有公民权的。[3] 可以推测,贵族垄断高效的作战方式有助于他们轻而易举地保持自己的优势;因此还可以推知,无论是在出征的军队中,还是在留守国内的人中,都应该保持两个等级间的数量比例,这是向境外派兵时,波斯政府应重点考虑的,以便确保政治上的安全。[4] 他们一定认为

〔1〕 比较《居鲁士的教育》,Ⅰ3.18与Ⅶ5.37以下、Ⅷ1.1—5,以及3.13—14;比较《远征记》,Ⅲ2.13。

〔2〕《居鲁士的教育》,Ⅰ2.15。

〔3〕《居鲁士的教育》,Ⅱ1.3。

〔4〕 当他们决定满足他提出的增援请求时,需考虑到波斯当局给予居鲁士的额外的力量,它们由4万名平民构成,其中并无贵族。《居鲁士的教育》,Ⅴ5.3。

交给居鲁士的军队与为其规定的(防御)任务是相匹配的。或者说,假使他们对那个比数曾有过担心,他们最终还是从政治上考虑,决定宁愿冒外敌入侵风险,也不愿冒险将危险的武器交到潜在的国内敌人的手中。

居鲁士对其军队状况的估计有所不同,至少可以说,他并不关心在军内或国内保持政治的平衡,他关心的是如何将这支小规模的军队作最有效的划分,以使它能协助其完成任务。最明显的军事办法是将重武器交给平民(武器由惊恐的基亚克萨里斯提供),[1]并答应将来给予他们平等待遇,以诱使他们加入近战搏斗的行列。平民可以指望有机会改善他们的地位和命运,但军中贵族肯定要反对。与本土当局不同,他们在现场,任何军中变动都要立即通知他们,甚至要征求他们的意见,况且他们不会不知道军中变动所具有的国内政治意义。因此,甚至在刚提出武装平民的问题时,居鲁士便向被选来辅佐他的那些贵族讲了话。[2]

这次讲话是他许多政治演讲中的第一次,他谈到了他们从先辈那里继承的习惯以及他们自己的处境。据居鲁士讲,他们现在的处境要求他们避免先辈们不能使有价值的行动发挥作用的错误:"依我看,我们的先辈并不比我们聪明:他们太过拘泥于德行所引导下的行动。但他们通过这样的为人成就了何种善功,无论对于波斯国家还是对他们个人来说的善功,我都没看到。"居鲁士机智地把维护波斯制度和波斯的生活方式视为无意义之举。他心目中的善功恰恰是波斯未曾提供的那些东西:个人或国家的"大量财富、极多幸福及伟大荣誉"。这可以解释为什么这次战争被波斯当局仅视为一种要尽快加以消除的威胁,而被居鲁士视为一个机

---

〔1〕《居鲁士的教育》,Ⅱ1.2—10。
〔2〕《居鲁士的教育》,Ⅰ5.7—14。

会——一个利用波斯人长期培养的品格的机会，这些品格使他们在肉体上和精神上都为军事霸权做好了准备：

> 因为我们了解自己，从小我们就是高尚、善良行为的实践者，所以，让我们谴责敌人吧！我坚信，在同我们的竞争中，敌人只不过是业余选手……让我们大胆进发吧！不正义的名声属于敌人而不属于我们，因为他们觊觎属于别人的东西。是敌人在挑起战端、发动不正义的攻击，而我们是应盟邦的请求参战。有什么能比自卫更正义，比帮助朋友更高尚呢？

色诺芬没必要在这里说明聆听演讲的贵族们的反应：该书其余部分都是说明。贵族们，或许个别人除外，[1]不仅默许了居鲁士对平民的武装，而且默许了他采取的许多其他步骤，他们的确持赞同的态度，尽管这些步骤都具有重要的政治后果。原因不在于他们愚蠢，以致意识不到这些结果，而是因为居鲁士的演讲的巨大效果。他们的心愿，他们的精神，不再系于返回家园重过传统方式的生活，而是开始向往居鲁士给他们展示的雄心勃勃的远大前景。

武装平民的行动迅速展开。由于对贵族的表态早有预料，所以居鲁士只向他们指出，从严格的军事观点来看这一步骤是明智的。[2] 不过，为了理解他[3]向平民提出建议的方式，我们有必要回过头来看看较早的段落，色诺芬在那里说明了“波斯的整体政

[1] 《居鲁士的教育》，Ⅱ2. 11—16。

[2] 《居鲁士的教育》，Ⅱ1. 10—12。

[3] 正是由于贵族的有利建议，居鲁士才敢于向平民振臂高呼，来实现自己的倡议（参见《居鲁士的教育》，Ⅱ1. 2—14）；这是诸多帮助中的一个，居鲁士在其崛起中受助无数。这些倡议将被永远铭记（Ⅷ4. 11）。

制”。[1] 结果表明,从法律上讲,所有波斯人都不妨享有荣誉、官职或我们称为公民权的东西,所有的人都可以送子女上培养正义的公共学校。但事实上只有有能力资助子女、不需要子女劳动的父母才送子女上学;而只有那些在公共学校受过教育并成功地通过了其他训练(这需要从追求利益的事业中解放出来的闲暇)的人才可享有荣誉和官职。这种法律上平等和实际上不平等的状况说明,在贵族制的波斯,等级差别依赖于贵族自身不愿为之公开辩护的基础:世袭财富。至于平民,可以肯定,他们认为他们被排除于政治平等之外以及他们普遍艰难的命运都是不公正的。[2] 居鲁士因此给他们讲了如下的话:

> 波斯人,你们与我们(贵族)生养在同一个国家;与我们有着同样的肉体和灵魂。然而,虽然我们是同样的人,你们却在祖国不能享有与我们平等的权利。造成这种状况的原因不在我们,而是受你们日常生活条件所限。现在不同了,我向神保证,我想让你们拥有你们过去所没有的那些东西;但是你们,如果你们愿意的话,可以像我们一样拿起武器,与我们承担同样的风险,而且,如果有荣誉和利益随之而来,你们的行为要值得接受这样的奖赏。[3]

就这样,3万名新贵族诞生了,他们把自身地位的提高归功于或首先归功于居鲁士。不过与此有关的问题也会随之而来,因为这毕竟要影响到居鲁士与(面临新威胁的)军中贵族的关系,而且

---

〔1〕《居鲁士的教育》,Ⅰ2.15。
〔2〕参见《居鲁士的教育》,Ⅱ1.19;对照Ⅶ5.67。
〔3〕《居鲁士的教育》,Ⅱ1.15以下。

他们还面临着回归波斯之后可能发生的任何情况。

军中改革后来通过两项进一步的措施方得以完成。首先,经普遍同意(由居鲁士特地安排的),采用了论功行赏(自然包括晋升)的原则,居鲁士充当军功的判官。[1] 这种做法是必要的,不仅是为了通过刺激而鼓舞军队,也是为了给荣誉和等级制提供新的基础,以代替丧失信誉的旧等级制。等级制在新秩序中与在旧秩序中是同样必要的。其次,居鲁士下令,由于名实不副而被褫夺军功被逐出原等级的人,要由现有优秀分子取而代之,不管优秀分子是否为同胞,"如同寻马一样,你优先考虑的是好马,而非是不是祖国的马"。[2]

不用说,居鲁士开始着手利用盟国来完成扩军的任务,并准备使盟国在服从军事任务的同时也服从波斯人,服从他本人。在这方面他运用了在重组其军队时所施展的才能。此外,他在拉拢人方面也依赖于他的突出的个人品格:行为庄重、考虑周全、公平正直、宽容大度、忠实可靠。[3] 这些品质,连同他非凡的军事才能(他一有机会在战斗中施展这种才能便立即给他带来声望),构成了极富魅力的性格组合。不过,这方面的情况我们不准备过多谈论,还是留待读者在阅读色诺芬著作时慢慢去享受吧,我们关心的是居鲁士如何在重建波斯军队的过程中播下了政治的种子,这些种子又如何在他所缔造的波斯帝国中开花结果。

他的努力如今可以被视为依赖于对"波斯"即古典贵族政体的

---

〔1〕《居鲁士的教育》,Ⅱ2.17—21、3.1—16。

〔2〕《居鲁士的教育》,Ⅱ2.26;对照Ⅰ6.27—34。

〔3〕在探讨居鲁士的品质时,我们并不能忽略马基雅维利的观点即对不同类型品质的正确的运用对居鲁士的成功几乎是同等必要的。同时,色诺芬也让我们注意其他品质及其对居鲁士的重要性,这仅仅是《居鲁士的教育》Ⅴ.826中某种观点的延续。他不应该全然放弃坏事物中的快乐抑或优点。《居鲁士的教育》,Ⅴ8.26。

局限性的领悟,或至少是在直觉中进行了精准的把握。例如,他知道它所要求的忠诚像任何一个特殊的、非普遍的社会所要求的忠诚一样,旨在将人群人为地划分为同胞(友爱者)和外国人(实际的或潜在的敌人)(此处参照了柏拉图在《理想国》中所进行的"正义就是助友与伤敌"的相关分析及其缺点)。他也知道,在物质匮乏的前现代条件下,若没有等级制度,独一无二的波斯公共教育制度便无所依赖,但等级制度依靠的不是功绩或天赋异禀,而是依靠不赋加额外条件的世袭财富标准(在《理想国》中,柏拉图仅通过废除家庭这一极端方便的办法,将这一污点从古典贵族制中清除出去)。旧制度的这些缺点将以新的方式来加以消除,这就是要创建一个普遍的(因而无所不包的)帝国,并使财富、荣誉的地位和其中的责任只依赖于功绩。

首先,居鲁士知道或意识到了旧波斯教育引以为豪的产品——对本身被当作目的的美德或德行的依恋——的弱点 而这种依恋是对旧波斯及其生活方式的偏爱赖以生存的基础。现在只谈这种依恋本身而不谈它的对象——美德。而就教育一词的严格意义而言,其实这种依恋并非真是教育的结果。[1] 毋宁说,这种依恋是(通过赞扬与谴责)强行灌输到贵族中去的。[2] 如此产生的依恋是经不住诱惑的(对照《理想国》结束时柏拉图在厄洛斯神话中通过选择生活方式的故事所表达的意思)。由于提供了那种诱惑,由于建议贵族们别再为美德而追求美德而是为报偿而追求美德,居鲁士表现得更像是一个腐蚀者而不是改革家(顺便注意,这可能是他与色诺芬笔下的另一位英雄唯一相似的方面,这位英雄即所谓青年的腐蚀者)。由于以偏爱的态度介绍居鲁士的革命,色

---

〔1〕《居鲁士的教育》,Ⅰ2.6—7、3.16—17。

〔2〕《居鲁士的教育》,Ⅰ2.12、6.20。

诺芬似乎对贵族的腐败都抱有同情。色诺芬对腐败问题的看法是他从整体上对居鲁士的新制度进行评价的一部分,甚至或许是最重要的一部分。

在相当于该书序言的那一部分中,[1]色诺芬指出,他之所以把注意力转向居鲁士,是因为他对民主制、君主制、寡头制以及所有专制统治屡屡被推翻的情况进行了反思,并由此得出如下结论,即人对人的统治即使不是不可能的,也是极难成功的。这一结论似乎与居鲁士的经历相悖,因为后者证明,只要知道如何进行统治,统治人既不困难亦非不可能。居鲁士似乎解决了这个政治难题。然而在《居鲁士的教育》的结语中,[2]色诺芬承认抑或强调,居鲁士一死,其帝国便陷入纷争,不久便衰落了。原因并不仅仅是居鲁士的后继者缺乏他的伟大品质,从而不能维持他所创建的制度。[3]其实那些制度本身就是有缺陷的。

居鲁士的新建树在很大程度上只不过是“换牌”,亦即使以前的统治集团受奴役于新的主人;其不良后果便是有必要维持一个巨大的军事机构,一支庞大的居鲁士私人卫队,[4]一个实际上无所不包的内部特务网,[5]此外还有必要使用各种“蛊惑”术,以便控制惊恐万状的被统治者。[6] 居鲁士对人们的“功绩”滥施奖赏,以致有时难以区分这种“功绩”是出于对居鲁士的忠诚还是出于自私的目的,[7]而且如此获得的奖赏随时都可以被收回,这完全取决于

---

〔1〕《居鲁士的教育》,Ⅰ1。
〔2〕《居鲁士的教育》,Ⅷ8。
〔3〕《居鲁士的教育》,Ⅷ1. 6—8。
〔4〕《居鲁士的教育》,Ⅶ5. 58—70。
〔5〕《居鲁士的教育》,Ⅷ2. 10—12。
〔6〕《居鲁士的教育》,Ⅷ1. 40—42、3. 1—24。
〔7〕《居鲁士的教育》,Ⅷ4. 3—5、4. 9—12。

居鲁士是否高兴。[1] 以上这些没必要过多谈论,对我们当前的目的来说,更重要的是注意这一情况:居鲁士断定其王位的最大威胁将恰恰来自他最为赏识的朋友。[2] 其中的意义是不难理解的,因为这些朋友大部分都是同样的贵族,他们(所有方面)的欲望都被居鲁士解放了出来,只因为他建议他们为报偿追求美德而不是为美德追求美德。更概括地说,居鲁士试图将波斯人的教养和自制与米底亚人的矫饰和奢侈这两个方面有效结合起来,[3]虽然这种结合暂时令人鼓舞,但长此以往甚至短期内都会败坏法律所培养的品质即精神的习惯;而这些品质或习惯不仅为居鲁士的军事大业所依赖,也为任何国家的自卫能力所(部分地)依赖。[4] 因此居鲁士军队的品质逐渐被腐蚀,尽管这支军队的规模和总体的战斗力都增长了。[5] 新的高尚教育,即由居鲁士在其王宫门前进行的教育,不可能弥补已失去的精神即为美德而美德的献身精神,亦即居鲁士本人从旧波斯教育中所接受的那种精神,尽管新的教育表面上与过去的教育相同,尽管新的教育产生了表面的良好秩序和相互尊敬。[6]

根据这些以及其他类似的理由,我们难免得出这样的结论:色诺芬认为,他在序言中提出的有关居鲁士的论题,不是被他所详述的居鲁士的经历证实了,而是被否定了。他最终一定认为,《居鲁士的教育》在整体上赞同的是旧"波斯的"法律和制度,而不是居鲁

---

〔1〕《居鲁士的教育》,Ⅷ1.16—20及2.15—19。

〔2〕《居鲁士的教育》,Ⅷ1.45—48、2.26—28、4.3;对照Ⅴ2.7—12。

〔3〕《居鲁士的教育》,Ⅷ8.15。

〔4〕对照《居鲁士的教育》,Ⅲ3.51—55与Ⅰ5.7—10。

〔5〕这在技术手段的大量运用以及防卫官角色的转变中得到充分彰显。对照《居鲁士的教育》Ⅲ3.41—42与Ⅵ3.27;参见Ⅵ1.27—30、1.50—55,以及Ⅶ1.33—35。

〔6〕作为这种教育的产物,色诺芬说道:"当看到他们的时候,你将会认识到他们与一种理念相伴而生,即何为高尚的追问。"《居鲁士的教育》,Ⅶ5.85—86,Ⅷ1.10—12、1.16—33。

士的变革,当然这种赞同根据该书所揭露的旧制度的缺点而具有一定的保留与限制。但是,既然如此,那他为什么起初乃至后来把居鲁士的变革说得那么有魅力呢?莫非他只是想先将我们吸引过来,然后再来清算这一危险的诱惑?要不就是我们又犯了错误,与我们最初的错误看法截然相反的、走得更远的错误?要不然对居鲁士的真实看法,即色诺芬自己的观点,介于两个极端之间?为了回答这个问题,至少为了理解他作最终评价时所持的观点,有必要考虑他所介绍的年轻的居鲁士与其父母间的两次谈话。

居鲁士从未就其伟大抱负征求其父母的意见。可以相当有把握地说,如果事先征求他们的意见,他们是不会赞同的,当然在造成既成事实的情况下,他们体面地屈服于他,这就另当别论了。[1]但是,至少从所提到的这两次谈话来判断,他们不赞同的理由在两种情形下是有所不同的。居鲁士的母亲与居鲁士的那次谈话发生在米底亚,当时居鲁士还是个孩子,话题是米底亚人的正义与波斯人的正义的差别。[2] 她明白无误地表达了自己的看法,认为波斯人的正义更具优越性,而这种对波斯的偏爱是居鲁士所没有的。[3]居鲁士的父亲与居鲁士的那次谈话,是在居鲁士再次出发到米底亚时进行的,这次其父亲的话带有命令的味道。他谈到了居鲁士的情况,提出了承担统治他人的责任意味着什么的问题:

> 你忘了吗,孩子,在我们合计的时候,曾得出这样的结论:如果一个人能尽可能兢兢业业,以使自己达到经得起考验的高尚和善良,并为自己及家庭获取生活必需品,那么他的行为

---

〔1〕《居鲁士的教育》,Ⅷ5.22—28;对照Ⅵ1.4。

〔2〕《居鲁士的教育》,Ⅰ3.18及上下文。

〔3〕对照《居鲁士的教育》,Ⅷ5.24。

就是足够高尚的?但是,更重要的任务是,要懂得如何领导别人,以使他们都有丰富的生活用品,并使他们各得其所,因此这个任务对我们来说似乎是惊人的事情。

您说得对,父亲,我向宙斯保证,我将记住您的话;而对我来说,高尚的统治是一个太巨大的任务。至今,每当通过审视统治本身而考虑这个问题时,我仍抱有同样的看法。但无论何时,看一下其他的人,我就知道什么人[能够]继续统治,以及我们会遇到什么样的对手。对我来说,在对手面前表现怯懦,不愿与其竞争,是十分可耻的……

但你要注意,孩子,有些事情不是与人而是与事业本身竞争,在这方面确立优势并非易事。[1]

与其父相反,居鲁士显然并不把培养自身的高尚和善良视为不同于统治他人的另一伟大任务。他对统治他人的热衷也意味着他认为自身已然获得了良好的教养,或至少已经知道什么是高尚和善良。他的父亲,在整个谈话中的见解都令我们想起苏格拉底,但显然他并不是苏格拉底。因此,其父从居鲁士本人的角度出发,比居鲁士自己还要怀疑让居鲁士承担政治(或军事)责任是否适当。由此令我们感到疑惑的是,当色诺芬后来指出作为王者的居鲁士的生活的内在贫乏——与其外在的辉煌成功相反——的时候,他是否在暗示这是居鲁士漠视其父忠告的结果呢?[2]不过有

---

〔1〕《居鲁士的教育》,Ⅰ6.7—9及上下文。

〔2〕色诺芬对居鲁士在征服对手后的生活较少着墨。参见《居鲁士的教育》,Ⅷ6.19—7.2;人们可能会将居鲁士的夜宴与苏格拉底的进行对比,人们还可能考虑《居鲁士的教育》给爱欲(eros)的贡献,以及"两种心灵"的主题,即何者构成了心灵秩序的和谐与健康的问题,Ⅴ1.2—18,Ⅵ1.31—51、3.34—37、4.2—11,Ⅶ1.15—18、1.29—32,以及3.2—16;对照Ⅷ2.20—21及7.6。

一点可以肯定，色诺芬从未像谈及苏格拉底那样谈及居鲁士，“在我看来他（苏格拉底）本身就是幸福的”。[1]

还回到色诺芬之于居鲁士腐蚀贵族的问题。我们曾开玩笑似的说过，就居鲁士是一个腐蚀者而言，他与苏格拉底有某种共同之处。现在看来，此话倒有些真理的成分，因为其父对居鲁士的含蓄的批评也可以看作对旧波斯培养的任何一个贵族的批评。这些贵族坚信他们所受的教育足以使他们获得成功；[2]正因为抱有这样的信念，他们会将注意力转向“合适的”年龄，以便从个人的发展转向参与公共事物，就像居鲁士所要做的那样。实际上，他们甚至还不如居鲁士，因为他比他们更清楚地了解他们视为美德的东西是不充分的。由此来看，居鲁士对贵族的腐蚀，他对他们的美德的怀疑，可以视为一种解放。就旧波斯中苏格拉底式教育的禁律而言，[3]居鲁士的方式也许是对此禁律的唯一的解放。但是，它的确是未完成的乃至流产的解放，这是此种公开尝试的必然命运。它获得同情，只因为它朦胧地反映了苏格拉底对几个雅典及外邦青年的“腐蚀”。也就是说，它有助于我们想到苏格拉底式的教育所存在的问题。

色诺芬使我们怀疑居鲁士自己缺乏这种最崇高的教育。但是，如果与我们先前的预期相反，对于了解居鲁士来说，最重要的因素不是他接受的而是他缺乏的那种教育，那么色诺芬的《居鲁士的教育》这个书名意谓何在？莫非它只不过是《居鲁士的崛起》——有关年轻的居鲁士未完成的“崛起”或夺取国家的历程——的合适的参考书？因此，《居鲁士的教育》指的是老居鲁士

[1] 《回忆录》，Ⅰ6.14。

[2] 《居鲁士的教育》，Ⅰ2.15；对照2.5。

[3] 《居鲁士的教育》，Ⅰ6.31—33；对照《回忆录》，Ⅳ2.11—20。

未完成的教育,或叫人注意其教育的中断之点?

《回忆录》

我们曾提到过,《居鲁士的教育》有一条苏格拉底的线索,也对色诺芬有关苏格拉底的著作多有指涉。居鲁士与其父的谈话——在别处还提到过一个用苏格拉底的方式教授正义的老师——便是其中之一。后来还提及亚美尼亚国王杀掉其儿子的教师一事,这个教师是一位"诡辩家",国王指控他腐蚀其子,即离间其子对父亲的爱戴或尊崇。[1] 我们还得知克罗伊斯与德尔斐神谕和阿波罗的交往,由于他怀疑阿波罗的真实性而惹得阿波罗不高兴。[2] 或许我们显然是被诱导来通过潘西娅和迪奥多特的故事来比较居鲁士与苏格拉底。潘西娅是极为美丽的被俘王后,居鲁士委托自己的朋友看管她,当这位朋友怂恿居鲁士去一睹潘西娅的风姿时,居鲁士拒绝了,因为他怕她的美丽会使他神不守舍,竟至贻误了自己要做的事情。[3] 苏格拉底的情况则完全不同,一次有人告诉苏格拉底说,城中有一女子名叫迪奥多特,其美丽难以言表,苏格拉底回答说,"那我们一定去看看,因为既然难以言表,就只能去亲眼看看,否则便不知难以言表者为何物"。[4] 看看迪奥多特并不会危及苏格拉底的日常生活。

居鲁士与苏格拉底最明显的区别在于,苏格拉底从未谋求或

---

〔1〕《居鲁士的教育》,Ⅲ1.14 和 1.38;对照《回忆录》,Ⅰ2.49—55。

〔2〕《居鲁士的教育》;对照《苏格拉底的答辩》(*Apology of Socrates*),14 ~ 15,以及柏拉图《申辩篇》(*Apology of Socrates*),21^{b}3—^{c}2。

〔3〕《居鲁士的教育》,Ⅴ1.2—8 以下。

〔4〕《回忆录》,Ⅲ11.1 以下。

担任过高级政治职务。初看上去，这似乎不是一个很重要的区别。因为像他自己所承认甚至所宣称的那样，苏格拉底是一个政治学教师（仅提供几个证据：根据《回忆录》，苏格拉底的两个最著名的学生克利提亚和阿西比亚德是将苏格拉底作为政治教师来讨教问题的，[1]而且，在书中所述的那些对苏格拉底的教育高度关注的人面前，苏格拉底是以政治教师的面目出现的；[2]此外，该书另一相当大的部分，关注的是苏格拉底与实际的或未来的政治或军事领袖的谈话[3]）。苏格拉底的一位批评者或对手，试图将苏格拉底的学生争取过去，一次他质问苏格拉底：你自己不从事政治，既然不从事政治，也就不可能理解政治，而你却声称能培养别人从事政治，这可信吗？在回答中，苏格拉底拒绝承认他不从事政治。“培养更多的人从政不是比我亲自从政意味着更多参与政事吗？”[4]因此，或许苏格拉底以另外的方式追求与居鲁士同样的目标，即同样的公共目标。但是，苏格拉底是否同意其批评者的观点，即懂政治的人总想将其知识用于从政？以及他使别人具备从政能力的教育，是否也引导他们希望（或使他们不断希望）从政？

根据色诺芬的著作，苏格拉底想使其追随者逐步接受他的观点[5]——只有其最好的学生才能完全做到。他认为最有天赋的青年人（他最愿教的人）的一个标志，就是渴望学到为政治共同体的高尚统治所需要的一切知识[6]（只是在《回忆录》有关苏格拉底与实际或未来的政治或军事领袖的谈话这一部分中，色诺芬才提及

---

〔1〕《居鲁士的教育》，Ⅰ2.12—48。
〔2〕《居鲁士的教育》，Ⅳ2.1—7。
〔3〕《居鲁士的教育》，Ⅲ1—7。
〔4〕《居鲁士的教育》，Ⅰ6.15、6.1。
〔5〕《居鲁士的教育》，Ⅰ2.8。
〔6〕《居鲁士的教育》，Ⅳ1.2。

柏拉图,他含蓄但也十分明显地把柏拉图视为苏格拉底最得意的门生[1])。色诺芬还告诉我们,苏格拉底以不同的方式接触不同的青年,在与之打交道时他都要考虑到他们各自的特点。[2] 因此,他接近那些天赋最好的青年时大概要考虑他们的高尚抱负,这本身便足以说明苏格拉底对他们进行的教育是政治教育。从政治的出发点将他们引向何处仍然是一个切题的重要问题。苏格拉底的教育——他自身获得的教育和他提供给别人或准备使别人获得的教育——的结果如何呢?

色诺芬在其《回忆录》的最后一卷中最充分地介绍了苏格拉底的教育。他介绍的是苏格拉底专门为欧西德莫斯而采用的教育,而欧西德莫斯是一个极无天分的青年。[3] 尽管如此,考虑到即便最优秀的学生也与欧西德莫斯有相同之处,我们仍可从他所介绍的苏格拉底的教育,特别是从它开始之时的表达中学到一些东西。最优秀的学生与欧西德莫斯一样,首先渴望这样的美德,"人通过它而能从事政治……能进行统治",也就是渴望"最高尚的美德和最伟大的技艺",亦即"王者之术"。其次,由于他们的抱负是高尚的,所以他们坚信,一个人若不正义便不可能做好这些事情。[4] 苏格拉底的严肃的教导一开始便诉诸这样的抱负、渴望抑或这样的信念。随后便强调有关正义的知识是一个先决条件,于政治思想和政治活动均具有根本意义上的重要性。但在教育过程中的青年具备这种知识吗?天赋较好者大概不会像欧西德莫斯那样轻率地断言何为正义是一桩简单的事情,因而也不会像他那样天真地相信自己真的知道什么是正义。但他们对何为正义会毫无所知吗?

---

〔1〕《居鲁士的教育》,Ⅲ6.1。

〔2〕《居鲁士的教育》,Ⅳ1.3。

〔3〕 他属于Ⅳ1中所描述的最愚蠢的阶级。

〔4〕《回忆录》,Ⅳ2.11;对照Ⅳ1.2。

他们在何为正义的问题上所持有的意见,会比欧西德莫斯的意见更能经得起苏格拉底的批评吗?[1]

一旦在与苏格拉底的谈话中触及这些问题,苏格拉底的比较优秀的学生们就会明白,最重要的事情是研究何为正义,而要研究何为正义又有赖于这样一个人的帮助,他已经卓有成效地揭示了进行这种研究的、始终存在但尚未被承认的必要性。所有参与政治活动的想法都必须推迟,直至完成了这项研究任务。但能在有限的时间内完成这一任务吗? 不用说,苏格拉底在教育欧西德莫斯时对正义所作的解释不是完全令人满意的。[2] 但在色诺芬(或柏拉图)笔下的苏格拉底的其他解释就完全令人满意吗? 色诺芬笔下的苏格拉底,[3] 以及柏拉图笔下的苏格拉底,[4] 都得名于从未中断,以及从未结束的有关正义为何物的研究。其结果便是,本来只是为从事政治活动而作准备的研究活动,反而取代了实际的政治活动,原本作为方法与手段的政治教育反而成了目的。

关于导致苏格拉底或其某些学生从政治生活转到哲学生活的原因,上述的解释与其说回答了问题,不如说提出了更多的问题。你甚至会发现这一解释对哲学更为不利而不是更为有利。因为如果哲学的研究不能为何为正义这一问题提供答案,那还有谁会深切地感受到回答这个问题的必要性或迫切性,从而愿意投身于这样的学术事业呢? 不过或许苏格拉底已经给出了这个问题的答案,只是未公开表述而已,也许在其答案中,以及对与自身知识与

---

〔1〕 参见《居鲁士的教育》,Ⅳ2. 12—20。

〔2〕 《居鲁士的教育》,Ⅳ4;尤其对照Ⅰ2. 40—46。

〔3〕 《宴饮篇》(*Symposium*),4. 1;对照《回忆录》,Ⅰ1. 16,Ⅳ4. 5、8. 4。

〔4〕 参见《克力托封篇》(*Clitophon*)全篇;另参见《理想国》,354^{b}—^{c}3 和 368^{b}4—^{c}、435^{c}8—^{d}5(及上下文)和 611^{a}10—612^{a}b。

善好具有明确关联的问题的回答中,[1]更为充分地解释了哲学生活之于政治生活的优越性。由于其教育的对象是欧西德莫斯,此人对不适当的或有缺点的论证从不持异议,所以苏格拉底认为对自己的观点作一简单的或近似的解释是合适的。[2] 色诺芬从未告诉我们苏格拉底当时在最优秀的学生面前是怎样做的,因此我们不知道这是不是苏格拉底教学方法的一部分,即用一些基本的难题来启发学生,或提出一些问题让他们自己去解决,[3]也就是说,他自己并不直接给出这些问题的答案。我们确知的是,我们得以在困惑之际依据的支点,在于我们认识到:有个障碍,可称之为正义的难题,它占据了人们获得对政治生活合理的和高尚的满足的道路,至少暂时如此;为了试图消除这一障碍,像我们肯定要做的那样,我们几乎不可避免地要触及另一种生活,亦即所谓优于政治生活的生活。结果,我们的任务就不仅是要发现什么是正义,而且还要发现什么是哲学,以及考察哲学是否真能为如何生活这一问题提供最好的答案。

就整体而言,《回忆录》叙述的是色诺芬所经历的苏格拉底本人的另一种生活方式。《回忆录》是在受到怀疑的情况下写作和发表的。主人公已经以不敬神和腐蚀青年的双重罪名而被其雅典同胞判处死刑。为了了解这件事对色诺芬写作的态度具有何种影响,我们必须至少暂时摆脱我们当下的立场,因为现如今无人认为苏格拉底犯有死罪。现在人们普遍认为,苏格拉底是无辜的,他被指控的那些事情算不上犯罪,即使他不是完全无辜的,指控于他的那些事情也不应该被称作犯罪。

---

〔1〕《回忆录》,Ⅳ2.21—36。

〔2〕《回忆录》,Ⅳ2.40以下;比较Ⅳ6.13—15。

〔3〕对照《回忆录》,Ⅲ11.14(及上下文)和Ⅱ6.28。

我们必须作此努力，尽管就色诺芬是一个苏格拉底的无罪辩护者而言，他对我们今天的立场会造成一定的影响。在色诺芬写作时，人们对苏格拉底有罪或无罪问题的意见想必也是不一致的。其著作的大多数读者对苏格拉底感兴趣，如果说他们大体上相信苏格拉底是无罪的，那么他们肯定也有持相反意见的亲友。但这些早期的读者不一定能拿出证据来说服那些怀疑者，以为自己对苏格拉底保有兴趣的正当性作辩护。因此，提供这种论据的任务便落到了色诺芬的身上，这样做不仅是为了自己，也是为其他人，即实际的或潜在的苏格拉底们。就色诺芬的《回忆录》而言，同柏拉图的对话一样也有必要采取为苏格拉底辩护的形式。至今，总有些人认为色诺芬提供的证据比柏拉图的证据更为有力。例如，托马斯・杰弗逊说，"只有色诺芬的《回忆录》提供了苏格拉底的真实情况"。[1] 因此，就这种辩护取得的巨大成功而言，色诺芬与柏拉图应共同享有信誉和责任，也正是这种成功形塑了当代的观点。

如果我们不努力暂时摆脱我们当代的观点，在接触色诺芬的著作时我们就会受这种先入为主的观点的影响。我们就会认为其苏格拉底无罪的论点是理所当然的，因而不会特别注意色诺芬为支持这一论点而做的精心安排，以及所使用的证据和事例。我们就会忽视其表面易懂的讨论中所暗含的玄机或技巧，因为我们再也意识不到对苏格拉底不利的判决的力量，这些甚至色诺芬时代的苏格拉底的支持者都没意识到。其结果就是，我们不能充分注意到色诺芬在同这一判决做斗争的过程中不得不付出的代价，亦即为了确立当今已被普遍接受的那种观点，他不得不对有关苏格

---

〔1〕《给威廉・肖特的信》，载《托马斯・杰弗逊的生平及著作选集》(*The Life and Selected Writings of Thomas・Jefferson*)，纽约，1944 年版，第 694 页。

拉底的情况作某些歪曲的解释。

例如,在该书冗长的第2章中,色诺芬谈到了腐蚀青年的指控,他引用了指控者对苏格拉底的许多责难,[1]然后逐一加以反驳,以为苏格拉底进行辩护。由于辩护的目的显然是要驳倒对苏格拉底的攻击,所以对苏格拉底的特殊责难给人的印象是毫无根据的。但是,像色诺芬确实知道的那样,他的反驳并不总是击中对方的要害或完全战胜对方。

这些责难之一是说,苏格拉底唆使其追随者蔑视既成的法律和现存(民主)制度。例如,他批评以抽签选择官吏的方法,他还使其追随者狂暴不羁。面对这双重攻击,色诺芬只辩称,苏格拉底确实没有使他的追随者狂暴不羁。就是这样的回答似乎也是站不住脚的,因为指控者立即提出了第二个责难:以狂暴著名的克利提亚和亚西比德就是与苏格拉底过从甚密的两个人。色诺芬并未试图为这两个人的行为辩护,也没否认他们与苏格拉底的关系。他只是说,在他们受教于苏格拉底时,苏格拉底尽力培养他们的节制的品德,而且在这方面做得是比较成功的;至于说他们后来变坏了,这并不能怪苏格拉底,就像一个父亲不应为离家后变坏了的孩子的行为负责一样。这话并不错,但它并未回答关键性的问题,亦即苏格拉底是否以政治教育的形式为克利提亚和亚西比德提供了工具;此外,尽管他只对他们的性格有有限的影响,但他不可能看不到他们的未来倾向。

指控者的责难之三是说,苏格拉底教唆他人不敬长辈,因为他劝说他的追随者相信他能使他们比其长辈更聪明,而且他还论证说无知者受制于聪明者是理所当然的。对此,色诺芬的反驳只涉

---

[1] 《回忆录》,Ⅰ2.9、2.12、2.49、2.51—52、2.56及2.58。

及受制这一点,或后者。第四个责难又重提上述指控之一:苏格拉底教唆他人不敬长辈,并将此种不敬扩大到一般的亲戚和朋友。在回答这个问题的时候,色诺芬甚至承认,苏格拉底确实肯认了指控者的一些观点:随着对那些知晓事理并且论证严密的人的敬意的增长,不可避免地会在某种程度上失去对亲戚、朋友的尊敬。指控者的最后一个责难是说,苏格拉底恶作剧般地使用声誉最高的诗人的诗句。例如,他把赫西奥德的一句诗的意思说成是一个人不应避免不正义或可耻的行为,而且为了利益甚至应该做这样的事情。对此,色诺芬的回答只谈到了苏格拉底的有益或利益的标准,而没有谈到苏格拉底对高尚和正义的看法。[1]

一旦我们知道了《回忆录》的写作方式,我们就不免想知道这种写作方式会怎样影响它所描绘的苏格拉底哲学思考的整体画面。初看上去,色诺芬似乎否认苏格拉底从事过我们称为自然哲学的研究:"他没以其他大多数哲学家的方式谈论所有事物的自然本性,研究诡辩哲学家所谓的宇宙状态以及每一种天上的事物如何必然地产生。"[2]毋宁说,他"总是谈论人类事物,研究什么是虔敬,什么是不虔敬;什么是高尚,什么是卑贱;什么是正义,什么是不正义;什么是节制,什么是放纵;什么是勇敢,什么是怯懦;什么是国家,什么是政治家;什么是人类的统治,什么是人类的适格统治者;而且他认为懂得这些事物的人就是高尚的、和善的,而对这些事物无知的人便公正地被称为卑贱的"。[3] 但是,在《回忆录》及其他关于苏格拉底的著作中,色诺芬也曾暗示苏格拉底从事过自然哲学的研究。有一次,苏格拉底言及自己作为自然哲学家的

〔1〕 对照柏拉图《希巴克篇》(*Hipparchus*)以及《回忆录》,Ⅰ2.54。

〔2〕 《回忆录》,Ⅰ1.11;将"自然哲学"一词的用法同柏拉图《斐多篇》96a8"有关自然的探究"作比较。

〔3〕 《回忆录》,Ⅰ1.16。

声誉时并未对之表示反对。[1] 他似乎认为智慧(他称之为最大的善)与关涉所有生物或存在的科学是同一的,[2]而且他从未中断探讨每种存在的本性,或许这种探讨是通过阅读和钻研古圣先贤的著作而进行的。[3] 没有什么能表明他所探讨的各种存在不包括上天的存在,或所研究的著作不包括所谓前苏格拉底哲学家的著作。实际上,色诺芬十分明确地表示,苏格拉底熟悉那些哲学家的学说,特别指名提及阿那克萨哥拉的学说。[4] 甚至上述形成我们最初印象的那段文字,一经重新审视,也与其最初显示的意义不同。苏格拉底不"以其他大多数哲学家的方式"谈论所有事物的自然(本性):他可能采取别的方式来谈论。苏格拉底总是谈论人类事物"以及其他的事物",他认为与这些事物有关的知识对高尚和善(绅士品格)有重要意义:在苏格拉底的意义上,超出人类事物的知识对绅士品格而言,具有显然的重要性。这两段文字出现于《回忆录》的第一章中,色诺芬在这一章中对付的是不敬神的指控。或许他针对那种指控,而为苏格拉底所作的辩护,要求在某种形式上对苏格拉底从事自然哲学研究进行否认。[5]

为了尽可能看清为什么情况会是这样,我们必须考虑,对于苏格拉底本人来说,以及对于以他所批评的方式从事自然哲学研究的前苏格拉底哲学家来说,从事自然哲学的探讨意味着什么。色诺芬通过解读苏格拉底对前人的批评来引导我们思考这个问题。

苏格拉底批评了以前的哲学家有关一切事物之本性的学说,

---

〔1〕《财源论》,11.3;对照《宴饮篇》,6.6—7.4。

〔2〕《回忆录》,Ⅳ5.6、6.7。

〔3〕《回忆录》,Ⅳ6.1、Ⅰ6.14。

〔4〕《回忆录》,Ⅰ1.14、Ⅳ7.5—7。

〔5〕参见《回忆录》,Ⅳ7.6;《宴饮篇》,6.6—8;柏拉图《法律篇》,966^{e}4—967^{a}8;《申辩篇》,18^{b}6—^{c}3。

认为它们是不可信的:“它们之中有的认为存在是唯一的,有的则认为存在是无限多样的;有的认为一切事物都是运动的,有的则认为任何事物都是静止的;有的认为所有的事物都有产生和灭亡,有的则认为无物曾产生和灭亡,所有这些都不过是些意见。”[1]此外,他认为他们试图阐明的问题都是人类无法发现或探究的。[2] 他这样说的意思并不是认为理性之光达不到所探讨的这些问题——无理的学说本身就暗示着有道理的学说(相反的极端之间的中介)。他想必是说,拥有貌似真实或有理的学说也算不上拥有关于那些问题的知识。苏格拉底自己的哲学活动因而至少会与许多以前的哲学有所不同,因为他能更多地意识到这种活动本身的局限。

色诺芬在对试图发现事物本性及其状态的活动的描述中,就已经包含了上述的意思。我们最为接近的自然在表面上是“什么”(the what),亦即每一存在的可知与认知的特征——而不是它们的不变的原因(既非产生又非灭亡的原因)——是什么。每一存在的可感知的特征总是一组或一类存在的特征。[3] 因此,它在言语中是最显而易见的。事实上,分类或归类[4]构成了我们的语言或语言能力的基础。苏格拉底说,“谈话”之名源于那些聚而共同思考的人根据种类区分话题的实践。[5] 由此我们禁不住会认为,种类恒定的知识可以轻而易举地取代原因不变的知识。但这样会忽视类的存在对于个体存在的最明显的依赖。色诺芬的苏格拉底从未谈及独自存在的“理念”:类或种不是脱离个体的,特征永远是保有这些特征的存在。实际上,特征是事物的原因,规定着事物的界

[1] 《回忆录》,Ⅰ1.14;比较Ⅳ7.6—7。
[2] 《回忆录》,Ⅰ1.13 和Ⅳ7.6。
[3] 《回忆录》,Ⅳ6。
[4] 《回忆录》,Ⅳ5.11;《财源论》,9.6 以下。
[5] 《回忆录》,Ⅳ5.12。

限。然而,构成事物原因的并不只是特征,除特征以外还有不同于特征的某种东西,这种东西不以特征来解释,而且其存在和本性既不以特征也不以我们所知的任何东西来加以保证。当苏格拉底引起我们对具有相同的可感知性却有不同行为的存在的注意时,可能正是在作这样的解释的努力。[1] 其结果,我们不知道,尽管我们会怀疑,某些种类是永恒的。

唯当我们更精确地考虑前苏格拉底哲学家试图做什么的时候,苏格拉底对其哲学前辈的批评的最深刻的意义才会显而易见。他们不仅要发现宇宙的状态,而且还要发现宇宙间每一事物借以产生的"必然性"或"神设计宇宙间每一事物的方式",而且这种方式被理解为神必定设计这些事物的方式。[2] 不必说,他们所理解的必然性的统治也被扩大到人世间的事物。人类的智慧和愚蠢以及机会均源自根本的必然性,并受这种必然性的制约。他们的最基本的论点,以及他们为这一基本论点作精心论证的学说的启示,就在于:并非任何事物都可以产生或灭亡,而只有与根本原因的本性相符合或为这一本性所允许的事物才会产生或灭亡。但如果根本原因是不可知的,那岂不使人认为这一论点只不过是一种狡辩?然而,苏格拉底不管是作为一个哲学家还是作为一个人,他会把"正义事物"是否能灭亡的问题束之高阁吗?

说得更清楚一点,苏格拉底可能知道没有任何证据会支持这样一种主张:它能反驳哲学家们的基本论点。相反,那种基本论点可能会得到他可以利用的所有证据的支持。但是,虽然会合理地、充分地考虑这一事实,却仍不得不考虑那些声称知道相反证据的人的主张。例如,占卜的使用包含着这样的思想:有意义的联系可

---

〔1〕《宴饮篇》,7.4。

〔2〕《回忆录》,Ⅰ1.11和Ⅳ7.6。

能存在于两件事之间(如打喷嚏与一支军队在未来获得救助,这是色诺芬《远征记》中的许多例子之一),而这种联系并非出自事件本身,亦即不出自人的审慎的行为或机遇。[1] 或者说,言及神对某些错误行为的惩罚——色诺芬在其《希腊史》的中间部分着重强调了这种惩罚——是要暗示这些行为的结果并非自然地出自行为本身。[2] 这特别是要否认由《希腊史》的开始和结尾部分所传达的那种暗示的正确性,这种暗示是:只有在深谋远虑的杰出舵手的指引下,人类事务才能摆脱通常的混乱。[3] 不管他自己怎样看待这个问题,色诺芬肯定知道苏格拉底所面临的困难。重复地说,苏格拉底可能知道没什么根据可以怀疑其哲学前辈的(有别于他们的特别学说的)基本论点或前提。因此,他大概不能接受存在这种证据的断言,因为这种断言与他所能看到和感受到的东西是相矛盾的,但他也不能证明这一断言是虚假的。

在这种情况下苏格拉底应该怎么办?以上所述可望表明色诺芬何以有必要提出这个问题。然而他给出的答案却令人难以捉摸。在色诺芬关于苏格拉底的著作中,在他对以苏格拉底为代表的哲学生活所作的解释中,他对上述问题的回答或许是最难解的部分。

《远征记》

我们提到过,色诺芬认为无上幸福的是苏格拉底而不是居鲁

---

〔1〕《远征记》,Ⅲ2.9;对照《回忆录》,Ⅰ1.3—4,Ⅳ7.10,Ⅰ1.6—9、1.19。

〔2〕《希腊史》,Ⅴ4.1;对照《远征记》,Ⅱ6.21—29。

〔3〕《希腊史》,Ⅰ1.1—15、Ⅶ5.26—27。

士。在《回忆录》及其他关于苏格拉底的著作中,他所叙述的苏格拉底的生活,是他所知的人类生活的最高形式。尽管如此,我们已经知道,色诺芬自己并不以苏格拉底为榜样——至少不是在所有方面。他离开苏格拉底而去参加由年轻的居鲁士组织的远征,像他自己清楚表明乃至强调的那样,他这样做是违背苏格拉底的忠告的。但他离开苏格拉底及苏格拉底的道路并不必然意味着他与苏格拉底有深刻的分歧,而只不过表明他自感不能完全做到以苏格拉底为榜样。与其尝试不可能的东西以满足于貌似正确因而有些可笑的模仿,[1]不如选择更自由地追随或仿效苏格拉底,以使这种追随或仿效适合自己的兴趣和能力。色诺芬在《远征记》中的言行表明,他的兴趣大部分系于政治,而且他的政治才干具有很高的层次。

但是,这岂不意味着色诺芬接受了他显然拒斥过的那种生活方式,即以大居鲁士为杰出代表的生活方式吗？为了避免这一困难,倒是可以假定色诺芬只是在后来才批评大居鲁士,或者说这种批评是他与小居鲁士联合以及他自己政治生活经验的结果。然而这个假定却是站不住脚的,因为对居鲁士的决定性的批评(在居鲁士与其父的谈话中提出的批评)在此之前便提供给了色诺芬,不是他反思居鲁士或政治本身的结果,而是因为他在参政之前就已接受了苏格拉底的教育。因此,我们不禁疑惑色诺芬是否理解并追求不同于大居鲁士方式的政治生活,或者说,在苏格拉底和居鲁士之间有没有合适的中间路线可走。《远征记》的任务就是要证明这条中间路线是存在的,小居鲁士被视为这条路线的代表者。

---

〔1〕 参见色诺芬在《宴饮篇》中对安提西尼的描述。

色诺芬的苏格拉底曾开玩笑说两个居鲁士是一个人,[1]色诺芬以此叫人注意两个居鲁士的相同性,这是一种几乎没有差别的相同性。据《远征记》和《财源论》,小居鲁士是继大居鲁士之后在波斯出现的最有才能的政治人物。[2] 然而,两个人有几个方面是不同的。

首先,小居鲁士是个好色的人。他有两个情妇,其中一个据说既聪明又美丽;据说他还与一位来访的王后有过性关系。[3] 没听说大居鲁士有过这种事,他本有机会一睹美人潘西娅的风采,但他主动放弃了这样的机会,而且极为明智地(可能与一位年老色衰的女人)缔结了一桩政治婚姻,难怪其最密切的波斯朋友称他为冷漠的君王。[4] 两个人在这方面的区别大概与另一方面的区别有联系。大居鲁士在追求帝国的过程中从不冒险,而小居鲁士则不同,在他们那场决定性的战斗中,一见其兄王,他便奋不顾身地前去直接攻击对方,虽然当时他的卫士已经散失;他为此举付出的代价是生命和一切,唯独没有胜利。[5] 相比之下,在攻占巴比伦以及杀死主要敌手亚述王的时候,大居鲁士则表现出相当的沉着、冷静。[6] 实际上,与他的一些主要盟友不同的是,大居鲁士在亚述人手里并未遭受到什么不公待遇,而小居鲁士却受过其兄的悲惨虐待。[7] 但这一事实与其说消除了两人之间的区别,不如说表明了这一区别的内在原因。正如他比大居鲁士更好色一样,小居鲁士也可能

---

〔1〕《财源论》,4.16—18。

〔2〕《远征记》,Ⅰ9.1;《财源论》,4.18。

〔3〕《远征记》,Ⅰ10.2—3、2.12。

〔4〕《居鲁士的教育》,Ⅴ1.2—18,Ⅷ5.28、4.22。

〔5〕《远征记》,Ⅰ8.21—29。

〔6〕《居鲁士的教育》,Ⅶ5.20—34。

〔7〕《远征记》,Ⅰ1.1—4;比较《居鲁士的教育》,Ⅳ6.2以下、Ⅴ2.27以下及4.35以下。

更容易为正义的观念所驱动。他无疑与其兄有着相同的抱负,但令其依这种抱负行事却是错误的。这与为那种基于完全不同的原因,而为已打算进行的行动作辩解或找借口,完全不是一回事。[1]

因为小居鲁士为色诺芬所了解的部分是出于后者的亲身经历,[2]所以可以说小居鲁士是色诺芬借以创作他的居鲁士——《居鲁士的教育》中的居鲁士——的素材。大居鲁士是小居鲁士的理想的或完善的翻版。这样看来,两个居鲁士的区别便首先表现为小居鲁士的缺点,至少从政治观点来看是如此。即便从政治观点来看,它是否总是缺点,只有通过考察色诺芬的选择方可确定。

色诺芬与小居鲁士有着共同特点,这一特点使小居鲁士有别于其更为杰出的先辈。像小居鲁士(也像他的苏格拉底)一样,色诺芬也是个好色的人。[3] 此外,至少从其著作对正义问题的关注来判断,他还是关心正义的。但他没有小居鲁士那种轻率作判断的缺点。特别是他从不允许让复仇的狂热压倒他的审慎,甚至一刻都不允许。用修昔底德而非色诺芬的话来说,他知道在不义尚存的情况下,正当报复的企图未必会获得成功。我们的处境可能要求我们只能忍受不义行为而非报复它。[4] 在他率领曾属于小居鲁士的希腊军团回到希腊期间,以及在其大部分的成年生活期间,这样的不公待遇更可能来自斯巴达人。因为历时27年的伯罗奔

〔1〕 比较《远征记》,Ⅰ5.7—13、Ⅶ5.72—73及5.76—77。

〔2〕 《远征记》,Ⅲ1.8—9、Ⅰ9.1。

〔3〕 《远征记》,Ⅶ3.20、Ⅴ3.10;《回忆录》,Ⅰ3.8—15。对照《宴饮篇》,8.2;《回忆录》,Ⅱ6.28。

〔4〕 修昔底德:《伯罗奔尼撒战争史》,Ⅳ62.4。对照《远征记》,Ⅴ1.15和Ⅱ6.21—29;比较《居鲁士的教育》,Ⅴ4.35。

尼撒战争打破了希腊两个强邦长达75年的均衡状态,斯巴达挫败雅典而确立了无可争辩的霸主地位。[1] 而如色诺芬在《远征记》和《希腊史》中所表明的那样,斯巴达的统治一般说来既不以智慧也不以儒雅著称。作为一个政治领导人,色诺芬强迫自己适应这种状况,而且使他所领导的人也这样做。《远征记》中给人印象最深的段落之一就是他在这方面的言论,他教导其部属必须服从斯巴达人的某些远非正当合理的要求,以及必须适应"现在统治希腊的人"。[2] 政治的必然性有时是相当严酷的,能理解这一点的读者会发现色诺芬是在逆境中生存的典范。他欢迎和鼓励善的东西,同时又能平静地指出什么是恶的东西,但前提是这样做要谨慎而且有用。还回到他与大、小居鲁士的区别,高贵的品质在这两个波斯人(野蛮人)身上只有加以抑制或从灵魂中加以消除才能避免政治危害,但它却可以在色诺芬身上得以安全发展,因为他曾得益于苏格拉底的教育,即这些品质使他适于接受的那种教育。

结果,他不仅具备与大居鲁士相当的、冷静的政治谋算的能力,即不被他具有的爱欲所累,也不被他所缺乏的那种无所由头的狂热所误,而且还具备尊严和美德,他的全部政治态度都来自内在的自由——这是居鲁士所不具备的。色诺芬同样"野心勃勃",他醉心于成为居鲁士的希腊军队的唯一长官,他渴望在黑海岸缔造一个新的希腊城邦。[3] 但居鲁士希望所有的人都为他唱颂歌,而色诺芬主要关心来自朋友的赞美。[4] 与居鲁士不同的是,他更热

---

〔1〕 据称,斯巴达发动战争是因其欲将雅典民众从现实的抑或迫在眉睫的"奴役"中解救出来。参见修昔底德:《伯罗奔尼撒战争史》,Ⅱ8.4。在《希腊史》的开始之处,色诺芬展现出雅典战败后的场景,在吹着长笛的姑娘的音乐之中"长墙"倒塌,它同时寄予了人们对希腊自由的美好愿景。《希腊史》,Ⅱ2.23。

〔2〕 《远征记》,Ⅵ6.8—16及Ⅶ1.25—31。

〔3〕 《远征记》,Ⅵ1.19—21。

〔4〕 《居鲁士的教育》,Ⅲ2.31;《远征记》,Ⅵ1.20。

衷于来自有才干者而非无能者的赞美。这个区别有助于我们理解他在面对最为多变的政治命运时所表现出的平静。例如,面对他救过性命的人的忘恩负义和无端敌视,他以尊严和智慧捍卫了自己。[1] 上述的区别也有助于我们理解他从政治生活转向私人生活的能力。当在他的领导下需要为自己或别人做某些好事,或当有紧迫需要的时候,他总是以最大的决心和智慧去完成任务或满足需要。当无更多的事情可做——亦即没有有用的事情需要完成——的时候,他便退居一边。而他所受的教育并非使他完全不适于过私人生活。虽然乡间退休的生活缺乏政治顶层向心灵所提出的那种挑战,但却使他有更多的闲暇用于思考和写作——特别是因为这种思考会包括他自己的政治经历,正如我们在《远征记》中所看到的那样。像色诺芬这样的人,一旦进行回顾性的思考,他们便更为深邃而充满韵味。可预见的是,这种生活与他们的原始经验相比,是一种更为深刻的享受,而且是除去了痛苦的享受。

阅读书目

1. 色诺芬:《居鲁士的教育》和《回忆录》。(中译本:《居鲁士的教育》,沈默译,华夏出版社2007年版;《回忆苏格拉底》,吴永泉译,商务印书馆1984年版。——译者注)

2. 色诺芬:《远征记》。(中译本:《长征记》,崔金戎译,商务印书馆1985年版。——译者注)

---

[1] 《远征记》,Ⅶ6.11以下;比较Ⅴ7.5以下及8.2以下。

亚里士多德

（公元前384—前322）

卡恩斯·劳德

亚里士多德生于希腊北部查尔希迪斯半岛的斯塔伊拉城。其父是马其顿阿敏塔斯三世的御医，与马其顿王室过往甚密，该王室的政治命运在很大程度上形塑了亚里士多德的事业并影响了他所创立的哲学学派的历史。年轻的亚里士多德被送到雅典求学。他在那里结识了柏拉图，并成了柏拉图学院的成员，直到柏拉图逝世。据说（有可能是杜撰的轶事）他曾当过亚历山大大帝的家庭教师，之后便重返雅典，创建了自己的学派，即亚里士多德学园，它致力于人类知识诸方面的研究和教育。亚历山大死后希腊城邦起而反叛马其顿霸权，亚里士多德被迫再次离开雅典——正如他应该说的那样，以免使雅典人因冒犯哲学而再度获罪。其后不久他便逝世了。

亚里士多德的大量具有古典风格的作品只

有部分留传至今。在其老师的影响下,亚里士多德显然为普罗大众撰写了若干对话录,其中多是政治题材的;除了片段引文,这些对话录已荡然无存。现存的著作原则上都是专著,据说这些论文是亚里士多德为其研究和教学活动而准备的。为我们所知的亚里士多德的政治学说主要见于《政治学》和《尼各马可伦理学》。另有两篇专著,《幸福伦理学》和《马哥纳道德论》,与《尼各马可伦理学》所指涉的领域大致相同,但相比之下趣味性更低;这三篇著作之间的关系至今尚有高度的不确定性。应该提到的还有《修辞学》和《雅典政体》,前者包括对修辞学和政治学相互关系的重要反思,以及独一无二的政治心理学的讨论;后者则是现存唯一的希腊城邦宪制史的汇编本,它由亚里士多德及其学生编纂。

一般认为,亚里士多德著述的直接目的是要提供有关论题的纯粹科学的或理论的阐述。然而,若以这种观点来看待其政治学和伦理学著作,则与其实际相去甚远。亚里士多德认为,"理论"科学与"实践"科学有根本的区别,前者以知识为目的,后者则主要以追求他们所可能派生出的利益为目的。在亚里士多德看来,政治学就是一般的"实践"科学。一开始就有必要理解亚里士多德所设想的实践或政治科学的范围和目的,以便正确地认识亚里士多德政治学和伦理学著述的文字或文义特点,从而正确地把握亚里士多德政治哲学思想中的疑难问题。

理论与实践

虽然亚里士多德没有系统地阐述理论科学和实践科学之间的区别,但他认为这两种知识范式在它们的方法、所需要的智识天赋以及各自的对象和目标方面都有着根本的区别。理论科学的对象是不易变化的事物,或变化的原则包含在事物的自身之中;其方法是对这些事物的原则或原因的分析;其目的是论证性的知识;其智识官能或天赋是灵魂的理性部分中的科学或理论的部分。亚里士多德所承认的理论科学包括形而上学或神学、数学、物理学、生物学和心理学。相比之下,实践科学只关心人,亦即能作为自我意识的存在或"行为"源泉的人;就其依赖于人的意志而言,人的行为在本质上是易于变化的。实践科学的目的不是知识而是行为的改善;其智识官能是灵魂理性部分中的谋算或实践的部分,用亚里士多德的术语说就是"实践的智慧"或"审慎"。[1] 至于实践科学的方法,亚里士多德认为它是一种分析,这种分析的目的主要不在于发现原则或原因,而在于阐明人的行为现象——主要是通过对人们有关这些现象的意见进行辩证的考察和提炼。[2]

亚里士多德在其政治著作中常常采用辩证论法——一种从一般意见的前提开始的准谈话式的探究方法。与柏拉图笔下的苏格拉底一样,亚里士多德以普通人的语言和常识作为政治哲学的出发点。他不是从人性的不变原则开始进行推论;他也不试图建立一套远离实际政治生活的、逻辑上严密的技术性词汇。这样做的部分原因在于,他坚持认为不应在实践的或政治的领域中寻求与理论科学相同的精确性。人类事物天生易变,如果以探索普遍规律的物理学家或数学家的精神来研究人类事物,那么本身即是对相关现象的根本性的歪曲。适于解决政治问题的那种论证更接近

---

〔1〕《形而上学》(*Metaphysics*),E. 1. 1025^{b}18—28;《命题篇》(*Topics*),6. 6. 145^{a}15—18;《尼各马可伦理学》(*Nicomachean Ethics*),6. 2. 1136^{a}26—^{b}4、4. 1140^{a}1—23。

〔2〕《尼各马可伦理学》,1. 3. 1094^{b}11—27、4. 1095^{a}30—^{b}13、7. 1089^{a}26—^{b}8;《幸福伦理学》(*Eudemian Ethics*),1. 5—6. 1216^{b}11—17^{a}18。

于常人的、植根于日常经验的、实践的或谨慎的论证,而科学家或哲学家的演绎论证与此不同。可以说,上述这些考虑在某种意义上反驳了当今流行的一种观点,这种观点认为,亚里士多德的政治科学因与过时的轻目的论或形而上学的自然科学关系密切而无效。

亚里士多德论述政治学问题的方式也反映了他对实践科学的目的的理解。正由于是为行动服务,实践科学在展开其论题时必须专注于同普遍意见与一般政治家的行为后果建立紧密联系。亚里士多德的实践科学不是针对哲学家或哲学学生或者说主要不是针对他们的,而是针对政治家的,更准确地说,它旨在教育政治家,亦即现实的或潜在的政治权力的行使者,或最好是"立法者",亦即所有政治活动在其中展开的宪制框架的缔造者。〔1〕

这并不是说亚里士多德的实践科学与其理论科学完全无关。亚里士多德有几段话表明,"理论哲学"在其政治著作中有一席之地,只要它有助于问题的探讨,〔2〕而且他还常常使用导源自理论心理学的特殊的假定。不过,同样明确的是,他不想把实践科学建筑在明显的理论的基础上。这至少部分是由于他觉得政治家不宜受智者——他似乎主要指诡辩家——有关政治理论的辩论的影响,因为这些人缺乏实践的悟性或能力。(《幸福伦理学》1.6.1217^{a}1—6)由于政治家的明智不断受到不健全的理论争辩或意见的威胁,实践科学似有求于理论科学,但恰是这一事实强调了保卫实践科学的独立性的重要意义。

当亚里士多德使用"政治哲学"这一术语时,〔3〕即显示出它与

〔1〕 着重参见《尼各马可伦理学》,10.9。

〔2〕 着重参见《幸福伦理学》,1.1.1214^{a}9—14。

〔3〕 《政治学》,3.12.1282^{b}14—23。

在现存的伦理和政治作品中所进行的探讨所不同的特征。亚里士多德似乎将《政治学》和《尼各马可伦理学》的探讨理解为"政治知识"或"政治科学"的形式。但这意味着亚里士多德承认"政治哲学"是独立于"政治科学"的另一不同的学科吗?

初看上去,有人难免以为亚里士多德完全否认理论政治哲学的可能性,因为他认为人类事物复杂多变,从而使精确研究它们不具有可能性。另外,认为亚里士多德预见了作为必然王国的自然和作为历史或自由王国的人类事物之间的现代区分的观点,显然是不正确的。亚里士多德确实区分了自然和人类事物。[1] 但这一区分本身从理论上讲不是精确的,因为在亚里士多德看来,人仍然是自然的一部分,或因为人具有在人类事物的流转变迁中展示规律或秩序的"自然"(本性)。于是人类行为的原则或原因在某种意义上易于进行理论化的处理,也就顺理成章了。因此,至少应考虑这种可能性:亚里士多德的政治著作同柏拉图的著作一样爱用反语——它们有意掩盖亚里士多德对人的最终或最根本的反思。

对实践科学或政治科学领域的最广泛的论述见于《尼各马可伦理学》的第6卷。亚里士多德在那里表示,实践科学在某种意义上与政治科学或政治美德抑或审慎有着同等的范围。这一广义的实践的或政治的科学有三个分支:伦理学或关于品格的科学;经济学或家政学;以及狭义的或更通常意义的政治学,亦即有关治理政治共同体的科学。至关重要的一点是要认识到,伦理学构成了广义政治学的不可缺少的一部分,而且亚里士多德的伦理学作品显然不是独立的论域,而被认为是政治学研究的绪论。因此,倘若不将视野扩展到其伦理学说以及这种学说与《政治学》的关系,那么

---

〔1〕 参见《尼各马可伦理学》,10.9.1181^{b}15。

对亚里士多德的政治科学的讨论就是不完备的。

幸福、美德和绅士品格

“任何技艺或学问,同样地,任何行为和有意的选择,都以某种善好为目的。”这是《尼各马可伦理学》开宗明义的第一句话,亚里士多德以此表明他想建立的政治科学的范围和尊严。正如我们所有的行为最终都服从于一个最高目的一样,各种技艺和科学也可以理解为最终服从于一门居主导地位的科学,它包含全面的人类善好,而这门主导科学显然是政治的专门知识或政治科学。因为只有政治的专门知识才可“决定诸如城邦需要哪种科学,哪一种人应掌握哪门科学以及掌握到什么程度之类的问题;甚至那些最受尊敬的才能,诸如将帅之才、持家之能、修辞之技,都服从于政治知识。由于政治科学要利用其他学科,而且因为政治科学要在何者应做及何者应禁止的问题上进行立法,所以政治科学的目的总是环绕在其他学科周围,而这一目的是人类的善好所在”。(《尼各马可伦理学》1. 2. $1094^{a}28—^{b}7$)政治知识的尊严既表现于立法中,也表现于它对于所有其他人类知识所拥有的权威中。亚里士多德认为理所当然的是,关心人的善好必然要涉及对法律和城邦的考虑,即便个人的善好与城邦的善好是相同的,城邦的善好显然仍是更大、更崇高或更完善的。“这些便是我们的探讨所指,其确为一种政治的专门知识。”(《尼各马可伦理学》1. 2. $1094^{b}7—11$)个人的和政治共同体的善好或善好的生活,是亚里士多德政治科学的最高主题。

亚里士多德首先探讨了广义的人类善好的本性问题。他轻而易举地将这种善好等同于福利或"幸福"。当进而详加说明幸福的内容时开始出现了异议,这种异议不仅存在于普通人之间,也存在于普通人与智者(智者或哲学家)之间;的确,有人在不同的时间将不同的事物视为幸福,其根据就是当时的成见。但亚里士多德并未得出具有当代自由思想特征的那种结论:幸福(有别于达于幸福的工具或条件)因而根本是主观的,或它反对作出具有政治目的的定义。令亚里士多德满意的是,事实上人们对于幸福的本性的看法在很大程度上是一致的,而异议的存在也是人类状况的基本方面的必然反映。在他看来,人类本质上的生活方式有三种:快乐的生活、政治生活、理论的或哲学的生活。热衷于肉体之乐的生活是最大多数人——命运的宠儿以及普通人——所过的生活。与此同时,更为"高贵"的人将荣誉作为生活的目的,并通过在政治活动中展示其美德而寻求荣誉。最后,少数人所追求的快乐来自纯粹的智力活动。(《尼各马可伦理学》1. 4. 1095^{a}14—26)

与人们的期望相反,亚里士多德并未断定哪种生活方式更可取。他只不过是没考虑快乐生活的主张,而是继续给幸福下定义,并且他似乎有意抹杀政治生活和理论生活的差别。这完全是亚里士多德研究方式的特点,因为此前不久他刚表明他的合适的听众是有良好习性而不是受激情支配的人。(《尼各马可伦理学》1. 3. 1095^{a}2—11)实际上,亚里士多德更加青睐于政治家或实践家,或那些通过后天培养和教育而成为更加"典雅"的那类人。

但我们不能由此得出一个错误的结论,以为这种研究方式是封闭的或圆圈式的,或以为亚里士多德只认同有教养的或上层的希腊人的观点。亚里士多德认为,与应得到荣誉的美德相比,他的听众倾向于更关心在政治生活中赢得的荣誉,除这一观点之外,他绝没忽视快乐的观点和哲学的观点,因为这两种观点是该文后续几卷的主题。的确,《尼各马可伦理学》的整体结构可以说有从低级到高级上升的特点,亦即从普通的政治家或实践家上升到哲学的观点,在第10卷中,对哲学的诉求被描述得远优于对实践生活的诉求。(《尼各马可伦理学》10.7—9)

在寻求广泛同意的幸福定义的过程中,亚里士多德不时地从有关幸福的一般性见解转到有关人的本性及其合适的工作或功能这一更普遍、更理论化的问题。人的区分标志在于人的理性灵魂,灵魂有双重要素,即具有理性或思想的要素和服从理性的要素。因此人的适当的作用,毋宁是最为优越的活动形式,正是灵魂在理性的指引之下和谐地生活与工作。幸福或人的善好因而可以定义为符合优秀品格或美德的灵魂活动,如果有若干美德,那就要符合最优秀和最完善的美德。(《尼各马可伦理学》1.6.1097b22—98a18)

亚里士多德极力否认在如此定义的幸福与快乐之间存有冲突:惯于实践美德或高尚之事的人在如此行事时是快乐的,因为这样的行为在本质上就是快乐的。不过,美德与幸福之间的这种联系须在几个重要方面加以限制。亚里士多德承认,若没有少许"外在的好处",便难以或不可能行善或得到幸福。这些好处不仅包括一定数量的财富、朋友和政治权力,也包括孩子、好出身甚至好模样:"一个长相丑陋的、出身不好的、独身或没孩子的人特别不易于幸福;一个有坏子女或坏朋友,或者虽然有过好子女或好朋友却失去了他们的人,更不是我们所说的幸福的人。"(《尼各马可伦理学》1.8.1099b3—6)亚里士多德详细讨论了一个遭遇极端痛苦的善人是否可以在某种意义上被认为是幸福的问题,而且他承认常识的看法:幸福终归是命运的摆布或神的恩赐。(《尼各马可伦理学》1.9.1099b9—1100a9)虽然亚里士多德不愿接受这种意见,但他清楚地知道人的有些境况必然限制个人或集体获取幸福的努力。根据这种情况，另一种选择势必会偏重于获得幸福的物质条件而不是他视为幸福要素的美德。但亚里士多德似乎没发现这种选择有任何优越之处，至少部分原因似乎在于他坚信(这一观点为所有古典政治思想家所共享)，财富作为幸福的外在条件不如人们的关系更为重要，而人们的关系必须依赖于美德。这一信念反映了亚里士多德的基本观点：人天生是社会动物或政治动物。

正如人的灵魂被区分为理性要素和能服从理性的要素一样，美德或优秀品格也是双重的。属于灵魂理性部分的是理智的美德，它们主要为演讲或教育所需要(就它们被需要而言)；属于非理性的部分——灵魂中激情或感情所在的部分——是道德的或伦理的美德，即与“品格”相联系的美德。根据亚里士多德的观点，人之具备道德的美德既非凭借天性也不依赖于反天性：人具有发展自己的自然潜能，但实际的发展需要让它成为习惯。获得道德的美德同获得技艺是一样的，因为人通过善行而学习为善，正如木匠通过实践而学会做生意一样。(《尼各马可伦理学》1. 13—2. 1)我们将会看到，在德行中养成习惯的必要性使亚里士多德极为看重教育以及政治权威对教育的适当管理。

亚里士多德对道德美德的特征和类型的复杂介绍不必在这里详述，但有几点应特别注意。首要的，虽然道德的美德可以说与理性有关，但它本质上并不是理性的，毋宁说它是对感情和情感行为的特有的态度或倾向。根据亚里士多德的正式定义，美德是包含有意选择以及在两个坏的极端之间信守“中庸”的态度。中庸不可抽象定义而只能由理性视具体情况来决定，因而理性在道德行为中的作用不说是纯粹的也大部分是工具的作用。虽然道德行为要成为真正的道德或具有道德性必须是选择的结果，但这种选择并不包含对道德行为的义务和利益的理性计较过程。像亚里士多德反复强调的那样,道德行为的本质就在于道德行为以这种行为本身为目的,而不是以这种行为的结果为目的。因此,将当今所谓"功利主义的"道德概念归于亚里士多德显然是错误的。善者的所有行为并不受以下算计概念的指导:诚实是最好的策略或每一种德行都确对幸福有利。

亚里士多德对勇敢这一美德的论述,(《尼各马可伦理学》3.6—9)很好地说明了他对美德的一般观点,也能检验他的道德观是否是功利主义的。勇敢的人是惯于在怯懦和鲁莽之间选择中庸的,特别是在战斗中突然面临死亡危险的情况下。不过亚里士多德认真区分了两种勇敢的人,一种是为勇敢而勇敢,另一种人的勇敢则仅仅是因为考虑到其同胞的意见,亦即出于耻辱感和荣誉欲;这后一种勇敢只是"政治的勇敢",而不是纯粹的勇敢。他还拒绝将出于愤怒和暴烈性情的行为视为真正的勇敢。然而最引人注目的是,在其分析过程中,亚里士多德甚至没有提到保卫城邦的必要性或爱国主义的动机。可以说,这一点最为明显地说明了亚里士多德的公民美德概念与现代共和主义传统的美德概念的实质性区别。

亚里士多德的用心在《幸福伦理学》的一段话中表达得特别明显。在那里他区分两种有德之人,其一是"好人",其德行以获取自然善好的生活事物(财富和荣誉)为目的;其二是"高尚的好人",其德行以德行本身为目的,或因为他们本身是高尚的。第一种人似乎是斯巴达人,对于大多数希腊人来说是美德的最引人注目的典范。(《幸福伦理学》8.1.1248^{b}8—49^{a}17)在同一著作的较早的一段话中,亚里士多德表明,"政治的人"中的大多数是第一种意义上的"好人",同时他又否认他们有权被这样称呼。

“因为政治的人是为优良行为而选择优良行为的人，但他们中的大多数人实践优良生活是为了获得利益或为了扩张个人的权势。”(《幸福伦理学》1. 5. 1216[a]23—27)因此，亚里士多德的道德的美德概念不仅远不同于同代人的见解，而且在某种程度上是对这些见解的有意挑战。

亚里士多德用以指谓具有严格意义的道德美德和政治美德的人的术语，来自同代人带有强烈贵族色彩的政治讨论，这个术语大概译为“绅士”最好。虽然亚里士多德并非仅仅在政治意义上使用这一术语，但是，这一术语所指谓的政治现实在很大程度上不仅关系到正确理解这一术语的修辞意义，而且同样关系到正确理解亚里士多德的伦理学和政治学著作的有关论述。在《尼各马可伦理学》第4卷中，亚里士多德出色地描述了“灵魂的大度”和“大方”，这些美德分别与荣誉和巨富相联，(《尼各马可伦理学》4. 2—3)对这些美德的描述最为清楚地表明了亚里士多德对贵族道德的力量及其局限的看法。尽管大度的人为数极少，却是亚里士多德的所有分析中的关键要素，这既因为他们所扮演的潜在的政治角色，也因为他们更容易接近道德美德的本性。从城邦的立场来看，大度者是无价之宝，因为他们能为城邦提供最伟大的服务，却又只满足于得到荣誉的奖赏，更不用说他们会轻视城邦所能给予的荣誉。不过，由于同样的原因，这种人与城邦难解难分，因而他们在某些情况下甚至可能对城邦构成威胁，就像阿喀琉斯和亚西比德表现出的那样。从道德的立场看，灵魂的崇高似乎在某种意义上包括了所有的美德；灵魂崇高的人充满自豪地实践美德，或因为他们蔑视为一般人所追求的利益和幸福。亚里士多德总结说：大度“因而是美德之冠；它藐视其他美德而又不能没有它们而存在”，它因而意味着完美无缺的绅士品格。

正义和友谊

如果从个人角度看,构成道德美德之顶峰的是大度,那么从城邦的立场看,道德美德之顶峰便是正义。就最一般的意义而言,正义就是为政治共同体创造并维持幸福,正义因而实际上等同于守法,因为法律的目的是通过对人们生活的各个领域的制约而确保城邦的共同利益。由于法律能够申令所有德行,所以,在与其他人有关的美德实践中,正义是完善的美德。(《尼各马可伦理学》5. 1. 1129^{a}3—30^{a}1)

似乎可以说,如果灵魂的崇高作为一种品格与城邦的需要之间处于某种紧张关系,那么亚里士多德所提出的正义显然就不是为了满足个人的需要。

与柏拉图在《理想国》中的处理方式形成鲜明对照的是,亚里士多德没有探讨对正义的一般意见的弱点,或试图证明正义——他承认正义"是独立于其他美德之外的对他人或城邦的一种善好"(《尼各马可伦理学》5. 1. 1130^{a}3—4)——是为正义而正义的价值选择。也就是说,亚里士多德决定尊重所谓一般意见的模糊性,但是,由于同样的原因,他的这一决定包含着对正义的贬低,即将正义贬低为政治活动的动机和政治分析的要素。

如果说最一般意义的正义不过是在遵守城邦法律的情况下实践美德,那么确切的或不完全意义的正义,就是只给予或接受公平或平等利益。亚里士多德将如此理解的正义分为若干种。(《尼各马可伦理学》5. 2—5)第一种是分配的正义,实行于荣誉、财富或任何其他可以在政治共同体成员中进行分割的事物的分配中。此种正义所依据的不是计算的平等,而是人与所得物间的比率上的平等;正义分配包括规定同类之人分享平等的利益和不同类别之人分享不平等的利益。不过,亚里士多德指出,分配的正义实际上是有争议的,因为依据何种主要的价值标准对人进行区分是一个政治问题,不同的政治制度会有不同的要求,有的更多地依据财产优势,有的依据美德,有的则依据自由。亚里士多德在这里没试图解决这些实质性的问题,而是留待将来在《政治学》中加以探讨。

第二种正义与交易活动有关,亚里士多德称之为"矫正正义"。此种意义的正义不考虑人们的具体情况,而只考虑把简单的计算的平等用于人及相关物;其应用范围不仅包括契约之类的自愿的交往活动,也包括偷窃或谋杀之类的非由一般理性控制的或犯罪的活动。不过,一般说来,矫正性的正义也涉及一个重要的辨别要素——法官或陪审团在司法案件中所起的作用。

亚里士多德还较为详细地讨论了第三种正义,他称之为"相互性"。这种意义的正义似乎既包括对所受的伤害进行报复,也包括利益或所有物的交换。尽管它与矫正性正义的确切关系不怎么清楚,但相互性正义似乎被亚里士多德设想为更为基础的正义,它不需要行政长官或法官的审慎的辨别;的确,相互性正义似乎是构成所有人类关系基础的源初性的正义形式。

不过,亚里士多德阐明,完全意义的正义只存在于由相当自由和平等的人组成的,其相互关系由法律规定的共同体中。正义的美德属于城邦,裁决是属于城邦且在某种意义上定义城邦的制度形式。[1] 必须牢记这一点,以便探讨《尼各马可伦理学》第5卷中著名而又引人争议的、有关自然正义的论述。(《尼各马可伦理学》

---

〔1〕《尼各马可伦理学》,5.6.1134a23—b18。

5.7.1134b18—35a5)据亚里士多德的论述,政治的正义分为基于自然的正义和基于法律或约定的正义。亚里士多德不同意诡辩派的观点,这种观点认为,所有正义的事物都复杂多变,正义只是因为约定才得以存在;而在亚里士多德看来,虽然正义的事物的确与所有人类事物一样易于变化,但毕竟仍存在基于自然正义的事物。遗憾的是,亚里士多德未能给出基于自然正义的事物例证。但他确实提供了几条重要线索。同样的区别也适于其他问题:"右手天生比左手有力,谁的双手都不可能一样灵活。"他还针锋相对地将基于约定的正义与城邦之间各自不同的天性作比较,认为政治制度之间与城邦之间一样有着各自不同的天性,"而天生最好的制度在任何地方都只有一个"。

有关这段文字的解释受到了托马斯·阿奎那以及后来的基督教思想家的极大影响,他们试图将亚里士多德的观点等同于自然法的教条。然而,亚里士多德并非真有这样的看法,即认为存在涉及正义的不变的第一原则,无论世殊时异,它都是现实实践的指南与法则。相反,亚里士多德似乎认为,自然正义与其说是天花板不如说是地板,与其说是渴望的目标不如说是渴望的基础。自然正义之于最好的政治制度的关系好像类似于右手的灵活之于双手的灵活的关系:二者(自然正义和右手的灵活)皆为优秀的必要条件而非充分条件。就社会而言,优秀的标准毋宁说是由"天生在任何地方都是最好的制度"所提供的,然而这种天生在任何地方都是最好的制度在任何地方都不会实现,也不应该实现,原因就在于人类事物的不可移易的多变性。亚里士多德似乎表明,自然的正义应转而在城邦的最基本的(尽管也是易变的)需要中,在维护城邦制度和遵守城邦法律中去寻求。

亚里士多德其后有关正义与"公平"(《尼各马可伦理学》

5. 10)的关系的讨论为上述的解释提供了某种确证。法定意义上的正义不足以作为实践的指南,因为法律作为一般原则不会考虑到许多具体情况。公平(equity)则是这样一种美德,它关注的是对个人行动的结果有重要影响的特殊情况,以此来矫正一般法律原则的缺点。亚里士多德表明,这样说并不是要否认法律的必要性,但也确实提出了单纯法律或守法意义上的正义所存在的问题。然而,最令人注目的是,亚里士多德并未把公平置入更高的法律的概念或自然正义的原则之中。似乎是,公平的实行即使不是在特殊情况下活动的政治人或公民的政治智慧的一个方面,也是与这种智慧相类似的。

要想完整地把握亚里士多德贬低正义的程度,必须考虑到他的友爱观。在《尼各马可伦理学》第 8 卷、第 9 卷中,有关友爱的讨论是该著作中对单一问题的最长的论述,而且是亚里士多德伦理学说中最富特色的部分之一。在亚里士多德及其同时代人的词汇中,友爱比当今的含义要广泛得多。它不仅包括朋友之间的依恋,也包括夫妻之爱和父子之情,此外还包括私交之情、同胞之情和同类之情。亚里士多德因而可以似有道理地主张:

> 友爱似乎是城邦间的凝聚力,立法者对友谊的严重关切似乎有甚于对正义的关切。因为和谐似乎类同于友爱,这是他们特别追求的目标,意在驱逐友谊的敌人和消除派系冲突。当人们是朋友的时候他们不需要正义,但当人们有了正义的时候他们还需要友爱;正义事物中与正义本性至为接近者被认为是与友爱相关的事物。(《尼各马可伦理学》8. 1. 1155^{a}22—28)

友爱的政治意义基本上在于它能减弱人们对个人私利的兴趣,从而有助于自发地与他人分享外在的善好。“友人之物是共有的”,这是希腊的格言。友爱因而可以极大地强化利益的一致性,而利益的一致性是每一人类社会的基础。

不过,令人稍感意外的是,亚里士多德的分析更为关注的并不是政治形式的友爱,而是最高意义的友爱。在亚里士多德看来,对一般意义的友谊进行区分的根据就是看它最初的动机是有用、快乐还是美德。最完美形式的友爱是好人之间基于美德的友谊。这种意义的友谊既包含善好也包含快乐在内,因而达到了利己与利友的最完美的统一。亚里士多德承认这样的友谊是相当罕见的。但是,当更广泛地考察亚里士多德的主张的时候,这种友爱现象的意义便显示了出来。友爱可以说解决了两种道德之间的矛盾,亦即完美的个人美德意义上的道德和正义意义上的道德之间的矛盾,当然,前提是这一矛盾在道德活动的水平上能够被解决。关于高贵的人,亚里士多德说:“他不能为别人而生活,只有朋友除外。”(《尼各马可伦理学》4. 3. 1124^{b}31—25^{a}1)友爱能使高贵者满足其对荣誉和共同体的需要,而又不损及其对美德的执著追求。换言之,它表明绅士的生活方式终究并非天生就是悲剧性的。

审慎、治国才能和政治科学

《尼各马可伦理学》第5卷中有关正义的讨论结束了亚里士多德对道德美德本身的阐述。其后几卷可以说是致力于探究道德的美德与知识诸方面的关系。在第6卷中,他转而考虑理智的美德,这关涉审慎或实践智慧。在第7卷中,他讨论了自制力缺乏或道德弱点问题——由于受激情的影响而不能根据自身的知识或道德选择而行事。这两卷中所讨论的问题把以前诸卷中的道德美德的分析搞复杂化了,而且指明这样的道德美德——道德美德的习惯倾向——作为社会中道德行为的保证者有其不尽适当之处。

在亚里士多德看来,审慎或实践智慧属于灵魂中理性部分的思虑或谋划部分。虽然审慎是理智的美德,但它同时是道德行为内在的并且不可缺少的方面,审慎不可混同于单纯的聪明或机巧。明智的任务不是为了保护自己的利益,而毋宁说是为了运用合适的手段,以有助于实现道德的美德所设定的目的。这也意味着明智不仅仅或确实不主要是与普遍的概念打交道:审慎首要关心的是使反映在道德美德中的普遍概念适应一种特殊情况即道德行为得以实现的情况。因此审慎在很大程度上依赖于经验。由于这个缘故,亚里士多德指出,青年人可能擅长于数学或几何学,但必然缺乏审慎,这是他们有限的生活经验所造成的。(《尼各马可伦理学》6.5、7—8、13)

对我们的目标而言,亚里士多德有关审慎和政治技能或治国才能之间的关系的探讨具有重要意义。虽然对审慎关心的是个人的利益这一通常见解作了某些矫正,但亚里士多德断言政治技能是一种形式的审慎。似乎政治家的审慎有两种,一种是系统“立法的”审慎,另一种是更“实用的和慎重的”审慎,它关注的是日常政治的细节;这一政治审慎又有两种形式,即审议与司法。(《尼各马可伦理学》6.8.1141^{b}23—33)因此,亚里士多德的意思是说,真正意义上的政治家是这样的人,他能把道德的美德和政治智慧、经验以及有关其城邦和人民的特点的知识结合起来。

然而,政治技能中还有没有更严格的理智成分?恰在《尼各马可伦理学》的结束部分,亚里士多德回到了这个问题上来。似乎有两种人——实际的政治实践家和自称教授政治技能的“智者”——有权要求政治事务的知识。然而政治实践家既不讲述也不著文阐述政治问题,他们似乎不能培养其后代或朋友精于政治,因而他们自己的成功似乎是由于他们先天的才能和后天的经验,而不是由于知识。至于智者,他们大部分甚至都不知道政治知识为何物,或不知道政治知识所涉及的主题是什么,否则他们就不会认为政治知识等同于甚至低于修辞术,也不会认为把最著名的法律罗列在一起就能轻而易举地建构了法律。(《尼各马可伦理学》10. 9. 1180^{b}28—81^{a}19)稍早的时候,亚里士多德曾指出,劝善的“说教”本身并不足以将人引向绅士品格:只有理性与法的强制性相结合才能为道德行为的习惯提供合适的行为框架,这一框架不仅是人们在年轻的时候所需要的,而且是终生需要的。(《尼各马可伦理学》10. 9. 1179^{b}4—80^{a}22)智者似乎过高地估计了言辞与理性的力量,以为它们单独地便能影响人的行为。同样的根本性的错误也反映在他们对立法的态度上。智者以为立法是件轻而易举的事,因为他们认为法的力量就在于理性,或好的法律相同地适用于任何城邦。相反,在亚里士多德看来,“除了习惯之外,法并没有使人服从的力量,而习惯则是长期培养的结果”。(《政治学》2. 8. 1269^{a}20—22)但这意味着需要考虑的关键问题与其说是城邦的法律,不如说是城邦历久的政治文化或特点——首先是社会政治的特点和统治的方式,或亚里士多德所谓城邦的“政治制度”。因此,亚里士多德继续说,“由于我们的先辈并未探讨有关立法的问题,所以或许最好是由我们自己来研究这个问题,这个问题大致说来也是有关政治制度的问题”。(《尼各马可伦理学》10. 9. 1181^{b}12—14)

因此,亚里士多德的政治学对治国实践所能做的主要贡献就在于“立法”领域中。充分把握这一主张的意义是有必要的,因为这对于理解亚里士多德的《政治学》来说有着根本意义上的重要性。“立法”一词并不简单等同于治国才能。亚里士多德在第6卷中区分了“立法的”审慎和“政治的”审慎,这一区分表明,就实际能发挥作用而言,治国才能或政治技能需要广泛的、具有实际政治意义的知识。在《修辞学》的一段话中,亚里士多德开列了五个关键的政治思考的领域:财政收支、战争与和平、领土防卫、进出口以及立法。关于这最后一个领域,他作了如下的评述:“城邦的维护在于法律,所以有必要知道有多少种政治制度,哪种制度有利于哪种城邦,以及通过何种事物——既包括这些制度所特有的事物也包括与这些制度相反的事物——它们具有自然毁灭的倾向。”[1]政治家有必要熟悉(用现代的术语代替亚里士多德的表述)贸易、财政、防卫和外交,但对这些事物的熟悉似乎主要是通过经验达到的。显然立法的情况并非如此,或更一般地说,界定城邦制度的法律或习惯并非仅通过经验就能熟悉或掌握。正如《政治学》所展现与证明的那样,亚里士多德的政治学首先是关于政治制度的科学。

为什么会是这样,尚不能立即搞清楚,但至少可以提出一个临时性的答案。首先,或许最重要的是,政治家必然是特定时间和地点的产物。不管他对其他城邦及其他形式的政治组织有多么丰富的知识,这些知识大概也都是不完善的和间接的。政治家倾向于想当然地认为这里或那里的政治制度都是天然的和永恒的,因而不能足够敏感地意识到某些明显的有重要意义的变化,更意识不到逐渐积累的变化会显著地影响到城邦的政治建构及制度安排。[2] 除此之外,政治家对自己所在的、并非完全合理的城邦及制

---

〔1〕《修辞学》(*Rhetoric*),1.4.1359^{b}19—23。

〔2〕参见《政治学》,5.7.1307^{b}1—19、8.1307^{b}29—38。

度大概会有执著的感情,这就是说,他对特殊的派别或统治阶级有着依恋之情。而亚里士多德站得高看得远,实质上超越了政治生活的党派偏见。还可以说,表面上看来天生无能的哲学——因为它与城邦相脱离——成了有权要求城邦对其感恩戴德的根据。

亚里士多德在城邦的法庭面前为哲学所作的含蓄的辩护,令人想起柏拉图或柏拉图笔下的苏格拉底为哲学所作的明确的辩解。亚里士多德曾断言,“我们的先辈没有探讨有关立法的问题”。常常有人评论说,这一断言显然并非排除亚里士多德的先辈和老师。的确,这一评论并不是武断的,除非忘记了亚里士多德所谓“立法”一词的确切含义。在《政治学》中亚里士多德对柏拉图的《法律篇》进行了批评。他评论说,《法律篇》很少言及政制的现实特征——那种最具实践性与政治性的制度安排。(《政治学》2. 6. 1264ª42—65ª1)柏拉图的《理想国》确实大量涉及政治制度的类型和本性的问题。但《理想国》全神贯注于一种最好的政治制度,而柏拉图又承认这种制度不说不可能也几乎是无法实现的;虽说《法律篇》更关心实际可行的东西,却又很少试图分析各种不同的城邦和制度。不管亚里士多德最终怎样看待柏拉图的政治哲学,但有一点似乎是清楚的:他认为它未能提供普遍可接受的、政治家最为需要的知识,因而柏拉图的政治哲学是不完整的。

亚里士多德的政治科学和柏拉图的政治哲学之间的本质区别最明白地反映在《政治学》的最初两卷中。在第1卷中,亚里士多德论述了有关人和城邦的本性这一最基本的理论问题;在第2卷中,他着手剖析以往有关最好的制度的理论阐述所存在的不足——并不仅限于柏拉图对这一问题的论述——以及一般被认为是最好的现实制度所存有的局限性。然而,他这样做并不是为了进一步从理论上阐明这些问题,而是为了消除最棘手的理智的障碍,以便对政治实践的需要有更为贴切的理解。

城邦与人

《政治学》的开篇与《尼各马可伦理学》的开篇是类似的:

> 既然我们知道每个城邦都是某种合作关系,而每种合作关系的缔结都是为了某些善好(因为任何人做任何事情都是为了获益),因而显然所有的合作关系都以某些利益为目的,最有权威性且包含所有其他合作关系的这种合作关系尤其如此,而且这种合作关系的目标是最重要的善好。这便是所谓的城邦或政治合作关系。

“城邦”(*polis*)是一种合作关系,是联合体或共同体,亦即共同分享或拥有某些东西的一群人。在《尼各马可伦理学》开篇所讨论的内容的基础上,亚里士多德假定了一种独一无二的合作关系,它比其他合作关系更有权威性且包含了它们的特殊的目标,同样也假定了政治合作关系所代表的权威性利益的特征。必须将亚里士多德的观点与下述为人所熟悉的观点加以区别:“国家”的作用仅仅在于它是构成“社会”的各种私人团体的工具。然而,如果以为在亚里士多德看来,各种不同形式的“社会”都不过是“国家”的奴仆,那就错了。因为“社会”与“国家”的区别对于亚里士多德的思维方式来说是陌生的:不可将城邦等同于国家或国家的一种形式,亚里士多德所认为的城邦的“权威”特征,也与作为现代国家概念核心的合法“统治权”毫不相干。毋宁说,城邦起源于特殊的具体环境,城邦且只有城邦全面地关心人的全面善好。

城邦与国家的不可比性在接下来的论述中表现得更为明显。亚里士多德批判了(柏拉图和色诺芬的著述中所共同发展出的)那种观点:政治统治或政治技能实质上等同于王者之术、持家之道以及主奴之治。城邦作为人类共同体的一种形式,实质上不仅有别于在政治之下的家庭共同体,也有别于帝王对一个部落或民族的统治。亚里士多德很少有兴趣分析当时的部族社会或帝国的政治结构,也没有兴趣将它们与被理解为城邦制度的“王者统治”加以区分;《政治学》有意排除了这些东西,记住这一点是很重要的。城邦之有别于帝王统治首先是基于这样的事实,即城邦是或倾向于平等、自由的人的合作关系,而且是“不同的”人的合作关系,所谓不同的人指的是人们在经济上的高度专门化。(《政治学》2. 2. 1261^{a}22—34)政治自由与技艺的结合是亚里士多德所设想的城邦的本质特征。[1]

柏拉图混淆政治统治与其他形式的统治的错误,与亚里士多德所保有的另一个基本性的错误密切相关,这另一个基本错误就是在《理想国》中柏拉图借苏格拉底之口为共产主义所作的辩护,(《政治学》2. 2—5)这两个错误表明柏拉图未能正确认识城邦所特有的人与人之间的差别。初看上去,公民分享所有事物,或分享那些易于在他们之间进行区分的事物的城邦,似乎比那些不能完全共享的城邦要更加优越。然而,亚里士多德论证道,通过废除婚姻和实行共产来实现统一既不可能也没必要。废除婚姻远不能加强城邦成员间的“友爱”,相反会冲淡这种“友爱”,因为它消灭了最基本的家庭亲情,而且财产的公有化会剥夺人们在所有物及自由的

---

〔1〕 参见《政治学》,7. 7。

美德中所享有的合法的快乐,同时财产的共有并不能在任何意义上消除物质利益冲突的根源。城邦不能也不应该试图取消以家庭成员或朋友间的关系为特征的利益统一。毋宁说,既然人们之间的差别难以消除,那么城邦的统一或成员的一致性就"应该通过教育或习惯、哲学和法律的联合影响来加以实现"。(《政治学》2. 5. 1263^{b}35—40)亚里士多德对柏拉图的最大的讽刺在于,他指责这位《理想国》的作者忽视了"哲学"。这一评价不过是戏言,但也泄露了亚里士多德的真实意图,稍后便可看清,其所争论的问题并非与严格意义的哲学有关。

为了试图阐明城邦的独有特征,亚里士多德着手分析了城邦的构成要素及其发展方式。(《政治学》1. 2. 1252^{a}25—53^{a}39)两种形式的交往关系构成了家庭:夫妻关系和主奴关系,它们分别反映着再生产和存续这样两种自然的必然性(亚里士多德在这里断言奴隶制度代表着统治者与被统治者之间的自然关系,稍后会详述和适当地界定这一观点)。一般意义的家庭是一种服务于日常生活需要的合作关系。为满足非日常需要而产生的第一种合作关系是村庄,它是若干家庭联合的结果。虽然城邦产生的动因与家庭和村落形成的动因并无本质的不同,但城邦与这些合作关系却有着根本的区别,如亚里士多德所指出的那样,"虽然城邦为了生活而产生,但它为了更好的生活而存在"。然而,既然那些初级的合作关系是自然的,那么城邦似乎也是自然的,"人天生就是政治动物"。

"人天生就是政治动物",亚里士多德的这一名言必须在更大的范围内,亦即在他为城邦的自然性作辩护的意义上来加以理解。亚里士多德的意思并不是说人连续不断地从事政治活动或总是希望这样做。相反,他始终强调大多数人具有关心私人事务的倾向,并承认在很大程度上人是一个"婚姻"动物而不是政治动物,当然这是就下述的意义而言的,即家庭“先于城邦并比城邦更为必要,而且繁衍后代是动物的更重要的共同点”。[1] 人是政治动物的含义首先在于,像某些种类的动物一样,人在任何地方都聚合成比家庭更大的群体,“甚至当他们并不需要相互帮助的时候也力求群聚”。(《政治学》3. 6. 1278b19—20)而在另一种意义上,“人比任何蜂群和兽群都具有更强的政治性”,因为唯独人具有语言与理性的能力。按照亚里士多德的解释,语言和理性(逻格斯)“用以揭示利害,因而也揭示正义和不正义”;动物中只有人“知善和恶、正义和不正义以及诸如此类的事情,而且在这些方面的合作关系造就了家庭和城邦”。(《政治学》1. 2. 1253a8—18)认为城邦不过是由其成员对身外善好的共享而构成的观点是荒谬的。城邦是这样一种合作关系,它的构成的一个关键方面就是人们分享某种有关善或正义的生活方式。人是最优秀的政治动物,因为他是理性的和道德的动物。

亚里士多德将其对城邦本性的看法与另一种理解进行了对照,这另一种理解明显类似于当代自由主义的理论,根据这种理解,城邦是人们之间的一种联盟,其目的是避免不正义和促进经济的交换,其所拥有的法律只是“契约”(亚里士多德将其归于智者利科夫龙的用语)和“相互间正义的保证者”。但在亚里士多德看来,任何关心好的城邦制度的人都“必须重视政治的美德与恶性”,“任何城邦,至少任何不仅在口头上而且在实际上运用‘美德’一词的城邦,都必定会关心美德”。重复说来,城邦必须被理解为不仅仅是为生活而且是为更好、更高尚或更幸福的生活而存在的。(《政治学》3. 9. 1280a24—81a6)

---

〔1〕《尼各马可伦理学》,8. 12. 1162a16—19;参见《幸福伦理学》,1242a21—26。

因而只有在城邦中，人才能展现其实现幸福的潜能，所谓幸福也就是合于美德的生活；由于城邦对于人的自然潜能的实现至关重要，所以城邦生活本身也是极为自然的。不过，在将任何认为城邦是自然机体的观点直接归于亚里士多德的时候，必须谨慎从事。"任何人天生就有趋于这种合作关系的自然冲动"，亚里士多德论述道，"而最初缔造城邦的人则是为了最大的善好"。城邦的成长绝非是一简单的过程，而且是通过特定的人们的断断续续的活动而逐步建立起来的。之所以如此是因为人性中存在与城邦及其目标相抵触的地方。"正如当人完全为人的时候，人才是最好的动物一样，当脱离法律和裁决的时候，人就是最坏的动物。因为不正义一旦被配备武器，其害最烈；人天生拥有运用审慎和美德的武器，不过这些武器也容易被用于审慎和美德的反面。"(《政治学》1. 2. 1253^{a}29—37)亚里士多德在这部分论述中提到，人有极大的同类相食和乱伦的潜在可能性，由此表明他充分意识到了人之为恶的能力，亦即逾越神圣限制的能力。由于同样的原因，他也意识到了法律的脆弱以及在每一城邦中采用武力或强制的必要性。

亚里士多德为城邦的自然性所作的辩护须看作对当时一种颇有影响的意见的反驳，根据这一意见，城邦是反自然的，而且最终依赖于武力。这一诡辩派的论点(首先通过柏拉图的《理想国》和《高尔吉亚篇》而为人所知)在奴隶制现象中找到了最强有力的证据，所以，亚里士多德着意批驳了奴隶制是不自然的观点。一般解释者都未充分注意亚里士多德有关奴隶制的讨论的修辞学的目的，(《政治学》1. 5—7)以及其论点的有意的含混性。亚里士多德承认确有约定奴隶制的存在——源于战争征服的奴隶制。亚里士多德给天生的奴隶下了这样的定义：天生的奴隶与他人的不同就如灵魂不同于肉体或人不同于兽是一样的，他只有体力劳动之能，而且他也只在知晓和服从理性的意义上才享有理性。从这一定义中可知,亚里士多德意在表明天生的奴隶并不是正常的人类,因而作为一种社会制度的奴隶制实质上是约定的。这一结论从下述的事实中似乎得到了证实,即亚里士多德愿意看到在他的最好的制度中,所有奴隶都有希望获得自由以作为合作行为的奖赏,同时亚里士多德还说人们对奴隶的道德要求要高于自由的劳动者。[1] 还须补充说,亚里士多德的兴趣显然在于将奴隶制建立在主人的美德优势而非武力征服的基础上,这表明他试图使当时的奴隶制人道化。

公民与政体

在《政治学》第3卷的开头部分,亚里士多德着手从新的方面来论证其论点,于是提出了政体的自然(本性)这一基本问题。他以讨论公民身份的自然性质开始,继而讨论政体的基本类型、其间差别,以及它们对政治正义的相应要求。随后,其对王治与法治的论述进一步拓展了政治统治的自然性质这一论题的广度。

亚里士多德将公民身份问题作为理解城邦与政体间关系的一种方式。城邦的身份或资格明显源自那些被承认为“公民”的人。而一个人凭什么享有公民身份却并不十分清楚。一般所使用的“政治的和未经核实的界定”倾向于依据一个人的父母或祖先的公民身份来判断,但这样的界定是不尽适当的,因为在革命时代会有大量的人被允许加入或被逐出城邦。一般来说,公民可以界定为

---

〔1〕《政治学》,7. 10. 1330ᵃ31—33、1. 13. 1259ᵇ33—60ᵃ7。

分享决策权或统治权的人,无论是通过实际担任公职还是通过在公民大会或司法中享有表决权。更极端地说,公民权是政体的职能:民主制中身为公民的人在寡头政体中并不一定是公民。所以,城邦的身份资格最终取决于它所具有的政体的类型,而不是取决于诸如地理或国籍之类的因素。

亚里士多德接下来提出了好人与好公民的关系问题。(《政治学》3.4)好公民的基本职能在于维护政治合作关系;但既然从根本上构成这种合作关系的是政体,那么公民美德必然与政体相关。此外,既然城邦是由不同职业的人构成的,所有公民的美德是不尽相同的,那么,有没有公民美德与没有公民资格的好人的美德相一致的情况?这种情况也就是好公民同时是统治者的情况,因为统治者具备为整合意义的美德所必需的"审慎"。为了避免误解,亚里士多德表明,城邦的各种政体或各种统治类型都是以抹杀统治者与被统治者的区别为特征的:政治统治关系由公民"统治和被统治"构成,而且统治城邦需要的美德一般是通过与被统治者的相处经验而获得的。但审慎美德的情况并不是这样,因为审慎的美德"为统治者所独有"。亚里士多德的论点似乎有这样的意思,即存在一个阶级或一种政治家,他们在更强或更确切的意义上"统治"普通公民,因而除了普通的政治生活经验之外,还需要审慎方面的训练。

"政体是有关公职的城邦制度,特别是有关统摄主局的公职的制度。因为在城邦中拥有权威者,在任何地方都是统治集团,而统治集团就是政体。"(《政治学》3.6.1278^{b}8—12)亚里士多德在其论述中一开始就指出,虽然政体首先是制度方面的安排,但政体不宜单纯从制度方面来理解。政体反映着更基本的政治现实——构成城邦的不同群体之间的权威与服从关系。实际上,在政治上居支配地位的阶级——“统治集团”——决定了政体。虽然这绝不是亚里士多德在政体与集团或阶级的关系问题上的最终结论,却是正确理解其论述的不可缺少的出发点,而且这还说明亚里士多德的思想与马克思主义以及现代政治社会学有着重要的近似性。

亚里士多德对政体的分析起初采取了系统的形式,稍后则又采取了极为简练的形式。所有政体的统治要素或是一个人、少数人,或是许多人;它们的目标或是城邦的共同利益,或是统治者的私人利益。基于以上因素,基本的政体类型有六个。君主制是一人统治或君主统治的典型形式,僭主制是其变种。少数人的统治有两种形式,其一是贵族政体——之所以如此称呼,“或是因为最好的人是统治者,或是因为他们的统治着眼于对城邦或城邦成员最为有益的东西”;其二是寡头政体;多数人统治的派生形式是民主制,以上便是被称为“特殊政体”(polity)的正确形式,这一术语得以在所有统治形式中通用。

然而,亚里士多德马上又指出,政体之间相区别的基础并不单单是统治者的数量。民主政体与寡头政体的实质性区别不在于统治者人数的多少,而毋宁说在于贫富:寡头政体是富人的统治,他们一般都是少数,而民主制是穷人的统治,他们一般都居于多数。这是根本的区别,因为它依据的是有本质区别的生活方式和政治公正的概念。寡头政体和民主政体在公正的分配原则——平等的人应得到平等的东西——上是一致的,但在如人们之间的平等的条件问题上是不一致的。前者认为财富的不平等显示出不平等的待遇是正当的,而后者则认为自由的平等有权要求所有方面的平等待遇。应该注意的是,多数人的政治公正的要求并不单纯依据人或自由人的身份:民主主义者所要求的平等反映着在御敌卫邦中的风险的平等。这种对公正的要求名曰“军事美德”,在民主制中表现得尤为明显，因为在那儿蓄养重兵实际上是统治集团进行有效统治的题中之义。(《政治学》3. 7. 127961—4)的确，似乎首先是这种城邦的军事需要使它倾向于自由和平等的人之间的合作关系；军事需要至少可以部分地解释它何以倾向于发展民治。(《政治学》4. 13. 129762—28)

亚里士多德提醒我们，城邦中的组成集团对政治公正的主张可以通过它们各自对城邦目标的贡献来加以判断。困难在于城邦中政治上最有势力的集团——多数和富有的少数——更强烈地追求幸福或美德的手段而非幸福和美德本身。那么，这是不是说只有“德高望重”者——有美德教养的绅士——才最有资格要求成为城邦的权威呢？亚里士多德并未否认他们的要求所具有的力量；他只是断定，这样的人独享统治会减损所有其他有权要求者所认为的自己应该得到的荣誉和权力。他由此似乎暗示其他有权要求者参与统治是为了利益而非正义。不过，亚里士多德马上又较为详细地叙述了多数人要求的情形，并指出，城邦中的多数在自己最熟悉的领域中得以拒绝绅士们的要求。虽然多数中的个人不可能都是最优秀的，但许多个人在精神和品格方面的美德的总和有可能超过少数杰出人物的综合美德。例如，一场宴会由许多人操办可能比单独由一个人准备要好；又如，多数人对音乐作品或诗作的评价可能比少数人的评价更为可靠。这些例子令人感到亚里士多德的辩解并无多大把握，而且他明确指出这里的论据并非适用于任何一种多数，或更明确地说，它并不适用于最高公职的分享，因为在那样的位置上个人的美德是至关重要的。不过，亚里士多德还是认真批驳了(柏拉图等)以与技艺相类比的方式贬低多数人的政治能力的观点：多数人有能力评判其他人所设计的政策的效果，就像一所住宅的使用者有资格评价，甚至能比建筑者更好地评价

这所住宅一样。(《政治学》3.11)

亚里士多德为民主制或民治所作的有限辩护必须联系到他对政治公正这一普遍问题的研究才可理解。竞争城邦权力的各个集团都有权要求政治公正,而且这些要求在某种程度上都是正当的。但由于人们缺乏自知之明,他们常常易于将自己的要求绝对化而牺牲他人的要求。初看起来,这些要求似乎是根本不可比较的,因而好像没有办法能轻而易举地解决它们之间的冲突。然而,结果表明它们之间在某种意义上是可以比较的。虽然不可能确定城邦更需要财富的贡献还是美德的贡献,或各自需要到什么程度,但有可能将寡头的财富与绅士、多数或单个人的财富进行比较,就像可以将绅士的美德与多数或某位杰出人物的美德进行比较一样。而恰恰是从这种角度考虑政治公正的做法将节制引入了每一集团的要求中,因为很可能会发生这样的情况,即一个特殊的集团在其自身的要求方面被另一个被当作整体的集团或几个被视为联盟的集团所超过,或易于遭受人数众多的集团的合乎正当的挑战。(《政治学》3.12—13)

亚里士多德所陈述的理由很难说在理论上解决了分配正义的难题。的确,有理由怀疑他的这种看法,即认为这是一个在理论水平上容易解决的问题。构成城邦的不同集团在必要的意义上履行其相应职能,并不享有对他者中的一个或多个的绝对优先权。城邦根本不可能没有防御团体而存在;作为一个文明的共同体,它不可能没有财富所创造的安逸而存在;作为一个完全意义上的城邦,它也不可能没有美德而存在。在这个意义上,城邦中所有重要的集团的确都有要求政治公正的主张,亚里士多德并未试图裁决这些要求,目的就在于通过承认竞争团体的不同要求与价值而促进它们之间的实际和解。

亚里士多德对政治公正的分析的显著特点之一是强调杰出的个人,或“最好的人”,亦即在政治重要性上实际相当于一个集团或阶级的人。亚里士多德主张调和对立的统治主张之间的冲突,但令人奇怪的是,他又同情民主政体流放政治强人的做法。的确,他甚至断言,反常政体中的流放法既能满足统治者的私利,同时也是公正的。(《政治学》3. 13. 1284b23—25)尽管他没有明说,但理由似乎是,这样的人对政治统治是一个根本的威胁。更令人困惑不解的是,亚里士多德认为这些人是一种例外,即有杰出美德的个人,或其美德远远超出了一般公民所具有的程度:对于所有的人来说,唯一公正的事情便是服从这样一个人,并拥戴他为城邦的“永久国王”。

带着这样的观点,亚里士多德开始系统考虑君主制的问题。(《政治学》3. 14—17)有关这一问题的讨论大部分致力于考察最好的人治与最好的法治何者更为优益的问题。像在《尼各马可伦理学》中对正义的论述一样,亚里士多德在这里强调了法律在某些方面的缺陷。然而,问题的结论之所以有利于法治,原因就在于法治不受激情的影响。人们会以为最好的人从定义上来讲是由美德统治激情的人,但情况并非必然如此。“激情使统治者和最好的人误入歧途”,亚里士多德的这一说法反映了柏拉图的一个重要主题。(《政治学》3. 16. 1287b30—31)甚至杰出人物的德性会因激情之恶的展开或因原本为德性所支持的激情复合体而走向衰败。亚里士多德再次暗示最高形式的绅士品格与城邦需要之间的难以确定的关系,尽管这一暗示可能并不引人注目。似乎正是这一想法可以解释亚里士多德的论点为什么会发生出乎意料的转折:君主制的替代者与其说是法治,不如说是较少受坏脾气影响的优秀者的集体统治,亦即贵族政体。虽然亚里士多德愿意承认王者之治对某些社会来说是合适的政体,但他明确指出王制属于城邦的早期时代。至于他在放逐法问题上的犹豫,我们可以大胆认为那反映了亚里士多德不情愿认可这样的原则,即道德的优秀或高尚必须全然屈服于政治公正的需要。

政体种类

亚里士多德在《政治学》的其余几卷中详细分析了政体的种类。而对这一分析计划的最详陈述见于第4卷的开始部分。他首先把政体科学比作体育教练的技艺。体育教练不仅要关心适用于最好体质的最好训练,也要关心对不好体质而言最好或最合适的训练方式。政体科学也是如此,它不仅要考虑绝对好的政体,也要探讨适用于特殊城邦的最好政体,以及既是最好的同时又对绝大多数城邦而言最适合或可接受的政体。亚里士多德说,之前的政体观论者都或多或少具有错谬性,因为他们忽略了真正有用的东西,没有研究尽管不尽善尽美但现实可行的政体,而是迷恋于绝大多数城邦无法达到的最好政体,或是热衷于斯巴达式的政体,这种政体虽然更容易达到却又很难说是现存政体的典范。与之相反,“应该加以倡导的是这种政体:诸城邦容易被说服来采用它且又能够采用它,前提是它直接源于那些现存的城邦,因为改造一种政体相对于凭空创造一种政体来说是一个容易完成的任务”。(《政治学》4. 1. 1289^a1—14)亚里士多德的主要兴趣在于改造现存的政体,这一点对于理解他的整体研究来说是至关重要的。有一种流行的看法,认为《政治学》第4卷至第6卷中对现存政体分析的兴趣在于科学分类,而根本不关心诸种政体的相对品位和价值。与这种通常的看法相反,亚里士多德的分析一开始就有这样的指导思想,即最好的或最可能好的政体的实现虽然确是人们梦寐以求的,但其实现的途径却可能是在现存法律和政治理念的框架内的渐进改良,而不是宣布激进的乌托邦方案。

亚里士多德提醒我们,有许多政体,因为在任何城邦中都有许多部分。其中最重要和最普遍的部分是广大人民和少数富人;因此通常认为实际上只有两种政体,即民主政体和寡头政体。然而,除富人和穷人之外,一些城邦还有一个具有重要政治意义的"中间分子"——中产阶级。而且,富人与穷人在各自的构成上也大不相同:穷人可能包括农人、手工业者和劳动者(在此部分中特别的工作占据主导地位),每一部分都有着不同政治意义的生活方式;同样的差别也存在于富人之间和绅士之间。统治集团的规模差异或排他性,对城邦中其他集团的调和作用,与人治相反的法律的相对重要性,这些都是形成不同的变种政体类型的因素。例如,亚里士多德谈到了一个寡头政体,他称之为"强者统治",其特征是少数富人的人治。他还区别了两种形式的民主政体:一是依赖农民阶级的政治力量和法治的民主政体;二是以雅典为代表的古代激进民主制,它不是法治,而是依靠国家财政支持的城市劳动阶级的统治。政体亚种之间的差别不单单具有极大的政治重要性,这些差别有时在一些关键方面比政体种类本身之间的差别还要大。例如,一个温和的民主政体与一个温和的寡头政体相比,可能比与一个激进的民主政体相比有着更大的共同点。一旦考虑到政体的亚种,政体的种类便更多地表现为单一的序列,而较少地表现为政治上或意识形态上的排他性的种类。这确是亚里士多德关心的中心问题:假如渐进的政体改革方略要获得成功的话,在某种程度上淡化政体间的界限则具有实质意义。

亚里士多德是公认的"混合政体"概念的创始人,而这一概念对自此以至于当代的政治思想和实践都产生了重大的影响。人们通常是把亚里士多德的混合政体概念放在其论述所谓特殊政体(polity)的那一部分中加以讨论。然而,一般说来,《政治学》中的混合政体与其说是一种特殊的政体类型,不如说是一种策略,反映着亚里士多德对政体建立与发展的持续关注与深入研究。亚里士多德在《政治学》中给自己规定的中心实践任务,不说是消除也是弱化穷人和富人的政治冲突。特殊政体,亚里士多德起初将其描述为"寡头政体与民主政体的混合",为这一冲突提供了一种解决方案。但亚里士多德也试验了在这样的寡头政体或民主政体的框架内进行改革的可能性;况且,他不仅将特殊政体而且将非典型意义的贵族政体——在这种政体中美德受到尊重,绅士发挥着重要的政治作用,但与富人和人民分享政权(《政治学》4. 7. 1293^{b}1—20)——视为混合政体的一种形式。

亚里士多德把特殊政体描述为寡头制与民主制的混合,意图在于修正其在第 3 卷中的解释,在那里特殊政体被简单地说成是正确的或富有公共精神的民主制形式。特殊政体既可以从民主制方面来理解,又可以从寡头制方面来理解;后一种政体一般被称为贵族政体,由富人的生活方式和绅士的生活方式混合而成。不管怎样,最符合混合政体原则的标志,在于它可以无差别地被称为民主制或寡头制(就像斯巴达政体常常既被说成是民主制,又被说成是寡头制或贵族制一样),而且还在于它要求的不仅是多数而且是城邦中所有集团的联盟。

亚里士多德政治学说的典型特征,以及从当今政治理论观点来看最令人感兴趣的特征,是他为"中间分子"所指定的作用,即调解城邦中富人和穷人之间的斗争。将一般的混合政体等同于对绝大多数城邦来说是最好的或最适合的城邦是不够的。因为这种政体最终不仅是一种公职制度,而且对整个城邦说是一种生活方式,在某种意义上试图通过单纯制度的手段调和对立集团利益的政体必然是人工的产物,并因而容易遭受政治上的混乱。但是,如果这样一种政体可以围绕着一个集团而建立,而这一集团的作用就在于克服社会政治和意识形态方面的差别,从而消除不稳定之源,那情况会怎么样呢?

这似乎是深层的想法,看来亚里士多德是根据这一想法才引人注目且又出人意料地赞扬了中产阶级及其潜在的政治作用。(《政治学》4.11)被理解为平衡极端的中庸的美德与中等的或居间的财产状况之间似乎有某种联系。那些拥有中等数量财产的人比巨富者和赤贫者更倾向于理性的行为:“巨富者倾向于傲慢和自负的卑鄙,赤贫者则倾向于恶毒和下贱的卑鄙;而不正义的行为要么通过傲慢产生,要么通过恶毒产生。”中产阶级处在避免统治或希望统治之间,而这两种倾向对城邦都是有害的;同时,中产阶级对统治或被统治都有充分准备。相比之下,那些骄奢淫逸者从不习惯于被统治,而穷人则过分谦卑恭顺或奴颜婢膝。“因而他们所实现的不是自由人的而是主人和奴隶的城邦,一部分人毁于妒忌,另一部分人则毁于轻蔑。友谊和政治合作关系丧失殆尽。”这样一种富人和穷人的关系导致派系冲突,并迫使政体趋向于狭义的寡头政体或——既然穷人自身无力统治——僭主制。另外,中产阶级强大的城邦,其派别冲突被保持在最低限度,政体因而更稳定和持久。

重要的是要正确认识这一论点。亚里士多德承认中产阶级在多数城邦中都是为数较少的,其政治作用常常是被富人与穷人的斗争所限制而不是被加强,而且邦际环境——尤其是雅典与斯巴达的对抗——一直更倾向于抑制这种作用。此外,不要错误地认为亚里士多德视中产阶级为政治美德的可靠源泉。他明白地指出,他所寻求的政体并不以"那种一般人无法企及的美德"或反复灌输有关此种政体的教育为先决条件:中产阶级的特征与其说是具备美德,不如说是没有恶德,或者说它拥有有利于获得美德的外在条件。此外,亚里士多德之所以对中产阶级抱有如此明显的热情,部分原因可能是他认为中产阶级是一种美德或绅士品格的"温床",这种美德或绅士品格在为城邦的服务中比那种因袭的贵族式的美德或绅士品格更少有歧义。

第4卷的其余部分以及随后两卷广泛论述了政体、派系冲突和政治变迁或革命的原因,以及建立和维护政体的方法。这些篇幅充满彻底的现实主义并对有关日常政治的偏见有准确的把握,就这一方面而言,几乎难有政治理论著作能与之匹敌;同时,这些篇章还丰富和深化了散见于以前诸卷中的各种政体的分析。给人印象尤为深刻的是,在如何保持现有政体的问题上,亚里士多德不仅愿意为不完善的民主政体和寡头政体的政治家提供咨询,甚至也愿意为暴君们提供咨询。(《政治学》5. 10—11)这既证明了亚里士多德的非凡的灵活性、其政治期望值的谦逊和节制,也证明了他对改革的可能性所抱有的信心。虽然绝没表示暴君的臣民有道德或法律上的义务服从暴君或避免试图推翻他,但亚里士多德似乎承认,在某些特定环境下暴政是无法改变的。因此,为了使暴君的强硬或暴虐的统治变得温和,只能寄希望于使暴君相信其政体的维持需要更多的温和。

令人很感兴趣的还有,这部分材料反映了亚里士多德有关政治家的心理学观点。尽管他强调了政治冲突的阶级基础,却并未重视经济动机在政治中的作用。他反复强调,富人与穷人间的斗争说到底不是财产之争,而是正义概念的对抗;他多次谈到由诸如愤怒、傲慢、恐惧、蔑视和爱好荣誉的激情在派系冲突和革命中时常所起的决定性作用。他的论述尤其揭示了贵族制和寡头制的杰出人物的心理,而且令人信服地说明了个人的美德或恶性何以常常产生戏剧性的政治结局。

最好的政体

像我们所看到的那样,亚里士多德所分析的政体不仅包括各种不完善的政体,也包括对人来说最好的政体。但这样一种政体在一门强调实践的政治科学中能有何等地位呢?亚里士多德在《政治学》最后两卷中对最好政体的讨论不是(像许多人所以为的那样)一种柏拉图遗产的痕迹,与《政治学》中更注重实践的各卷(还不用说整部著作)的论点很少有有机联系吗?

对这种最好的政体的实用性问题首先的回答在于,提出最好的政体不过是试图阐明据以改革任何现存政体的设想和选择。最好的政体假定了各种情势的罕见的结合(或就此而言可能从未现实存在过)这一点并不重要;唯一需要注意的是它尊重人类状况中的那些固有的局限。如此理解的最好政体确实没有为现存政体的合法性提供判断标准,但提供了所有政治变革的模式或目标。

这样一种解释的困难在于,在亚里士多德那里,依然存在最好的政体和当时存在的所有其他政体之间的分离——虽然绝不像在柏拉图的《理想国》中那样明显,但仍然值得注意。亚里士多德的最好政体所依据的社会的和经济的组织形式,好像在希腊世界中只存在于斯巴达和其他很少几个地方——这种组织形式包括一个享有充分闲暇以从事政治和军事活动的市民阶级,还有一个不自由或半自由的农业劳动者阶级。然而,当亚里士多德谈及政治正义及其对政体改革的意义这一问题时,他为城邦所假定的标准似乎是有一个人数众多的、从事经济活动的自由民集团。不仅最好的政体似乎起不到为这样的城邦提供样板的作用,而且实际上它还会起相反的作用,因为它会使这一大众阶层的政治要求的合法性成为问题,并因而会鼓励剥夺这一阶层的公民权。

尽管亚里士多德并未明确联系较早对政体类型的系统分析来讨论最好的政体,但几乎肯定无疑的是,他把最好的政体理解为一种贵族制。它是本来意义的贵族制:公开致力于追求美德的统治集团的纯粹统治。如果说亚里士多德似乎缄口不谈最好的政体的政治安排,那正是因为最好的政体不会面临由不同的自由民集团所构成的政体常常具有的那种政治冲突。最好的政体的核心问题不是调解相互冲突的、对政治公正的要求,而是美德教育,因为美德教育是政治正义所要求的最好的支柱。

《政治学》最后诸卷中有关最好政体的论述有两个特别的实践论题。第一,亚里士多德(以柏拉图《法律篇》为榜样)充分考虑了在希腊世界的偏远地区建立新城邦的可能性。他详细论述(《政治学》7.4—12)的城邦规模、其位置和规划以及其居民品格等问题便属于这方面的内容。第二,亚里士多德论述了最好的政体中的公民生活方式和教育问题,这方面的论述意在为现存城邦中的有闲贵族或潜在的贵族提供实践指南。在第2卷中,亚里士多德较详细地指出了那些以最好的统治而闻名的城邦——主要是斯巴达和迦太基——中的贵族阶级生活方式的缺点。《政治学》最后各卷所讨论的最好的政体,主要意在为那些根据这些著名但有缺陷的社会而确立其政治观念的人提供一个替代模式,以取代那种贵族生活方式。

在分析斯巴达和迦太基时,亚里士多德着重批判的主要缺点是它们的统治阶级过分倾心于财富。一方面,在斯巴达,人们暗中贪图财富,尽管俭朴是法律上的规定(除其他物品外,禁止个人持有金银),部分是因为法律本身在地产继承的规定上有缺陷,从而无意造成了财富占有的悬殊,另一部分原因则是斯巴达教育中的实用主义倾向。另一方面,在有商业传统的迦太基,财富被公开地加以尊重,同时也是担任公职的必要条件。亚里士多德坚持认为"那里根本不尊重美德,不可能有可靠的贵族制度"。(《政治学》2. 11. 1273^{a}41—^{b}1)然而,亚里士多德提出的解决办法并不是要效法斯巴达人的俭朴。亚里士多德的确反感以经商致富的迦太基式贵族而偏爱斯巴达式的土地贵族。从第1卷中有关赚钱或"经商"的论述来看,他似乎坚信经济活动摆脱农业生活方式的自然限制并获得解放,势必会刺激人们的物欲,从而造成危险后果。不过,他似乎也不赞成有意造成个人或社会贫穷,并完全承认贸易与金钱的必要性。虽然最好的城邦未必就是一个港口,但亚里士多德赞成将它设于近海处,这不仅便于贸易,也便于发展海军(《政治学》7. 6)。任何能够支撑一只舰队的城邦都需要雄厚的财政收入。至于私人财富的作用,亚里士多德认为中等财富是最合宜的,而与财富相关的邪恶可以通过鼓励财富公用而加以消除,具体办法是设立公餐制,拨出私人地产以支援国库,以及进行节制和慷慨的美德教育。

有关最好城邦规模问题的简要论述(《政治学》7. 4)展示了亚里士多德政治学说的一个独特方面。通常认为,最好的城邦是最大的城邦,这种观点的依据是考虑到最好的城邦应是军事上尽可能强大的城邦,亚里士多德否定了这一观念,其理由在于,大城邦不可能管理得好。首先是因为难以控制大量的人口——谁来做过分庞大的人群的首领?或者说,除非他有着喇叭虫般的嗓音,否则谁来做传令者?然而更重要的是,过大的人群势必会造成人们私人知识的匮乏,从而不可避免地会削弱关键的政治功能:根据功绩裁定和分配公职,需要公民之间相互熟悉彼此的品质。亚里士多德得出结论说,最适度的城邦规模是既可实现自足,同时又“便于勘察”(了解城邦成员)。

由于这一问题在马基雅维利所发动的反抗古典政治哲学潮流中的重要性,因此我们正确理解亚里士多德的主张是极为必要的。如前所述,亚里士多德绝不是没注意到城邦的基本安全需要,但他不相信城邦的安全最终仅通过扩大规模就可以保证。雅典和斯巴达的例子足以表明,帝国至少和不充分的军力一样可能毁灭一个城邦。(参见《政治学》7.14.1333^{b}4—25)无论怎么说,一个城邦不能没有防御策略。亚里士多德提出了四种策略,它们常常可以被同时采用而且是相互促进的:军队在勇敢和军事技能方面的优良训练,构筑要塞,建立攻击性海军,结盟。尤其值得注意的是最后一种策略,因为亚里士多德实际上认为,最好的城邦在与其他城邦的关系上,有可能或被迫充当“政治霸权”的角色[1]——就像前帝国时期的雅典和斯巴达一样。但亚里士多德并不愿过分强调这种可能性,稍后便会明白,这说明他认识到最好的城邦的对外关系或对外政策,对于整个城邦的生活方式有着头等重要的意义。

---

〔1〕《政治学》,7.6.1327^{a}40—^{b}6;另见14.1333^{b}36—34^{a}2。

教育、培养及最好的生活方式

在第7卷的开始部分，在介绍最好的政体这一论题时，亚里士多德又转而详尽考虑了个人或城邦的最好的生活方式问题。这段文字十分重要，不仅有助于理解在《政治学》结束部分论述教育和培养的目的及意义，也有助于理解亚里士多德整个政治学说的一般特征。

亚里士多德为什么又回到被认为是在其伦理学著作中已经被解决了的问题，其中缘故并非显而易见。他首先重述了其论点，即幸福同一于美德的生活，或更确切地说，同一于"美德和明智以及按照美德和明智行事"的生活，而且他还断言，对个人真实的观点同样也适用于城邦。然而，似乎可以提出一个问题，即城邦的和个人的幸福或美德是否同一。因为亚里士多德告诉我们：

> 在那些认为最值得选择的生活方式是伴以美德的生活方式的人中间有一个分歧，即最值得选择的是政治的和积极的生活方式，还是摆脱所有外在事物——例如从事某种研究——并被某些人断定为最理想的哲学的生活方式。因为显然这两种生活方式是那些在美德方面有着最大抱负的人有意选择的生活方式；我说的这两种生活方式指的是政治的生活方式和哲学的生活方式。(《政治学》7. 2. 1324^{a}25—32)

在这方面有两个问题需要注意：较好的生活方式是积极参与城邦政治生活，还是像一个局外人一样；哪种政体和哪种城邦的对外政策被认为是最好的。但正是后一问题——最好的政体的对外政策问题——在亚里士多德的论述中占据了突出地位。据亚里士多德言:

> 一些人认为,对邻人的统治如果采取主人的形式,便会伴以最大的不正义,而如果采取政治的形式,虽不包含不正义却会有碍于统治者自身的利益。另一些人则持完全相反的观点。他们认为积极的政治生活是人的唯一的生活,而就每一种美德而言,既没有自私的个人活动的余地,也没有积极从事公共事务和介入政治的人的活动余地;但另一些人则主张包含奴役和专制的制度才是唯一幸福的制度。的确,在一些人中这是制度和法律的决定性原则——他们对邻人实行统治。(《政治学》7. 2. 1324a36—b4)

亚里士多德清楚地表明,他认为斯巴达是倾向战争、征服和奴役外邦人的城邦的范例。除斯巴达的对外政策外似乎还有两种选择:不介入他邦事务或“积极的和政治的”对外倾向,至多涉及对盟邦的领导或“政治的”统治。个人参与政治生活的选择方式与此密切对应。个人可以像局外人或哲学家一样脱离政治,可以以“政治的”形式通过统治以及反过来被统治而参与政治,或可以试图对其同胞实行奴役或专制统治。

不过,实际上这种对应论多少有些误导,而其中的差异才是亚里士多德主要关心的问题。没人认为奴役或专制对于城邦中的个人来说是值得尊敬的生活方式。但似乎绝大多数人以为对外邦人的奴役和政治统治没有差别,而且“在与他人的关系中,并不羞于做他们认为是不正义抑或不利的事情”。这甚至是那样一些人的观点,他们相信"积极的和政治的生活方式对于一种人来说"——即对于有兴趣实践高尚行为和获得尊重的人来说——"是唯一的生活方式"。换言之,统治观本身似乎就有一种天生的不稳固性,以致连高尚的人都设想"对所有的人都拥有权威是最好的"。这种形式的统治冲动自然要在奴役异邦人中寻求出路,但它也是城邦内部常在的危险——在国外放纵此种冲动很可能会在国内产生反响,正像斯巴达的例子所表明的那样。(《政治学》7. 14. 1333^{b}26—36)

为了正确理解亚里士多德在论辩中看上去显得曲折复杂的逻辑,我们一定不要被其对哲学生活的诉求所误导。这方面论述的意图并不是要判断政治和哲学的生活方式各自对个人生活提出了什么要求。在《尼各马可伦理学》第10卷中,亚里士多德清楚地表明,哲学生活方式的优越是对那些能够从事哲学的人而言的;而他并未表示这一事实本身有直接的政治后果。在目前的论述中,亚里士多德对哲学生活的兴趣也仅在于将其视为具有重要政治后果的现象的相似物。特别是,亚里士多德之所以提出不介入政治活动的选择,只是或首先是因为这一选择具有一定的政治意义。正如有些贵族偏爱政治生活,而另一些人则认为"在德行方面私人有更多的活动余地",[1]从而避免介入政治——这种态度尤其为生活于像雅典那样的民主制中的贵族所偏爱,因为在那里政客竞相博得大众的欢心,而且被法庭剥夺所有权的威胁也是实实在在的。这样的人(不介入政治的贵族)可以说很好地代表了亚里士多德的直接的听众。

亚里士多德是如何解决这一困境的呢?由于他不愿鼓励具备

---

〔1〕《政治学》,7. 2. 1324^{a}41—^{b}2;另见《尼各马可伦理学》,10. 8. 1179^{a}6—8。

美德的人脱离政治,所以他正式得出结论说,对城邦以及对个人而言,最好的生活方式是实践的或积极的生活。但是因为他同样关心遏制政治生活或政治家的野心,或为统治而追求统治的自然倾向,他重新界定了实践的或积极的生活,以至于根本改变了最好的城邦的方向。积极的生活方式,他现在论证道,并不一定与他人相关,正如思想并不只在追求某些进一步的结果时才是积极的一样,"而毋宁说更多地与自足的事情,与以自身为目的的研究和思想有关"。的确,似乎"连独处和有意选择这种生活方式的城邦都并不一定是不积极的",城邦和个人的情况是一样的,"如果不是因为他们在自身特有活动之外没有其他活动,否则神和整个宇宙都不可能处于自足与完善的状态。"(《政治学》7. 3. 1325^{b}16—29)

在第7卷的后一部分中,亚里士多德又回过头来详细论述了这些问题。最好的政体中的公民必须能履行自己的政治职责和参加战斗,但更为重要的是他们能有平和与闲暇的状态。正如战争是为了和平一样,工作是为了闲暇,获取必需品或实用品是为了从事高尚的事业。政治或军事活动同经济活动一样,其本身并不是最好生活的目的:人们从事政治的目的与从事其他实践活动的目的最终是一样的,都是为了获得闲暇及在闲暇中享有的事物。最真正意义的幸福不在于工作而在于闲暇。(参见《尼各马可伦理学》10. 7. 1177^{a}4—15)因此,最好的政体依赖于各种美德的存在。勇敢和耐劳为战争和政治活动所需要;节制和公正在工作和闲暇中也同样是需要的,尽管它们在和平和闲暇的时候尤为有用,因为"战争迫使人们公正、节制,而享受和平和幸运易于使他们变得傲慢"。但这些美德显然是不够的,因为亚里士多德又说,在闲暇之时,最好的政体也将需要"哲学"。(《政治学》7. 15. 1344^{a}11—34)

那么,是不是说亚里士多德最终"使政体服从"(他在批判柏拉图的《法律篇》时的用语）于柏拉图在《理想国》中所描绘的哲学家王者的统治呢？答案是否定的。亚里士多德详加证明的是，对人来说的最好的生活方式是实践的或政治的生活，而且在《政治学》最后诸卷所详细讨论的教育中绝没有这样的暗示，即亚里士多德假定了最好的政体中的统治集团的哲学能力。[1] 实际上，亚里士多德似乎认为哲学对于王者统治来说不仅不是必要的，而且还是一个障碍，因为王者统治的特点就在于他不接受真正的哲学家的忠告和劝说。没有任何根据相信亚里士多德认为哲学家的统治有真正的政治上的可能性。因此，当他在这部分论述中谈及"哲学"时，他真正想到的似乎不是理论思辨意义上的哲学，而是广义的"哲学"，其意义近似于"教育"。在第 2 卷中亚里士多德批判柏拉图靠制度化的共产主义体系来保证《理想国》制度的统一和幸福，而不是靠"教育"即"习惯、哲学和法律"，（《政治学》2. 5. 1263^{b}37—40）与此同时，他也没忘记柏拉图自身过分依赖哲学而不是制度。他的意思是暗示柏拉图本应较少地依靠严格意义的哲学而较多地依靠广义的哲学。这后一种意义的哲学首先在于音教与诗教式的教养。

有关教育和培养的复杂（而又显然不充分的）讨论占据了《政治学》的其余部分，在这里也不可能充分论述。为了理解这些讨论，理解亚里士多德所面临的修辞学困境是重要的，即他在试图与其顽固的且自负的对话者达成共识之时，其行为是伤感的或者说是有意降低身份的。在将有闲享受文学和艺术描述为最好的生活的目的时，亚里士多德谨慎地诉诸传统的权威，并强调这些活动的非实用特征。然而，更进一步地观察，似乎亚里士多德也想说明教

---

〔1〕《政治学》，7. 14. 1333^{a}27—30。

育——道德的和智力的——并不完全是为青年人所需要的,使成年人也能享受到文化的熏陶也应是美德教育的一种方式或类型。最好政体中的贵族也许并不需要这样的教育。但是,亚里士多德在其论述中提醒我们,甚至“灵魂崇高”的人也不会全然免于同灵魂的勇猛部分有关的破坏性激情的影响;(《政治学》7. 7. 1328ª7—8)亚里士多德使我们了解到,在他所谓“审慎”这一更高形式的美德方面的教育可能有其特有的要求。这里最多只能指出亚里士多德的暗示:基于这一维度的教育的主要工具是悲剧诗篇,其作用在于净化灵魂的激情。(《政治学》8. 7. 1342ª10—15)此处一如彼处,亚里士多德试图改进柏拉图的学说,以便更好地实现这一学说的根本目的。

阅读书目

1. 亚里士多德:《尼各马可伦理学》,第1、3、4、6、10卷。(中译本:《尼各马可伦理学》,廖申白译注,商务印书馆2003年版。——译者注)

2. 亚里士多德:《政治学》,第1~4、7卷。(中译本:《政治学》,吴寿彭译,商务印书馆1965年版。——译者注)

3. 亚里士多德:《尼各马可伦理学》,第2、6~11卷。

4. 亚里士多德:《政治学》,第5、6、8卷。

马尔库斯·图利乌斯·西塞罗

（公元前106—前43）

詹姆斯·E. 霍尔顿

在试图对政治学的发展作系统阐述的政治哲学史家中，很少有人重视西塞罗的政治思想。他通常被视为步柏拉图和亚里士多德后尘的一系列希腊和罗马思想家之一，既无独创性又没感召力。他被认为是一个浅薄的涉猎者而不是严肃的哲学学者，因而他的思想一般被判定为折中主义的，缺乏学说的一贯性和理解的深刻性。其专门的政治著作——《论共和国》和《论法律》，被认为仅是企图为垂死的贵族制度作辩护而已。在传统的观点看来，他对于后来的学者的价值并不在于他对政治哲学的实质性问题有什么独到见解，而是在于他对活跃于其时代的各派希腊哲学学说的详细解释，以及使这些学说适应于与希腊环境完全不同的罗马的政治和学术环境。他的特殊才华被认为是这样的能力，即把不同的且常常是彼此冲突的各派学说综合起来,使它们适合罗马人的口味并且满足罗马实践精神的需要。

这样的评价包含某种程度的正确性。然而,这一评价没有严肃看待西塞罗在以自己的方式处理哲学素材时所使用的特殊方式及其关怀,更不用说他思想的实质。因而这种评价是欠考虑的。

实际上,西塞罗是个政治家和严肃的哲学学者,在其著作中他试图使自己演说家的非凡才华和经验服务于哲学,服务于他认为是"不朽的神赐给人类的最珍贵、最慷慨、最崇高的礼物"。[1] 像他自己所设想的那样,他的任务就是把哲学介绍到罗马。他所说的哲学不是这个或那个学派的独断学说,而是生活方式。这个任务并不简单。大多数人,尤其是那些喜欢实践而不喜欢思辨的人,总是以"怀疑和厌恶的态度"看待哲学。[2] 哲学一旦被认为是舶来品就更不会被信任。对于西塞罗来说,介绍不合大众口味和思想的学说本来就有困难,而介绍源自希腊的学说就更加困难。若是想了解西塞罗是在何种压力之下完成了这项任务,就不能忽视下述因素,即西塞罗必须谨慎对待罗马人的感情,而且必须为哲学在罗马存在的合理性作出令人信服的辩护。

哲学与政治

在其著作中到处可见西塞罗自称为学院怀疑派成员,这个哲学派别源自柏拉图学园,但在西塞罗生活的时代,以绝对知识的不可能性为基本命题。怀疑论者断言,人总是限于程度不同的或然

[1] 西塞罗:《论法律》(*Laws*),C. W. 凯耶斯译,马萨诸塞,1982年版,Ⅰ.58;《图斯库卢姆谈话录》(*Tusculan Disputations*),J. E. 金译,马萨诸塞,1927年版,Ⅰ.1—8。

[2] 《图斯库卢姆谈话录》,Ⅰ.1—5、Ⅱ.4、Ⅳ.5—6。

性意见。虽然人可以像苏格拉底所做的那样,通过考察所有意见的比较优势而得到较高的或然率,但人在其探讨过程中永远不会达到绝对的确定性。人在付诸行动时,必须认识到指导其行为的原则依然是有疑问的。[1]

虽说怀疑论及其所主张的最终判断的非确然性在哲学上可能是讲得通的,但是如果这样的观点被大众认真接受并按其本身的逻辑将其发挥至极致,那么其结果很可能导致政治性的灾难。例如,普遍认可的正义或不正义的标准缺乏且必然总是缺乏某种充分合理的或可辩护的基础,这种想法并不会使一个理论家感到不安。然而,如果这一思想深深影响了公众的精神,那么它就会动摇他们对所持标准的正当性的信念,以致忠实坚持这一标准,或坚持任何基于这种脆弱和独断的基础的标准,似乎都是愚蠢的。更为严重的是,这样一种思想会导致对现存政治秩序所必需的那些原则的普遍怀疑,即不相信它们的确然性。这些原则包括公民应重公益而非私利。

西塞罗非常清楚怀疑主义——也许哲学本身——对城邦即政治共同体的稳定造成的潜在不利影响,他充分意识到了这一点。赤裸裸的、纯粹的真理,以及哲学的真理,可能会动摇现存政治秩序的基础。与其学派的一些缺乏洞察力的成员不同,西塞罗不能无动于衷地漠视这种可能的危险。他知道哲学最终依赖于城邦,因而哲学要想生存下去就必须关心健康政治秩序的创制。只有在这样一种秩序中哲学才能生存。如果是真正的哲学家,就必须对城邦的需要有所认识,并顾及其学说的实践结果。在没有提出新

[1] 这一学派的学说详见 E. 泽勒:《斯多葛学派、伊壁鸠鲁学派和怀疑论派》(*The stoics, Epicureans and sceptics*),伦敦,1870 年版;以及埃德温·毕文:《斯多葛学派和怀疑论派》(*Stoics and Sceptics*),坎布里奇,1959 年版。

思想以取代旧思想的情况下,哲学家不应冒险对那些作为一种特殊秩序的基础和指导方针的原则进行系统、公开和无情的检讨,即使他感到这一秩序有根本的缺点,因为那样会导致混乱。一个有缺点的政府远非最好的政府,但它比无政府要好。因此,哲学必须首先考虑既适合又可能的事情,其努力的方向也应是改良现有的政治秩序,而不是毁灭它。

西塞罗之所以决定用对话作为其学说的工具,部分是因为这反映出哲学与城邦之间的关系,部分是因为他作为怀疑论者和柏拉图的崇拜者(他赞美柏拉图是"希腊产生的最聪明、最有学问的人"[1])而偏爱苏格拉底的方法。他在《图斯库卢姆谈话录》中宣称,这一决定的出发点是想"隐藏自己的观点,使其他人免于错误,以及在每次谈话中寻求最可能的答案"。[2] 对话体适于介绍和检讨相互冲突的意见。它允许作者集中注意于被检讨的各种主张的相对优点,同时又可以暗示而不是宣扬作者自己的思想。对话形式允许作者引导讨论,而又可以把辨别结论的负担甩给读者。

与之前的柏拉图一样,西塞罗也看到了对话录作为艺术作品的可能,这种作品如此构成,以至于每一要素,即时间、地点及角色的言行,都在探讨的过程中发挥相应的作用。[3] 只有细心的读者才会发现这些外在特点的重要意义,而且也必然被引导到这样的认识上来,即表面上看来是有益的学说,或甚至被漫不经心的读者轻而易举地理解的学说,其之所谓理解并未穷尽其内容,它们至多具有片面的真理性。借助于对话,西塞罗试图强调政治上有益的内容,同时又向严肃学者以外的其他人隐瞒那些更普遍的真理——假

---

〔1〕《论法律》,Ⅱ.39。

〔2〕《图斯库卢姆谈话录》,Ⅴ.11。

〔3〕鲍尔・佛雷德兰德:《柏拉图——导论》(*plato*:*An Introduction*)(伦敦,1958年版),第154~170页。

如这些真理会造成大众政治生活的困难或不可能的话。他企图以这种方式履行其对哲学和现存政治秩序的两方面的责任。

最好的生活方式

西塞罗政治学说的要义包含于两篇对话中,即《论共和国》和《论法律》。这两部著作均旨在记录罗马人中较早的有关政治事务的对话。《论共和国》中记述的对话据说发生于公元前 129 年的一个罗马假日,与这篇对话录的写作相距约 70 年。对话历时 3 天,对话者属于西皮奥集团,这个团体的成员集罗马政治家的成就和对哲学的兴趣于一身。《论共和国》共有六卷,每两卷记录一天的对话。西塞罗只是作为第 1、3、5 卷的序言作者而出现的,也就是说他只在这几个序言中以自己的名义讲话。《论法律》记录的则是更加晚近的一次对话,历时仅 1 天,对话者有西塞罗、其弟奎因图斯以及阿提库斯——伊壁鸠鲁的一位朋友。一般认为《论法律》也包括或打算包括六卷,但流传至今的只有前三卷的精华部分,而手稿的其余部分已经散失。

岁月没有更多地垂青《论共和国》的手稿。除了有关西皮奥的梦想那部分以及散见于熟悉原文的著作家——例如奥古斯丁——的著作中的大量引文之外,《论共和国》的文本佚失达 7 个世纪之久,直至 1820 年才在梵蒂冈图书馆发现了一个手稿的抄本,但也仅存残篇,大概有整部著作的 1/3。鉴于《论共和国》和《论法律》的文本都残缺不全,特别是前者的残缺程度更甚,因此对西塞罗政治思想的任何解释在一些重要的方面都必定只是暂时的。

西塞罗在这两部著作中给自己提出的基本问题是全部古典政

治哲学的核心问题：什么是最好的政治制度？《论共和国》这篇更具哲学色彩的对话录就是要回答这个问题，而《论法律》则是要描绘最终政制的法律框架。自然，回答这一核心问题须牵扯到其他一些相关问题，尽管对这些相关问题的反思也许不包括在这些更通俗、因而不怎么彻底或周详的著作中。

同最好的制度相关的一个问题，即有关人的正确生活的问题，在《论共和国》第1卷的绪论中有所论及。这一问题是，积极的即实践的或政治的生活、政治家的生活更优越，还是沉思的生活，即哲学的生活更优越？西塞罗对这一问题的兴趣并不单纯是理论的，而是被下述日益增长的倾向所激发，某些哲学家，尤其是伊壁鸠鲁主义者在罗马人中鼓励了这种倾向，即贬斥政治领域的地位和拒不参与政治事务。“我们必须摆脱……政治事务的束缚。”出于对共和国命运的关心，西塞罗在《论共和国》的开场白中就突出了为政治生活提供辩护的实践性目的。出于这一目的，他考察了摆脱政治生活的常见理由，而且承认这些理由有某种程度的真理性，但他认为这些理由是不重要的，更重要的是考虑个人对城邦和自身本性所负的责任，以及在公共生活的范围内才可获得的荣誉。他进一步论证道，以为美德可以存在于真空中的观点是荒谬的：

> ……美德的存在完全依赖于其实践；其最崇高的实践是管理国家，是哲学家们站在自己的角度喋喋不休地给我们讲述的那些东西在实际上而不是在口头上的实现。[1]

既发现美德的原则又迫使他人遵守这些原则的人，即政治家，

---

〔1〕 经授权复印于罗布古典图书馆。西塞罗：《论共和国》(*Republic*)，C. W. 凯耶斯译，埃布里奇，1928年版，Ⅰ.2。

必须被认为是优越的,甚至在智慧上都优于那些思索这些问题而避免参与政治事务的人。西塞罗在这一点上的主张是毫不含糊的:政治生活一定是被认为优于思想生活的。不过,尽管他满怀热情地提出了这个意见,但有迹象表明他并未认为问题已经得到了解决。他在序言中的赞词并非是无条件的:政治家的生活虽然“值得赞扬”和“易于成名”,但它既不是完全幸福的生活,也不是仅仅为其自身的缘故而被选择地生活。我们不久便会明白,这一选择的背后有着必要性和义务的意义。

这一最初意见的暂时性特征被下述事实进一步突出,即对话一开始,问题就又重新被提了出来。西皮奥,对话中的主角,开场时被要求对天上有第二个太阳的报道发表意见,他倾向于他所认受的苏格拉底在此问题上的立场,即避免思辨性的问题,因为他认为思辨性的问题“既是人类理解力所难以达到的,也是对人类生活没有意义的”。[1] 然而,时隔不久,西皮奥又放弃了这一立场。他不仅承认自己对思辨性的研究有兴趣,承认思辨的知识与人的行为直接相关甚至为后者所必需,甚至承认他不久前所强调的突出实践或世俗的理由是完全不适当的:

> 谁真的会认为有人比自然天性完整的人更富有,或比得到其为之奋斗的一切的人更有力量,或比摆脱了所有精神烦扰的人更幸福,或在占有财富方面比只具有——如格言所说——从船祸中所能带出来的东西的人更安全吗?而且,什么样的权力、什么样的官职、什么样的王国能比得上这种人的尊严?他藐视一切人类占有物,认为它们比智慧卑贱,且从不

〔1〕《论共和国》,Ⅰ.15。

考虑非永恒和神圣的问题。[1]

在这里,以及在解释其梦想——《论共和国》以此结尾——的时候,西皮奥似乎丝毫不怀疑自己对哲学生活的偏爱,他认为这就是人类的高尚的生活,积极的生活不可与之相提并论。他的梦想意味着,政治生活是人在世俗生活中所承担的义务。权力和荣誉,这些展示给政治家的世俗的奖赏,即西塞罗在第1卷的序言中如此热烈赞美的奖赏,被视为是短暂的且最终是无意义的。对政治家的牺牲的真正报偿是上天的奖赏,即保证其死后幸福与思想的不朽。

但是还有另一种立场需要考虑。西皮奥在《论共和国》的另一处指出,最值得渴望的生活既不是单纯沉思冥想的亦非单纯积极的生活,而是"将管控重大事项的经验与学术研究结合起来,综合掌握多种技艺"的生活,即被哲学开阔了眼界的政治家的生活。[2]虽然西塞罗在这一问题上并非没有含混暧昧之处,但有理由相信这一中间立场正是其最终主张。稍早时他暗示过这两种追求的潜在的不相容性。希腊和罗马的历史少有将两种追求成功结合的先例。那么他为什么引入这第三种可能性呢?

西塞罗最初的任务是恢复政治领域的首要地位。而这一恢复过程为一种意识所引导,他意识到了政治或积极(实践)生活的局限性。他是想把这些局限的某些意义传达给其读者中潜在的哲学家,以此向他们表明哲学生活的最终的至上性。同时,他也想告诫他们,尽管政治生活有这些局限性,哲学家仍须直接或间接地关心国家的命运。他提出,理论上更高的东西可能不得不随时让位于

---

〔1〕《论共和国》,Ⅰ.28。
〔2〕《论共和国》,Ⅲ. 4—6。

必要的东西，让位于大众直接而迫切关心的东西。

> 因为，国家养育了我们，但实际上她在这样做时也指望我们反过来支持和维护她；她赐予安全的庇护地以供我们消闲，赐予安静的栖息地以供我们休息，但她这样做也不仅仅是为了我们的便利。[1]

哲学家必须准备随时放弃对“永恒而神圣的”主题的关心，将其特殊的才能投入到为共和国的服务中。引入第三种可能性不仅是要强调这双重责任，也是为了给许多其才能和志向不在哲学生活，但将来会起重要政治作用的人树立一个样板。这样的人最好是寻求近似最好的生活，尽管这种生活不完全是经哲学阐明的实际生活。

最好的政治制度

只是在对人的正确生活问题作了某种程度的阐明之后，莱利乌斯——对话者之一，认为理论知识不可能或至少与人的实际状况无关——才被允许引入最好的政治制度问题。其后的讨论沿两条线进行：(1)试图在论辩中解决这个问题，即在理论水平上探究政治事务的本性，从而探究最好的政治制度的本性；(2)以早于谈话时间良久的罗马共和国为经验的样本，试图从行为上说明谈话即理性正在试图探究与说明的东西。

---

〔1〕《论共和国》，Ⅰ.8。

将重点放在这双重的研究上常常导致非议,认为西塞罗的著作不过是为早先的罗马政体作辩护。这样的理解一开始就忽视了西塞罗的明确主张:这项探讨的目的是要发现普遍有效的政治原则,以便“为国家奠定坚实的基础,加强城邦和根除人民的恶习”。[1] “我们创制法律并不仅仅是为了罗马人民”——他在《论法律》中宣称——“而是为了所有善良和稳定的民族”。[2] 是否具有可供借鉴的样本并不影响这样一种探讨的可能性。

> 至于说我将自己的国家作为范例,这样做并不是为了有助于我界定最好的政体(因为根本不使用任何例证也可以做到这一点),而是为了以最伟大的国家的实际历史为实例来说明理性和论辩正试图探究的是什么。[3]

那些指责西塞罗不过是想恢复早期共和政体的人还忽视了这样的信息,这一提示在《论共和国》和《论法律》中是明显的,即便在其鼎盛时期,罗马共和国那一显耀的样板也缺乏在论辩中所发现的那种理念。西塞罗在《论法律》中所描绘的法律,即在论辩中发现的最好的国家的法律,并不同于历史上任一时期的罗马共和国的法律。奎因图斯强调,《论法律》中的对话者不是“在简单复述现存的罗马法律,而是在重建已经失传的旧法律,或另有起源的新法律”。[4] 与历史情况的具体偏差是由理性,即由法律和正义的最终标准所决定的。由此造成的新旧混合表明,他试图超越民众的或前哲学的倾向与哲学的倾向之间的鸿沟,前者将好的东西认同于

---

〔1〕《论法律》,Ⅰ.37。
〔2〕《论法律》,Ⅱ.35。
〔3〕《论共和国》,Ⅱ.66。
〔4〕《论法律》,Ⅲ.37。

老的东西，即祖宗的或传统的东西，而后者则将好的东西认同于自然的，即由理性决定的东西。将理性应用于现存的法律而不是从头开始，西塞罗试图以此保持与过去的连续性，并因而保持对政治共同体中通常存在的传统的尊重。

当然，之所以运用经验的范例，也有某些实践上的考虑。西塞罗的探讨在方法和结论上都是希腊式的，要想使其适合罗马人的口味，就须赋予其罗马特色。为了使其任务变得更简单，其证明更加令人信服，西塞罗就不能像柏拉图那样论述“想象中的影子共和国”，[1]而是要以具体的例子来说明他对政治事务的本性的理解，而且这个具体的例子不能是随便的例子，必须是罗马的例子。

这一探讨从西皮奥陈述共和国的本质特征开始：

> 国家是全体国民的事情。但一国之民不是以随便的方式集合而成的乌合之众，而是根据达成共识的正义原则结成的大量的人的集合体，是以公益为目的的合作关系。[2]

一旦这一联合体失去其为之存在的目的——正义和公益，那它也就不再是国家。西皮奥断言，就其是实现幸福和善良生活的本质要素而言，国家是自然的。它并不是像一些哲学家所说的那样，产生于人性的某些弱点，而是来自“自然赋予人的某种社会精神”。[3] 人不是一种“离群索居的或非社会的动物”，他恰恰受自然本性的驱使而寻求伙伴关系。共和国的政府也同样是自然的，因为若没有这类的组织，“家庭、城邦、民族、整个人类、自然和宇宙

---

〔1〕《论共和国》，Ⅱ.52。
〔2〕《论共和国》，Ⅰ.39。
〔3〕《论共和国》，Ⅰ.39。

本身都是不可能存在的”。[1] 一旦被合适地建成,这个政府将反映出与整个自然共存的等级原则,低级者在每一种情况下都服从于高级者。

共和国的特征最终取决于“行政长官方面的安排”,即取决于政府形式。[2] 三种纯粹政体形式是君主制、贵族制和民主制。第一种制度,即一个人的统治,以亲情为特征——“对我们来说国王的名义就像是父亲的名义”;[3]第二种制度,即最优秀者的统治,以熟虑或智慧为特征;第三种制度,即所有人的统治,以自由为特征。虽然在三种纯粹政体形式中,君主制被判定为最好的而民主制被判定为最坏的,但这三种纯粹政体形式中的每一种都可以提供一个庄重而稳定的政府,只要贪婪和不义不至于毁灭共同体的原始纽带。不幸的是,三种纯粹政体形式中的每一种都不仅包含着缺点,甚至包含着将自身引向毁灭的种子:

> 在君主制中,臣民很少有参与国家事务及实施正义的权力;在贵族制中,大众几乎不享有自由,因为他们完全被排除在国家事务及政权之外;而当所有的权力都落入人民之手时,即使他们公正、节制地行使权力,由此造成的平等本身仍然是不公正的,因为它不允许有任何等级差别。[4]

在每一种政体面前都存在与其相对应的、衰颓的政体——僭主制、寡头制、暴民统治,而且历史充满了这样的记载:每一种政体都不可避免地堕落为其反面,而后者也必然在未来某时被另一种

〔1〕《论法律》,Ⅲ.3。
〔2〕《论法律》,Ⅲ.5。
〔3〕《论共和国》,Ⅰ.54。
〔4〕《论共和国》,Ⅰ.43。

政体所取代。

> 因此国家统治权就像一只球，僭主们从国王手中攫去，贵族或人民从僭主们的手中抢走，寡头集团或暴君又从他们手中夺回，结果没有一种政体长盛不衰。[1]

虽然开明的政治家能否一劳永逸地打破这一“自然的循环运动”尚可怀疑，但他至少能以某种方式推迟这一运动。这便是缔造一种中庸、平衡的政体，这种政体明智地混合了每一纯粹政体的制度和原则，并因而体现了“权力、义务和职能的平衡”。[2] 西塞罗的这一思想曾为许多更早的著作家所预见，其中包括柏拉图和亚里士多德，但其在混合政体问题上的直接的渊源却是希腊历史学家波利比奥斯（公元前205—前123）。波利比奥斯试图解释罗马帝国迅速进行前所未有的扩张的原因，他提示道，关键就在于罗马政体的混合特征，这一混合如此成功，“以至于连本国人都不可能确切指出整个制度是贵族制、民主制还是君主制”。[3]

> 如果只着眼于执政官的权力，那么这一政体似乎就是完全的君主制；如果只看元老院的权力，它似乎就是贵族制；而如果只注意大众的权力，它显然就是民主制。[4]

混合政体可以避免每一单纯政体所固有的缺点。它可以防止权力过分集中，也能提供一套制衡体制。西塞罗指出，在这种体制

---

〔1〕《论共和国》，Ⅰ.68。

〔2〕《论共和国》，Ⅰ.69，Ⅱ.57、69。

〔3〕《论历史》(*The Histories*)，W. R. 巴唐译，坎布里奇，1927年版，Ⅵ.11.11。

〔4〕《论历史》，Ⅵ.11.12。

中“行政长官有足够的权威,杰出公民的意见有足够的影响,人民有足够的自由”。[1]

然而,如果认真加以考察,这种混合政体在最重要的方面原来仍是贵族政体。政权组织的目的是确保贵族制,因而智慧者或贤者被指定来起决定性作用。[2] 虽然有一部分权力要授予人民,而实际的权威仍将保留在元老院手中。因为自由将表现为“人民被许多优秀的法规引导来服从贵族的权威”。[3] 这一“平衡、和谐的政体”的成功在很大程度上有赖于贵族的不断存在,他具备西塞罗在《论法律》中所描述的那些杰出品格。西塞罗在那里指出,贵族必须“没有任何污点”,而且必须是“所有其他公民的楷模”。[4] 这种制度所树立的榜样对于整个国家的健康发展至关重要:

> 高贵的人作恶本身就是很坏的事情,而贵人作恶时众人群起效仿危害就更大,因为贵人总是有众多的效仿者。回顾一下最近的历史就会发现,我们最杰出的人物的品格已在整个国家中得到了复制与发展;杰出人物的生活中所发生的任何变化都在全体人民中产生了影响。[5]

如果贵族的品格允许堕落,那么这个制度就根本不可能长期存在下去。一旦出现这样的堕落,这个制度便不可能完成其为之存在的目的——培养公民美德。

---

〔1〕《论共和国》,Ⅱ.57—58。
〔2〕《论法律》,Ⅱ.30,Ⅲ.24—25、28、38。
〔3〕《论法律》,Ⅲ.25。
〔4〕《论法律》,Ⅲ.30。
〔5〕《论法律》,Ⅲ.31。

在阐述了混合政体的基本理论原则之后，紧接着由西皮奥来叙述早期罗马共和国的内部结构及发展——他较早时所承诺的实践性的说明。讨论一开始，西皮奥就引述了加图的观点，以此奠定了这一历史阐述的基调。加图是早年著名的罗马政治家，他曾将罗马共和国的优越性归诸这样的事实，即它所"依赖的基础是天赋，但不是一个人而是众人的天赋……它的创建不是由一代人完成的，而是在几个世纪的漫长时期中经由许多代人完成的"。[1] 它依赖许多代人的集体智慧和经验。其制度和惯例经过最严厉的实践和时间的考验，才证明了它们的优越性。

加图的论点令人立即想起了很久以后由英国政治家埃德蒙·伯克提出的论点。伯克论证道，英国宪法的优越性在于它不是凭空捏造或有意计划的产物。它不是"在规划或统一设计的基础上形成的"，而是"长期发展和各种机缘所造就的"结果；"各部分之间的相互协调是逐渐地、几乎不知不觉地形成的"，[2] 它的完善体现的是自然过程的结果，即缓慢、连续和几乎是无意识的发展过程的结果。[3]

伯克的观点体现了与古典思想家的立场的彻底决裂。后者认为最好的制度当然是理性或有意计划的产物。有证据表明，西塞罗本人在这一点上比伯克更接近于古典学者。西塞罗与早期希腊思想家的区别似乎不在于原则——计划优于偶然——上的不一致，而表现为在下述问题上的不一致，即良好的计划更可能出自单个贤智者抑或若干贤智者的努力。西塞罗没有简单地排除这样的可能性，即最好的国家可以是单个缔造者的智慧的产物。他同意

---

〔1〕《论共和国》，Ⅱ.2。

〔2〕《埃德蒙特·伯克著作集》(*Works of Edmund Burke*)，Ⅱ.554、Ⅴ.253—54。

〔3〕《埃德蒙特·伯克著作集》，Ⅱ.307—8。

波利比奥斯所说的利库尔戈斯——斯巴达立法者——的成就,而且他还介绍了罗慕路斯对成熟的罗马制度的发展所作的贡献,并在结束这一介绍时说了如下的话:

> 难道你们没意识到,由于单独一个人的智慧,一个新的民族不仅诞生并因而像一个啼哭的婴儿被置于摇篮中,而且已经成熟并差不多已进入成年?[1]

但如此有先见之明的杰出贤智者是罕见的。根据可能的情况而制订相应计划,是更具有理性色彩的。更可能的情况是,会有若干相当有才干的人,可指望其中每一个人都能将经验教训运用于逐渐改良制度的任务。

历史的叙述本身值得认真考察,它本身并不能自我展现其内在的讽刺或歧义。西塞罗在《论法律》中使我们确信,历史有别于诗,它只涉及事实而无关幻想。《论共和国》中到处都有迹象显示,西皮奥在叙述罗马的起源时并未完全遵循这一标准。在其中的一处我们听到了有关罗慕路斯被奉若神明的故事,这个故事据说肯定是真的,因为罗慕路斯时代的人都相信它是真的——我们被告知那个时代是文化和知识的时代,人们"机智地嘲弄和轻蔑地拒斥不可能发生的事情"。[2] 为了支持这最后的断言,西塞罗举了一些例子来说明这个文化和知识时代的人所达到的智力水平。但这些例子表明的只是希腊的知识状况,没有任何例子能使读者判断同样的教育是否也存在于罗马,结论只能由我们自己来做。其后不久,似乎是为了引导我们的结论,西皮奥称那些据说有教养、有知

---

〔1〕《论共和国》,Ⅱ.21。
〔2〕《论共和国》,Ⅱ.19。

识的祖先是天真的乡下人;而且我们得知他们绝不会怀疑,而是乐于相信一个"无教养的农夫"所讲的有关罗慕路斯的故事。此外,当在《论法律》中从不同的关系提及这一问题时,西塞罗毫不犹豫地称这个故事为虚构的故事。

西皮奥的介绍并不单纯是为了历史,毋宁说是为了提供一幅理想的罗马历史画卷,即事实与想象的明智的混合物。其目的在于向罗马公民证明罗马起源时期所蕴含的智慧和正义,向他们指明罗马作为最好的制度的典范所依据的坚实基础。这样的介绍实质上是柏拉图"高贵的谎言"的例证。虽然这必然缺乏哲学的真实性,但有关共和国起源的更优解释对这个政治社会的结合及其存在来说可能是至关重要的。西塞罗总是力求使我们理解,政治家的任务不在于完全破除传统的神话,而在于利用它们所包含的部分真理为政治服务,只要理性告诉他这种政治有助于"增进全体公民的福祉"。

西皮奥的历史叙述还表明,就暂时意义而言,混合政体才是实际中的最好政体。他的叙述表明,罗马的衰落实际始于君主制向僭主制的转变。混合政体直到这一衰落开始后的某个时期才被引入。与一般的古典思想一样,西塞罗也认为绝对意义上最好的政体是智慧者拥有绝对统治权的政体:智慧者的绝对统治(真正的贵族制)和一个在智慧及美德方面无与伦比的杰出人物的绝对统治(真正的王者统治),是最合适的政体形式。智慧的统治在早期罗马王那里是可能的,但只有在王者统治保持其特点时,这种情况才是真实的。而其特点也必然依赖于一系列善良和智慧的王者的存在,因此依赖于特殊机缘而非计划。以此看来,君主制在实践上是单一政体中最不稳定的,是"首先且最无疑"要灭亡的政体;[1] 如

---

〔1〕《论共和国》, I.65。

西塞罗强调指出的那样,实际只需指出一个王者——塔奎尼乌斯——的暴行,便会使罗马人民对王者群体深恶痛绝。[1]

西皮奥的叙述表明,由罗慕路斯创立、由罗马人维持达200多年的“优秀政体”的衰落就始于君主制向僭主制的这一转变。其后的罗马历史中一系列或多或少成功的努力,都在于试图控制这一转变所释放出来的力量。混合政体的出现便是其中的努力之一,它一方面是为了满足大众对自由的渴望,另一方面也是为恢复君主制所特有的智慧和美德的地位。西塞罗在《论法律》中告诫我们,政治家的任务在于,“不仅要确定何者[是]最好的,也要确定何者[是]必要的”。[2] 检验其政治才能的标准之一就是看其在何种程序上理解必然性的命令,以及在必然性所允许的可能性范围内在何种程度上能获得实践上的成功。在智者的绝对统治不可能建立的地方,混合政体则使政治家努力促成智慧的统治,并受到民众的支持与同意。从而实现绝大多数社会所能达到的、近似最好的政体。混合政体体现着我们后来称为“法治”的那种制度的特征。它力图将智慧的奠基者的训诫具体化于国家的基本法中,而且还要确保其后这些法律的实施和完善为这些人所掌握,他们最不可能背叛它们,且最可能根据渗透于它们之中的精神来实施它们。西塞罗在《论法律》中详加描述了基本法的这些本质要素和统治阶级的这些特征。

这样一种政体的特有力量就在于它的相对稳定性;但是,就其力图逾越智慧和民众意见之间的鸿沟而言,它依赖的是一个不稳定的基础。这样的政体并不总是容易实现,即使实现了也难以长久存在。也就是说,甚至这一次等的最好制度或最好的制度的近

---

〔1〕《论共和国》,Ⅱ.52。

〔2〕《论法律》,Ⅲ.26。

似物,都不可能适合于所有的民族或所有的时代。

正义的本性

这里的讨论从分析最好的政体转而考虑下述主张,即任何国家事务成功的基础,与其说是正义不如说是不正义。尽管菲洛斯——另一个学院派怀疑论者——否认自己相信这方面的论证,但他同意像加尼亚德斯——更早的一个学院派怀疑论者(公元前214—前129)——那样来阐述有利于不正义的理论。他的提法有两个主要前提:(1)正义是约定俗成的而非自然的;(2)正义是愚蠢的。

在其论证的一开始他就指出,如果正义是自然的,那么,它就会像人的冷热感一样,在何时何地对于何人都是相同的。而实际上,人的正义概念不仅在不同的民族之间有着不同的含义,而且在同一城邦的不同时代也有不尽相同的意义。正义与其说是自然的产物不如说是人类社会的产物,更具体地说,是这一或那一具体人类社会的产物。它根据的不是自然而是实用,人们不是为了它本身的缘故而是为了自身的利益才渴望它。它没有稳定性,其内容完全取决于具体情况。它在很大程度上源于人的恐惧心理,害怕没有这方面的安排,他——由于软弱——就会遭受他人尤其是那些比自己强大的人的劫掠。

菲洛斯所提出的这一论证的第二部分更为重要,这部分论证首先试验性地承认在前面已被否定的前提:事实上人们对于正义的基本指令有着共同的认识。然而,信守这些要求就会违背人的本性,因为正义的要求很少与智慧和自身利益的要求相一致。

> 智慧要求我们增加资源,聚积财富,扩张疆域……统治尽可能多的臣民,享乐,富有,成为统治者和主人;而正义则叫我们宽恕一切人,考虑全体人类的利益,给予每个人以应有的权益,不染指神圣的公共财产或属于他人的财产。[1]

如果真是这样,正义就不可能完全是自然的,因为无论是个人还是政治共同体,都不可能理所应当地指望他们选择正义同时又愚蠢透顶的行为方式。菲洛斯宣称,假如罗马在任何情况下都遵从正义的要求,那它现在就不会是一个帝国,而仍然是一个赤贫的乡村。智慧告诉我们,应该追求的与其说是正义的实质,不如说是正义的外表,因为正义的美名会使人获益,同时又可避免因刻板实践正义的要求而可能造成的不幸。

为正义辩护的任务落在了莱利乌斯的身上,他是西皮奥集团中最老、最保守的人。遗憾的是,莱利乌斯的陈述只有残篇被保存下来。其中最重要的是他概述其有关自然法的概念,即斯多葛派自然法概念的那部分。

> 真正的法是符合自然的正当理性;它是普遍适用、永恒不变的;它以其命令召唤义务,以其禁律制止罪恶。它不把其命令和禁律滥施于好人,即使对坏人也没任何影响。要想篡改这种法律就是犯罪,试图取消部分法律也不被允许,完全废除它就更不可能。元老院或人民都不能使我们摆脱它的制约,我们也没必要到自身以外去寻求它的阐释者。法在罗马和在雅典没有区别,现在和将来也没有不同,一个永恒不变的法在

---

〔1〕《论共和国》,Ⅲ.24。

> 所有的国家和一切时代都将是行之有效的，主人和统治者将只有一个，这便是上帝，因为它是这个法的创造者、颁布者和执行者。[1]

虽然不由人类代理人来执行或严格执行这个法的命令，但忽视这些命令仍必然受到惩罚。违背这些命令的人便是放弃其本性中最好的东西，因而必然遭受来自谦卑和良心的精神折磨。莱利乌斯暗示，国家违背这些命令将最终导致毁灭。菲洛斯认为正义和智慧必然是南辕北辙，莱利乌斯则针锋相对地指出，伸张正义将永远是最明智、最有益的行为。

尽管莱利乌斯的主张常常也被认为是西塞罗的主张，但有理由相信西塞罗认为，莱利乌斯的严格的道德主义和菲洛斯的马基雅维利主义（令人禁不住如此称呼），两者在根本上都是片面的。诚然，在实践中，最好是国家遵奉严苛的正义的要求，而不是奉行任意标准的、最终无意义的正义原则，但是甚至最好的国家连实现相对完善的正义标准都不大可能。这是《论共和国》第2卷中西皮奥在叙述罗马历史时试图引出的教训之一。罗马政体是被西皮奥作为最好的政体来介绍的，纵使这一政体的历史在一定程度上都是不正义的；罗马人被菲洛斯视为"最正义的人"，甚至连这样的人都没能超越掠夺和屠杀。西塞罗的结论与柏拉图的结论基本相同：完全正义的制度在人类世界中大概是不存在的。它的要求太严格了。当在实践中试图以这样的标准作指导时，智慧的政治家将开始认识到，鉴于人和政治共同体的本性，这样的标准在任何国家都难以充分实现。

---

〔1〕《论共和国》，Ⅲ.33。

政治生活的内在局限这一概念贯穿于西塞罗的大部分思想中,这一点在《论法律》的有关部分中表现得尤为明显,在其中他以自己的名义探讨了正义问题和自然法的特点及地位问题。《论法律》中的这一探讨的出发点是想为他在《论共和国》中所阐述的那种混合政体制定一部合适的法律。不过,制定成文法以组成这样一部法律需更充分的探讨,它实质上是从哲学上探讨许多其他问题。

> 我们必须解释正义的本性,而且必须在人的本性中寻求这一解释;我们也必须考虑国家借以进行统治的法律;因而我们必须考察已经形成并诉诸文字的国家法规和法令;其中罗马人民的所谓"罗马法"不会不占有一席之地。[1]

《论法律》的第1卷便属于这方面的探讨。其中对人和宇宙的理解基本上是斯多葛派的观点,这一观点也是构成莱利乌斯在《论共和国》中所持立场的基础。[2] 它认为人是自然生物,拥有理性灵魂,与神共享神圣的理性能力,存在于合理的、有秩序的宇宙中。在所有自然物中,理性为人所独具,借此他可以辨识和适应广泛的合理秩序。只要人做到这一点,只要他被理性引导和统治,那他便在最高的程度上实现了其自然本性,便与神共享正义和法律。既然理性为所有人所具备,那么这一最高的生活,即"依据自然本性的生活",就是所有的人都能够达到的,至少从理论上说是如此,"只要被理性所指引,无人不可达于美德"。[3]

---

〔1〕《论法律》, I.17。

〔2〕关于斯多葛的学说详见E.沃农·罗纳德:《罗马斯多葛主义》(*Roman Stoicism*),剑桥大学出版社1911年版。

〔3〕《论法律》, I.30。

由此看来,西塞罗在《论法律》中的观点与在《论共和国》中莱利乌斯所发展的斯多葛主义的主张似乎是一致的。然而,是否真是这样,尚不可妄断。例如,在《论法律》的序言中,当谈及自己对自然法的评论时,西塞罗声言他没有把握声称这些评论具有真理性,虽然这些评论在他看来似乎"常常且大部分"是正确的。[1] 在另一处,他恳求其学派的成员——学院派怀疑论者——不要深究他的论点,因为如果他们"攻击我们认为我们构造的如此完美的东西,将会造成很大的混乱"。[2] 西塞罗的担心是有充分理由的,因为他在《论法律》中以自己的名义提出的基本上属于斯多葛主义的学说,部分地依赖于对神圣天意以及以人类为中心的目的论的理解,而天意和目的论曾被他在其他两部著作——《论神性》和《论先知》——中加以考察和舍弃。

有必要指出,这一明显的不一致根源于这一事实,即《论法律》中的学说不是讲给哲学家,而首先是讲给所有体面和高尚的人的。其直接任务是实践的:"为国家奠定坚实基础,加强城邦力量,以及祛除民族的恶习。"[3]

> 为此,我想谨慎从事,尤其不断言未经明智考虑和未加彻底探究的基本原则。自然我不能指望这些原则会获得普遍认可,因为那是不可能的;但我确实期望所有这样的人的赞同,他们相信所有正当和高尚的事物都是由于它们自身的缘故而被渴求,相信没有任何东西将被视为好东西,除非其本身就值得赞美,或至少没什么东西会被视为极好与极善的东西,除非

---

〔1〕《论法律》,Ⅰ.19。
〔2〕《论法律》,Ⅰ.39。
〔3〕《论法律》,Ⅰ.37。

它由其自身之故而被正当赞美。[1]

为支持这些原则而提出的论证,以及在很大程度上这些原则本身,它们之所以被选择是为了投这样的人之所好,而不单单或主要是为了理论上的可信性。如果记住西塞罗的这一目的,就可以理解在《论法律》中阿提库斯何以会无条件地接受有关神学以及国家中宗教至上的学说。[2] 就其作为一个罗马公民的接受能力而言,阿提库斯完全适于赞同这些政治上有益的学说,尽管作为一个伊壁鸠鲁主义哲学家,他不会认为这些学说在理论上是完善的。阿提库斯和西塞罗都理解这样的学说对"巩固国家基础"的重要性。斯多葛主义的原则尽管在理论上是不健全的,却极有助于实现这一重要目的。

西塞罗自己更多地主张,他采用斯多葛派的主张时所加上的限制条件,也反映在他自己对自然法的论述中。在为正义作辩护时,莱利乌斯毫无困难地把罗马的历史实践与体现自然法的严格的正义要求调和起来,而且,他丝毫不怀疑自然法的律令是人人都能完全做到的。西皮奥的历史叙述表明,西塞罗对罗马历史并不持有这一乐观的看法;像前面所提示的那样,他也没有接受这一看法的重要前提,即严格的正义要求可以与公民社会和谐共存。最后,他也并没有完全确信任何人都能达到对自然法的充分理解以及都能被其引导。虽然在原则上所有人都可以获得为高尚的人类生活所必需的智慧和美德,但由充分发达的理性所引导的生活实际只属于极少数人。少数人可以找到他前面听说的那个引导者,而多数人则相当容易地屈从于"恶习和谬见",屈从于享乐和邪恶

〔1〕《论法律》。
〔2〕《论法律》,Ⅱ.15—69。

的诱惑。[1] 如果确是如此，那么充分的正义要求与我们所知的人类社会的要求之间的相互冲突便是完全可能的。例如，西塞罗在《论法律》中提出，智慧者的法律，即十足的自然法，将只根据使用财产的能力来分配财产权。[2] 这一原则不可能会实现于我们所知的公民社会中。道理很简单，纯粹的、完全的自然法可能不适用于一般的人类状况。人和国家的活动一般要涉及的自然法，必然是这一真正法律的淡化了的形式，即必然是低标准的自然法。

同样的理解也表现于西塞罗关于个人行为准则的讨论中，这一讨论是在其《论官职》中进行的。他在那里阐明，正在讨论的这一标准在于，应该加以控制的是非智慧者的行为而不是智慧者的行为。[3] 虽然这样的标准足以引导绝大多数人的生活，但它却低于更高的标准，即引导智慧者的行为的自然标准本身。西塞罗在《论法律》中的若干处所提出的自然法的定义也具有这双重特征。例如，在第2卷中他以如下的口吻谈及自然法：

> 我发现这一直是最智慧者的意见：法不是人类思想的产物，也不是民族的法令、法规，而是某种永恒的东西，它以体现于命令和禁律中的智慧统治整个宇宙。因此他们习惯于说，法是原始和终极的神的精神，其理性通过命令或禁律而指导一切事物。因此神所赋予人的法律受到了应有的赞美，因为用于命令和禁律中的是智慧的立法者的理性和精神。[4]

---

〔1〕《论法律》，Ⅰ.29—34、47。

〔2〕《论共和国》，Ⅰ.27。

〔3〕《论官职》(*De Officiis*)，Ⅰ.7—8、Ⅲ.11—17。

〔4〕《论法律》，Ⅱ.8。

统治宇宙且存在于“最初和终极的神的精神”之中的不巧的法,西塞罗和莱利乌斯在别处称之为“自然中固有的最高理性”[1]的法,它并不简单地或必然地等同于次等或低级形式的法,即“智慧的立法者用于命令或禁律的理性和精神”。后者导源于前者,并以前者为依据,但反映的是对较低标准的认识,而这较低标准是政治生活的必要部分。“人民的天性常常战胜理性。”[2]智慧的立法者和政治家因而将降低纯粹正义和纯粹理性的要求。西塞罗在《论法律》中制定适于其“最好的”国家的法律时就是这样做的,目的是使这些要求与公民社会的要求和谐共存。当然应该注意,这样的理解没有迫使西塞罗接受菲洛斯提出的主张:由于正义的本质要求并非在何时何地都是一样的,所以正义根本就是任意的,是约定俗成的而不是自然的。在西塞罗看来,正义的实质并不完全是任意的,虽然它与特殊的具体情况有关,并且有赖于种种偶然的境遇。正义和理性的标准依然存在,尽管由于人和政治社会的本性,它们的充分实现是极不可能的。它们依旧充当人类行为的指南,而人应该总是力求尽可能地接近它们。

《论共和国》中的探讨始于积极或政治生活的地位问题,而《论法律》则阐明了这一问题。在这两部著作中西塞罗的研究都是为了理解政治事务的本性。与柏拉图在以前所做的一样,他也试图探究最好的政治制度的本性这一更大的问题。这一探讨的结果之一就是认识到政治生活的内在局限性。理性和正义二者都必须加以某种程度的弱化,以便适合实践或政治生活的需要。那些试图在积极的和沉思的两种生活方式之间进行选择的人务必认识到这一点。

---

[1] 《论共和国》,Ⅲ.33;《论法律》,Ⅰ.18。
[2] 《论共和国》,Ⅱ.57。

阅读书目

1. 西塞罗:《论共和国》,第1、6卷。(中译本:《论共和国》,王焕生译,上海人民出版社2003年版。——译者注)

2. 西塞罗:《论法律》,第1卷。(中译本:《国家篇·法律篇》,沈叔平、苏力译,商务印书馆1999年版。——译者注)

3. 西塞罗:《论共和国》。

4. 西塞罗:《论法律》。

5. 西塞罗:《论官职》,第1、3卷。

圣奥古斯丁

(354—430)

恩斯特·L. 福廷

天启宗教的诞生及其在希腊罗马世界中与哲学的遭遇使形势发生了变化,圣奥古斯丁是根据新形势阐述公民社会问题的第一位著作家。作为一个罗马人,他继承并为自己的时代介绍了由柏拉图所创立、被西塞罗引进拉丁世界的政治哲学。作为一个基督徒,他修正了这一哲学以使其适合信仰的需要。即使不说他是政治思想的一个创始者,也是旧时代下新传统的最重要的阐释者。这一新的政治思想传统的特点就在于它试图融合或调和出自彼此独立且一直互不相干的两个源泉的要素,这两个源泉便是基督教《圣经》和古典哲学。

奥古斯丁首先且最重要的是作为一个神学家而非哲学家来从事著述活动的。他很少自称为哲学家,也从不只采用理性和经验的方法来探讨政治问题。其最高原则不是来自理性而是来自宗教经典,他对后者的权威深信不疑,而且视之为有关普通人和特别是政治人物的真理的最终源泉。然而,考虑到其立场的选择有赖于预先考虑这一立场的最重要的替代者,他需要根据独立的人类理性来认识政治哲学或政治事务。

在研究这样的哲学问题时,基督徒一开始就比其犹太或后来的穆斯林同行享有更多的自由;因为与西方世界其他两大宗教——犹太教和伊斯兰教——不同的是,基督教并不把哲学当作异己加以排斥,或仅仅是容忍它,而是很早就努力谋取哲学的支持,使哲学在基督教世界中拥有一席之地,在教会的允许和监督下继续繁荣发展。所以,奥古斯丁承认人有能力获得先于信仰的知识。先于信仰的知识并不是借助于《启示录》而获得的,它是世俗哲学家的创造物和专有物。这样的知识后来被信仰取代了,作为生活的最高准则和指南,但知识并未因此而成了无效和多余的东西。甚至当神圣的真理在《新约全书》时代最终被启示之后,上帝,即《启示录》的作者,不但不禁止反而积极鼓励运用理性获取人类知识。以为他不喜欢我们具有“他借以将我们凌驾于兽类之上的那种能力”[1]是愚蠢的。以这种方式获取的知识尽管是不完善的,但它仍有其自身的有效性,而且上帝最终愿意用它来支持信仰。奥古斯丁将它比作犹太人在离开埃及时偷偷带走且宣称为正当财产的金银财物。[2]

更特别的是,哲学不仅直接为信仰服务,而且间接地通过自己与非信仰者的关系为信仰服务。它通过在《启示录》中没有言及或注意不够的领域提供知识和指导,以弥补神圣启示的不足。甚至

---

〔1〕《书信集》(*Epist.*),120.1,3;参见《谈话录》(*Sermo*),43.3,4。

〔2〕《论基督教义》(*De Doctr. Christ.*),Ⅱ.60—61;参见《论神的问题》(*De Div. Quaest.*),83,问题53.2;《忏悔录》(*Confessions*),Ⅶ.9,15。

在《启示录》确实言及的问题上,哲学也可以作为一个工具,以便通过它来更充分地理解神圣的启示真理;正如必然不完善的人类知识靠信仰而达于完善一样,信仰通过运用理性而更完备地获取自己的原则。[1] 况且,虽说《新约全书》主要关心的是人的永恒命运,但它也要谈及统治者和被统治者的一般状况,以及人在城市中应奉行的生活方式,因为要根据在这种生活中的行为来决定一个人是否应该得到永恒生活的福祉。既然神圣的和世俗的领域总是交叉互动,那就有必要使二者相互关联,而任何如此作为的企图都不仅假定了启示的知识,也假定了哲学的知识。最后,由于处理的是原则上一切人都可达到的真理,哲学因而提供了信仰者和非信仰者能够相识相遇的共同基础。只有借助于哲学,基督徒才可使俗人理解自己的主张,如果需要的话还可以用俗人自己的武器来回击他们对自己的攻击。[2] 这样的攻击因此并不是件坏事,因为它们可以在激励信仰方面作出更大努力,防止由于平静持有上帝赐予的真理而产生的自满情绪。

因而毫不奇怪的是,尽管奥古斯丁的著作有着公认的神学特征,但其中包含大量具有严格哲学性质的思考。如果将这些思考从原文中抽出来,就可以重新构造和系统阐释奥古斯丁的政治哲学。然而,奥古斯丁不同于阿奎那,既然他自己并不把哲学视为自足的、有着自己的领域的独立学科,或者说,既然他实际上没有把哲学和神学作为彼此分离的学科来对待,那就应该尊重其思想的统一性,将其有关政治问题的观点视为受神学原则制约的一个有机整体。

至少根据现存著作来看,奥古斯丁是古代最多产的作家。其

---

〔1〕《论自由意志》(*On Free Will*), Ⅰ. 2、4, Ⅰ. 3、6, Ⅱ. 2、6;《谈话录》,43. 7、9。

〔2〕参见《书信集》,120. 1,4;De Den. ad Litt. Ⅰ. 41。

最为博大精深的著作,也是其唯一最重要的政治学著作,就是《上帝之城》。不过,《上帝之城》并不限于政治学,也并不包括奥古斯丁所有有关政治的思想。要了解他有关正义和法律问题的讨论,须首先参见其《论自由意志》这篇论著,而要了解他在有关用世俗的权力压制异端这一争论不休的问题上所持的立场,就得注意其反多纳图斯派的著作。还应特别提到的是《信札》91 号和 138 号,二者分别致奈可塔里斯和马尔塞林努斯,在其中奥古斯丁为自己在爱国主义和公民权问题上的观点作了明确的辩护。不必说,还有许多著作政治的考虑在其中起着重要的即使是辅助的作用。

这些著作大都具有论战的性质,差不多都受制于与异教徒和异端学说(尤其是摩尼教派、多纳图斯派和贝拉基派)进行辩论的具体情况,这使得对这些著作的解释常常是困难的。此外,有证据表明,奥古斯丁与其先辈——有异教徒也有基督徒——持有同样的观点:至高无上的真理只有在研究时随着对该真理谨慎地表达才能被保护,在表达上的慎重保留是维护这一真理的必要条件。[1]最高真理所固有的困难使它们不可能被所有的人轻而易举地掌握。不仅谬误而且真理本身都可能是有害的,因为人们并非都同等地倾向真理或充分准备好接受它。经验已经表明,如果说哲学可以用来支持信仰,那么在不怎么有利的情况下它也会是信仰的障碍。最初几个世纪的主要异端中多数可以追溯到具有良好的动机却错误地求助于非正统著作家的哲学学说;而且总是存在这样的可能性:由于再次宣称自己拥有至高无上的地位,哲学便再次将它自己转变为信仰的敌人和竞争者。哲学的这种两重性对基督教正统来说是一个潜在而经常的威胁,也意味着存在年轻人和蠢人

---

〔1〕 参见《上帝之城》(*City of God*),Ⅷ.4;《反学园派》(*Contra Acad.*),Ⅱ.4、10,Ⅱ.10、24,Ⅲ.7、14,Ⅲ.17、38,Ⅲ.20、43;《书信集》,118.3,16,20;118.4,33。

受其学说先入为主的影响的危险。“那个胆敢在系统地研究这些问题之前鲁莽行事的人”,奥古斯丁评论道,“将不是好学而是好奇,不是在学习而是轻信,不是谨慎而是多疑”。[1]

奥古斯丁试图防止这些危险,所以力图使其著述满足那些比较值得尊敬、要求比较严格的学者的合理的好奇心,他们对那些未成组织的,无识别力的读者的信仰没有偏见。对这些读者来说,他们仅满足于那些不合理展示的教义,非科学的教理介绍对他们是必要的,也是可能的。[2] 其主要著作大部分是写给以下两种人看的:一是基督徒,他们想更深刻地认识神圣的启示真理;二是俗人或异教徒,奥古斯丁试图使他们对这些著作感兴趣,以期他们可能在其中获得意外的鼓励而接受信仰。这些著作可以说既是为信仰所作的哲学辩护,因为它们强调了信仰的合理性;同时也是为哲学所作的神学辩护,因为它们根据《圣经》论证了哲学。它们探讨了哲学与启示真理的异同,目的就在于确立两者的实质性的和谐,以及后者对于前者的最终优势。它们意在使已经在信仰的知识方面取得进步的学者更充分地意识到其信念的意义,同时它们努力消除不利于非信仰者理智地接受启示真理的任何障碍。因此,它们公开讨论了哲学与神启之间现实的和潜在的共同之点,但又常常只是暗示二者之间的不可调和之点。就此而言,它们运用了奥古斯丁自己所称的“隐瞒真理的艺术”。[3] 为了能被充分理解,它们要求读者不仅要考虑作者对已有问题的明确阐述,也要注意作者默示或暗示的问题。应该进一步说,有鉴于一些早期的教父——如亚历山大的克莱蒙和奥利金——曾为使用以公益为目的的高尚谎言

〔1〕《论秩序》(*De Ordine*),Ⅱ.5、17;参见《论秩序》,Ⅰ.11、31。

〔2〕参见《论基督教义》,Ⅳ.9、23;《书信集》,137.1,3,5,18;《书信集》,118.1。

〔3〕《书信集》,1.1。

作辩护,奥古斯丁谴责所有的谎言,不管是有益的还是从本质上讲邪恶的。他认为谎言本质上是恶的,而且他效仿他宣称由基督确立的先例,只承认间接形式的隐藏,如谈话的简练和省略。在其《反对谎言》一文中,他认真地指出:

> 隐藏真相不等于说谎。说谎者都隐藏真相,但并非所有隐藏真相者都是说谎者;因为隐藏真相的方式除了说谎以外还有沉默……因此,永恒真理的言说者、阐释者或宣教者,甚至那些讨论或阐述属于宗教教诲和虔诚等非永恒问题的人,在适宜的时候隐藏任何事情都是允许的,只要隐藏是明智的;但说谎或以谎言来隐藏真相则永远是不允许的。[1]

奥古斯丁把柏拉图看作最伟大的异教徒哲学家和思想最接近于基督教的哲学家。[2] 他甚至说,柏拉图是本会成为一个基督徒的哲学家,假如他生活于基督教时代的话。[3] 然而,奥古斯丁所掌握的有关柏拉图政治哲学的资料并不直接来自柏拉图本人,对后者的对话录他只有有限的接触,而且是来自西塞罗对那一哲学的罗马和斯多葛主义化的翻版,就像在西塞罗的《论共和国》和《论法律》以及《论神性》和《论先知》中所看到的那样。从表现形式上看,奥古斯丁的政治思想因此在内容和表达方式上都更直接的是西塞罗式的而不是柏拉图式的。遗憾的是,西塞罗的《论共和国》和《论法律》,流传至今都已残缺不全。二者原来都有六卷,现存却都不足一半。虽然这一缺陷给我们的比较研究造成了困难,但有

---

〔1〕《反谎言》(*Contra Mend.*),X. 23;参见《论谎言》(*De Mend.*),X. 17。

〔2〕参见《上帝之城》,Ⅷ. 4、Ⅷ. 5、Ⅷ. 9。

〔3〕对照《论真正的宗教》(*De Vera Relig.*),Ⅳ. 6—7;《反学园派》,Ⅲ. 17、37。

一点是明显的,即奥古斯丁的思想在下面三个重要且密切相关的问题上有别于其异教徒的先师:道德观、一神论、宗教和政治的二元论。

公民社会的本性:基督教道德与世俗道德

奥古斯丁政治学说的核心可以说是其有关美德的学说,这一学说既植根于哲学的传统,也植根于《圣经》的传统。人天生是社会动物,独赋言语能力,借此能与他人交往,因而形成各种不同的人际关系。只有通过与同胞交往并同他们结成政治共同体,人才得以完善。甚至在蒙昧无知的状态中人也会寻求伙伴,也会共同趋向于人类存在的最终目的。标志公民之为公民的独有特征以及使所有公民服从城邦目的或公益的美德是正义。正义是公民社会的基石,是人类社会的统一和尊严赖以存在的基础。它通过调控人们之间的关系而维护和平、社会的共同利益以及确保社会获得的所有其他好利益。没有和平、没有"稳定的秩序",[1]任何社会都不可能繁荣,甚至不可能存在。奥古斯丁引述并同意西塞罗的说法,将公民社会或联邦界定为"通过对正确的共识和利益的一致性而联合起来的人群"。[2] 他以"正义"而非"法律"解释"正确",坚持认为任何联邦都不可能没有正义而得以治理,因为没有正义便没有正确,反之亦然。

在这方面,奥古斯丁紧跟古典思想的传统,并强调其与《圣经》实质的一致性。关于异教徒哲学家,他主要反对的与其说是他们

---

〔1〕《上帝之城》,XIX.13。

〔2〕《上帝之城》,XIX.21、II.21。

关于公民社会的本性以及正义对于公民社会的必要性的学说,不如说是他们在实现公正社会方面的无能。哲学家们首先自己就承认,他们的最好、最值得向往的城邦模式只存在于口头上和私下的讨论中,而在实际上是不能实现的。他们将正义视为城邦的健全条件,但他们无力确保正义的实现。[1] 不可否认,哲学家们所提出的有利于社会及其改良的建议值得赞扬,但他们的建议作为实践方案却明显是失败的,因为最大多数人的明显而又不可避免的弱点阻碍了这些建议在大规模的政治共同体中的实现。正义最好的所在地是城邦,但正义很少或许从未在城邦中存在过。哲学家们自己也承认,现实的城邦与其说以正义不如说以不正义为特征。既然如此,为了使城邦之名符合其实,应从西塞罗的定义中略去有关正义或美德的说辞。现实的城邦是理性动物的聚合,但不是通过"对正确的共识",而是通过"对他们所爱的对象一致同意"才结合在一起的,不管那种爱是优是劣,也不管爱的对象是好是坏。[2] 整个论证可准确地概括如下:哲学家们断言了完善的人类正义的优越性,同时又宣称这样的正义在实践上是不可能的,由此他们也就揭露了这样的正义本身所固有的局限性。因此,这至少不言自明地宣布,有必要以更高、更纯正形式的正义来补充人类的正义。重要的是要注意这样一点,即反政治哲学的理论不是从启示的前提出发的。要是那样的话,非信仰者会随便加以拒斥,或者说,正因为如此反政治哲学的理论借以出发的前提并不与古典政治哲学的目标相左。这一理论的力量完全来自这一事实,即它直接利用的原则在奥古斯丁的敌手们看来是巧妙的,不得不接受的,尽管他们怀疑他试图从中得出的结论。

---

〔1〕 参见《书信集》,91.3—4。

〔2〕 《上帝之城》,XIX.24。

奥古斯丁对古典政治哲学传统的批判在许多方面类似于以马基雅维利开始的早期现代政治思想家们的批判,他们对古典思想的攻击也集中于它的无效性和非实践性。但与马基雅维利及其追随者相反的是,奥古斯丁没有试图通过降低人类活动的目标和标准来提高其学说的有效性。要说有区别的话,他的要求甚至比异教徒哲学家的最严格的要求还要严格。古典政治哲学没有成功,不是因为——由于顽固地拒绝考虑人类行为的可悲的特点——它对人类的本性提出了不合理的要求,而是因为它不知道因而不可能运用适当的补救办法来克服人类的天生的弱点。

奥古斯丁效法的方法更多的是柏拉图式的而非亚里士多德式的,后者倾向于就道德论道德,没有明显地借助于道德的形而上学前提,而奥古斯丁试图根据理论或超道德的原则来推论或演绎出人类行为的准则。他的道德秩序显然植根于由思辨理性所建立的自然秩序。最高意义的正义根据理性规定所有事物的正当秩序。这一秩序要求低级者服从高级者,而且这种服从是普遍的、完全的,不仅在人类中是如此,在人之外也是如此。这一秩序存在的保证是灵魂统治肉体,理性统治低等欲望,而上帝统治理性。同样的等级秩序体现或应该体现于整个社会中,其存在的保证是善良的臣民服从于智慧的统治者,后者的精神又反过来服从神律。[1] 如果人类坚持原始正义状态的话,这本会是普遍盛行的和谐。在那种状态中人从社会的有利条件中获益而又不会遇到任何麻烦。他们不违背自己的意志而服从他人,不为占有尘世之物而相互竞争,相反他们在完全和睦、自由的状态中公平地分享一切。

《圣经》教导说,这种和谐被罪恶破坏了。人的贪婪和奴役他

---

〔1〕 参见《上帝之城》,XIX.21;Contra Faust. Man, XXII.27。

人的强烈欲望通过罪恶而得以释放。现在经济的特点是人类低级欲望的无法无天，和个人私利肆无忌惮地凌驾于社会公益之上的不能改变的趋势。这是一种永久的背叛状态，根源于人最初对上帝的背叛。这一背叛的原型是原罪，即亚当所犯并以神秘的方式传给其所有后代的罪恶。结果，人在追求善的时候所享有的自由让位于压制和强迫。压迫明显存在于公民社会的最典型的制度中，如私有财产、奴隶制及政府本身，所有这些都是必然的，因为目前的人类不能按照理性的命令而生活。[1] 这些制度的存在是人类堕落的结果和纪念物。它们无一是原来创世计划的一部分，而且都只宜作为阻止人趋向于恶的手段。尘世财产的私人占有既满足又遏制了人先天且无法满足的贪欲。由于将其他人排除在同一财产的占有之外，所以私有制消除了无限获取财富的外在条件和可能，但它并不能消除人们内在的占有欲。奴隶制和人统治人的所有其他形式的情况也是如此。甚至我们所知的公民社会也是对罪恶的一种惩罚。如果它可以被说成是完全自然的，那也仅仅指人的堕落的本性。像私有财产一样，公民社会也是上帝决定用作遏制人的无限统治欲的一种手段。所有的统治都离不开强迫，就此而言，所有的统治都是暴虐和专制的。整个政治社会在本性和目的方面因而成了惩罚性和补救性的，其作用实质上是消极的，即用暴力来严厉批评错误的实行者和阻止人类中的邪恶。

正义既不是堕落的人类的作品，也不是堕落的人类的通常状况。就连与人类理性的天性相称的善，人类的绝大部分都达不到。这一状况的补救办法在人类本性中是找不到的。人的得救，包括人在政治上的得救，不是像柏拉图所指出的那样，来自哲学，而是

[1] 参见《上帝之城》，XIX.27。

来自上帝。上帝的恩典而非人类的正义,才是社会的纽带和真正的幸福之源。[1] 但这种恩典从原则上讲是无条件施与的;它可以为人所得,但不是人应该得到的,因为人的价值是结果本身而不是恩典所授予的规范。在现有人类状况下,保证人类有益生活的任务特地交给教会——上帝借以施与慈悲的、可见的和负有神圣使命的工具。公民社会的范围严格限于由古典政治哲学给它规定的范围。公民社会至多可以通过压制作用而维持人们之间的相对和平以及以此确保最低限度的条件,从而使教会能实施教化和拯救的使命。而公民社会自身并不能走向善。

在《论自由意志》第1卷中,奥古斯丁进一步论证和阐明了他有关人类正义的根本缺陷的论断。他首先明确区分了两种法:一种是永恒的法,它是正义的最高标准;另一种是世俗的或人类的法,它使永恒的法的共同原则适应特殊社会之变动不羁的要求。永恒的法被界定为"一切事物借以处于完美秩序"的法,这样的法等同于上帝的意志和智慧,正是上帝的意志和智慧引导一切事物达于它们各自的目的。[2] 永恒的法构成了正义和公道的普遍而神圣的源泉,正义和善从中流溢出来而进入其他的法。上帝业已将这个法印在人类精神中。所有的人都能认识它,而且在任何时候都能服从它。惩恶扬善根据的也是这个永恒的法。最后,永恒的法普遍同一、永远同一而没有任何例外。

与完全不可改变的永恒的法相反,世俗的法在不违反正义的情况下可随时间、地点而变化。[3] 作为法,它维护公益,而且必然是公正的法;因为法不公正就不是法。[4] 但世俗的法相互之间可

〔1〕《书信集》,137.5,17。
〔2〕《论自由意志》,Ⅰ.6、15。
〔3〕《论自由意志》,Ⅰ.15、31;参见《论真正的宗教》,XXX.58。
〔4〕《论自由意志》,Ⅰ.5、11。

能有差别甚至会完全相反。例如,如果一个现存城邦的大多数公民品德高尚并致力于公益,那么民主制就会是正义的必然要求,规定该城邦执政官由人民选举产生的法就会是正义的法。同样,在一个腐败的城邦中,规定只有道德高尚且能引导其他人具有高尚道德的人才可担任公职的法,也同样是正义的法。尽管相互排斥,但两个法的正义都来自永恒的法,根据后者,由善人而非恶人分享荣誉总是正当的,因为强迫、机遇和突发事变都永远不会使在城邦内公平分配好处成为不正义的事情。[1] 这种可变的世俗法恰恰使城邦相互区别,并赋予每个城邦以单一性和独特性。城邦和民族不过是通过独特的世俗法结合而成的人类共同体。[2]

即使世俗的法是正义的法,它在许多方面仍是不完善的法。世俗法的存在主要不是因为道德高尚的人,因为道德高尚的人努力追求永恒的利益,只服从永恒的法。世俗法因不完善的人而存在,因为不完善者贪图暂时利益,只有在人类法的强迫下才有正义的行为。[3] 就其必须考虑道德不完善者的权利和要求而言,世俗法在其本身最理想的和在任何时候可能(的事物)之间充当了一个调节者,它允许更小的邪恶只是为了防止更大、更肆无忌惮的邪恶这一特定目标。[4] 它的功效直接来自人对世俗财物的热恋。法律之所以能控制人们,只是因为人们是世俗财物的奴隶。因此,根据严格的正义,只有正当使用财富的人才有资格拥有财富。然而,为了和平以及作为对人类弱点的让步,世俗法允许私人占有物质财富,而不管占有者怎样使用它。同时,通过威胁要剥夺不正义者已占有的财富,以作为对其越轨行为的惩罚,世俗法起到了阻止更大

〔1〕《论自由意志》,Ⅰ.6、14—15。
〔2〕《论自由意志》,Ⅰ.7、16。
〔3〕《论自由意志》,Ⅰ.5、12。
〔4〕《论自由意志》,Ⅰ.5、12。

的不正义的作用,从而保证了世俗财物近似公平的分配。[1] 世俗法最大的优点就在于它巧妙地利用人的反常行为以实现和维持社会中有限程度的正义。单单由于这个缘故,它就依然是不可缺少的,但它所体现的正义只不过是完善的正义的影子或近似物。

甚至在其自身的领域中,虽然它有严格的目的,但世俗法也常常不能实现它最初设立的目的。首先,做这样的设想并不是不合理的,即人们做了许多不正义的事情,但并未被发觉因而未受到惩罚。例如,某人将一大笔钱托付给一位朋友,后突然死亡未来得及要回。假设别人都不知道这件事,如果那位受托人想侵吞这笔钱,那么何以能使他不这样做而是把钱还给合法继承人呢?[2] 其次,有时即使知道所犯罪行,也常常难以辨别罪犯。聪明的好法官也容易犯错误。尽管他们谨慎从事以确保伸张正义,但仍不免会错杀无辜。为了查清事实真相,他们有时会诉诸严刑;但严刑常常使无辜者受尽折磨,而真正的罪犯却逍遥法外。它还以戏剧化的方式暴露了正义在何种程度上掩蔽于黑暗之中。[3] 最后,也是最重要的,世俗法仅仅规定和禁止外在的行为。它不涉及这些行为背后的动机,甚至很少关心纯粹的内心活动,如谋杀和通奸的欲望。[4] 由于这个原因,且不说出于别的理由,不能说它逐渐培养道德。真正的道德要求一个人不仅要有正当的行为,他的行为还要有正当的动机。这意味着行为者对法律所规定的利益的渴望。它因而假定人放弃了对尘世之利的过分依恋,而使其激情服从于理性之利。只遵守世俗法并不能保证道德上的善良,因为一个人在守法的同时仍然可以抱着纯粹自私或功利的动机而活动。例如,

---

〔1〕《论自由意志》,Ⅰ.15、32;参见《书信集》,153.6,26;《谈话录》,50.2,4。

〔2〕参见 En. in Psal. 57.2。

〔3〕参见《上帝之城》,XIX.6。

〔4〕《论自由意志》。

世俗法允许杀死不正义的侵害者以自卫。这样规定的目的是保障公益,而且这一规定本身并没有感情色彩。但享有法律所规定的这种自由的人却可以轻而易举地满足自己自私的报复欲望,在这种情况下,尽管其行为从表面看是正当的,但在道德上却值得谴责。的确,通过要求每个人行为正当,世俗法预先使人倾向道德的要求。但仅此而已,它不可能走得更远。因此,它需要补充以"更高更隐秘的法",[1]即永恒的法。永恒法约束人的一切活动,包括内在的活动,而且它自身就能产生道德而不仅仅是道德的外表。

奥古斯丁有关这整个问题的论述极类似于西塞罗《论法律》中的论述,甚至许多原文都颇为相似。但与西塞罗不同的是,奥古斯丁提出了神意问题,他的永恒法的概念本质上是与神意联系在一起的。两个人在这一点上的不同部分表现为用语的差别。西塞罗和奥古斯丁都区分了永恒法(或自然法)与世俗法(或人类法),但西塞罗习惯于称前者为"自然法",而奥古斯丁则更偏爱于"永恒法"这一表述。这一永恒法不仅指明如果希望幸福或有益人应该做什么或不做什么,而且还发布命令或禁律。因此它必须辅以适当的制裁,否则它便不会有效,在下述情况下尤其如此,即永恒法包括一切内在的意向活动,对此其他任何人都不可能是称职的判官。根据经验,显然无辜者常常遭受不公正待遇,而恶人却未在尘世受到惩罚。鉴于此,不可能不设想永恒法与来世有关,即在来世中恶行得以纠正,完善的公正秩序得以恢复。这意味着一个公正、远虑和全知的上帝的存在,它根据每个人的功过而分施奖赏或惩罚。由于是永恒的和完善的,上帝的存在和活动都不会经历任何变化。它不可能获得新知,而且必须预先知道人的一切所为,甚至

---

[1] 《论自由意志》,Ⅰ.5、13。

他们最隐秘的想法。

这种关于神的制裁的学说,从一开始就充满许多理论上的困难。如果我们假设上帝预先知道一切事物的发生,那就必然会得出这样的结论:人总是依照神所知晓的而行动,但在这种情况下很难理解人可以被认为仍然是自由的。因此我们会面临二中择一的选择,而可供选择的两者从政治社会的立场来看都是不能接受的。你可以断言人是自由的,并否认上帝知道违反永恒法的犯罪行为或符合这个法的正义行为,但这样一来永恒法就不再是一个保证者,并因而被剥夺了它借以实际抑制潜在罪恶和鼓励善行的任何手段。或者你肯定神的先知并否认自由意志,但在这种情况下人就不应该再对自己的行为负责,法便失去了其存在的理由,规劝成了徒劳之举,赞扬和谴责都失去了意义,惩恶扬善的正义也不再存在。总之,人类生活的整个体系便会土崩瓦解。[1]

根据奥古斯丁的解释,西塞罗试图摆脱这一困境,其方式就是公开承认而私下拒绝有关神的先知的学说。在《论神性》的公开讨论中,他支持虔诚的巴尔布斯(此人信神)而反对哥塔(此人攻击神)。但在其不怎么著名的著作《论先知》中,他以自己的名义赞同并阐述了他在前一部著作中佯装拒斥的理论。通过这一花招,他巧妙地避开了可能来自两方面的攻击,既没有根本伤害大众对神的奖惩的信念,也没有致力于学者认为与人类自由不可共存的学说,亦即他们在任何时候都可以不要的学说,因为他们本身就能做到行为公正,根本不需要神的奖惩之类的引诱。因此,奥古斯丁断言,“由于希望使人自由,他使他们渎神”。[2]

与西塞罗相反,奥古斯丁断言上帝预先识知一切事物的发生,

---

〔1〕 参见《上帝之城》,V.9、10。

〔2〕 《上帝之城》,V.9。

同时也断言人根据其自由意志做他们知道自己要做且只因为他们愿做才做的事情。上帝之知远没有破坏自由选择,实际倒是为其奠定了基础。这两全何以能调和起来呢?答案就在于神意的最高效验。上帝知道一切事物,因为他知道它们的原因;而上帝知道一切事物的原因则是因为他的意志遍及一切,他不仅赋予每一原因以活动的力量,而且赋予每一原因以依据适当样式而活动的力量。自然的原因产生必然的因果作用,意志的原因产生自由的因果作用。在自然的原因中,没有任何力量不是已经包含在上帝——自然的创造者——之中并被上帝所利用的;同样,在人的意志中,没有任何东西不是已经存在于上帝——意志的创造者——之中且不可能不被上帝所知的。否则就得假定创造物中某些完善的存在与上帝——一切完善的普遍源泉——无关。自然原因和意志原因的情况是这样,偶然原因或或然性的情况也是这样,或然性并不意味着不存在原因。在奥古斯丁看来,人们所谓的或然性实际是潜在的原因,或可归诸上帝或可归诸分立的实体。此外还有一个如何解释恶的问题,奥古斯丁认为,不能将恶归因于上帝。但上帝不是恶的原因这一事实并无损于上帝的完善,因为恶行之恶是一种不完善,只能根据有缺陷的因果关系来说明。[1] 这一事实也不说明上帝肯定不知道人所犯的罪恶。既然上帝知道人能做和想做的一切,那他也就知道他们应做和做错的一切。当然,人的行为都是在时间中发生的,不是属于过去或现在就是属于将来。但这也不妨碍上帝永恒地知道它们。由于上帝高居时间之上或存于时间之外,所以上帝才永恒地知道一切,上帝之知不以事物来衡量,反而其本身就是衡量一切事物及其完善的尺度。

---

〔1〕 参见《上帝之城》,Ⅻ.6—8。

在作了以上论述之后,奥古斯丁充分意识到我们对于神的本质及其作用的知识依旧存有模糊不清之处。他的解释可能留下了许多尚未解答的问题,但是,从纯理性的立场来看,他发现自己的解释并不比西塞罗的解释更难以令人接受,而且他认为自己的解释具有这样的优点:不仅使人能“生活得好”,而且还能使人“信仰得好”。[1]

奥古斯丁在人类正义和法律问题上所持的观点,构成了他判断以往社会,尤其是罗马社会的基础和出发点。罗马是最后一个伟大帝国,集中体现了世俗世界中最辉煌的政治成就。[2] 他对这个问题的详细讨论同样包含着由西塞罗所奠定的基础。与柏拉图不同的是,西塞罗并不想在口头上创立一个完善的城邦,而是企图以古罗马共和国为样板来重新唤起对政治生活的兴趣。这一更传统、更具实践性的目的促使他过分夸大了其同胞以往的荣誉。与此相反,奥古斯丁则是要揭开他们荣耀的面纱而暴露其罪恶。这些罪恶最明显地表现于罗马与其他民族的关系上。由于该城邦中没有对内的正义,所以也就没有对外的正义,因为一个自身不和睦的城邦不可能与邻邦和睦相处。这个世界中的所谓王国不过是巨大的盗窃。它们与强盗帮伙的不同不在于没有贪婪,而在于它们犯罪的巨大规模以及犯罪的不受惩罚。从正义的实质性观点来看,亚历山大驱动庞大舰队从事大规模征服并不比一个海盗用一只小船进行小规模掠夺更值得赞美。[3] 与帝国时代的罗马相比,奥古斯丁更敬重共和政体的罗马,但甚至后者都被包括在那湮没了早期城市的堕落中。罗马“从来都不是一个共和国,因为真正的

---

〔1〕《上帝之城》,V.10。
〔2〕参见《上帝之城》,V.12。
〔3〕《上帝之城》,Ⅳ.4。

正义和法律从未在其中存在过”。[1]《上帝之城》的相应部分将它自己作为反对罗马哲学家和历史学家对古罗马的粉饰的一种尝试,试图恢复奥古斯丁认为是真实可信的古罗马图景。

要判断一个民族的特点,唯有求教于其所爱的对象。[2] 古罗马人是不正义的,他们的城邦不是真正的城邦,因为他们热恋的对象不是美德。无疑罗马人比他们所征服的其他民族更值得赞美。他们孜孜以求的目标绝不是没有价值的。他们赞美勇敢,并将自我牺牲和献身国家置于贪图安逸之上。[3] 但他们的目标仍然是世俗的目标。他们的追求和努力虽不失其为伟大,但都不具有美德的特征。罗马,这个尘世的霸主,完全被统治欲所主宰。她的伟大人物至多不过是坏城邦的杰出公民,其中绝大多数都不具备真正的政治美德。他们决心出人头地并不是出于为同胞效劳的愿望,而是渴望获得个人的荣耀。由于其所作所为最终出于自私的动机,所以他们素负盛誉的英雄美德实际不过是辉煌的邪恶。[4] 就罗马人放弃声色犬马之乐而言,他们应该得到某种奖赏。上帝赐予他们的奖赏就是允许罗马确立它在其他所有民族之上的霸主地位。[5] 因此,在征服文明世界的过程中,罗马得以实现其最大的雄心和所有尘世的抱负——主宰世界。但论辩到此为止。与由来已久且当时仍很强大的基督教的辩护传统相反,奥古斯丁显然不愿承认这样的说法,即罗马在救世组织中负有特殊使命,通过将整个世界带入一个有着政府和法律的统一团体,它甚至早就为基督

---

〔1〕《上帝之城》,Ⅱ.21。

〔2〕《上帝之城》,XIX.24;参见Ⅱ.21。

〔3〕《上帝之城》,V.13 和 14。

〔4〕《上帝之城》,V.12;参见XIX.25。

〔5〕《上帝之城》,V.15。

教——一个真正、普遍的宗教——铺平了道路。[1]

奥古斯丁对罗马的攻击格外引人注意,因为这一攻击出自一个显然对罗马辉煌伟大的过去有着深刻印象的人。李维所叙述的斯凯沃拉、西皮奥、雷克卢斯及法布利希乌斯们的光辉业绩仍然激发着他的想象力,而且他特别津津乐道于他们的功绩。[2] 尽管以另外的标准来看它们值得赞美,但这些功绩毕竟属于不可挽回的过去,基督教已永远葬送了它们,纵然对它们的回忆不免令人油然生一丝伤感之情。基督,这个正义的太阳使古代世界最辉煌的灯塔黯然失色。它的到来彻底摧毁了尘世英雄表演的舞台。真正的英雄主义是基督徒的英雄主义,然而它不再是同样的英雄主义。其新异之处在于,我们的"英雄"与其称为"英雄"不如称为"殉难者"或见证人。[3] 今后,最高尚的罗马人的成就也只有两个作用:一是它们与人类的欲壑一道展示纯粹人的成就的短命及最终自我灭亡的特征;二是它们提醒基督徒,如果罗马人愿为尘世之利付出这样的艰辛,他们就得准备为了永恒的奖赏而付出更大的牺牲。[4]

奥古斯丁对世俗美德进行了毁灭性的攻击,从此以后对罗马的毁谤成了基督教世界中所有有关罗马政治的讨论的共同特征。他的巨大成就或许最好能这样说:几乎由他一手造成了一个新的罗马形象,使从那以后的政治家和政治著作家得了一个先入为主的印象,如同由历史学家尤其是李维——罗马之永恒伟大的主要鼓吹者——树立了罗马的旧有形象一样。直到文艺复兴,在对《上帝之城》大量而无情的控诉下,我们才重新发现了世俗的罗马精神

---

〔1〕《上帝之城》,XⅧ. 22。

〔2〕参见《上帝之城》,Ⅱ. 29。

〔3〕《上帝之城》,X. 21、V. 14。

〔4〕参见《上帝之城》,V. 16—18;《书信集》,138. 3,17。

及其特有的生活方式。

一神论与公民宗教

在奥古斯丁看来,古典的治世方略不能使人为善,而且由其自身的标准证明它是有缺陷的真正原因,并不在于它是非宗教的,而在于它与荒谬的神性概念相联系。这种荒谬最明显地表现于异端的多神教中。奥古斯丁有关公民社会的大部分论述,包括《上帝之城》的第一部分,实际都不过是对异端神学的冗长和烦琐的批判。

继瓦罗之后,奥古斯丁也把所有的异端神学分为三个基本形式:神话的、自然的或哲学的,以及公民的或政治的。[1] 神话神学是诗人的神学。它直接面向大众,其中的男女神祇之所以受尊崇,是因为人们希望从它们那儿得到现世的世俗财富或物质利益。自然神学是哲学家的神学,而且是一神论的。它依据的是真正的上帝概念,就此而言它优于神话神学和公民神学。但除少数极有天赋和学识的人之外,它不易为大多数人所接受,因此不能对整个社会产生有益的影响。公民神学,顾名思义,它是城邦的官方神学。就其是多神论而言,它不同于自然神学,而就其根据来世而非现世来规定对异端神祇的崇拜而言,它又有别于神话神学。它是所有公民,尤其是牧师希望认识和实行的神学。它教导人们,每个人适于崇拜什么样的神,以及适于做何种圣事和牺牲。虽然公民神学规定了对伪神的崇拜,但它毕竟比神话神学更可宽恕,因为它更关心灵魂之利而非肉体之益,而且渴望通过促进政治美德的发展来

---

〔1〕《上帝之城》,Ⅵ.5、Ⅳ.27。

让人变得更好。

罗马公民神学最权威的阐释者是瓦罗,奥古斯丁常常引用西塞罗的说法,称瓦罗为最敏锐和最有学问的人。[1] 奥古斯丁的方法在于用瓦罗来反驳瓦罗,从而证明公民神学的不足。瓦罗为公民神学辩护并不是因为它是真的,而是因为它是有用的。他自己就没有接受它,也没严肃对待它的神祇。他以他明显区分了公民神学和自然神学的这个事实暗示了这一点。分析其《古事记》也可得出同样的结论,那里对人事的论述多于对神圣事迹的论述。通过这样的安排,瓦罗试图使人认识到,城邦的神不是独立于人而存在的,它们本身就是人类精神的产物。奥古斯丁说,这便是瓦罗著作的秘密。瓦罗以这种巧妙的方式表明,他不愿使谬误优于真理。如果他论述的是真正的神或完全的神性,而且他认为这种神性真的优于人性,那么他就会毫不犹豫地颠倒上述次序。实际上,他只是表达了他对人值得称赞的偏爱甚于对人的产物,或用他本人的话说,对画家的偏爱甚于对画的偏爱。[2]

瓦罗在这一问题上的观点与其他异端哲学家,尤其是与塞涅卡的观点并无不同。由于哲学所培养的自由,塞涅卡在其著述中难免抨击公民神学,但他同瓦罗一样继续假装尊重神圣的仪式和教条。当在行为上而不总是在口头上遵守教规的时候,他充分意识到自己做的是法律所命令的事情,而不是令神高兴的事情。他并不亚于瓦罗,同样被迫采取这样的尴尬立场,即不得不做自己所谴责的事情,或不得不崇拜他所反对的东西。[3]

瓦罗在言辞上比塞涅卡慎重。出于对较弱智力者的尊重,他

---

〔1〕《上帝之城》,Ⅳ.1、Ⅳ.31、Ⅵ.2、Ⅵ.6、Ⅵ.8、Ⅵ.9、Ⅷ.28。

〔2〕《上帝之城》,Ⅵ.4。

〔3〕《上帝之城》,Ⅵ.10。

没敢直接非难公民神学,而是满足于通过展示它与神话神学的相似性来揭露其应受谴责之点。[1] 他对公民神学的讨论本身就是公民的或政治的。[2] 他比塞涅卡更多地考虑到使自己适应民众的意见和偏见在实践上的必要性,以及完全根据理性或自然建立政治秩序在实践上的不可能性。假如瓦罗能创建一个新城邦,他会根据自然来著述;但因为他面对的是一个旧城邦,所以他只能遵守它的习惯。[3] 因为是自然与约定两者之间妥协的结果,他的公民神学可以说是神话神学与自然神学的居间调停者,前者对大多数人要求太低,后者对大多数人要求过高;[4] 而公民神学的水平是一般公民所能接受或达到的水平,代表着为了实现下述目的的唯一可行的手段,即多数公民获得他们没有神恩而能达到的最高程度的美德。

要是瓦罗出于实践的或政治的考虑而被迫在表面上尊重罗马的公民神学,那他就不会对神话神学或诗人神学感到如此不安,以致对它横加挑剔,指斥它不配享有神性且与人类尊严不可共容。诗人散布有关神的谎言,并把神的行为描述得卑鄙、猥琐,他们不仅亵渎神明,而且鼓励人们的不道德行为和败坏人们的礼仪。[5] 瓦罗完全同意哲学家们的呼吁,希望将诗人逐出秩序良好的城邦。不幸的是,他所关心的城邦远非完善。它不仅容忍诗人的存在,而且其自身的存在实际上还有赖于他们。诗人是公民社会的产物,也是公民社会的创造者。他们承认的道德既不同于旧道德,也并

---

〔1〕《上帝之城》,Ⅵ.7、Ⅵ.8、Ⅵ.10。
〔2〕《上帝之城》,Ⅲ.4、Ⅵ.2、Ⅶ.17、Ⅶ.23。
〔3〕《上帝之城》,Ⅵ.4、Ⅳ.31 和Ⅵ.2。
〔4〕《上帝之城》,Ⅵ.6。
〔5〕《上帝之城》,Ⅵ.7。

非完全与之不同。[1] 就他们的神话与公民神学的神话部分巧合而言,它肯定被视为完整城邦的一部分。归根结底,诗人的神话将同样的谎言变得神圣化和永恒化。

足以自相矛盾的是,神话神学常常证明对城邦是有益的,当它摆脱传统信仰时是这样,而当它忠实反映传统信仰时也是这样。诗人给大众提供娱乐和消遣,而且善于迎合大众的口味。他们的神话的目标大部分是娱乐,而不是有用和高尚。就此而论,他们的作品属于游戏的范围,而不属于严肃事物的领域。大众从他们的表演中得到的快乐有助于补偿政治生活无可避免的缺点,有助于缓和政治生活的紧张气氛,使人们获得有益的松弛。诗人不是革命者,尽管表面看起来相反。他们的行为归根结底是保守的,因这连他们的革新都以迂回曲折的方式为公民社会的稳定作贡献。城邦不可缺少这样的贡献,单单这一事实就可以进一步证明城邦的局限性以及它根本无力以纯粹人的手段解决其自身的问题。

公民神学不仅仅与神话神学有共同之处,就其分享理性而言,它也接近于自然神学。它的许多说教可以视为某些真正的哲学真理的通俗或前哲学的表达。[2] 它们常常根据自然而被证明,实际也常常以世俗哲学家的方式被解释。例如,无法阻止将丘庇特——众神统治者——视为富有诗意的正义的同义语和社会美德的皇后。但这些解释有着明显的局限。异教神学,即使就其正式形式而论,也从不可能是充分理性化的。因此,它对民众精神的影响力被科学的进步以及尽管不总是有益却不可避免的知识扩散削弱了。由于依靠的是貌似有道理的谎言,它不可能无限期地维持自己。如此看来,多神论似乎既为公民社会所必需,又与公民社会

〔1〕《上帝之城》,Ⅵ.8。
〔2〕《上帝之城》,Ⅵ.8;参见《书信集》,91.5。

的最高发展相矛盾。换句话说,任何社会的价值都是以其促进智力完善的能力来衡量的,但同时社会成功地实现这一目标又意味着它自掘坟墓。这里就包含着异教目的的谬误。由于内在的必然性以及完全不受基督教的外在影响,非基督教城邦原始的多神教必定迟早通过转变成一神教而得到净化。

不可从以上所说推出这样的结论,即奥古斯丁毫无保留地接受了自然神学家的一神论教义。首先,非基督教哲学家并不都具有同样的神性概念。其中有些人,包括瓦罗,将人的灵魂或灵魂的理性部分认同于神性,因而把人变成了神,而不是使人成为神的奴仆。〔1〕 这样的教义混同了创造物和造物主,而且从理性的立场来看是大有问题的,因为无常的人类精神不可混同于绝对完善的最高存在。只有那些清楚地区分了神与灵魂或造物主与创造物的哲学家才达到了有关神的真理。这样的哲学家中的最杰出者当属柏拉图。〔2〕 至于柏拉图是怎样达到这种知识的,仍是一个悬而未决的问题。奥古斯丁只是说,圣保罗断言了异教徒中具备有关上帝的真正知识的可能性。〔3〕 不过,除了哲学家在其有关神的说教中有时会犯错误这一事实之外,仍有一个关键要素使他们与基督教相分离,这便是他们拒不承认基督是仲裁者和救世主。作为独立寻求知识者,哲学家傲慢自大,拒不将他自己的得救托付给除自己以外的任何人。他的全部努力最终都以自我赞美和自我陶醉为动机。〔4〕 以此看来,或许可以这样说,哲学家是最接近于基督教的人,同时也是离基督教最远的人。

---

〔1〕《上帝之城》,Ⅳ. 31、Ⅶ. 5、Ⅶ. 6、Ⅷ. 1、Ⅷ. 5。

〔2〕《上帝之城》,Ⅷ. 4、Ⅷ. 10—12。

〔3〕《上帝之城》,Ⅷ. 12、X Ⅷ. 41。

〔4〕《上帝之城》,Ⅴ. 20;参见《书信集》,155. 1,2。

两种城邦及政教分离

奥古斯丁攻击异端宗教的最终结果可以看作他对公民社会问题的最独特的贡献,这一结果就是两种城邦的学说。人类,像我们所了解的那样,划分为许多城邦和民族,其中每一个都以其法律、风俗、习惯、语言和一般的生活方式而有别于所有其他城邦或民族。但更根本的是,《圣经》只区分了两种社会,所有的人在所有的时代都属于这两种社会,即上帝的城邦和世俗的城邦。[1] 然而,称它们为城邦只不过是比拟。上帝的城邦不是分立的城邦,即与其他城邦并存,以神律为基础,仿照犹太人的神权政治或康斯坦丁及其追随者的世俗王国而建立。上帝的城邦和世俗的城邦都不限于通常的单个城邦的范围,二者都不同于任何特殊的城邦或王国。[2] 二者之间的区别反映了善与恶的区别,这就是说真正的道德是基督教道德。个人成为这两个城邦之一的成员不是凭其所属的种族或国家,而是凭他追求的目标以及他的所有行为最终所服从的目的。[3] 上帝的城邦只是基督的追随者和真正的上帝的崇拜者的共同体。它完全由虔诚的人组成,其整个生活可以说是虔诚默认上帝的教导。只有在这个城邦中,真正的正义才会实现。由于其范型被置于上天,因为其完善状态只在来世才得以实现,所以上帝的城邦有时被称为天国;但就追随基督的人现在就有可能过真正道德的生活而言,上帝的城邦已经存在于此岸。由于这同样的原因,

---

〔1〕《上帝之城》,XⅣ.1、XⅣ.4。

〔2〕《上帝之城》,XⅧ.2、XX.11。

〔3〕《上帝之城》,XⅣ.28;参见 De Gen. ad Litt.,Ⅺ.15。

不可把上帝的城邦混同于柏拉图的理想的城邦，后者只存在于思想中或口头上。

与天国形成鲜明对照的是，世俗的城邦被自爱所引导并根据《圣经》所说的而生活。[1] 这里所谓“肉体”一词并不是就其狭义而言的，即不仅仅是指肉体或肉体之乐。在《圣经》的用语中，“肉体”是自然的人的同义语，包括了一切人的行为和欲望，当然是就它们不以上帝为最高目的而言。这个词不仅用来指骄奢淫逸的人，他们以享乐为最高追求，而且指所有沉迷于恶行的人，甚至指这样的智慧者，他追求智慧的动机是自爱而不是爱真理。广义而言，世俗城邦的特征是钟爱完全的独立和自足，[2] 这恰恰表现为顺从（系美德之母和保证者）[3] 和服从上帝的生活的反面。这种城邦的祖先是顽固不化、不可救药的该隐，它对上帝的背叛以它自己的形式重复了亚当在违背上帝禁令时所犯下的不顺从之罪。[4]

虽然奥古斯丁偶尔将上帝等同于教会，[5] 但从他的其他一些陈述来看，显然并不是所有有形教会的正式成员都属于上帝的城邦；反之，许多不承认、不了解基督教信仰的人却是同一神圣城邦的成员。实际上，任何献身于真、善的人都可以说是上帝城邦的公民，而任何弃善从恶者都被排除其外。更何况，除以抽象的方式以外，任何人试图具体区分两种城邦都是危险的、靠不住的，因为不可能在最终的意义上知道一个人是否真的有道德。一个人可以观察和陈述另一个人的行为，但他不可能了解这些行为的内

〔1〕 参见《上帝之城》，X Ⅳ. 2 和 4。

〔2〕 《上帝之城》，X Ⅳ. 13 和 15。

〔3〕 《上帝之城》，X Ⅳ. 12。

〔4〕 《上帝之城》，X Ⅳ. 14。

〔5〕 例如，《上帝之城》，Ⅷ. 24、X Ⅲ. 16、X Ⅵ. 2。

在动机。[1] 甚至行善者自己也无法绝对有把握地确定其行为在多大程度上出于善的动机,因为他可能易于搞错其动机的性质。这些动机属于人的内心秘密,它可以暴露——如果人愿意的话——但也可以不为任何人所知,甚至连当事人自己也浑然不知。因此,从实践上来看,两种城邦是难解难分的,就像麦子和莠草的比喻一样,二者可以同生同长,只有等到收获的时候才能分得开。[2]

事实依然是,只有作为上帝的城邦的成员并凭借与一种超越政治领域的秩序的关系,人才有可能获得所有的人甚至最邪恶的人都渴望的和平与幸福。[3] 这并不意味着上帝的城邦消除了对公民社会的需要。其意图不是要取代公民社会,而是要补充它,为它提供手段,以使它完成一个超越所有世俗利益、比它自身所能达到的任何目的都更为崇高的目的。公民社会依然是不可缺少的,因为它要获取和管理世俗的或物质的财物,这些东西是尘世之人所需要的,也可用作促进灵魂之善的工具。[4] 因此上帝城邦中的公民身份不是取消而是保存和补充世俗社会中的公民身份。奥古斯丁的典型主张恰巧是这样一种双重公民身份,人凭借它而被吸收为上帝城邦的成员,同时又按照公民社会的规范在公民社会的框架内过世俗的生活。这一主张取消了城邦对人们生活的管理权,而将人类生活最重要部分交由更高的权威来管理。就此而论,这一主张代表着与古典传统的决裂;但它又声称提供了人类生活问题的解决办法。这是古典哲学家所没有找到的,可以被看作此一

---

〔1〕 参见《论秩序》,Ⅱ.10,29。

〔2〕 《上帝之城》,ⅩⅩ.9、Ⅰ.35、Ⅺ.1、ⅩⅤⅢ.49;AdDonat. post Coll, ⅤⅢ.11;Contra Duas Epist. pelil.,Ⅱ.21、46。

〔3〕 参见《上帝之城》,ⅩⅨ.12。

〔4〕 《上帝之城》,ⅩⅨ.17。

传统的继续和完成。

奥古斯丁在教会和世俗权威的领域之间所作的明显区分，提出了二者相互关系的一般问题，而且直接提示了二者相互冲突的可能性。在最好的情况下，通过基督教的智慧和政治的权力协调一致可以解决二者之间的冲突。要造成这种状况就需要由基督徒就任官职，并根据基督教原则以及为了其臣民的共同利益而行使权威。在《论上帝之城》第5卷第24章中，奥古斯丁显然设想了这种情况，可以说它预示了未来的基督教的红衣主教。[1] 这样一种状况导致在基督教水平上恢复城邦的统一，而且从人的宗教和世俗幸福的立场来看都是很值得做的；但永远无法保证这种状况会实现，即使实现了，也难保证长久存在。奥古斯丁的著作中没有任何迹象显示，他预期通过宗教和世俗权威的决定性的结合，上帝的城邦将取得对世俗城邦的永恒胜利。

除广泛论述有关区分和确定宗教和世俗领域及其各自的权限问题以外，很难在奥古斯丁身上找到与其后几个世纪所提出的那些理论相同的、完备的教会国家论，尽管那些理论声称是根据奥古斯丁的原则发展而来的。既然这样的教会存在于世的情况是偶然的和不可预测的，那就很难断定奥古斯丁是否真的考虑过这样的可能性，即以除最概括的方式以外的其他方式明确表述这两个社会之间关系的性质。

然而，有一点他对之采取了明确的立场，并且也是值得一提的，尽管它只具有历史的重要性，这便是利用俗权镇压异端及教会分立论。事情的起因是多纳图斯教派的论战，其起源可回溯到3世纪，它使北非的教会在4世纪大部分年代中陷入瘫痪。奥古

〔1〕 参见《上帝之城》，V. 19。

斯丁最初主张用说服的办法来使异教徒重返天主教的怀抱,并坚决反对世俗权力干预起初可能被视为纯粹教会的问题。事态的发展很快表明,如果想恢复秩序就得采取更严厉的措施,特别是因为教会分立主义终于酿成了国际运动,北非本土人对罗马霸权的长期不满促使这一运动迅速发展。多纳图斯教派少见的桀骜不驯,他们连续不断的煽动,以及他们常常采用的恐怖主义的手段,使他们不仅构成了对宗教统一的持续存在的威胁,而且对北非行省的社会稳定也构成了威胁。只是在用尽所有其他方法之后,奥古斯丁才勉强同意将问题交给当地的世俗权力去处理。他决定同意使用暴力在很大程度上似乎是由这一事件的政治性质决定的,而不是出于理论上的考虑。在作这一决定时他坚持了自己的信念,即任何人都不应被强迫接受违背其意愿的信仰。他认真区分了多纳图斯教徒的不同情况:其中一部分人愿意接受教会分立论;另一部分人在好的信仰中寻求真理,只是因为他们的父母是多纳图斯教徒而生来就是多纳图斯教徒。[1] 奥古斯丁还告诫不要过分严厉地惩治冒犯者,并规定对那些可以被说服公开保证放弃他们错误的人需要减轻刑罚。不幸的是,他的行为首开先例,其结果是他远远未预见到的。他仅仅被迫采取的行动,或至多是为对付特殊情况而采取的应急措施,后来被援引为普遍原则,以为教会迫害异端和叛教者进行辩护。如果情况是这样,那么奥古斯丁就应对中世纪的宗教迫害负部分责任。中世纪的宗教迫害后来被看作由过分抬高道德标准而酿成的惨无人道的野蛮行径的典型,而且在整个现代史上一直是对教会进行批判的主要焦点之一。

---

〔1〕 Contra Duas Epist. petil. ,Ⅱ.83、184;《书信集》,43.1,1。

基督教与爱国主义

在纯粹政治的意义上,奥古斯丁对公民社会问题的解决办法遇到了一个主要的障碍,他完全知道这一点,并屡屡被迫认真加以对待。基督教将其至上性的要求寄托于其改善人类的能力上,在非信仰者看来,它的成败完全取决于这一要求。然而,在公正的观察家看来,没有任何证据显示基督教在世俗哲学失败之处获得了成功,或基督教的传播造成了人类状况的明显改善。如果说有什么差别的话,那就是罗马延续已久的、来自内部和外部的社会和政治动乱明显加剧了而不是减弱了,尽管最初遭迫害继而被容忍的基督教在狄奥多西统治时期成了帝国的官方宗教。"真的是这样吗",奥古斯丁问道,"自基督诞生以来人类的状况比以前更坏了或者人类的状况曾比现在幸运得多?"[1]基督徒和异教徒的公开冲突在382年就已经开始出现,当时格拉提安下令将胜利女神的祭坛迁出元老院,遭到了由西马库斯领导的异教派别的反对。西马库斯认为,对罗马传统祭礼和惯例的任何改变迟早会证明有损于帝国。罗马于410年落于阿拉里克和歌特人之手,这使上述争论达到了顶点。基督徒立即为这一灾难而受到了谴责,基督教有害于社会安宁和幸福这一曾有的指控在异教人口中得以广泛流行。正是为了回答这一责难,奥古斯丁着手写了《上帝之城》一书。[2] 异教徒争辩的理由是,罗马的伟大归功于她的神们,由于放弃了这些神而选择了新的宗教,她因而招致了神们的愤怒,他们从而放弃了

---

〔1〕 En. in psal. 136. 9.

〔2〕 参见 Retractationes, Ⅱ. 43、1;《上帝之城》, Ⅰ. 1。

对她的保护。

如此粗糙陈述的理由可以通过引述下面的证明来加以反驳,即有史以来罗马的显著特点就是不断的战争和内讧,既然这些社会的邪恶在基督教以前就已存在,那么将它们归咎于后者就是不合理的。然而,显然对基督教的流行的责难只是部分地揭露了真正的问题,这一问题的特点与其说是宗教的不如说是政治的。在这种对保护神的普通信念之后隐藏着更严肃的主张,即认为基督教造成了公民道德的堕落,而且显然应对罗马政治命运的恶化至少负间接的责任。由于引人去效忠"更高级、更高尚的国家",[1]基督教分裂了城邦,削弱了它无条件要求其公民忠诚的权力。基督教强加于其信徒之上的双重公民身份不可避免地导致整个政治秩序的贬值,使完全献身城邦及其制度变得更加困难,即使还没到不可能的程度。如奥古斯丁自己所说,"考虑到人的现世生活转瞬即逝,只要统治者不强迫人不敬神,人在谁的统治下死去有什么关系呢?"[2]更糟的是,新教的许多说教似乎与公民的神圣义务和权利公开冲突。世人皆兄弟和在上帝面前一律平等的教义,以及爱自己的敌人和宽恕冒犯的教条,初看上去都易于削弱城邦的军力,从而剥夺防御外敌的最强有力的手段。在奥古斯丁的同代人看来,这种危险绝不是想象出来的。面对调和基督教和国家忠诚的这一明显和近乎悲剧的不可能性,奥古斯丁的一些朋友甚至在接受了这种信仰的教育以后多年拒绝接受洗礼。[3]

当然也可以指出,古典哲学中有着对单纯的政治的同样的贬低,因为它把人的幸福或至善置于理论的或哲学的生活之中而不

---

〔1〕《书信集》,91.1。
〔2〕《上帝之城》,V.17。
〔3〕参见《书信集》,151.14 和 136.2。

是尽职尽责的公民生活之中。但哲学的听众是天生优秀的人而不是一切人。鉴于其本质,它注定只停留在少数出身高贵和具有良好教养的人中间,因此,它成为像基督教那样的政治力量的危险性极小,或不会像基督教那样对城邦生活有着直接和立刻的影响。

奥古斯丁对上述反对意见的回答典型地混合了分别来自圣经和哲学两个源泉的证据。就其实质而言,他的回答是说,基督教并未毁灭爱国主义,反而是通过宗教义务加强了爱国主义。《旧约全书》的先知和《新约全书》的作者们都一样命令人们服从世俗权威和城邦法律。抗拒这些法律就是蔑视上帝的律令,因为上帝自己的意图就是将公民社会作为医治恶的补救手段,以及在恶的世界中实施怜悯的工具,就像圣保罗在给罗马人的《信札》第 13 章中所教导的那样,奥古斯丁在这一点上常常求助于这一联系。既然如此,那就没理由借口效忠上帝而逃避公民责任或拒不服从世俗统治者。的确,基督教应该首先被理解为信仰而不是统治一切人的行为和意见的神启法律,它并没受命来取代人生活于其中的世间法律。它可与任何政治制度并行不悖,而且在世俗问题的范围内它并不试图将它自己的、与同一城邦的其他公民的生活方式不同的生活方式强加于人。它的普遍性在于它能毫无困难地使自己适应最多样的习俗和惯例。它所反对的唯一的惯例就是理性自身宣布为恶的和不道德的东西。通过谴责这些惯例并敦促人们放弃它们,它实际有助于促进城邦的最大利益。它关于公民社会的局限性的论断同异教哲学家的论断一样,并不必然意味着弃绝这一社会。尽管有最明显的不完善之处,但公民社会仍然是人的最大利益所在,它的目标是或应该是尘世的和平,这也是基督徒所寻求的目标。在追求这一共同目标的过程中,基督徒和非基督徒可以作为同一城邦的公民而团结共存。[1]

况且,对祖国的任何贬低,如果真说得上是贬低的话,完全可以被下述事实所补偿,即基督教要求且常常能做到使其信徒具有高度的道德和美德。基督教因此有助于克服邪恶和腐败,后二者才是城邦和民族衰弱的真正原因。所以,

> 让那些说基督教义与国家昌盛不可共存的人给我们一支符合基督教义要求的军队;让他们给我们符合基督教导的国民、丈夫和妻子、父母和孩子、主人和奴隶、国王、法官乃至纳税人和税吏;然后再让他们敢于说所有这些都有悖于国家的昌盛。否则就让他们毫不犹豫地承认这个教义如果被遵守的话,是国家的拯救者。[2]

最后,不加进一步限制地断言基督教培养了对军人勇猛的蔑视是不公平的。《新约全书》没有命令士兵放下武器,而毋宁是赞扬他们的正义和美德。[3] 以德报怨的律令与其说关系到外在的行为,不如说关系到这些行为的内在倾向。它试图确保战争,如果不可避免的话,也要抱着仁慈的目的来进行而不要过分残忍。人无论何时都应做最可能有益于其同类的事情。在一些情况下,和平及对罪错的纠正通过宽恕而非残酷无情更易于或更完全地实现;而在另外一些情况下,通过给予不正义无限任期以及罪恶并不遭受惩罚,坏人的恶行得到确认。[4] 基督教谴责的不是战争而是战争的罪恶,如喜欢暴力、残忍的复仇、强烈而顽固的敌意、野蛮的抗

[1] 《上帝之城》,XIX. 17、XV. 4。
[2] 《书信集》,138. 2,15;参见《书信集》,137. 5,20;《书信集》,91. 3。
[3] 《书信集》,189. 4;Contra Faust. Man., XXII. 75。
[4] 参见《书信集》,138. 2,13—14。

拒以及权力欲。由于屈服于这些恶的东西,人们就会失去远比敌人可以从他们那儿拿去的任何世俗之物更为珍重的东西,他们就会不是增加好人的数量,而只是增加坏人的数量。[1] 正义的战争因此是允许的,但战争的进行必须只出于必要并以和平为目的。进行这样的战争的决定取决于君王或统治者,整个共同体的幸福安宁因而都系于他们身上。至于单纯的士兵,他的职责就是服从命令。在不知命令是正义还是不正义的情况下,他本人不对可能的犯罪负责。[2]

虽然奥古斯丁同意,如果所有的人都具有这同样的信仰,人们之间就会减少内讧,[3]但他从不认为世界的和平是今世可以达到的目标,他从没因此从这种一神教得出如下结论,即所有的人应在政治上团结为单一的世界社会。从明确提及这一问题的那段论述中可以看出,奥古斯丁认为,人类最幸福和最有益于道德的是这样一种状况:其中所有小城邦或小王国都和平共处。[4] 然而,甚至这种状况都难以充分或永久地实现。无论人们喜欢与否,战争是不可避免的。坏人向正义者发动战争是坏人的本性使然,而正义者向坏人发动战争则是迫不得已。无论在哪种情况下,独立的城邦或小王国最终都将屈服于通过强者征服弱者而建立起来的大王国。在实践中可以指望的最好的东西是正义的事业将战胜非正义的事业,因为对于所有人,包括恶行者自身,最为有害的莫过于不正义的事业得以发达并以其发达来压迫善者。[5]

奥古斯丁上述的意思与其说是针对异教城邦,不如说是针对

---

〔1〕 参见 Contra Faust. Man. ,XXII. 74;《书信集》,138. 2,12。

〔2〕 Contra Faust. Man. ,XXII. 75.

〔3〕 《书信集》,189. 5。

〔4〕 《上帝之城》,IV. 15。

〔5〕 《上帝之城》,IV. 3、XIX. 7。

其同一教派的人乃至其追随者而言的。那时许多杰出的基督教作家——如优西比乌斯、安布罗斯、普鲁登蒂乌斯以及奥罗修斯——从字面或世俗意义上来理解《旧约全书》关于救世主时代的极乐世界的某些预言,他们据此预示将出现一个在基督教领导下的、史无前例的和平与繁荣时代,而且这一时代是基督教作为世界宗教而出现的直接结果,那时一切人都将因崇拜真正的上帝而联合起来。这些作家进而把基督教的迫害——被武断地规定为10次——比作埃及的10次瘟疫,并且从这一类比中得出结论说,只有到《圣经》宣布的最后的大迫害以后,教会才不会再经受同样的苦难,因为,根据他们的解释,基督教不仅指明了天国中永恒福祉的前景,也为人在尘世的迫切问题提供了答案。

奥古斯丁摒弃了所有这样的解释,因为他认为这些解释虽然新颖独特却不是《圣经》的本意,而且还有违它的教导。[1] 他不否认人类的技术和工业在历史中造成了"奇妙的、令人惊叹的进步",但他立即又说这些物质的和智能的进步并不必然伴以道德的增益,因为这些发明创造既可益人亦可毁人。[2] 他还直截了当地拒绝了那种认为恶将随时间的演进而消失或甚至减弱的观点。上帝是全能的,他当然可以消灭一切邪恶,但这并不是不伴以人类更大利益的丧失。上帝允许恶以其自身的方式促进人类精神的提高。它对正直的人是一个考验,而对坏人则是惩罚。恶同样确保上帝因其自身之故而为人所爱,而不是只因为善行可带来物质之利才为人所爱,通过把克服内外之恶的必要性加之于人,恶能使人达到更高水平的善和道德的完美。[3]

---

〔1〕《上帝之城》,XVIII. 52。

〔2〕《上帝之城》,XXII. 24。

〔3〕《上帝之城》,I. 29、XXII. 22和23。

更概括地说，人类存在之恶本身就是上帝实施于人类中的全盘计划的一部分。就此而言，恶可以说是合理的，但它们的合理性超越了人类理性。据《圣经》记载，超越了简单事实，历史的发展不是循环，而是直线前进的，[1]它通过各个不同的阶段而朝向预定目标，随着基督的降世它已进入其最后阶段。[2] 只有这个历史才能说明一切，除此之外没有任何东西能够揭示人类活动的内在意义和目的。对世俗观察者来说，即使这些活动已经发生，他们也仍然不能从根本上理解它们。就整体而言，世俗社会的生活不是表现为有条不紊的进步过程，而是表现为一个简单的过程，在这一过程中两种城邦完成它们的世俗存在，其中既有成功也有失败，但没有在现世得救的保证，[3]因为“我们在尘世寻求的东西只有在上天才能实现”。[4]

基督教，像奥古斯丁所理解的那样，确实提供了解决人类社会问题的办法，但这一解决办法在人类社会中是无法实现或不可能实现的。与古典哲学家的解决办法一样，它实质上仍然是超政治的，只不过方式不同。

阅读书目

1. 圣奥古斯丁：《上帝之城》，马库斯·达兹译，纽约，1950 年版，第 19 卷。（中译本：《上帝之城》，王晓朝译，人民出版社 2006 年版。——译者注）

---

〔1〕 参见《上帝之城》，XII.11—21。

〔2〕 参见 De Catech. Rud.，XXII.39；De Gen. contra Man.，I.23—24；《上帝之城》，XXII.30。

〔3〕 参见奥古斯丁给菲尔穆斯的信，C. Lambot 编 Revue Benedictine51（1939），第 212 页。另见《上帝之城》，XV.21、XIX.5；Retractatatjones，II.43.2。

〔4〕 En in psal. 48.6.

2. 圣奥古斯丁:《信札》91 和 138,载沙夫博士编:《尼西亚和后尼西亚时代基督教教父著作选集》(*A Select Library of the Nicene and Post – Nicene Fethers of the Christian Church*),第 1 卷,《圣·奥古斯丁的〈忏悔录〉和〈书信集〉》,大湍城,1956 年版。(中译本:《忏悔录》,周埌译,商务印书馆 1963 年版。——译者注)

3. 圣奥古斯丁;《上帝之城》,第 2 卷,21—22;第 14 卷,1—4、11—15、28;第 418 卷。

4. 圣奥古斯丁:《论自由意志》,约翰·H. S. 波雷夫译,载《基督教经典文库》(*The Library of Christian Classics*)第 5 卷《早期著作》(*Earlier Writings*),费城,1953 年版,第 1 卷。

阿尔·法拉比

(870—950)

马伯森·马迪

阿尔·法拉比是试图把古典政治哲学与伊斯兰教加以对照、联系和协调的第一个哲学家。伊斯兰教是通过先知立法者(穆罕默德)以圣法(divine Laws)形式启示的宗教,这一宗教将其信徒组成一个政治共同体,为他们提供信仰以及行为原则和详细的戒律。与西塞罗不同,阿尔·法拉比须正视和解决把古典政治哲学引进一个根本不同的文化背景时所遇到的难题;也不同于奥古斯丁,阿尔·法拉比没有一个相对自由的世俗生活领域,古典政治哲学可在其中畅行无阻,他必须正视和解决政治哲学与宗教有关人类生活的主张相互冲突的问题。

阿尔·法拉比在政治哲学史中的地位,在于他恢复了古典政治哲学的传统,并使这一传统在由启示宗教所提供的新背景中成为可以理解的东西。其最著名的著作是有关政治制度以及有关通过政治生活实现幸福的政治著作。这些著作将哲学与伊斯兰教和谐共处的问题以一种新的角度呈现,即着眼于最好的政治制度之间的关系,特别是柏拉图所理解的那种制度与伊斯兰圣法。这是就他们所关心的主要问题都可以说是哲学与城邦的关系而言,他在伊斯兰教哲学中的地位相当于苏格拉底或柏拉图在希腊哲学中的地位。他是一个传统的奠基者,这一传统仰仗他,并通过他而仰仗柏拉图和亚里士多德,才在政治和宗教现象的理解和研究上取得哲学进展。他的著作激励了像阿维森那、阿威罗伊和迈蒙尼德这样的人。他们尊称他为继亚里士多德之后的"第二个导师",而且他是被他们当作与古典思想家并列的权威来尊崇的唯一一位后古典思想家。

神学与政治学

伊斯兰教的许多基本特征与一般古典政治哲学,尤其是与柏拉图在《法律篇》中所设想的那种好政体之间,有着大量的、惊人的相似之处。二者均以神作为立法的最终根据,并把对于神圣存在物和自然世界的正确信念看作构成一个好的政治制度的本质要素。在二者中,这些信念都应反映适当的宇宙形象,应使大多数居民(以他们所能把握的方式)理解有关圣物和世界最高原则的真理,应有助于善行,并成为达到最终幸福的必要条件的一部分。二者都认为共同体的缔造者和立法者及其后共同体的继任领导者,对于共同体的创建和保持具有绝对核心的重要性。二者都关心圣法的产生和维护。二者都反对认为灵魂或精神派生于肉体或本身是肉体的一部分的观点——一种动摇人类道德和共同生活基础的观点——而且也反对唯唯诺诺的虔诚,因为这样的虔诚无疑是宣告人不可能理解他被要求接受的那些信念或他被要求履行的那些行为的理性意义。二者都试图将城邦居民的注意力引向超越世俗利益的幸福。最后,二者都把法学家和辩护神学家的技艺降低到次要地位,以保护缔造者及其法律的意图并建立抵御攻击的屏障。

阿尔·法拉比的重要政治著作(《道德的城邦》、《道德的宗教》和《政治制度》)是伊斯兰教与政治哲学之间的交汇处,其中密切的类同关系而不是可能的差异或冲突占据了主导地位。阿尔·法拉比之所以强调这种类同关系,并且鼓励甚至迫使伊斯兰教和哲学相互为用,目的就在于昭示二者的共同要素,并鼓励或引导其穆斯林读者来领悟古典政治哲学的特点。这些著作的风格以及它们的写作方式本身首先说明了这一点。就风格而言,它们像法典,同样也像哲学论文。它们主要由肯定的陈述构成,这些陈述是关于上帝的性质、世界的秩序、人在其中的地位以及如何组织和领导一个好的社会的。按照与柏拉图的《法律篇》和《可兰经》相同的模式,这些陈述大都以序言开头,这些序言提供颁布完善的法律来约束统治者的行为以及规定居民的信仰和行为的方法。尽管不是严格意义上的哲学或政治论文,也不是严格意义上的专门的法律颁布,但这些著作包含了着眼于实际应用的哲学和政治探索的结果——作为形成一项计划的基础以便构造一个良好的政治制度。这些著作的形式和意图很容易为下述的穆斯林读者所理解,即他们受命接受一种真正的一般世界观,并有义务服从可以提升道德并实现最终幸福的法律。但这些著作也符合古典政治哲学的意图,因为它们意在提出一种合乎理性和有说服力的世界观,而且是以能为居民所理解的语言表述的。这些著作表明理性认识的可能性并不破坏而是保存和解释启示圣法所描述的信仰和行为,就此而言,这些著作执行了一项实践任务;同时它们也指出了能够达到这样的理性认识的方向,就此而言,这些著作又执行了一项准备性任务。

阿尔·法拉比的政治著作形成了伊斯兰政治作品中的一种新的著述风格。因惯常的谨慎,他谨慎地避免直接引用、论述甚或提及《可兰经》、穆罕默德或敏感的伊斯兰教问题。然而阿尔·法拉比给其读者所留下的最初印象是不会错的:作者意在使同教派的人以及启示宗教的所有信徒都能意识到,在他们的圣法和古典政治哲学的实践目的之间存在广泛的一致性。这些读者现在于他们的圣法中可以看到古代最杰出的智者的学说的实际完成。他们可以转而研究这些哲学家,不仅仅是为了捍卫他们自己的信仰和惯例这一有限目的,或为了使自己确信理性认识在启示和圣法的更高权威面前是软弱无能的这一否定性目的,而且还为了超越盲目信仰者的奴隶状态,以及为了洞察启示和圣法的奥秘——通过领悟最值得尊敬的人类智慧的传统而认识到他们自己宗教的智慧。阿尔·法拉比在这些著作中向他们展示了这样的可能性:他们能以一种新的态度来对待柏拉图和亚里士多德著作的研究。他鼓励他们不要再把这些哲学家视为异己传统的创始者,好像这一传统会动摇他们的信仰和社会道德的基础,也不要再认为对这一传统的研究应该着眼于拒斥它并同它作斗争。他力图使他们相信,这一传统不仅属于希腊人,也同样属于他们,而且他们也应该把它变成自己的东西,因为它关心的是最切近于他们的精神和情感的问题。他使他们感到有希望充分理解他们的最高的政治和宗教问题——这些问题构成了他们的宗教和生活方式的实质,使他们与其异教先辈区别开来,并使他们有资格声称优越于其他社会。

道德政体

阿尔·法拉比政治著作的中心论题是道德政体,一种以实现人的优秀品质或美德为其指导原则的政治制度。他认为人既有别于自然存在物,也有别于神的存在物,而人的科学或政治科学就是要研究这种介于自然和神之间的人,试图理解他的特有性质、他的完善的构成要素以及他能够达到完善的途径。与其他动物不同,人不能仅通过自身中的自然原则而达到完善;与神圣存在物也不同,人并非永远是完善的,他必须实现他的完善;而其完美的实现有赖于使其行为服从理性的认识和思考,并通过理性在他受到的各种可能中进行选择。理性认识以及与此相关的选择的力量的最初表现,是人的最初级的或自然的完善,是人与生俱来的完善,而不是他所选择的完善。除此之外,理性和选择之存于人身是为了用来实现其目的或尽人性之可能的最终完善。这一最终的完善等同于人所能达到的最高幸福。"幸福是因其本身之故而被欲求的好的东西,它从不被欲求来借以实现其他的东西,而且人不可能实现比它更崇高的东西。"[1]

然而幸福的实现首先有赖于对幸福的认识,而且需要完成某些有条理的、有助于或能导致实现完善的(身体的或智力的)活动。这些活动是高尚的活动。高尚的活动与卑贱的活动的区别就在于,它们是有助于还是有碍于完善和幸福。为了能很好地、轻松地

---

〔1〕《道德的城邦》(*The Virtuous City*),Fr. 迪特里奇编(莱顿,1895 年版),第 46 页;参见《政治制度》(*The political Regime*),海德拉巴,伊斯兰教纪元 1345 年版,第 42～45 页、第 48 页。

和有条理地完成某项活动,需要培养和形成为完成这样的活动所需要的那种素质和习惯。“这些[高尚的]活动所从出的那种素质的形态和状态就是道德;道德不因其自身的缘故而是好的,而只因幸福的缘故才是好的。”[1]好与坏或善与恶假定了什么是人的完善或幸福的知识,也假定了高尚的行为和卑贱的行为的区别。

道德政体可以界定为人在其中为了成为道德的,为了完成高尚的活动和达到幸福的目标而结合和合作的制度。这种制度的特点就在于其中存在关于人的最终完善的知识、善与恶的区别、统治者和居民教导和学习这些事情的共同一致的努力,以及发展有助于实现幸福的高尚行为所从出的那种性格的道德形态或状态的共同努力。

幸福的实现意味着人所特有的灵魂即理性力量的完善。这必然需要约束更低的欲望以使其配合和帮助理性完成它本身的活动,同时也需要最高的文科和理科知识。这样的约束和学习只有极少数人才能完成,这些人具备最好的天赋,并且有幸生活于能发展必需的美德和完成高尚行为的环境中。其他的人只能达到某种程度的完善,而且他们所能达到完善的程度,取决于他们在其中生活和接受教育的那种制度的性质。不过,道德政体中的一切居民必须具备某种共同的世界观、人生观和政治观,但在这些知识的特征和他们所享有的完善和幸福方面是有差别的。他们大致可以被划分为如下三个等级:(1)智慧者或哲学家,他们凭论证和本身的洞察力认识事物的本性。(2)第一等级的追随者,他们通过哲学家们所提供的证明来认识事物的本性,而且他们相信哲学家们的洞察力并接受他们的判断。(3)其他居民,为数最多,他们靠比喻认

---

[1] 《道德的城邦》,第46页;参见《政治制度》,第43~44页。

识事物,有些比喻较为正确,有些则不怎么正确,这取决于他们作为居民的等级地位。这些等级或阶层必须由统治者组织起来,统治者还应该组织居民的教育,给他们分派专门的任务,为他们颁布法律,以及在战时指挥他们。他应该通过说服或强迫来寻求发展每个人所能够达到的美德,也应该把居民安排在等级秩序中,以便使每个等级都能达到它所能够达到的完善,并使每个等级都为上一等级服务。这样,城邦就成了类似于宇宙的整体,其成员协同趋向幸福的实现。

道德政体是一种非世袭的君主制或贵族制,其中最优秀的人进行统治,其他居民则被划分为被统治和依次统治的集团(依据他们的等级)——直至只被统治而不统治的最下层集团。居民等级身份的唯一标准是他所能达到以及通过参与制度和服从其法律而能达到的那种道德品格。就像道德政体本身一样,其居民也是道德的。首先,因为他们拥有,或追随那些拥有正确的类似如下知识的人:神和自然事物的知识,人的完善或幸福的知识,以及有关以帮助人实现其幸福为目的的那种制度的原则的知识。其次,因为他们按照这样的知识而行动,或因为他们形成了着眼于完成有益于幸福的活动的品格。

一旦澄清了道德政体的主要特点,对所有其他政体的主要特征的理解以及它们的分类就变得相当简单了。阿尔·法拉比把它们分为三种主要类型:(1)居民根本没有机会获得有关神与自然或完善和幸福的任何知识的政体。这样的政体是无知的政体。其居民追求或好或坏的更低级的目的,根本不知道有真正的幸福。(2)居民具备关于这些事物的知识但不按照它们的要求行事的政体。这样的政体是坏的或不道德的政体。其居民与道德政体的居民有着同样的观点,但他们的欲求不能服从他们的理性,而是追求在无知的制度中所追求的那种低等目的。(3)居民取得了有关这些事物的虚假和讹误的意见的政体。这些政体中的居民声称他们所具有的意见是关于神与自然以及真正幸福的意见,而实际上却不是。提供给这样的居民的比喻常常是虚假的或误传的,为他们所规定的行为也是如此。这样的政体是迷失方向的或错误的政体。其居民不具备真正的知识或比喻,而且他们也追求无知的政体的低级目的。这种错误的政体可能是这样建立起来的,例如,这些政体的"最高统治者曾是一个有错觉的人,他未能真正接受启示,而是采用了有关启示的讹传、欺骗和幻觉"。而这些政体可能以前也是道德政体,后来只是由于引入了虚假或讹误的观点和惯例才发生变化。

所有这些政体类型都与道德政体相反,因为它们缺乏后者的指导原则,即真正的知识、美德或导致有益于幸福的活动的品格的形成。相反,它们的居民品格的形成着眼于实现某个或更多的低级目的。阿尔·法拉比列举了六个这样的目的,而且上面提到的三种政体类型还可以根据其中占主导地位的目的进行再划分。(1)需要的政体(或必不可少的政体),其中居民的目标限于单纯的生活必需品。(2)卑鄙的政体(寡头制),其中居民的最终目标就是财富和自身的繁荣昌盛。(3)基础的政体,其居民的目的是感官之乐或想象的快乐。(4)荣誉政体(荣誉至上的制度),其居民的目标是被他人敬重、赞美和颂扬。(5)奴役政体(暴政),其居民的目标是征服和奴役他人。(6)共同体政体(民主制),其居民的主要目的是自由地做他们想做的事情。

哲学家王者与先知立法者

把神学与政治哲学结合起来是为了强调对神圣存在物和世界

原则的正确信念的政治重要性。我们看到伊斯兰教与古典政治哲学在这个问题上是一致的。穆斯林们相信,他们作为独特的共同体而存在的主要根据,是穆罕默德所传达的有关神圣事物的启示,若不是他给他们带来启示,他们会继续生活在悲惨以及今世和来世幸福的茫然不定的境地中。也是因为这样的考虑,柏拉图才认为王者必须成为哲学家或哲学家必须成为王者。一旦对最好的制度的探索达到使神学与政治学相结合的必要性,那么下述之点便成了不可避免的,即统治者应把统治术与预言术或哲学之术结合起来。统治者先知或统治者哲学家是那种为最好的政治制度的实现问题提供答案的人,而且统治者先知和统治者哲学家的职能在这方面看起来是相同的。[1]

阿尔·法拉比有关最高统治者的讨论一开始便强调统治者哲学家和统治者先知作为统治者的共同职能,这一职能就是在神圣存在物与不直接知道这些存在物的居民之间充当联系人。他是导师或领路人,他“使”居民们“懂得”什么是幸福,他“唤起他们”为实现幸福而努力的“决心”,而“他本人在任何事情上都不需要被他人统治”;[2]他必须具备知识,不需要任何人的指导,对必须做的一切都有卓越的理解,最善于将所有其他人引向他所知的一切,有能力使其他人履行他们所适合的职能以及有能力决定和确定由他人来完成的工作,并使这样的工作有助于达到幸福。这些品质显然需要有最好的天赋,但也需要理性能力的最充分的发展[根据阿尔·法拉比在其政治著作中所介绍的亚里士多德的心理学,理性能力的完善就在于它与能动的理智(Active Intellect)相符合或相“统一”]。最高统治者必须是使其理性能力现实化的人,或与能动

---

〔1〕《道德的城邦》,第63页;参见《政治制度》,第74页。

〔2〕《政治制度》,第48~49页。

的理智相统一的人。

> 根据古代思想家的观点,这个人是真正的王者:应该说他是接受启示的人。接受启示者必须取得这样的身份:在他与能动理智之间再没有其他任何中介……而由于能动理智源于第一原因[上帝]的存在,因此可以说,是第一原因通过能动理智的媒介给这个人带来启示。这个人的统治是至高无上的,所有其他的人类统治都服从于它并派生于它。[1]

这个至高无上的统治者是道德政体中的一切权力和知识的来源,居民们通过他而懂得他们应该知什么和做什么。就像上帝或世界的第一原因支配其他一切事物一样,并且就像其他一切事物的活动都趋向"他"一样,"道德的城邦的情况也是如此:其所有部分在活动上都应遵循其最高统治者所计划的步骤"。[2] 他具有无限的权力,不可能服从任何人、政治制度或法律。他有权批准或废除以前的圣法,颁布新的圣法,以及"改变他以前所制定的法而代之以新法,只要他认为这样做更好"。[3] 只有他有权把人民的各等级安排在制度的秩序中,并指定他们的地位,而且他为他们提供他们需要的知识。

对于绝大多数人民来说,这种知识须采取富有想象力的真理的表现形式,而不是真理的理性概念的形式。这是因为大多数人民不具备天赋,或不能被培养来认识神本身,而只能理解神的模仿物,而且还须使这些模仿物适合他们的理解力,以及适合他们作为

---

〔1〕《政治制度》,第 49 ~ 50 页。

〔2〕《道德的城邦》,第 56 ~ 57 页;参见《政治制度》,第 53 ~ 54 页。

〔3〕《政治制度》,第 50 ~ 51 页。

特殊制度的成员而具备的特有条件和经验。宗教就是这样一套富有想象力的、圣法形式的表现形式。圣法是为人的特殊团体制定的,它之所以必要,是因为绝大多数人不能进行理性的思考,而且还因为他们需要信仰他们的制度的缔造者为他们提供的有关神、幸福和完善的模仿物。缔造者不仅必须为少数人提供有关幸福和神圣原则的概念或理性的解释,而且也必须为多数人恰当地描绘或模仿这些东西。所有居民都应接受和保存缔造者赋予他们的东西:"那些因认识幸福而追求幸福,并且由于认识[神圣]原则而接受原则的人,是智者;而这些东西在头脑中以形象的形式存在,并且把它们当作形象来接受和追求的人,则是信仰者。"[1]

阿尔·法拉比就这样把先知统治者和哲学家统治者统一了起来。二者都是绝对至高无上的统治者,都有绝对的权威为信仰和行为立法。二者都凭他们完善的理性能力而获得这种权威,并且都通过能动的理智接受来自上帝的启示。那么,先知统治者与哲学家统治者在哪方面有区别呢?

道德政体的统治者必须具备的首要资格是具有神事和人事的专门知识。人有三种知识能力:感觉、想象力和理性(包括理论的和实践的),人的这些能力就按这个顺序发展。想象力有三种功能:(1)它就像一座储藏库,把感觉对象消失后所留下的感性印象保存下来。(2)它把感性印象结合起来而形成复杂的感性形象。(3)它产生模仿物。利用感性印象以及这些印象的结合,它能模拟所有的感性事物(人的欲望、感情、激情)。后来理性能力得到了发展,人开始把握自然事物和神圣事物的特征、本质或形式,这时想象的能力也开始接受和模仿这些理性的形式,

[1] 《政治制度》,第56页。

也就是说,它以感性印象的形式来表现它们。就此而言,想象力服从和依赖于理性能力,并且模仿的是理性提供的“原型”,想象力并不直接达到自然和神圣事物的本质。况且,想象力所构造的东西并不都是好的摹本:有些可能更真实、更接近于原型,另一些就可能在某些方面有缺陷,还有一些可能是极错误或误导的摹本。最后,只有把握原型本身的理性能力,才能判断这些摹本的真实程度或与原型相似的程度。理性能力是能达于神圣或精神事物的知识的唯一能力,并且它必须施以严格的控制,以确保由想象力所提供的摹本是好的或相当好的模仿物。可能偶尔会有这样的罕见情况:这种想象力是如此有效和完善,以至于它压倒所有其他的能力而直接开始接受或形成神的形象。这种罕见的情况就是先知或预言的情况:

> 这并非是不可能的,即当一个人的想象力达到最完善的时候,他会在散步中接受来自能动理智的……各种[非物质的]只能用理智理解的存在以及其他所有崇高[神圣]存在物的模仿,并审视和验查它们。凭着他所接受的这些只能用理智理解的东西,他会具有关于神圣事物的先知[能力]。因此,这是想象力所达到的最完善的阶段,也是人凭其想象力所达到的最完善的阶段。[1]

对预言的性质的描述因此导致了想象力与理性能力的区别。由此不仅说明了随想象力的完善而来的预言的可能性,而且还说明即使没有理性能力,想象力几乎也能直接接受神圣存在物的形

---

〔1〕《道德的城邦》,第52页。

象。有两种力量人可借以与能动理智交往：他的想象力和他的理性能力或他的理智能力。当他借想象力与能动理智交往时，他是“一个警告未来和通知现在的先知”；而当他借理性能力与能动理智交往时，他是“一个智者，一个哲学家，并且具备充分的理智”。[1]

因而似乎可以说，先知统治者和哲学家统治者都具备成为道德的城邦的最高统治者所必须的知识资格；或者说两种同等道德政体是可能的，一种由不具备哲学的先知统治，另一种由不具备预言能力的哲学家统治。然而，在其政治著作中，阿尔·法拉比甚至没有考虑一种由不具备发达理性能力的先知所统治的道德政体的可能性。预言和哲学的区别是心理学的区别，这种区别有助于理解预言和哲学各自的性质。但在讨论为最高统治者所必须具备的知识的性质时，阿尔·法拉比明确要求两种能力的完善：最高统治者不是被称为完善的先知或完善的哲学家，而是“完善的人”。首先说哲学家，甚至他所追求的哲学或智慧都仍然是不充分的，只要他没有完善的能力来模仿他所具备的理性或理论的知识，以便把这种知识教给年轻人或提供给大多数人。当他面对统治和教育一个城邦的任务时，上述能力的缺乏就成了实质性的缺陷。他作为哲学家的资格（是说他只致力于理论的知识，而不管其在城邦中的应用或与城邦的关系）本身便使他失去了作为统治者的资格。若没有想象力——先知是其最杰出的代表——哲学家就不能是统治者哲学家。

至于先知，诚然其想象力似乎使他特别适合于统治，但其想象力的作用并不享有理性控制的好处：对于其想象力产生的模仿物

---

〔1〕《道德的城邦》，第 58～59 页。

的真实性或逼真程度,他缺乏经常的检查,因为只有理性能力才能履行这一职能。道德的城邦的最好的统治者因此必须是先知哲学家统治者。阿尔·法拉比没说先知穆罕默德是否也是哲学家,但他要求先知与哲学家,或想象力与理性能力的运用,应集道德的城邦的最高统治者于一身。哲学或智慧对于统治一个道德的城邦来说是必不可少的。“如果某一天智慧竟至不享有统治,而(统治权)具备了所有其他条件,道德的城邦却仍然没有王者,那么负责这个城邦事务的统治者就将不是一个王者,这个城邦就将遭到毁灭。因而如果不恰好存在一个智慧者与这个统治者相结合,那么不久这个城邦就会必亡无疑。”〔1〕

法与活的智慧

智慧或哲学是道德的城邦建立和生存的必要条件,而预言是建立道德的城邦的必要条件,却不是其生存的必要条件。在列举道德的城邦的缔结者或最高统治者的资格时,阿尔·法拉比规定了优秀的理性能力和预言能力的结合。这个必要条件是由作为政治共同体的道德政体构成所决定的,也就是说,他必须由两大集团构成:(1)少数身为哲学家或能接受哲学的人,亦即能够教人以理论科学因而能如实理解神和自然特点的人;(2)多数人,他们不是哲学家(因为他们缺乏必要的天赋或没有时间接受充分的训练),靠意见和劝说而生活,统治者必须依靠比喻和象征为他们模仿神圣和自然的事物。

---

〔1〕《道德的城邦》,第61页。

诚然少数人可以通过培养来理性地把握人的幸福和完善的意义，以及道德活动的理性基础或正当理由，这些道德活动导致了人们的最终结局，但多数人达不到这样的理解，要使他们完成这些活动就得靠说服和强迫，即一方面靠所有居民——无论他们的理性能力如何——都能理解的解释；另一方面靠规定直接可见的赏罚。最高统治者以其哲学家的能力教导少数人，而以其先知的能力为多数人提供形象的比喻和规定赏罚。为了被多数人所信仰和实践，这些比喻和规定应该由先知来完成，并应被居民当作真实、固定和持久的东西来接受，也就是说，居民应该能预期伴随信仰与不信仰以及服从与不服从而来的确定的赏与罚。因此，先知能力最终就在于为多数人的信仰和实践规定法律，而承担此任的先知便是先知立法者。相比之下，理性能力最终在于教少数人以理论科学。作为对柏拉图《法律篇》的概括，阿尔·法拉比还认为柏拉图的意思是：这些有德的少数人"根本不需要固定的惯例和法律，没有这些东西他仍然是很幸福的。法律和固定的惯例只是那些有道德缺陷的人所需要的"。[1]

只有在臣民的眼中法律才是固定的，才具有不容置疑的神圣权威。我们看到，道德政体的最高统治者是法律的主人而不是其奴隶。他不仅不受制于任何人，而且也不受制于法律。他是法律的原因，他创造了它，也可以取消或改变它，只要他认为合适。他具有这样的权威，因为他有智慧，因为他有能力决定在既定条件下什么东西最有助于公益，并且有能力决定在什么条件下改变法律对于道德政体的生存是有益的和必要的。在这样做时，他必须慎重行事，以免动摇居民对法律的信念，并且还应考虑到法律的改变

---

〔1〕《柏拉图的〈法律篇〉》，佛朗西苏斯·盖伯瑞里编，伦敦，1952年版，第41页。

可能对于居民对法律的依恋有负面影响。他必须谨慎地评价改变法律的利弊。为此,他必须不仅具有在必要时改变法律的权力,而且也有能力最低限度地减少变法对制度的稳定所带来的威胁。但一旦他认识到变法的必要性,并采取恰当的预防措施,他的变法的权威就是不容置疑的。所以,只要他活着,理性能力便具有至高无上的统治地位,法律就会按照他作为哲学家的判断来加以保存或改变。

哲学与预言在统治者身上的这种统一保证了道德政体的生存。只要具备这些素质的统治者因袭不断,道德政体就会一直存在下去。

> 后继统治者将是这样的人,他将决定其前任遗留下的悬而未决的问题。不仅如此,他还可以改变其前任的大部分立法,并相应作出不同的决定,只要他认为这样做在他自己的时代是最为有益的——不是由于他的前任犯了错误,而是因为其前任所面临的情况与后继者在后来的时代所面临的情况有所不同,当时看来最好的东西在后来的时代中并不一定是最好的。假如前任要适应[新的条件],他也会改变[他自己的法律]。[1]

哲学与预言的结合是极为罕见的,道德政体不可能总有机会遇到具备一切必要天赋且又训练有素的人。由此便产生了这样的问题:如果不存在这么一个人,能够具备成为最高统治者所必需的一切条件,尤其是哲学和预言,那么善的制度是否还能生存下去?

---

〔1〕《道德的宗教》,第54页。

换言之,如果最可能好的安排要求一个必须成为统治者的人具备所有这些条件,那么由这个统治者所创立的制度,在没有他的时候还能存在下去吗?在《道德的城邦》中,阿尔·法拉比愿意放弃的唯一条件是预言,而且前提是必须有相应的规定以作为先知立法的合适替代物。这些替代物有:(1)由“真正的王者”制定的法律和惯例的文本。(2)为统治者所具备的,使其能精通“法理学”的新素质,这些新素质包括:有关其前任的法律和惯例的知识,遵循而不是改变这些法律和惯例的愿望,将这些法律和惯例应用于新条件的能力,或从既定法律和惯例中“推导”出新决定和“发现”新的应用的能力,以及不是通过新立法或正式改变既定法,而是通过领会前立法者的意图来适应新情况的能力。就其与法律的关系而言,新统治者是法学家立法者而不是先知立法者。然而,他还必须具备所有其他素质,包括智慧或哲学,以使他在其统治的特定时期内能辨别和促进其制度的公益。

如果具备所有这些条件的人也不存在,那么阿尔·法拉比就建议采用第三种办法:某个哲学家与另外某人(具备除哲学外的其他条件)的联合统治。如果连这一点都达不到,那就采用最后一个办法:分别具备这些条件的许多人的联合统治。联合统治不影响这些必要条件的存在,只不过它们不存在于一个人身上。因此,唯一可以不存在的条件就是预言能力。而预言能力的替代物是保存既定法律和发现其新应用的能力。为了促进公益和保护制度完好如初,哲学与预言在一个人身上的结合,以及哲学与法理学的结合,都不是必不可少的条件。在与其他个人或一群人实行联合统治的哲学家身上存在哲学也就足够了,这些其他人有着将旧法应用于新事物上的能力。与预言不同,哲学是必不可少的,任何别的东西都不能取而代之。和没有预言不同,没有哲学对于道德政体制度的存在是致命的。没有任何东西能取代活的智慧。

战争与法的限度

除了哲学和预言(或其替代物:对法理的精通),还有第三个必不可少的条件必须为道德政体的统治者或联合统治集团中的一方所具备,这个条件就是勇敢和好战的美德。之所以要求统治者具备这一条件,是因为他要担当全民最高教育者的责任,也就是要形成或改善全体居民的道德品格。并非所有的人都能通过说服或动人的言辞而使其为善,所以,说服或争得同意的办法是不够的。就像父亲对待儿子或老师对待学生一样,统治者也必须用暴力和强迫来对待那些不可能教以自动服从法律的愚顽之人。因此统治者需要雇用两组教育者:一组以说服和讲理的办法教育居民;另一组由好战者组成,其职责就是以暴力迫使懒汉、恶人和冥顽不化之徒服从法律。最高统治者或统治者们,应该直接领导和监督这两组人的活动。为了命令或指挥第二组,他或他们应该具备勇敢的品格,并擅长战争艺术。

用于一定制度内的暴力和强迫的性质及内容取决于该制度居民的品格:他们越具道德,就越不需要使用暴力。但在下述情况另当别论:有时统治者可能不得不征服整个城邦,强迫它接受他的道德的或神圣的法律;有时使用暴力会大大缩短为建立他的法律所需要的时间,而说服的办法不仅不保险而且在短时期内又难以奏效。考虑到那些本性难移、恶习难改的居民,着眼于将整个城邦当作建立为其所缺乏的神圣法律的序幕,制度内的强迫是合法的。身体的暴力、制服或战争,是法律的一个“基本要素”,也是建立法律的基本"序幕"之一。阿尔·法拉比似乎不仅赞成防御性战争，而且也赞成进攻性战争；他把道德政体的统治者所进行的战争说成是正义战争，并说这样的统治者的好战意图是道德的意图。

进一步说，诚然与柏拉图和亚里士多德一样，阿尔·法拉比也认为"城邦"是构成一个政治整体的最初或最小单位，并且人在其中能达于政治上的完善，但与他们不同的是，他好像还把城邦看作尽可能最大的单位，在其中道德政体可望兴旺发达。的确，他谈到了三种"完善"的人类联合体：规模最大的是全世界一切人的联合体，中等规模的是居于世界某一部分的某一民族的联合体，最小规模的是某一民族中的某一城邦的居民联合体。如果我们将其有关正义或道德的战争和征服的学说与其有关某一完善的人的共同体应扩展到全世界的观念联系起来，我们很可能就会得出这样的结论：阿尔·法拉比在一个重要的问题上蓄意修正柏拉图和亚里士多德的学说，其意图就在于为伊斯兰教的"圣战"概念提供一种合理的辩护，而伊斯兰教"圣战"概念的目的就是要把它的神律推广到全世界；[1]他赞成文明的战争，因而认为先进国家征服落后国家是正当的，或者他宣扬普遍的或世界国家的观念。现在有必要根据阿尔·法拉比有关战争及战争的特点的观点来考察这些结论。

他提到了两种极端的战争观。第一种观点认为，征服和奴役他人是人的自然状态，因此战争是唯一普遍正义的行为。第二种观点认为，人的自然状态是普遍的和平，所以和平共存才是正义的行为。后一种观点的必然结论是，只有在防御战争中，即在某个好战的敌人将非自然的行径强加于人们的战争中，才有拿起武器的

---

〔1〕 参见《道德的城邦》，第240页以下。

正当理由。在阿尔·法拉比看来,这两种观点是“无知的和错误的城邦”——它们与道德政体相反——中的居民所持的观点。[1] 这两种观点产生了两种政体,即“暴政”和“爱和平的政体”。后一种政体被认为是不够重要的,而且其观点尽管错误却显然并没有什么危险。不管怎么说,阿尔·法拉比没把这种政体列为与道德政体相反的那些政体的主要一项,部分原因在于,与战争不同,和平不是人所追求的主要“目的”之一,而是为了获得诸如快乐或利益之类的其他目的的手段。

相比之下,战争、占领、征服和对他人的奴役,以及建立其上的暴政,是人所追求的主要目的之一。这一目的导致了“暴虐的政体”,这个政体中的人们无论是在与人交往中、在战争中、在制定法律中,还是在与其他政体的关系中,都以相互奴役及奴役其他政体为主要目标,所以在这种政体中充满好战的行为。他们奴役和杀害他人并不是为了达到别的目的,而只是为了满足他们共同的最高目的:“对暴政的爱好。”其实,追求其他目的的坏的制度,如追求财富、荣誉或享乐的制度,一旦达到他们所追求的目的,这些政体在许多情况下也会转变为暴政。这些欲求的满足似乎使恶的政体的居民免于追求“无知的和错误的”政体的那种最高的恶,即“暴政是好事”的观点。在阿尔·法拉比看来,以战争为目的本身就是最大的恶,它在以至高道德为目的的政体中是不可能有任何地位的。

在利用战争、强迫建立起圣法和抑制住冥顽的恶人之后,道德政体的统治者必须转而促进居民间的友谊,并促进关于说服和自由同意的和平工作。为了说服大多数居民,他必须提出有关神与自然以及美德与幸福的形象比喻,这些形象的东西不仅要最接近

---

〔1〕《道德的城邦》,第30~75页。

于这些事物的原型,而且也要最适于为多数居民所接受。这些形象的东西应该同居民的本性、过去的经验和习惯联系起来。与战争事务不同,和平的说服工作要求统治者把握被统治者的特点、他们对道德的法律的准备程度、他们之间的差别以及他们能够被改善的程度。这些是法律的条件,不是由统治者创造的,而是他必须以之为前提的,而且他不可能改变这些条件,除非是在有限的范围内并且只能是逐渐地加以改变。

更进一步说,统治者所提出的形象比喻及其所利用的说服的方法,不能专用来适应每个人的特殊本性或习惯;法律不能根据每个人的具体情况而制定。一般的信仰和惯例必须是为一切居民规定的,而且必须与他们作为团体的特点相适应。不过,对一个团体是合适的和公正的东西,对另一个团体来说可能是不适合和不公正的。而从"人性"或人的共同性出发为一切人立法又将是最不公正的——即使并不是对一切人都不公正。所以,如果情况是这样的,即有人居住的整个世界被划分为民族和城邦,并且这种划分不是任意的而是根据自然的差别或与自然有关的差别,那么这样的差别就可以构成范围,在这个范围内,一般的信仰和惯例可以既有效又公正。

阿尔·法拉比以有关整个世界上的一切人都划分为民族的言论论证了他有关三种完善的联合体(城邦、民族和全世界一切人的联合体)的说法。"各民族借以相互区别的是两种自然要素——自然的构成和自然的特征——和一种混和的东西(这是习惯的但以自然要素为基础)即语言。"[1]这些差别是不同的地理环境(气候、食物等)的产物,而这些差别又必然影响到世界上不同地区居民的

[1] 《政治制度》,第40页。

性格。但尽管这些差别形成了作为自然聚合的民族,自然的共同性仍然不是充分的政治纽带,因为一个民族的成员不会仅仅因此就会彼此喜爱或厌恶其他民族。喜爱和厌恶的特有对象是完善或美德,而这些东西都不是由自然给予的,而是由能动理智、科学和立法所提供的。因此,民族又必然以制度和法律的区别而区分为若干城邦或城市国家。

唯有城邦被阿尔·法拉比喻为完善的生命肌体。这个生命肌体的各个器官不是简单地协同趋向一个共同的目标。它们有等级差别,每个等级在它履行自己特有的职能(低级或高级的职能)时都是完善的,并且所有的器官都被最完善的器官所统治。如果将这种共同性应用于民族和全世界一切人的联合体,那就会要求城邦之间的彼此服从,以及民族间的彼此服从,而且这种服从以它们的完善程度为根据,也就是说,较为不完善的就应该服从更完善的。然而,除了在单个的城邦之内,阿尔·法拉比从没说这样的服从是合法的,而且他对与道德的城邦相反的那些城邦的研究,并不是着眼于使它们服从道德的城邦,而是着眼于使它们转变为道德的城邦。一个道德的民族不是由一个道德的或完善的城邦所统治的一群城邦,而是“其所有城邦都协同来完成达于幸福的事业”;全世界一切人的联合体只有在下述情况下才是道德的,即“只有当世界上的一切民族都协同来实现幸福的时候”。[1] 一切人的道德的共同体以道德的各民族为前提,而道德的民族又以道德的城邦为前提。

有关预言能力和圣法的特点及职能的考虑提示了这样的结论:宗教特别应该反映由各民族之间和各城邦之间的那些自然和

---

〔1〕《道德的城邦》,第54页。

习惯的差异所决定的限制。如果某种宗教或圣法不是虚伪的、盲目的或蒙昧主义的,那它就不是助长而是抑制和超越在无知的制度(包括暴政)中所追求的那些目的,而代之以只有通过下述方式才能追求的目的,即通过信仰关于神与自然存在物的合适的或有益的形象比喻,以及通过在一个适于接受这一宗教启示的特殊团体中促进道德和幸福的命令或禁律。宗教因此必须放弃以绝对和普遍的暴政为目标的专制制度的目的,并且必须把暴力的使用限制在为创立一个新制度以及压制其中的冥顽邪恶之徒所必须的范围之内。否则,它就得被迫通过立法来确立可以被一切人所接受的信仰和惯例,亦即降低其标准以适合占压倒多数的人的自然能力,而不是坚持有助于一个相对好的城邦或民族实现真正的幸福或道德的标准。在各个城邦和民族的最优秀分子或上帝的选民中间促进道德或幸福这一可供选择的目标被取消了,因为这不是宗教而是哲学的特有职能。由此令我们想起了阿尔·法拉比对预言和哲学在道德政体中的职能的区分。为少数具备杰出天赋且接受过适当培养的人所提供的不是形象比喻,而是关于神和自然存在物本身的理论知识,以及关于道德和幸福的理论知识;另外,在圣法中所确立的信仰和惯例则是针对大多数人的。

现在,城邦之间和民族之间的自然和半自然的区别并不必然构成传播理论知识的障碍。这种知识的前提是存在杰出的个人以及理论探索的传统。而一旦具备这些条件,理论的知识就能从一个城邦或民族移植到另一个城邦或民族。各城邦和民族的优秀的人的普遍共同性,或人类无冕之王的普遍共同性,不是一套特殊教条的信仰者的普遍共同性,而是同一真正智慧的热爱者的普遍共同性。阿尔·法拉比认为,就其本身的性质而言,一种宗教不可能为这样一种共同性提供基础。宗教之产生是因为多数人不能理解存在物及人的幸福的真谛。宗教借以弥补这种状况的办法,就是根据他们的理解力的限度,以及他们作为独特团体的自然和习惯的特征,来为他们提供形象比喻。此外,也因为真正的自然原则和真正的政治原则是不变的,所以不能被调整来适应不同政治团体的不同的理解力和特殊的品格。相比之下,形象的比喻倒是可以为了这一目的而加以调整,因为它们能接近或远离实在。何况,对于同一实在可以有许多好的形象比喻。这些比喻都可以是好的或善的,只要它们能成功地使特殊的政治团体的成员成为好的或道德的。“所以,可以有许多道德的民族和许多道德的城邦,同时它们又可以有不同的宗教。”[1]阿尔·法拉比的宗教研究导致了关于圣法的哲学科学。通过把圣法、法理学和神学描述为政治科学的部分,他表明了中立地讨论一切宗教或“宗派”以及它们的共同特点的可能性。

民主政体与道德政体

在与道德政体相反的六种政体中,第一种和最后一种政体,即需要的制度和民主的制度,占有特殊地位,因为它们为道德政体的建立以及道德者的统治提供了最坚实的基础和最好的出发点。需要的政体(类似于柏拉图《理想国》中的猪的城邦)为将道德政体引进其居民中提供了机会,因为这种政体中的居民尚未被腐化,他们不热恋金钱和荣誉,不沉溺享乐,也没有被人赞颂的欲望。虽然需要的政体中所不存在的这些东西都存在于民主政体中,但初看

[1] 《政治制度》,第56页;《道德的城邦》,第70页。

起来却不清楚民主政体可以为道德政体作何贡献。

根据柏拉图的描述(《理想国》第8卷),阿尔·法拉比把民主政体(纯粹的民主政体,或亚里士多德所谓的极端民主政体)的第一原则确定为自由,所以他把民主政体也叫作“自由的”政体。自由意味着人人都能随心所欲地做任何事情,而且人人都应该不受任何干涉地去做他自己所选择的任何事情。民主政体的第二个原则是平等,平等意味着任何人在任何事情上都不能凌驾于他人之上。这两个原则决定了权力的基础、统治者和被统治者的关系以及居民彼此相待的态度。只有以保护、促进自由和平等为基础,权力才能是正当的。无论统治者的成就有多高,他也只能根据居民的意志进行统治;不管他怎样缺德少才,他也必须满足居民的愿望,迎合他们心血来潮的想法。居民只尊敬这样的人:他把他们引向自由,并领导他们实现使他们的欲望和享受成为可能的一切条件;他保护自由,并使他们能享受有差别且相互冲突的欲望;他保卫他们以免遭外敌攻击。如果这样的人能履行这些职能,同时还能使他们自己满足于赤裸裸的物质生活的需要,那他们就会被视为有德而被服从。其他的统治者是执行公务的官员,他们为此而接受适当的荣誉或财政报酬。由于居民按他们所提供的服务而付给他们报酬,所以居民自视高于他们所供养的这些统治者。另外一些统治者的情况也是如此,公众让他们来统治是因为公众喜欢他们,或者是因为公众考虑到他们的先辈所提供的服务而想奖赏他们。尽管有这些差别,但对民主制的周密研究表明,归根结底并不存在真正的统治和被统治者。有一个至高无上的意志,这就是公民的意志;统治者不过是为公民的愿望和需要而效劳的工具。

与其他五种政体不同,民主政体的公民中间不存在统一的或占主导地位的目的或欲求。他们形成了无数相同或不相同的集团,有着种种品格、利益、目的和欲望。就目的而言,民主政体是一种混合政体:各种集团所追求的目的中包括为其他政体所特有的那些目的,这些有着不同目的的集团并行不悖地追求各自不同的生活方式;它们构成一个联合体,其中不同的部分相互交织在一起;它们或独立或与其他集团合作来自由地实现他们各自的独特目标。

由于民主政体能实现、保护和促进每一种欲求,所以无论什么样的人都赞美这种制度并视之为幸福的生活方式。人们热爱这种制度,并且热衷于在其中生活。大量的人从不同的国度迁往民主制国家,致使其居民与外国人相混、相融和通婚。其结果便是最多样化的自然品格、培养、教育和生活方式,而每种人都被鼓励或被允许自由发展,都可以尽其所能来实现其所欲望的一切。充分发展的民主制呈现出一派无限多样化和纵情享受的色彩斑斓的景观。

但这也意味着,在所有与道德政体相反的政体中,民主政体包含了最大量和最多样的善与恶。它越发展和完善,它包含的善与恶就越多。因此它也会包含道德的城邦的大部分要素。阿尔·法拉比特别提到了这样的可能性,即善人、智者、论辩家、诗人(从事理论科学、说服和模仿的人)在民主政体中的崛起。如果说,需要的政体的贡献在于提供了未被不必要的欲求和享乐所腐化的居民,那么民主的制度,尽管其大部分居民已被奢侈和享乐所腐化,却提供了高度发达的科学和艺术,而这些东西对于道德政体的建立是至关重要的。在道德政体中,科学和艺术无疑有最好的机会按照正确的方向发展,但在道德政体不存在的情况下,只有民主制为科学和艺术的发展提供了广泛的机会,而且只有民主制才允许哲学家相对自由地追求他们的目的。

阅读书目

1. 阿尔·法拉比:《政治制度》,载《中世纪政治哲学》(*Medieval Political Philosophy*),拉尔夫·勒纳和穆森·马迪编,纽约,1963年版,选集2,第39~76页。

2. 阿尔·法拉比:《科学举要》,同上,选集1,第5章。

3. 阿尔·法拉比:《柏拉图的〈法律篇〉》,同上,选集4,绪论和论文Ⅰ—Ⅱ。

4. 阿尔·法拉比:《幸福的实现》(*The Attainment of Happiness*),载《阿尔·法拉比的柏拉图和亚里士多德哲学》(*Alfarabi's Philosophy of plato and Aristotle*),穆森·马迪译,纽约,1962年版,Part. Ⅰ。

5. 阿尔·法拉比:《柏拉图的哲学》(*The philosophy of plato*),同上,part. Ⅱ。(中译本:《柏拉图的哲学》,程志敏译,华东师范大学出版社2006年版。——译者注)

摩西·迈蒙尼德

(1135—1204)

拉尔夫·勒纳

讨论中世纪犹太政治哲学似乎会面临严重困难,或许是令人绝望的困难。有理由认为存在这么个论题吗?在当今的历史文献中,几乎没什么资料能表明这个论题是存在的。当中世纪犹太哲学家出现在当今历史文献中的时候,主要是因为他们的收藏的兴趣,也就是说,他们是作为观念传播链条中的环节而出现的。这种忽视在政治思想史中表现得更为明显,中世纪犹太著作家似乎被认为与这样的历史无关。为这种忽视找到某种貌似有道理的理由并不困难:一个民族在逾千年的时间内不能过自主的政治生活,并且绝大部分被坚决地排除在统治和管理之外,这样的民族不可能有独立的政治反思。尽管看上去这种说法不无道理,然而这种假定却是错误的。事实是,中世纪犹太人的著作中确实探讨了我们都承认属于政治哲学范围的那些问题。对政治问题的思考从来就不是政治家和享有充分公民权的人的独有物。

我们还可以进一步尝试理解中世纪犹太人为什么关心政治哲学。首先,犹太人的大流散(Diaspora)或分散被犹太人自己看作反常状态,至少早在菲洛(54 年)时代就是如此。用传统的而非政治的术语来说,放逐或背井离乡被看作神对该民族的罪恶的惩罚。如同罪恶确定无疑地导致了犹太国家的毁灭一样,悔过也同样将导致它的重建。没人能确定这种反常状态何时结束,但它终将结束这一点是没有疑问的。至少就这一点而言,对政治问题的反思并不被认为是完全的徒劳之举。这种反思的一个更强有力的动力来自犹太学者对犹太教经文和犹太教法的关心。与基督教经院哲学不同的是,中世纪犹太政治哲学借以发展的背景是一种采取法的形式而非教条或信仰形式的神圣启示。像《旧约全书》前五卷的读者所能看到的那样,那种法的目标就在于最详尽地规定整个一个共同体的行为和信仰。关键的考虑不仅仅在于犹太教经文和法包含有大量的政治问题,而是这些文献所具有的法的特点,对于成为政治研究的刺激因素,和这种研究借以进行的方式的决定因素更为重要。至少出于这些原因,人们不由自主地要考虑政治事务,尽管在那时的实际生活中几乎没什么东西能表明这样的思考是有用的或合时宜的。

不过,当我们着手研究中世纪犹太学者的著作时,出现了令人同样困惑的另一困难。他们好像写的不是政治著作,尤其缺乏对政治问题的一贯切题的阐述方式。就典型特征而言,中世纪犹太政治哲学出自对其他问题的讨论,这些问题是:《圣经》的解释,圣法的主要特点,某些《圣经》用语的意义,犹太教法的系统阐发,捍卫犹太教,等等。造成这种情况的原因已经指出:正是上面提到的那种背景把一些犹太学者引向了政治哲学,同时也影响了他们进行哲学研究的方式,或影响了他们提出自己学说的方式。他们的政治哲学的不切题的表现方式部分地出于这样一种需要(和他们的穆斯林同仁们一样),即犹太哲学家需要在圣法的法庭面前辩明哲学活动的正当性。没人敢于一开始就提出《神学大全》开篇所提出的问题:"除了哲学学科之外,是否还需要更进一步的教义?"

在犹太教中,更甚于在伊斯兰教中,首先必须为哲学辩护并取得成功方能公开从事哲学活动。换句话说,通常所说的中世纪政治哲学所关心的主要问题——证明启示的学说与亚里士多德的学说之间的和谐一致——以哲学活动的合法性为前提。正如有关阿尔·法拉比的那一章所阐明的那样,为确立哲学活动的合法性所需要的证明既不来自启示的学说,也不来自亚里士多德的学说。首先需要做的应是以一种使哲学成为可能——甚至必要——的方式来理解启示圣法。就犹太教而论,这一任务中的决定性工作是由摩西·迈蒙尼德完成的,他在中世纪犹太哲学中具有如此重要的地位,以至于可以公正地把他的学说看作这种哲学的核心,其他犹太思想家只当他们在某些重要的方面阐述或背离他的学说时才能引人注意。在讨论他的学说时,最好要记住,哲学绝不是犹太教的核心。哲学在相当晚的时候才出现在犹太教中,而且从未达到被无条件接受的地位。不过,根据我们这部著作的计划,眼下的讨论将仅限于政治哲学。

人、社会与法

要讨论法的对象和特点,必须首先认识一种法为之而制定的那种存在物。迈蒙尼德就是从这样的认识出发的。其《迷途指津》

中,在提出有关法的主题的讨论之前,他首先考察了法的必要性。在所有存在物中,人且只有人是严格意义上的政治动物。确实有些动物我们可以正当地称之为社会的,但除人之外没有任何动物为了生存而需要有反思或预见。假如将人置于兽类的生活状态,他会立即灭亡;单靠动物的能力他远远得不到为生存所必需的东西。唯有通过他的理性能力,并凭借理性能力而运用思想和预见,人才能实现为其自我保存所需要的一切。食物、居住、衣着等,所有这一切都需要将某种技能运用于自然的原材料,以把它们制作成适于人用的东西。由于这些技能的前提是工具的使用和熟练使用工具的人的存在,所以人的生存有赖于劳动分工和有秩序的社会组织,在这种社会组织下每个人都能致力于某种特殊的职业,并且能达到这样的认识:他为其同胞们的生存所作的贡献,因他们为他的生存所作的贡献而得到回报。[1]

人需要生活于一个有组织的社会中,这种需要因人的多样化而得到进一步加强,因为人的行为的差别是如此之大,以至于两个人可能看上去属于两个不同的物种。面对这样的多样化,如果不由某个人来监督和控制,以便约束和节制个人的过度行为,那么人们就不可能生活在一起。人的天性需要社会,而社会的完善则需要一个统治者:

> 他评价人们的行为,完善有缺陷的行为和减少过度行为;他始终按照同一方式规定一切人的行为和道德习惯,直至自然的多样化被许多约定俗成的一致性所掩盖,这样社会就会形成良好秩序。

---

〔1〕 摩西·迈蒙尼德:《迷途指津》(*Guide of the Perplexed*),Ⅰ.72、Ⅲ.27。

自然的多样化借以被消除的手段便是法。这种法——迈蒙尼德说它“有自然的基础”,虽然它本身并不是自然的——必须从更多细节上进行考察。[1]

恰恰是召唤法的那种状况决定了法有必要关心人们的行为和意见。但有许多法,有人的法和神的法,单单这一事实——还不用说它们相互排斥的特点——就要求我们能把一种法与另一种法区别开来。迈蒙尼德认为,可能的立法目标对应于人类的两种可完善性:肉体的完善与灵魂的完善。一种法可能只关心在城邦中建立良好秩序。它将试图通过约束和引导居民的行为而防止他们做坏事;它将试图消灭不正义行为和确保公共稳定;它将试图在全体居民中反复灌输某些道德品格——有利于和平的社会生活的品格;它将试图使人们能达到幸福,更准确地说,达到立法者为他们所设想的幸福。这样一种法的唯一目标便是肉体的福利。这种法全神贯注于城邦的良好秩序,与之相伴的则是完全漠视城邦中流行的各种意见,只要这些意见不影响和平的社会生活。迈蒙尼德把这样的法称为俗法(nomos)。[2]

相比之下,有一种法可能试图促进人的两种完善。同俗法一样,它将规定为体面的社会生活所需要的限度,以便使人不仅能保护自身,而且能生活于最好的肉体状态中。除此之外,它还将试图促进灵魂的完善,所使用的方式就是根据每个人的接受能力不断向他们灌输正确的意见。关心人的灵魂的福利(以及肉体的福利),努力发展每个人对一切可能存在的事物的理解,这是神启法或圣法的特点。[3]

---

〔1〕《迷途指津》,Ⅱ.40。
〔2〕《迷途指津》,Ⅱ.40、Ⅲ.27。
〔3〕《迷途指津》,Ⅱ.39—40、Ⅲ.27。

总而言之，迈蒙尼德区分了俗法与圣法，前者的目标是想象的幸福，后者的目标则是真实的幸福。但达到这一更高尚的目的——通过帮助人们获得正确的意见而完善人们的灵魂——的可能性本身就伴随着肉体福利的实现。尽管在尊严上处于次要地位，但肉体的需要（扩而大之，还有体面的社会秩序，它使这些需要的满足成为可能）在时间上却居优先地位。政治福利是人的最终完善所必不可少的先决条件。[1]

对迈蒙尼德来说，人的最终完善远离对肉体的关心。任何法都要涉及的那些大量的问题——人的各种行为和道德品质——都不构成人的最终完善的部分。人的完善毋宁说在于获得正确的意见，即通过沉思所达到以及通过理论科学所建立起来的那些真实的意见。法占有至关重要的地位，因为它规定人们生活的秩序，而这种秩序有助于人们追求最终的完善。一旦社会生活成为可能，人就能转向个人活动，只有通过个人的活动他们才能达到他们本身的目的。在某种意义上说，法或法的研究真的是“一件小事”。但在另一种意义上它又是神引来充实世界的“大好事”。由圣法规定的行为，尽管它们是崇拜行为或有用的道德习惯，但目的却在于调节人们的社会关系。迈蒙尼德一再指出，这种规定并不享有人的最高目的的尊严，而仅仅是达到那一目的的准备，虽然是必要的准备。[2]

这种看法绝没有降低法的重要性。的确可以说，在迈蒙尼德看来，最高形式的启示因其法的特点才是最高的。上帝启示过的人既有在摩西之前的也有在其之后的，但其他人的预言根本不同于摩西的预言。差别如此之大，一个人的预言如此优于其他人的

---

〔1〕《迷途指津》，Ⅲ.27。

〔2〕《迷途指津》，Ⅱ.27—28、54；Code，Yesodei ha - Torah，iv.13。

预言,以至于迈蒙尼德宣称"先知"一词不能在同样的意义上用于两者。有关摩西预言的优越性的详细讨论见于迈蒙尼德的法律著作《密西拿注释》和《法典》,而在《迷途指津》中只是暗示过。[1]

尽管如此,迈蒙尼德在《迷途指津》中的意图促使其至少在两个场合进一步区别了摩西的预言与其他先知的预言。早期的先知,如亚伯拉罕或诺亚,只在有关他们的个人事项方面接受了上帝的启示;他们由启示而确立的目的只是他们自己及其后代的完善。诚然,亚伯拉罕事实上也教导了其他人,但他对他们的号召只包括雄辩的言辞和思辨的证明,他希望靠这些东西来教导人们相信他所掌握的真理。简言之,亚伯拉罕从上帝那里接受的东西中没有法的形式;他致力于劝说而缺乏强迫的手段。摩西之前所有预言的本质上的私人特点,意味着那些先知没有形成或改善一种社会和政治秩序的明确意图。摩西的预言与前摩西预言的根本区别正在于:摩西接受的启示具有法的形式。他的著名的前辈中无一人来到人民面前说,"上帝派我来到你们中间,并令我告诉你们某某事情;他禁止你们做这,并命令你们做那。"诚然,摩西之前的先知也教导过人民,但他们对人民的号召没有采取神圣立法的形式,而那些追随摩西的先知主要关心的是引导人民来遵守摩西的戒律。与以前及之后的先知相比,摩西的特点和优点就在于他是唯一的立法的先知。[2]

由此得出的结论是,摩西戒律是唯一的圣法,或无论如何是唯一完善的圣法,虽然有些人可能继续预言和领悟有关神和天使的真理。对迈蒙尼德来说,由此得出的类似的结论是,摩西圣法是不变的,也是不能变的。因其作为法的特点,它不注意孤立或罕见的

〔1〕《迷途指津》,Ⅱ.35。

〔2〕《迷途指津》,Ⅰ.63、Ⅱ.39;Gode,Deoth,i7。

情况,也不能关心独特的人,尽管这样的人可能因法的一般性而蒙受损失。实际上,像我们已经看到的那样,法的部分目的就是强制造成某种有利于社会和平的一贯的和谐一致,以此来掩盖人的自然的多样化。法的规定或禁令应该是绝对的和普遍的,纵然法的要求只适用于多数情况,即使时代和情况会有变化。否认这一原则并试图使立法像医术那样来适应个人的特殊情况,将会败坏法的整个组织结构。

迈蒙尼德把阿尔·法拉比看作仅次于亚里士多德的哲学家,与阿尔·法拉比不同的是,迈蒙尼德没有明确讨论以活的智慧的统治代替成文法的可能性。在必要的时候,可以由大法庭制定预防性规章,而且要体现一定时期内具有知识的人的判断。这样的规定采取圣法的永久的附加条款的形式。在极端情况下,圣法的规定或禁令可由大法庭暂时予以中止。但除了这些例外的情况,谁都不能以任何形式来改变圣法,因此圣法依然是完整无损和经久不变的,是所有法律的唯一完善的范例。[1]

迈蒙尼德的这个结论显然遭到了约瑟夫·阿尔博(1444)的否定。在《教理之书》中,他区分了法律的不同类型,考察了圣法的原则。他指出,实际存在许多圣法,如亚当的、诺亚的、亚伯拉罕的、摩西的,并清楚地暗示这个名单可能是不详尽的。一种俗法不会适用于世界上的一切人,一种圣法同样也不会适合于所有的人。人的品性因遗传和习惯而有根本的差别,而这些差别又反过来使不同的风俗和惯例成为必要。一经分析,圣法就会显露出它们共有的某些基本原则——标志着这些圣法的颁布者的同一性,同时,也会显露出它们在细节上的差别——反映着这些圣法的接受者的

〔1〕《迷途指津》,Ⅱ.39—40,Ⅲ.34、41、46。

异质性。神启法律在任何时候都可以共存,虽然它们在具体规章的范围及严厉程度上有所不同。例如,诺亚的法律和摩西的法律是同等神圣的;二者都以人的幸福为目标,尽管程度不同。对一个特殊的民族来说,以一种神律代替另一种圣法并不说明圣法的颁布者有什么缺点或变化,也绝不表明真实的意见有什么改变。变化了的是圣法的接受者的品格。医生或教师都知道,一个在某个时候适当的东西不会永远令人满意,同样,神在颁布圣法时着眼于使人为更困难的制度作准备。世界上的一系列圣法在允许或禁止人做什么的方面已经作了很大改变,这些改变是根据变化了的时代和变化了的人性而作出的。[1]

在阿尔博看来,没有理由认为圣法的这种改变不可能再发生,或现在被禁止的东西将来不可能被允许。他不仅否认有任何证据能证明不变性是摩西戒律的根本这一迈蒙尼德的看法,而且他也否认有任何证据或必要把一般的圣法或特别的摩西戒律看作根本处于变化或取消之外的。最后可以保险地说,相信摩西的使命的纯正意味着相信摩西戒律将不会被由另一个先知所带来的另一种圣法所改变或取代。[2]

先知及其作用

同伊斯兰政治哲学一样,犹太政治哲学也极为重视预言。托马斯对预言的讨论没有提及立法,[3]与之不同的是,迈蒙尼德则认

---

〔1〕 约瑟夫·阿尔博:《教理之书》(*Book of Roots*),Ⅰ.4、25,Ⅱ.13—14。

〔2〕 《教理之书》,Ⅲ.14—16。

〔3〕 参见《反异教大全》(*Summa Contra Gentiles*),iii.154。

为先知担当着决定性的政治职能。无条件地相信圣法是以相信预言为前提的,“因为如果没有先知,便不可能有圣法”。这一点也可以用另一种方式来表述:由于人的生存有赖于社会的存在,而社会的存在有赖于把和谐强加于相反的人的品性,所以神的智慧赋予某些人以统治能力。在有能力统治别人的等级中包括先知阶层。就其更完善的表现而言,先知的灵感服务于公共或政治目的而不是个人的目的。这一目的权且可以说是某种社会秩序的改良。[1]在回顾了迈蒙尼德关于预言的定义之后,我们将回过头来考察圣法的目标与最高形式的预言的目标之间的关系。

迈蒙尼德关于预言的学说与伊斯兰哲学家的观点几乎在所有主要方面都是相同的。他区分了有关预言的三种意见,这三种意见都是为那些承认神存在的人所主张的。第一种意见为普通人——尽管他们可能是异教徒或犹太人——所主张:上帝选择他所希望的人以将其转变为先知。根据这种观点,预言的唯一先决条件是某种善性或完好的道德。第二种意见被迈蒙尼德认为是哲学家的意见:预言是一个人在自身中实现潜在于人类中的那种最高完善的自然结果。如果一个优秀的人在理性和道德品质以及在想象力方面都达到了完善,并且如果他经过适当的准备,他就必然会成为先知。第三种意见是“我们的法律的意见”:同第二种意见一样,它主张“天性适合并在教育和研究方面素有训练的任何人成为先知都是自然而然的事”。在迈蒙尼德看来,天赋和培养是预言的必要条件,但不像哲学家们所认为的那样是充分的条件:一个人可能具备为预言所需要的天赋及后天的培养,却不可思议地未成为先知。

---

〔1〕《迷途指津》,Ⅱ.37、40,Ⅲ.45。

预言被界定为自上帝而及于人的理性能力,其后又及于人的想象力的溢流物。为了接受这种神的溢流物,一个人必须达到人类的理性、道德和想象所能达到的最终完善。他的理智达于完善的途径是研究思辨科学或理论科学;他的想象必须在其原始的自然能力上就是完善的——这方面的先天缺陷是无法补救的;他的道德得以完善的途径是有意或习惯地沉溺于高尚和神圣的事物,并使自己的思想摆脱一切肉体的享乐欲及对他人的征服欲。谁达到了这几方面的完善,谁就是最崇高的人。在人类中不可能存在比这更大的完善;一个如此完善的先知优于最智慧的哲学家。[1]

在继续讨论迈蒙尼德关于预言的论述之前,有必要追溯这三方面的完善与先知的职能之间的关系。相信圣法以相信预言为前提,因为圣法的启示是以先知为中介而出现的。像我们已看到的那样,圣法的目标是确保两大目的:肉体的福利和灵魂的福利;换句话说,是体面的社会秩序和通过思辨而获得的正确意见及真实知识。圣法是针对大多数人而提出的,但人们的理解力和达于完善的能力是有差别的;圣法必须设法传达给复杂多样的人,也必须设法适合复杂多样的人类状况。

这些困难的解决有赖于神的使者或给人们带来圣法的先知的特性。因其智力的完善,先知具备关于思辨真理的直接知识。与哲学家不同的是,先知不需要借助于前提和推论来从事理解。此外,先知能够直接和立即地理解非先知的人不能完全达到或根本达不到的东西。人作为人局限于有关其周围感性世界的直接知识。因此,例如,虽然亚里士多德关于这个地上世界的学说在所有方面都是正确的,但他关于上面的世界,那个月球以外的世界,那

〔1〕《迷途指津》,Ⅱ.32、36。

个上帝和天使的世界的学说却是不完全正确的。在这方面只有先知才有直接知识。因此,恰恰在哲学家优于所有非哲人之处,先知优于哲学家。[1]

迈蒙尼德将道德的完善列为预言的另一先决条件,并认为道德的完善最直接与先知的智力优势相联系,因为虽然对思辨知识的欲求及其某种程度的实现并不依赖于道德的完善,但沉溺于感官的享乐会使人的思想脱离上面的世界。先知之有别于其他人,就在于他完全沉溺于神圣事物。"只对神的知识和神的功德以及对与此相关的应该信仰的东西的思考有兴趣",一个如此完善的人"将只见上帝和他的天使"。[2] 与其他人相比,先知完全地关心对一切存在物的理解。

因其智力的完善,先知是所有人的导师。但不能以同样的方法教导所有的人,因为他们不能同等地接受先知所理解的关于上帝和天使的思辨真理。事实上除了具备最完善的才智的人以外,先知所达到的至高无上的知识会令所有人感到困惑迷茫。那种知识,或至少其一般结论,必须设法以人们所能把握的形式介绍给人们,尤其是那些不具备哲学能力的人们。先知用其完善的想象力通过其智力而接受了神的溢流物,他借助于这样的想象力能用比喻的手法来介绍这些思辨真理。理论知识的这种比喻的介绍来自先知的实践知性。

迈蒙尼德根据他对预言的这种分析解释了一句格言:"宜说的话就像镶银的金苹果。"迈蒙尼德的解释是这样的:着眼于两种意义而说的话就像遮盖着有小孔的银丝饰物的金苹果。其外在意义应该像银一样美,而其内在意义应该更美,就像金比银美一样。其

---

〔1〕《迷途指津》,Ⅱ.22、38。

〔2〕《迷途指津》,Ⅱ.36。

外在意义应该给出一些显示其内在意义的迹象,尽管粗心的观者会误认其为“银苹果”。如果考虑到先知的讲话富有比喻,那么这些比喻就应看作既有外在意义也有内在意义的。“外在的意义包含着在许多方面有用的智慧,人类社会的福利就是其中的一个方面……它们的内在意义包含着对于有关真理本身的信念有用的智慧。”完善的理智使先知有资格成为一切人的导师,完善的想象力则使先知有资格充当人们的领袖,这两种资格是一致的。先知是具备完善的理论和实践的理解力的人。[1]

这一学说可以重述如下:作为完善的理智和完善的想象力的结果,先知把只在这种或那种能力上达到完善的人们的品质集于一身。就从事思辨的理论科学家而言,神的溢流物只触及他们的理性能力;就政治共同体的统治者——立法者、预言者等——阶层而言,神的溢流物只影响想象力。前一个阶级体现着理论的理解力,后一个阶级则体现着实践的理解力。由于先知接受的神的流溢物既影响他的完善的理智又影响他的完善的想象力,所以先知同时是哲学家和政治家以及立法者和预言者。更准确地说,两种完善的统一使先知能超越这些非先知者中的任何一个。因为他是带来圣法的人,所以先知成了人们的导师,因此也成了哲学家们的导师;他成了人们的领袖,因此也成了政治共同体的统治者们的领袖。

特别着眼于预言的这种政治职能,迈蒙尼德谈及先知需要有高度发达的勇气和预见能力。他“上达”神圣事物的知识伴以“下达先知所受神命——为了统治和教导世上的人民”。因其所具备的优势,先知有责任预言——在实践事务或思辨问题方面教导人

---

〔1〕《迷途指津》,绪论Ⅰ、Ⅲ.28。

们。不可抗拒地被神的溢流物所驱使,先知们发现自己面对着严重的危险,这些危险来自他须予以教导的不正义和不顺从的人。因此,勇气是为所有先知所必不可少的先决条件。当以其最高度发展的形式出现时,先知"只身一人,唯有牧杖在手,大胆地走向人间帝王,为的是拯救宗教共同体以使其摆脱奴役制的重负,而且没有任何畏惧或恐慌,因为有个声音在告诉他:'我将与你同在'"。[1] 我们已经提到过迈蒙尼德关于人是政治动物的讨论,需要社会者同样也需要法律来统治这个社会。某些人具备统治能力象征着种族延续的神的智慧的标志。在具备这种能力的人中,先知或带来法律的人处于第一等级。这些人公布法律,而其实施则属于王者的职权范围。因此,先知不仅以神的使者的面目出现,也以政治社会的立法者和缔造者的面目出现。[2] 为了进一步探讨先知的这种作用,我们必须转向迈蒙尼德关于由"只身一人"——摩西——所给予的那种法律的讨论。

在其《论逻辑的艺术》有关政治科学的陈述中,迈蒙尼德在指出哲学家们写了许多论政治科学的书之后说:"在这些时代,所有这些——我指的是各种制度和法律——都没有必要,因为人们只受神的命令的统治。"这话的意思是说,哲学家们有关政治问题的实践学说现在都成了多余的东西。但迈蒙尼德没以这样的观点来看待哲学家们有关伦理学和政治哲学的著作,哲学家们的实践的政治学说之所以在"这些时代"成为多余的,是因为启示宗教占了主导地位。他的表述说明圣法具有决定性的政治意义。迈蒙尼德在《迷途指津》中对摩西戒律的讨论支持了这一解释。圣法试图同时确保肉体与灵魂两者的福利。以此为目标,摩西戒律广泛、贴切

---

〔1〕《迷途指津》, Ⅰ.15, Ⅱ.37—38、45。

〔2〕《迷途指津》, Ⅱ.40。

而周详地论及了政治问题——与人的统治有关的问题,但关于思辨的问题,《摩西五经》中只以概括的形式有所论述。换句话说,《摩西五经》是一个资料储藏库,有关家庭和城邦统治的一切必要资料尽录其中,所以没必要再利用哲学家们的著作在这方面充当指导。只是因为《摩西五经》概括地论述了一些正确的观点,并认为人们通过这些正确的观点可以达到最终的完善,那些有天赋做到这一点的人才有必要将他们的注意力转向理论科学。[1] 关键问题在于,迈蒙尼德认为最高先知赋予的法优于哲学家的法。由哲学家们所建立并由他们的法所统治的城邦,次于由一个先知所设立并由他的法所统治的城邦,因为哲学家立法者次于先知立法者。

前面在讨论启示的目标与预言的目标的关系时,我们曾暂时得出过这一结论:先知的目的就是要改良社会秩序。现在看来这一结论可能是不充分的。圣法的目标是把人引导到关于上帝和天使的正确观点,但它主要是靠提供结论来做到这一点。它的主要的努力方向是建立某种政治共同体。如果人们反思一下早期牧师和摩西的活动便可知道,"他们一生努力的目标就是要创建一个认识和崇拜上帝的宗教共同体"。启示的目标,即上帝带给此岸世界的"一大善事,就是建立一个完善的宗教共同体。要实现这个目标,唯有以那个启示来影响一切人的灵魂和行为。要实现神的目的,启示就必须采取法律的形式,而且这种法律是一种完善的法律,亦即充当——比如说——一个完善的民族的最高法规"。此外,启示必须以所有的人——包括青年和妇女——都能理解的方式表现出来。这就是为什么"《圣经》以儿语说话"的原因。这也说明一个具备最完善的理智和想象力的人为什么需要公布完善的法

〔1〕《迷途指津》,Ⅲ.27—28、51、54;《论逻辑的艺术》(*Treatise on the Art of Logic*),xiv。

律。最高形式的预言具有立法的性质,而摩西是最伟大的先知,因为他的预言是唯一真正有立法作用的预言。最伟大的告知是完善的城邦的创立者和立法者。[1]

王者之才与救世主时代

迈蒙尼德学说的典型特征是强调政治的考虑甚于强调奇迹的解释。这种倾向不仅明显表现于他有关预言的学说中,而且也明显地表现于他对两个相关问题的讨论中,这两个相关问题就是他在《法典》中讨论的治国才能和救世主时代问题。《法典》的希伯来语名称是 *Mishneh Torah*(《〈摩西五经〉重述》),这一用语传统上是指《圣经》第五卷,即《圣经》申命记。这一卷重述、补充了前三卷的立法,它所关心的主要问题是:一个民族不再需要浪迹沙漠,也不再需要超凡的神意的庇护和关照,而毋宁需要居住在他们自己的土地上,并面对随农业、内乱和外敌入侵而来的问题。迈蒙尼德的《法典》具有同样的特点,他在其中重述了《摩西五经》和犹太教法典中的法律,并没有局限于适用犹太人散居生活的那些法律。迈蒙尼德的《法典》与《摩西五经》一样,关心的是一个现实的国家的实际需要,这里所谓现实的国家,指的是犹太人被放逐以前和弥赛亚(犹太人期望中的复国救主)到来之后的犹太国家。

治国才能在以色列人中是必需的,这种必要性是由圣法所规定和命令的。据迈蒙尼德讲,任命一个王者的主要理由是他"执行审判和进行战争"。《法典》在题为"关于王者及其战争的法律"这

---

〔1〕《迷途指津》,Ⅰ.33、Ⅲ.51。

一部分中讨论了23条戒律,其中除5条之外全部是有关军法的论述,而论其余5条戒律——事关对王者的选择和生活方式的约束——的各章也都或多或少地公开提及战争。《圣经》使对一些民族的战争成为义务,在征服这些民族之后,王者便自由地进行“针对其他民族的……随意的战争,以扩张以色列人的疆界并提高他的伟大和声望”。王者也有广泛的审判权,而且不像法庭那样在死刑案例上受制于程序性的保护措施,在极端情况下,只要有必要,他可以在一天之内处决许多犯法者,而且可以随心所欲地将他们斩首示众,“以儆效尤”。

虽然有这些特权,但王者仍然要服从法律,因而服从立法者及法律的解释者。王者的职能从属于先知或立法者的职能,王者的职能就在于迫使人民遵守先知或立法者所建立的圣法或俗法。王者唤起的恐惧、敬畏以及他的命令所具有的威慑力是为法官服务的。迈蒙尼德以多种方式强烈暗示,王者实际上并不是国家至高无上的统治者。他明确表示,王者服从法律,因而服从法庭。他叫人注意,王者听从上帝所说的话,听从由先知所转述的上帝的命令。实际上,即使最伟大的王者,如大卫和所罗门,也是受感召而谈论政治的和神圣的问题——甚至连他们也只达到了接近预言的地步。最伟大的王者也在先知之下。[1]

迈蒙尼德关于作为一种政治和军事制度的治国才能的分析得到爱沙克·阿布拉瓦尼尔(1437—1508)相当大的限制。同样地,他也拒绝接受迈蒙尼德把先知视为哲学家—政治家的观点。借助塞涅卡的《第九十封使徒书》,阿布拉瓦尼尔建立了他的反政治前提的论证。在他看来,政治社会是不自然的。城邦的建立、私有财

---

〔1〕《迷途指津》,Ⅱ.40、45,Ⅲ.41;Gode, Melakhim, i.1、8, iii.1—7、10, iv.10, V.1。

产制度、人种划分为民族——所有这些都是背叛自然和神命的结果。起初,人类生活在原野中,处于一种天真单纯的状态,一切人都享有自然的共同恩惠,人人都自由和平等。阿布拉瓦尼尔认为,浪迹沙漠的以色列人的童年时代的生活都处于这种自然状态,即是说,过的是一种不断受上帝奇迹般保护的生活。政治生活是对上帝的反叛。显然,在中世纪犹太注释家中,几乎唯有阿布拉瓦尼尔否认《圣经》(申命记)使王者之才成为以色列人所必需的东西。他坚持认为,君主政体是一种犯罪,恰恰在赋予一个人以王者称号时,"人们便背弃了上帝的统治","罪恶就在于他们放弃神的王国而选择人的王国"。对君主政体最好的说法是,圣法允许王者统治是因为神承认它是人的邪恶的冲动之举,并宽容这一人性的弱点。

尽管对君主制的有用性和正当性持相反的观点,但阿布拉瓦尼尔主张,犹太国家的合适的统治最终是君主制统治。他认为那样的统治是由基督教义中所说的著名的"两把剑"——世俗的和神圣的——组成的。这两种统治中的每一种也必然包含民主制、贵族制和君主制的要素。在世俗混合统治中居于最高地位的是摩西一类的人物,"摩西……是统治以色列人的第一个王者"。在神圣统治中居最高地位的是一位先知。按照阿布拉瓦尼尔的解释,在犹太国家占主导地位的要素是牧师和先知,尽管先知是一个统治者,但严格说来他并不是政治的统治者。最伟大的先知摩西曾被一位不是先知(耶和华)的非犹太人教导来如何组织执法机构。这说明,在阿布拉瓦尼尔看来,先知的统治不属于政治哲学要考虑的问题,像迈蒙尼德所认为的那样。对于阿布拉瓦尼尔来说,预言是神的才能,是超自然的,所以先知是超政治的。由于更多地以基督教经院学派的著作家为依据,特别是受极端的天主教观点的影响,阿布拉瓦尼尔在有关理想的统治形式的问题上得出了与迈蒙尼德根本相反的结论。他认为理想的统治者应该是一位牧师国王,而不是迈蒙尼德所主张的兼有哲学家和王者特点的领导者。[1]

迈蒙尼德有关弥赛亚的学说的清醒与以前犹太传统津津乐道的传说的话题形成了鲜明对照,也与阿布拉瓦尼尔有关弥赛亚时代令人激动的奇迹的痴迷推测形成了鲜明对照。值得注意的是,迈蒙尼德把有关弥赛亚问题的讨论放到了《法典》最后一章即第十四章的最后一节,亦即论述有关王者及其战争的法律的那一部分。迈蒙尼德的基本论点是,弥赛亚时代与当今时代的唯一区别就在于犹太人地位的变化。“不要设想在弥赛亚时代世界上任何事物会改变其方式或任何新事物的创生。世界总是保持其惯有的方式……”迈蒙尼德用几个方式强调了弥赛亚时代的非奇迹特点。在《法典》的这一部分中,弥赛亚是以第一个和最重要的王的面目出现的,在这里他不曾被称作“先知”。说到巴·科克巴,即犹太人在 132 年反抗罗马时的领袖,迈蒙尼德称之为“王”,他在过去曾被视为“弥赛亚王”。只是当他被害时,犹太人的贤明之士才认识到把他认作弥赛亚王是错误的。迈蒙尼德在这里没有提到巴·科克巴可能曾声称具有的预言能力。显然迈蒙尼德否认奇迹的行为对于识别弥赛亚来说是必要的。关键问题是政治和军事的成功:迈蒙尼德的弥赛亚是一个好战的解放者,其首要任务是要打碎以色列人的枷锁,并重建古代的政治制度。

迈蒙尼德有关弥赛亚的学说的倾向,是反对把弥赛亚视为一位制造奇迹的先知的传统观念,并反对有关弥赛亚时代的更异想天开的推测。在给予犹太民族过去和未来的命运以政治解释方

---

〔1〕《创世纪》注释,11:1 以下;《出埃及记》注释,18:13 以下;《申命记》注释,17:14以下;《撒母耳记》注释,8:6 以下;《列王记》注释,3。

面,迈蒙尼德究竟走得有多远,从其给南法兰西的犹太教士的信中可以看出,这封信解释了犹太人失去自己的王国以及后来解散的原因。根据传统的观点,放逐是神对一种罪恶的惩罚。那种罪恶据认为是偶像崇拜或作为其常见表现形式的占星术。犹太人在拥有自己的王国的时代是热衷于占星术的。“他们误入歧途,对(这种把戏)乐此不疲,以为它们真的是了不起的科学且大有用处。他们在战争技能和扩张疆界方面不思进取,而是设想那样的研究会对他们有帮助。所以先知们称他们为傻瓜和笨蛋。他们也真的是傻瓜,因为他们追求纠缠不清而毫无益处的事情。”迈蒙尼德在这里并没有说占星术逾越了圣法因而应受神的惩罚。他更多的是暗示愚蠢本身造成了对它的惩罚。由于迷恋混乱而无用的东西,古代犹太人为自己的落败作了准备。迈蒙尼德通过对这种落败的分析而表达了他对犹太国家的未来重建的理解。接受“弥赛亚王”这一称号的那位好战的解放者是以其行为——政治的和军事的行动——而著名的,并且是以其成功——政治的和军事的胜利——而被承认的。简言之,弥赛亚是一个成功的巴·科克巴,或更准确地说,是大卫的儿子:一个将军而非先知。

然而,政治的成功本身并不是目的,它是为某种更高的东西服务的。就迈蒙尼德认为的达于更高目的的手段是自然的或人本身具备的能力而言,他重视的是理性和政治。困扰今世的罪恶源出于“目的、欲望、意见和信念”,而所有这些又都派生自某种根本的无知。《以弥赛亚书》(《旧约圣经》之一卷)之十一中所预见的普遍和平取决于有关上帝的真正知识:“因为通过认识真理,敌意和仇恨才会消解……”弥赛亚时代与现在的区别将在于:犹太人将借助一位成功的军事领袖而重返故园,并且人们将不再出于无知而相互伤害。这两种变化是相关的,因为从事征服的弥赛亚的任务之一就“是为全世界一致服从上帝作准备”。这样的弥赛亚为整个世界指明了真正的道路,但不是靠奇迹,而是靠为上帝而战并取得胜利。弥赛亚时代的确是希望的目标,但将要实现的这一目标并不是人类的最高目的,而毋宁是那一目的的政治前提的奠定,因为政治行动一般是为“来世”服务的。恢复对以色列人的政治统治意味与巴勒斯坦人的生活密切相连的那些法律能重新被遵守,摆脱了专制压迫的犹太人能够专心致志而不受干扰地研究《摩西五经》及其智慧。其结果便是为全部的最终奖赏铺平道路。所谓最终的奖赏就是“至善”:“来世”的生活。在这里,迈蒙尼德把“来世”与随献身学问和虔敬而来的灵魂不朽的问题联系了起来,达到至善的可能性显示为政治成功的一种结果。〔1〕

关于自然法的问题

值得注意的是,中世纪犹太政治哲学很少提及自然法。但对由“自然法”一词所提示的问题曾有所论及。不过一般是以疑问的形式而论及的:是否存在有别于启示法的理性法?犹太人关于这种区别的最有权威的论述见于萨阿迪亚·加昂(892—928)所著《教义与信仰书》。萨阿迪亚首先提到了第一等的神的戒律,其必要性是由理性决定的。这种理性圣法可以分为关于对神的信仰的法律、禁止偶像崇拜的法律和禁止不正义行为的法律。允许还是不允许作为这些法律的对象的那些特殊行为,取决于我们的理性,因此推理为这些法律的必要性提供了独立的证明。另外,启示的

〔1〕《迷途指津》,Ⅲ. 11;Code,Teshubah,ix;Melakhim,xi. 1、3—4,xii. 1、4;Letler on Astrology。

法律的绝对命令没有这样的独立证明。显然是在重复他的探讨,萨阿迪亚再次谈到了由智慧所启发的理性法律。这第二次探讨对理性法律的社会功用作了一个简单的说明。这些法律现在据说是惩戒杀人、通奸、偷窃的禁律和让人说实话的命令。在诸如宗教节日或禁止吃某些食物以及禁止近亲通婚之类的问题上,理性持中立态度或保持沉默。然而,大多数启示的法律却有一些明显的实际用处。根据萨阿迪亚,先知的启示对两种法律——理性的法律和启示的法律——的建立就是必要的。诚然,理性本身便足以形成理性的戒律,但它不能确定立法的所有具体细节。例如,"理性认为所有的犯罪都应视其程度而施以惩罚这一点是正确的,但它并不界定犯罪的程度"。启示对于确定这样的细节是必要的,否则人们便不会承认除一般原则以外的任何东西。[1]

在对这个问题的讨论中,迈蒙尼德不仅采取了反对萨阿迪亚的学说或其部分的立场,而且在某种程度上也与传统的正统观点划清了界限。在前面提到的那封信中,迈蒙尼德说,他已清楚地阐明了所有《圣经》戒律的理由,他不动声色地拒斥了这一正统的观点:《圣经》没有讲明其戒律的深层理由是一件好事,完全的服从需要不知或不加深究地接受戒律。虽然暗示每一戒律都有其理由,并且其理由能被人的智力所把握,但迈蒙尼德仍远未承认理性的戒律的可能性。他指出,针对一般被视为罪恶的那种行为的禁律,诸如针对杀戮、偷窃、忘恩负义或蔑视父母等的禁律,被犹太人的圣贤称为"戒律"。"我们一些后来患穆塔卡里门[穆斯林辩证神学家]之疾的圣贤——其中包括萨阿迪亚——称它们为理性戒律。"

那么道德原则有何地位?在其《论逻辑的艺术》中,迈蒙尼德

---

[1] 萨阿迪亚·加昂:《教义与信仰书》(*Book of Doctrines and Beliefs*),Ⅲ.2—3。

认为以下两种主张仅仅是约定俗成或普遍公认的,这两种主张是:暴露阴部是下贱的,慷慨回报恩主是高尚的。在《迷途指津》中,他断言基督教十诫中只有前两条戒律——宣布上帝的存在和统一性的戒律——才是仅通过人的推理就能认识的。其余的戒律没有理性基础,它们属于一种普遍公认的意见或根据传统而沿用的东西。迈蒙尼德又指出,人的内在的东西规定善行和谴责恶行,人据此被奖赏或被惩罚,与一位先知的专门命令完全无关。但这并不是说这样的规定或禁令是理性的,借助于理智人只知道真理与谬误的区别。高尚与卑贱的区别——道德原则——属于那种普遍公认的东西,而不属于由理智所承认的东西。只有后者才是真的并且是永远不变的。另外,道德原则至多只是或然的。迈蒙尼德暗示,道德美德的地位来自它们在维护世界和平中的重要性。道德美德也为人的最终完善即理论认识的完善所需要,这是因为从理论上理解沉溺于感官之乐或欲望奴役他人是这种完善的障碍。但是他们的政治功能的观点中首要的是迈蒙尼德理解了道德美德。他对那些肯定理性戒律存在的人污名化为"有病的",并刻意指出道德原则的政治作用和约定俗成的特点,这对自然法严格意义上是理性的这一观点形成了默认的否定。[1]

在犹太作家中,耶胡达·哈列维(1085—1141)或许是最杰出的哲学批评家,他的建设性的学说完全以启示为根据,不过这里只限于讨论他对哲学家的评论。在其对话录《库萨里》(*Kuzari*)中,他肯定了理性法的存在,但他论证的最终结果是某种与——比如说——托马斯·阿奎那的自然法大相径庭的东西。哈列维以"理性法"一词既指由人制定的异教者的法规(像柏拉图的《法律

〔1〕《迷途指津》,Ⅰ.2,Ⅱ.33、36,Ⅲ.17。

篇》),也指任何法规——人定的或神定的——所必不可少的框架。更确切地说,他把下述两个方面等同了起来,这两个方面是:哲学家的法典部分,这部分法规约束哲学家针对非哲学家的社会行为;统治的主体部分,这一部分规定为最低级形式的共同生活所需要的最低限度的道德。哈列维把这两部分都称为理性法。通过把二者等同起来,哈列维暗示哲学家的法规所管辖的部分只不过是达到更高的思辨目的的手段,因而不能视为绝对的准则,而更多地应视为大部分有效的、属于实践智慧的行为准则。同样,他暗示任何法规(或像有人所说的自然法)所必不可少的结构都缺乏绝对的有效性和普遍性。他以这种方式进一步暗示,一种既适用于生活在政治社会中的哲学家,又同等地适用于一帮强盗的自然法或道德法规,它既不具有对人们的绝对的约束力,也并非真正是理性的。[1]

哈列维和迈蒙尼德对理性自然法概念的拒斥被约瑟夫·阿尔博更直截了当地提了出来。虽然阿尔博明确谈到了自然法,但他对自然法的描述更接近于霍布斯而不是阿奎那的解释。就内容而言,阿尔博的自然法类似于萨阿迪亚的理性法的第二构成要素:自然法体现最低限度的社会控制,否则人将不能共存。阿尔博的自然法关心的是初步的正义:防止偷窃、抢劫和杀人。它不关心何为高尚,并且在崇拜神的问题上保持沉默。阿尔博的自然法大略相当于十诫的第二部分,如果不考虑第十条戒律的话。与哈列维的理性法相同的是,阿尔博的自然法的唯一目标是肉体的完善。阿尔博暗示这种自然法不是人所绝对必要的,因为人并不绝对有必要生活于政治社会中,况且,他暗示这种自然法的有效性有赖于由

〔1〕《库萨里》(*Kuzari*),Ⅱ.48、Ⅲ.7、Ⅳ.19。

某个人将其建立起来。通过暗示城邦之外的生活的可能性,阿尔博使人对自然法的义务特征产生了怀疑。通过进一步区分这种自然法的目的与人所特有的完善,阿尔博实际上否认自然法严格说来是自然的。[1] 这一点,穆斯林和犹太中世纪政治哲学家是一致同意的,而且是由帕多瓦的马西利乌斯将其介绍给了基督教世界。

阅读书目

1. 摩西·迈蒙尼德:《迷途指津》,载《中世纪政治哲学》,拉尔夫·林纳和穆森·马迪编,纽约,1963 年版。选集第 12 卷,第 1 编,第 71 章;第 2 编,第 32、36 ~ 40、45 章;第 3 编,第 27 ~ 28、34 章。(中译本:《迷途指津》,傅有德等译,山东大学出版社 1998 年版。——译者注)

2. 摩西·迈蒙尼德:《论逻辑的艺术》,载同上,选集第 11 卷,第 14 章。

3. 摩西·迈蒙尼德:《关于占星术的信》(*Letter on Astrology*),载同上,选集第 11 卷。

4. 约瑟夫·阿尔博:《教理之书》,载同上,选集第 14 卷,第 1 篇,第 5 ~ 10 章。

5. 爱沙克·阿布拉瓦尼尔:《〈圣经〉注释》,载同上,选集第 15 卷。《创世纪》,11:1—9;《出埃及记》,18:13—27;《申命记》,17:14—15;《撒母耳记》,8:4—7;《列王记》,3:10—12。

---

〔1〕《教理之书》,IS,7,Ⅲ.7、26。

托马斯·阿奎那

(1225—1274)

恩斯特·L. 福廷

托马斯·阿奎那是最著名的基督教亚里士多德主义者,在政治思想史中占有独特地位。他的著述生涯与亚里士多德的著作在西方世界被发现并开始产生巨大影响的时期大致相合。《政治学》尤其是全本《伦理学》在其有生之年首次被译成拉丁文。他详加评注了亚里士多德的几乎全部的主要论著,并在其神学著作中广泛利用了亚里士多德的思想资料。在把亚里士多德确立为基督教西方世界中占主导地位的哲学权威方面,阿奎那的贡献是最大的。阿奎那自己的政治哲学最好被理解为是根据基督教的启示对亚里士多德的政治哲学所进行的修正,或更准确地说,最好看作这样一种努力,即努力把亚里士多德同西方政治思想的早期传统结合起来,这一传统由教父及其中世纪的追随者所代表,并且大部分由取自《圣经》、斯多葛学派的柏拉图哲学和罗马法的要素混合而成。

阿奎那致力于根据基督教的信仰来重新解释亚里士多德,并按照亚里士多德的哲学来改造基督教神学,阿奎那在这方面的努力与中世纪伊斯兰和犹太哲学家的努力颇为相似,因为后者也把亚里士多德视为最伟大的世俗哲学家,而且也面临把希腊哲学与启示宗教统一起来的同样问题。阿奎那与这些伊斯兰和犹太哲学家享有共同的遗产,其中包括《工具论》《形而上学》《物理学》和各种各样的其他自然哲学的著作,如《尼各马可伦理学》。同他们一样,阿奎那也是直接根据亚里士多德的思想来区分理论科学和实践科学,并把实践科学划分为伦理学、经济学和政治学。但有所不同的是,阿奎那的自然哲学、伦理学和政治哲学都是受亚里士多德的启发,而存在于伊斯兰国家的伊斯兰和犹太社会中的政治哲学,却大都依据柏拉图的《理想国》和《法律篇》。这两部著作至少在 10 世纪就已被译成阿拉伯语,但直至 15 世纪才出现于西方世界。阿尔·法拉比写有《理想国》和《法律篇》评注,阿威罗伊写过《理想国》的评注。但在中世纪一直未见有阿拉伯或犹太人写的有关亚里士多德的《政治学》的评注,而从第一个拉丁版本问世(约 1260 年)到 13 世纪末叶,由基督教作家写的有关这部著作的评注至少有 7 部。

基督教传统与犹太—阿拉伯传统之间的这种最初的和最明显的差别,很可能是由于有关著作的原始资料存在或不存在于拉丁或阿拉伯世界这一纯粹偶然的历史事实。现有资料显示,亚里士多德的《政治学》很早就已被译成阿拉伯文,无论如何,通过这部著作的节录以及通过《尼各马可伦理学》和亚里士多德的其他著作,伊斯兰和犹太哲学家是知道《政治学》这部著作的内容的。同样地,从亚里士多德的《政治学》和早期罗马与基督教著作家——如西塞罗和奥古斯丁——对亚里士多德著作的改编和讨论中,西方著作家也是熟悉《理想国》和《法律篇》的内容的。然而,与在同样的情况下通常所作的相反,双方都不见作任何努力以获取遗失文本的抄本或译本。根据这种情况及相关资料,作这样一个假定并不是没有道理的,即基督教著作家和阿拉伯、犹太哲学家迫于不同的政治和宗教背景而对古典思想家的著作采取了各取所需的态度;或者说,前者利用《政治学》以及后者利用《理想国》与《法律篇》,这至少部分地是他们各自根据自己的具体情况而有意选择的结果。

从阿尔·法拉比那儿我们知道,他的著作的动机是要把哲学引入一个没有哲学的社会中,或当哲学黯然失色或遭破坏时将它恢复起来。[1] 这些著作所面对的特殊环境要求为哲学作公开辩护,即在常识和宗教信仰的法庭面前辨明哲学的正当性。这就决定了政治学研究的方法必须屈从或试图克服政治和宗教制度对科学的天然的敌意,因为科学的怀疑和探索精神有动摇制度基础的危险。因此,阿尔·法拉比所面临的情况与柏拉图所面临的情况颇为相似,后者的哲学本身就是在一种居支配地位的政治环境中自己发展起来的。

与阿尔·法拉比及其后继者不同的是,阿奎那很少被迫屈从来自教会权威方面的反哲学的倾向。作为一个基督徒,他可以直接采用哲学,而无须公开牵扯到对哲学的赞成或反对。这不仅是因为哲学在西方已被认可,并已得到基督教教规的正式批准,而且还因为哲学知识是所有神学学者必须具备的知识。中世纪基督教社会的典型情况是,教士也是学者,这一点与伊斯兰和犹太社团形成了鲜明对照。在阿奎那的著作中,更多的是在理性或哲学的法

---

〔1〕 阿尔·法拉比:《幸福的实现》,63。

庭面前辨明神学的正当性。他的最著名的著作《神学大全》的第一篇,不是问哲学研究是否应该被允许和有必要,而是问除了哲学之外神学是否还有必要。同一观点也同样显示了这一事实:迈蒙尼德援引来为对多数人隐匿哲学真理的正当性作辩护的理由,可以被阿奎那反过来用以说明为什么——除超自然的真理之外——上帝愿意启示某些自然的真理,或人类理性和经验本身就能够达到的真理。[1] 这种特有的局面有助于产生对亚里士多德的《政治学》的偏爱,因为与柏拉图的《理想国》相比,《政治学》假定了哲学与城邦的更高度的统一,从而假定了城邦对哲学的更大的开放。哲学在基督教世界中所享有的权威地位,也有助于说明阿奎那为什么能把神秘主义作为不必要的和无关的东西而予以抛弃,而这种神秘主义却是大部分古代哲学传统所共有的,也是为许多早期神父所热衷的。[2]

哲学在基督教社会中普遍为人接受,而在中世纪伊斯兰和犹太社会中遭排斥和反对,这是事实,但仅提及这一事实不足以充分说明为什么犹太—阿拉伯政治思想具有柏拉图主义的特点,以及为什么基督教政治思想具有亚里士多德主义的特点。人们不免还要提出这样的问题,即哲学起初是怎样被基督教所接受的,以及阿奎那的亚里士多德主义及其信徒何以最终取代神父们的柏拉图主义成了基督教神学的传统形式。这一更深层问题的线索最终应该到基督教与作为宗教和政治社会的伊斯兰教或犹太教的差别中去寻找。伊斯兰教和犹太教的最显著的特征就是它们首要地表现为

---

〔1〕《反异教大全》(*Summa Contra Gentiles*),Ⅰ.4;《神学大全》(*Summa Theologiae*),Ⅰ,问题1,第1条;Ⅰ—Ⅱ,问题99,第2条;《论真理》(*De Veritare*),问题14,第10条。迈蒙尼德:《迷途指津》,Ⅰ.34。

〔2〕 In Lib. de Divinis Nominibus,序言,2。参见 In Boethiun de Trinitate,问题2,第4条;《神学大全》,Ⅲ,问题42,第3条。

神启戒律或无所不包的社会命令,这些戒律或命令规定了人们的所有公私生活,并且一开始就排除了理性可以从中独立发挥作用的任何活动余地。但基督教则首先表现为信仰或宗教教义,它要求人们坚持一套基本的信念,而在其他方面允许其信徒按照并非宗教特有的原则或标准来自由地组织他们的社会和政治生活。与这一基本差别密切相关的另一差别,表现在宗教科学在每个宗教共同体中的地位上。在伊斯兰和犹太教中最高的科学是法理学(伊斯兰教律学),由它承担了解释、应用和改变圣法的规定有关的一切重要任务,并且辩证神学(伊斯兰教思辩教义学)总是明显地服从于它。在基督教中最高的科学是神学,其威望远远超过神学思辨在犹太和阿拉伯传统中曾有过的任何威望。这一同样重要的差别进一步导致的结果就是,只有基督教社会是由两种不同的权力和两种不同的法律来统治的,一种是基督教会的或基督教规的,另一种是世俗的,每一种都有自己的作用范围,而且每一种在原则上都是相对独立的。前者关心的是把人引导到他们的超自然的目的,后者则关心的是把人引向世俗的目的。其结果便是,人们通常能够只根据理性来研究政治现象,同时又不直接触犯既定的宗教权威,或冒险与之公开对抗。所以,诸如圣法和人法的起源、两者之间的关系和以预言或启示为媒介的圣法的传达问题,如阿维森那所说,[1]被柏拉图而非亚里士多德当作政治问题加以讨论,也被穆斯林和犹太哲学家看作贴切的政治问题,但对于基督教哲学家来说却不再是恰当的政治论题。总之,基督教社会本身的结构,即宗教和世俗领域的截然分立,显然与亚里士多德《政治学》中那种严格和相对独立的探讨政治问题的方式有相近之处。

---

〔1〕 阿维森那:《论理性科学的划分》(*On the Divisions of the Rational Sciences*),参见 R. 林纳和 M. 马迪编:《中世纪政治哲学》,载《原始资料集》,纽约,1963 年版,第 97 页。

以上关于犹太—阿拉伯和基督教传统中的政治哲学之一般特征的评述暗示了最后一个问题,也是对双方来说最重要的问题,即哲学和启示宗教的关系问题。阿奎那对这一问题的回答意在公平对待理性和启示的要求。它不同于多数穆斯林哲学家的回答,虽然他们表面上宣称神律是至高无上的,却把哲学视为完善的科学和启示真理的唯一判官;它也不同于奥古斯丁及其他基督教先辈们的回答,他们倾向于按照通过启示而被认识的人的最终目的来讨论一切人的问题,而且在他们的著作中世俗科学只在具有教养作用的意义上构成整体的一部分,或只是一种由信仰所启发的智慧。阿奎那首先清楚地区分了信仰的领域和理性的领域,或哲学的领域与神学的领域,并认为二者各自都是完全独立的学科。[1]一方面,哲学依据的是自然为人所知的自明原则,体现着人对宇宙的自然秩序的完善的认识能力。哲学的顶点是形而上学或第一哲学,它在自己的王国中始终是至高无上的,而且并不被神学贬低为人类学科们的王后。甚至没有神恩自然本身也是完满的,并且具备其内在本质的完善,因为它有能力凭借自己的力量而实现自身的目的或恢复到它的原则。另一方面,神学依据神的启示而提供有关一切事物的开端和目的的全面解释。神学的前提来自信仰,同时它也利用可能与其目的有关的哲学学说,不是把哲学学说当作原则,而是当作工具,以便条理清晰地探讨启示的内容。

神恩远远不是摧毁自然,而是预先假定了自然,并且通过将其提高到它靠自身的力量所不能达到的更高目的来进一步完善它。因此,在启示的真理与只通过理性和经验而获得的知识之间存在差别,却不可能存在根本的不一致。两者之间的预定和谐的理论

---

〔1〕《反异教大全》,Ⅱ.4;《神学大全》,Ⅰ,问题1,第6~7条。

根据就在于假定上帝——神圣真理的启示者——也是自然的创造者。[1]《圣经》与哲学家的学说之间的任何不一致都可以归结为人的精神的不完善,它或者误解了启示,或是在探究自然真理中犯有错误。人的灵魂是智力实体中的最弱者。人的一切知识都源于感觉和对感性事物的抽象。这样的知识含有大量的概念,因而必然具有零碎散漫的特点。人作为知识动物的本质特征是有别于"理智"的"理性"。换句话说,人并不是靠直觉把握真理,而是通过一种复杂的理性过程而达到真理,精神借助于这一过程有秩序地从已知达于未知。[2] 因为个体的差别是身体的自然的结果,所以人并不都具备相同的智力天赋,因而在获取知识方面也不具备同样的能力。[3] 同时,即便其中更具天赋的人也不能保证一定有条件和机会将他们完全献身于真理的追求。况且,人不可避免地倾向于道德的邪恶,尽管这种邪恶并不直接损害人的理性能力或降低其知识能力,却能造成其欲求的混乱,从而使科学的获得变得更为艰难。[4] 既然人的精神有其内在的局限性以及它在寻求知识的过程中必须与之斗争的外在障碍,那么毫不奇怪的是,即使哲学家也会犯错误并在他们之间产生分歧。在他们达不到真理的情况下,他们的学说时常与信仰相左;而事实依然是,理性本身不能证明启示的不可能性,同样也不能证明它的真正的可能性。依阿奎那的观点来看,最多可以这样说,即哲学家们用来反对神的启示的论点,无论全部或部分,从来没有提供过迫使人们同意他们的

---

〔1〕《反异教大全》,Ⅰ.7;《论真理》,问题14,第10条。

〔2〕《神学大全》,Ⅰ,问题85,第3条;《反异教大全》,Ⅱ.98;《〈后分析篇〉注释》(*Commentary on the Posteriov Analytics*),序,n.4。

〔3〕《神学大全》,Ⅰ,问题76,第5条。

〔4〕《神学大全》,Ⅰ—Ⅱ,问题85,第1~2条。

证据。[1]

虽然阿奎那把亚里士多德哲学奉为自然真理的最完善表达,并把它看作最符合基督教真理的哲学,但只有通过在内容和精神上对这一哲学加以改造,阿奎那才足以能使它与基督教的信仰协调起来。就我们目前的打算而言,这种改造的性质或许最好以下述事实来说明,这一事实就是:鉴于亚里士多德只谈到过自然的正义而从未提及自然法,阿奎那一般被认为是西方世界中自然法理论的经典倡导者。

基督教与政治学:政治制度的本性

阿奎那政治哲学的基石是亚里士多德的自然概念。与所有其他动物相比,人是政治的和社会的存在。[2] 公民社会对人来说是自然的,但它不是由自然赋予的东西,而是人的本性所倾向并且是人的理性本性的完善所必需的东西。人,这一自然的最杰出的产物,一来到世间便处于比其他动物更无助、更贫困的境地——无从遮蔽,赤身裸体,手无寸铁。然而,自然赋予人以理性、语言和双手,一旦这些东西发展起来,人最终能自供己需。[3] 但是,要获得为其生存所需的一切,单单靠个人的力量是远远不够的。为了在理性和技能尚不发达的幼年时代能够生存,也为了晚年生活得更便利,人必然有赖于他人的帮助。

人属于社会,没有社会他就不能生存,更不用说生活得好。人

---

〔1〕《反异教大全》,Ⅰ.9。

〔2〕《论王者之治》(*On Kingship*),Ⅰ.1〔4〕。

〔3〕《论王者之论》,Ⅰ.1〔5〕;《神学大全》,Ⅰ,问题 76,第 5 条,ad4^{m}。

所属所依的第一个社会是家庭,其特有目的是设法获得生活必需品,以确保个人的生存和种的延续。家庭中包含的各种关系——男女关系、父母子女关系、主奴关系——都服从于这一目的。以料理家庭事务为对象的学问是经济学或家政学,主要处理的是家庭成员的生活用品或消费品的获得与管理问题。

但家庭不能独自提供为人的生存或生活所需要的一切物质资料,也不能将其所有成员都引向道德的完善。父辈的命令,其有效性依赖于天然的父子亲情,通常足以确保精神高洁的年轻人行为端庄,但对于灵魂卑劣者来说作用是有限的,对后一种人不能仅靠说服,必须以惩罚相威胁来矫正他们的行为。〔1〕 真正自足的人类联合体,即唯一能确保道德条件和满足一切人的世俗需要的结合体是城邦。城邦是实践理性的最完善的作品。虽然从形式上看城邦不如家庭更自然,因为不同社会的城邦结构比家庭结构有更大的多样性,但城邦仍然服从一种更高、更广泛的目的。城邦作为完善的社会包括所有人们所能形成的关系,其中也包括家庭关系,城邦使家庭的目的服从它自己的目的,这个目的便是人的整体利益。〔2〕 只有在公民社会的结构中,人才能达到生活的完满,以至于可以这样说:一个离群索居的人不是像动物一样缺乏人的完善,就是已经超越人的完善而达到了神一样自足的状态。〔3〕

就像经常用作比方的人的身体一样,城邦也是由许多不同的部分构成的,其中每一部分都有自己独特的作用或功能,由于每个部分作为个体都有着与其他个体不同的欲望和激情,并且不同的

---

〔1〕《神学大全》,Ⅰ—Ⅱ,问题95,第1条;《〈伦理学〉注释》(*Commentary on the Ethics*),Ⅰ,第1讲,n. 4;x,第14讲,n. 2139—2142。

〔2〕《神学大全》,Ⅰ—Ⅱ,问题90,第3条,ad3m。

〔3〕《〈政治学〉注释》(*Commentary on the Politics*),Ⅰ,第1条,n. 39;《〈伦理学〉注释》,第1讲,n. 4。

欲望和激情构成了每个个体部分的行为动机或源泉,所以要紧的是在一个城邦中应该有一个单一的权威,其职能就是保护整体的利益,并维护各个不同的构成部分之间的秩序和统一。政治权威是城邦的决定性要素,或者说是城邦的"形式",这与亚里士多德把质料和形式作为自然物的构成原则的学说是一致的,一个没有制度的城邦就像一个没有灵魂的身体:即使还能称其为城邦,它也只不过是名义上的城邦而已。因此,如果城邦是自然的,那么为城邦所必不可少的政治权威就也是自然的。政治权威与奴隶制是相反的,在阿奎那及其之前的基督教传统看来,奴隶制不像政治权威那样植根于人的本性,而是源于人的本性的堕落。〔1〕一方面,政治权威与奴隶制的区别在于政治权威是自由人对自由人的统治,它以全体公民——他们都是作为自由人而独立存在的——的利益作为自己的目标。另一方面,奴隶是为另一个人而存在的,因而对他的统治不是为了他本身的利益,而是为了主人的利益。

由以上所述而得出的结论是,城邦高于其部分的总和,城邦的整体目的高于其成员的特殊利益的总和。无疑,城邦的目的并非有别于单个人的目的,但由于个人的充分发展依赖于城邦,因此城邦具有公益的性质,尽管公益在数量上是一,却为城邦的每一公民所分享。〔2〕正如整体重于且先于部分,因为部分服从整体,而且不能没有整体而存在。同理,在最终的因果关系序列中,城邦先于个人,并且城邦的目的比个人目的更崇高、"更神圣"。〔3〕下述说法初看上去是自相矛盾的,但在阿奎那看来却是一致的,即城邦的公

〔1〕《神学大全》,I,问题 96,第 3 ~ 4 条;问题 92,第 1 条,ad2^{m};《论王者之治》,I. 1〔9—10〕。

〔2〕In Ⅳ Sent. ,Dist. 49,问题 1,第 1 条,问题 1,答案 1,ad3^{m}。

〔3〕《反异教大全》,Ⅲ,17;参见《〈伦理学〉注释》,Ⅰ,第 2 讲,n. 30。

益本身就是个体公民自己的利益,尽管显然不是个人的私利。[1] 作为正确的利益,这是一种意愿的产物,这种意愿比一个公民追求私利的欲望更为强烈。因此,在公益与私利发生冲突的情况下,前者自然会压倒后者。这说明了为什么在极端必要的情况下一个人会自发地为了城邦而牺牲自己,就像他为了整个身体的利益而愿牺牲自己的一只手一样。[2]

政治权威的公益和目的首先在于在构成城邦的不同部分之间维持和平与和谐。[3] 和平取决于每个部分都适应整体,并在其中合理而流畅地发挥作用。但这种基本的统一及其抵抗破坏性力量的能力,只是城邦能够生存的最低条件。这是城邦努力的最低目标而不是最高目的。除生存之外,城邦的目的是促进其公民的好的生活或美德。[4] 经验表明,单独的和集体的人都向往各种利益,如财富、荣誉、自由或美德,其中一些利益显然比另一些利益更为高尚。一个既定城邦实际所追求的目标取决于在该城邦中拥有决定性发言权并因而构成其制度的人们。在这个意义上,制度就是一个城邦的生活方式,这种生活方式特别与其中的政权分配方式有关。[5] 一个城邦与另一个城邦是相区别的,以及为其特有的崇高或伟大所系的,正是该城邦的统治制度。因此,最好的政治制度或应由谁统治城邦的问题是政治哲学的核心论题。

由于人们相互之间在许多方面都有差别,而最显著的差别是

---

〔1〕《反异教大全》,Ⅲ. 24;《神学大全》,Ⅱ—Ⅱ,问题 47,第 10 条,ad2m。

〔2〕《神学大全》,Ⅰ,问题 60,第 5 条;《论自由》(*Quodlibetum*),Ⅰ,问题 4,第 8 条。

〔3〕《论王者之治》,Ⅰ. 2〔17〕;《神学大全》,Ⅰ,问题 103,第 3 条;《反异教大全》,Ⅳ. 76,4;《〈伦理学〉注释》,Ⅲ,第 8 讲,n. 474。

〔4〕《论王者之治》,Ⅱ. 3〔106〕;Ⅱ. 4〔117—8〕;《〈伦理学〉评注》,Ⅰ,第 1 讲,n. 4。

〔5〕《〈政治学〉注释》,Ⅱ,第 6 讲,n. 226;第 17 讲,n. 341。

在知识和美德的能力方面,[1]并且因为低劣者天生就服从于优秀者,所以顺理成章的是,最优秀的人应该统治其他人,统治的职责应根据美德来分配。基于城邦的统一及其所追求的目的的高尚这两重理由,最值得向往的制度,是一个贤明者因其美德而享有的王者之治或无条件的统治。但如果绝对的君主制在理论上是最好的正义制度,那么它也是有着最大危险的制度。因为巨大的权力集于王者一身,除非他碰巧是个非凡的有道德的人,否则他可能变得腐化堕落,他的统治也很容易沦为暴政。而公平的是,暴政是最坏的统治,因为它与公益的目标相去最远。[2] 何况,美德不像诸如财富或高贵的出身之类的特点那样明显,因而不易被大多数人所认识。常识表明,政治上的贤德之人并不总是或一般不被其他人承认为这样的人,因为大多数人很少有真正的智慧或美德。[3] 也不容许做这样的假设,即愚昧的多数很容易被说服来接受一个完美的人做他们的唯一统治者,因为可以指望他为之而统治的那种利益可能与他们自己不怎么高尚的利益相抵触。城邦的统一需要尽可能顾及和调解城邦内各组成部分间彼此冲突的要求。无论在何种情况下,智慧和优秀的要求必须与同意的要求结合起来。这意味着,就具体目的而言,最好的制度是所谓混合制度,或以和谐的方式结合了君主制、贵族制和特殊政体的优点的制度。为了证明这一典型的古典解决方案,阿奎那提到了一个神圣的先例,即古代希伯来的政治制度,其中摩西及其后继者的权威被从人民中选出的一群长老的权威所制约。[4]

就这种制度的稳定性和功效而言,或就任何制度而言,最保险

---

〔1〕《神学大全》,Ⅰ,问题96,第3条。

〔2〕《论王者之治》,Ⅰ.2—3;《神学大全》,Ⅰ—Ⅱ,问题105,第1条,ad2^{m}。

〔3〕《〈政治学〉注释》,Ⅱ,第5讲,n. 212。

〔4〕《神学大全》,Ⅰ—Ⅱ,问题105,第1条;《论王者之治》,Ⅰ.6〔42〕。

的办法就是法治,法治在绝大部分情况下是一种实践的需要,因为贤明之士不常有,而且人治不可避免地会滥用职权。由于贤明之士从来为数极少,因此发现能制定好的法律的少数人比发现能审理个别案例的多数人更为容易。同时,与总是需要当场作决定的人相比,立法者有更多的时间并且处于更有利的地位以全面考虑某一问题的所有不同方面。最后,立法者的判断更不可能因他们个人卷入需要他们亲自表态的问题而受蒙蔽。因为法律是根据普遍情况而提出的,并且也考虑到了未来的情况。[1] 法律是政治的特有工具,它们与人的作用的关系相当于普遍物与特殊物的关系。统治者通过法律的力量而不是通过别的力量来促进公民中的正义和道德的善。道德之善的获得正是重复那些由法律所规定的行为的结果,或是在好的法律下的惯常的生活和教育的结果。[2] 因此,立法的重要性就在于它具有建构特点,并构成最重要的政治学术活动。[3] 不管怎么说,法律仍然是由人来颁布、实施的,而且在必要的时候也是由人来修正的。简言之,法律本身是它们所源出的制度的产物。这样我们又被带回到制度的概念,因为制度是根本的政治现象,因而是政治哲学的主题。

至此,阿奎那的政治哲学看上去似乎与亚里士多德的政治哲学毫无二致,并且前者明显派生于后者。但一经更认真的考察便会发现,在接受亚里士多德关于人和人的生活的政治本性概念的同时,阿奎那在基督教和斯多葛主义的影响下大加修正了这一概念,并且这种修正在很大程度上是这两个传统中作为立法者的上帝概念的必然结果。人的优秀不再以政治生活的条件来界定。

---

〔1〕《神学大全》,Ⅰ—Ⅱ,问题95,第1条,ad2^{m}。

〔2〕《〈伦理学〉注释》,Ⅹ,第14讲;Ⅱ,第1讲,n. 251;《神学大全》,Ⅰ—Ⅱ,问题92,第1条。

〔3〕《〈伦理学〉注释》,Ⅵ,第7讲,n. 1197;Ⅹ,第16讲,n. 2165。

通过自然法知识,人直接加入合理的共同秩序,超越了他作为特殊社会的公民所属的那种政治秩序。通过分享自然法,他发现自己与其他所有的理性动物一样,都是一个世界共同体或国际都市的成员。这个世界共同体由神意统治,而且神意的正义远远优越于任何人类制度的正义。这种观点中所包含的最好的人类制度与完善的社会秩序之间的分离为基督教托马斯主义学说所进一步强调,根据这种学说,整个自然秩序也服从于神恩或圣法的秩序。因此,最好的制度并不是像亚里士多德所认为的那样是人的产物或由哲学指导的实践理性的产物。最好的制度是上帝王国的同义语,并且神的救世恩典在任何时候都是现实的或能实现的。公民社会不再是道德全体的唯一负责者,而且它本身也要由人类行为必须普遍遵从的一个更高标准来加以判断。它成了包括一切人和一切城邦在内的一个更广泛的整体的部分,恰因这一事实它被剥夺了它原有的特殊地位,即不再作为唯一的限度以界定人的活动的范围、规定他可以追求的目标,以及确定他的等级地位。〔1〕

除了其他方式以外,托马斯主义学说的超政治的特点还以阿奎那划分道德科学和政治科学的方式表现出来。《〈伦理学〉评注》指出,家庭或城邦的统一不是一种有机的统一,而只是一种秩序的统一,因此这些社会的个体成员可以保持一种有别于整体的活动范围。以此出发,阿奎那得出结论说,伦理学、经济学和政治学不是构成由三部分组成的一门科学,而是三门各自分立的不同学科,由此赋予了伦理学和经济学以独立性,而在亚里士多德那里它们

〔1〕《神学大全》,Ⅰ—Ⅱ,问题72,第4条。参见Ⅰ—Ⅱ,问题21,第4条,ad3^{m};问题91,第1条;《论王者之治》,Ⅱ.1〔94〕;《论人的精神的完善》(De Perfectione Vitae Spiritualis),13。

是不具有独立性的。[1] 与这种学说相类似的观点可以在阿奎那有关自然正义问题的讨论中找到,对这个问题的讨论构成了他论述特殊正义的论文的一部分,而且遵循的是乌尔比安和罗马法学家们的传统。与亚里士多德不同的是,这一传统把自然正义当作个人的正义的一部分来看待,并完全在法律正义的范围内处理自然正义问题。[2] 在讨论到好公民愿为国家而牺牲自己时,阿奎那评论道,这种行为将会是一种自发的倾向,假如人天然就是他为之而牺牲的社会的一部分的话。[3] 这句话是要使我们认识到,人与某一特殊的公民社会——有别于其他公民社会——的关系不是天生的而是后天获得的。虽然阿奎那同意亚里士多德的观点,即离群索居的人不是超人就是非人,但关于完善程度超越了公民社会的界限的超人,阿奎那举的不是哲学家的例子——像亚里士多德大概在心中所想的那样——而是圣安瑟尼的例子。此人是3世纪的一位隐士,除其他方面外也以反哲学而闻名。[4] 最后,只为援引另一个例证,阿奎那按照下述的意思解释了亚里士多德的陈述,即道德美德是相对于制度而言的,它指的是人作为公民的相对的美德,而不是人作为人的绝对的美德。后者据说与实践理性是不可分割的,而实践理性的第一原则是独立于政治制度而自然地为一切人所认识和理解的。[5] 在这些情况下,作为个人和城邦幸福的首要条件的最好的制度概念,便失去了其至高无上的重要性,就像政

---

〔1〕《〈伦理学〉注释》,第1讲,n. 5—6;Ⅵ,第7讲,n. 1200;《神学大全》,Ⅱ—Ⅱ,问题47,第11条,s. c。

〔2〕《神学大全》,Ⅱ—Ⅱ,问题57。

〔3〕《神学大全》,Ⅰ,问题60,第5条。

〔4〕《〈政治学〉注释》,Ⅰ,第1讲,n. 35;亚大纳西:《安瑟尼的生活》(*Life of Anthony*),72以下。

〔5〕《〈政治学〉注释》,Ⅰ,第3讲,n. 376。参见《神学大全》,Ⅰ—Ⅱ,问题92,第1条,corp. and ad 4^{m};Ⅰ—Ⅱ,问题58,第4条。

治哲学一样。在政治哲学的指导下,最好的制度是依赖于它实现的。

道德美德与自然法

托马斯主义立场的理论基础及实践意义明显表现在阿奎那有关道德美德的观点中。这种观点可以说是试图阐明人如何应该根据他的本性和他的理性本性而行动。这种观点直接诉诸并非道德所固有的原则,或借自这些原则正当所属的自然科学的原则。[1]因此,这种观点假定读者像思辨理智所理解的那样理解了人的本性及人的自然目的。一般说来,与亚里士多德的处理方式相比,这种处理方式代表着更教条化或更具演绎性的方面。

两位著作家的区别在某种程度上从阿奎那《〈伦理学〉评注》中就已经明显表现出来。在《伦理学》第2卷至第5卷中,亚里士多德简单地列出了11种道德美德,他没有指明这些美德的排列顺序的理由,也没有试图把这些美德与人的灵魂及其不同部分联系起来。他的讨论只停留在道德美德的层次上,而且只限于阐明有别于哲学家的正派或诚实的人所表现的道德现象。它的典型听众是"绅士",或有良好道德习惯和见解的人,他们把正派视为自然而然的事情,因而用不着去设想道德生活之于不道德生活的内在优越性。它公开宣称的目标,是要阐明和清楚地表达有良好出身和有良好教养的人以杂乱的方式所知的、根据他自己的经验和教养而接受但并不真正知道其理论前提的东西。按照这一显著的实践

[1] 参见《神学大全》,Ⅰ,问题60,第5条。

目的,它避免依据作为道德的最终基础的思辨前提,因为这些思辨的前提极少有助益于那些关心道德的实际应用甚于关心彻底把握道德的人性基础的人。一个人不研究几何学也能是一个好木匠,同样地,一个人不科学地研究人的行为也能是一个好人。简单地说,整个讨论所提出的问题是,何为好人?一个人为什么应该是一个好人?它为这个问题所提供的答案的主要依据来自这一事实,即道德完成于人的精神之中以至于道德美德成了人的第二天性,而不是来自这样的知识,即可以通过有关人的自然本性的哲学研究而获得的知识。整个讨论终以对高尚和正义的说明,这两种美德集中体现或界定了人分别作为个人和社会存在物的完善。

阿奎那解释了《伦理学》的相应章节,通过揭示旨在为亚里士多德的处理方法作辩护的理由,他的解释既超出了文本所明确表述的东西,也超出了文本所暗含的东西。勇敢和节制的特有问题是阿奎那所谓的第一激情,如愤怒和贪欲。然后是与第二激情相连的美德,它们或者与外在的财富和邪恶有关,或者与外在的行为有关。属于第一组的有慷慨大方和毫不吝啬,这与财富的使用有关;也有与荣誉相关的美德,其原则是高尚;此外还有温和。属于第二组的是友善、正直和文雅的机智。继这些美德之后的是正义,它以外在的行为本身为其主要问题,有别于在其之前的所有美德都与之相关的内在激情。亚里士多德处理这些美德的顺序会在下述事实中找到其理论根据:首先,由于第一激情涉及同维持生存直接有关的物品或危及生存的邪恶,而第二激情只与不怎么重要的物品有关,所以第一激情优先于第二激情;其次,既然行为源于激情,因此对后者处理先于对前者的处理是可以理解的。[1] 然而,人

---

〔1〕《〈伦理学〉注释》,Ⅲ,第14讲,n. 528。

们不禁要问,且不管其内在优点,阿奎那的"科学的"解释究竟在多大程度上尊重了亚里士多德文本的含义?它所建立的第一激情和第二激情的区别首先造成的结果就是赋予勇敢和节制以更大价值,而贬低那些更引人注目但不那么必要和那么普遍的美德,如慷慨和高尚。而这些美德可能被亚里士多德当作讨论道德生活问题的主要焦点之一。最后,阿奎那所提出的解释采用了一种分析原则,这一原则即便不与亚里士多德的思想无关,至少也同《伦理学》处理道德问题的特有方式无关。

同样的结论更明显地见于阿奎那的《神学大全》中有关道德美德的论文,亚里士多德的分类在其中被完全抛弃,以便于采用经过修正的柏拉图—斯多葛学派的框架,把所有道德美德归结为所谓四种主要美德,即节制、勇敢、正义和明智。[1] 其中每种美德都与灵魂的某一部分相联系,其职责就在于规定和完善该部分的作用。节制以灵魂的欲望或欲念部分为其主要问题,其主要职责是适当约束人对感官之乐的欲求,以此让理性的秩序引起该部分。勇敢作为一种美德是为了矫正灵魂的勇猛或暴躁的部分,并使人能克服可能有碍于追求合理利益的恐惧。正义相应于灵魂的意志部分,其职责是调节或规定人与他人的各方面的交往。这三种美德决定了人正当地服从其自然目的或由理性所命令的善。但除了倾向于正当目的之外,人还必须能思谋、选择和确定有助于达到此目的的手段。这便是明智的作用,就其以灵魂的理性部分为主要问题而言,是一种理智的美德,但就其作用时常涉及前三种美德对欲望的矫正而言,它也属于道德美德。

所有其他美德均按其属于主观部分、潜在部分还是组成部分

---

〔1〕 参见《神学大全》,Ⅰ—Ⅱ,问题61。

而被归入四种一般美德之一。主观部分是同种不同属的美德,也就是说,一种美德可以根据其所处理的问题而被划分为不同层次。例如,统治者的明智远优于一个无足轻重的人的明智,其间的差别特别在于前者涉及整个城邦或王国的公益,但二者都满足明智的定义,所以它们是两种不同而又自足的形式。[1] 潜在的部分是这样一些美德,它们处理的是主要美德的次一级的问题,因此它们本身并不包括该主要美德的充分本质或力量,如慷慨和友爱的情况就是这样,虽然这两种美德的问题不可同正义的问题并存,但它们仍然归属于一个相同的总范围,因为它与正当的人际关系有关。[2] 组成部分是一些本身不完整的美德,但代表着有助于形成一种完整的美德的不同要素。因此,记忆、创造性、慎重、周全等都是某一完善的明智之举的必要成分。[3] 以这种方式逐步构成了道德美德的目录,这一目录既详尽无遗,显然又根据的是对人的灵魂的本性和部分所作的理论分析。

要把握阿奎那的分析方法的更大意义,有必要考虑源自亚里士多德的一种道德美德学说,即作为两种极端情况下的中间方法。[4] 人的行为可能因过分或不足而偏离合理标准,因此善的或合理的行为要求避免两个极端,而在任何时候都应恪守中庸。中庸绝大部分与主体相关,而且只能根据某一既定行为的个别情况——包括主体本身的情况——而加以确定。例如,理性告诉我们,食物和饮料是生活所必需的,但理性不可能具体地而只能一般地指明这个或那个人应该吃多少、喝多少。对某人来说过量的东西可能对另一个人来说还嫌不足;在某些时候或某些情况下是合

---

〔1〕《神学大全》,Ⅱ—Ⅱ,问题47,第11条;问题48,第1条;问题50,第1~2条。

〔2〕《神学大全》,Ⅰ—Ⅱ,问题80,第1条。

〔3〕《神学大全》,Ⅱ,问题49。

〔4〕参见亚里士多德:《伦理学》,Ⅱ.6。

适的东西在另一些时候或另一些情况下可能是不合适的,甚至在道德上是应受谴责的。很容易能设想这样一种情况,其中美德本身可能要求一个人违背流行的或普遍认可的行为标准。然而,由此马上产生了这样一个问题:应该制定为这类决定所依据的原则。亚里士多德的经验性研究的特点就在于,他对这个问题的讨论没有提及任何道德领域之外的准则,或没有提及可以借以为偶尔背离通常准则作辩护的任何超道德目的。《伦理学》确实明确指出,理性的中庸是一个明智的人总能确定的中庸,因为一个明智者可以说是他自己的立法者。然而,虽然这一解决办法为了行为的目的可以认为是合适的,但从理论观点来看却是不能令人满意的,它实际是用未经证明的假设来辩论,因为它不过是说:正当的中庸是由明智的人所确定的中庸,而明智的人被定义为惯于选择正当中庸的人。[1]

同样的困难也存在于亚里士多德的实践真理学说中。实践真理,就这一提法的充分意义而言,或就其关涉特定情况下的行为而言,它不单单是知识问题。它要求一个人不仅应考虑某一既定行为的性质,而且也应考虑与该行为有关的各种具体情况。但这些具体情况是数不清的,也是难以估价的。如果一个人为了行为道德而不得不了解与其行为相关的所有情况,那他永远也不可能前进一步。由此得出的结论是,某一实践的或明智的判断,可能在客观上是错误的而在道德上却是正确的。例如,一个人由于失误而非疏忽大意,从而让患者吃错了药。这是道德上的善行,即使由此可能造成严重的危害。的确,即便可能,对某一具体状况的客观实际的充分而准确的估价也不会足以保证一个人的行为的道德特

---

〔1〕 亚里士多德:《伦理学》,Ⅱ.6,1107^{a}1。

点。真正的美德要求一个人根据善的样式而不是根据思想的样式来追求善。这意味着主体惯于按照善显现给主体或为主体所知的样子而欲求善。令一个道德的人注意的问题,不是能以纯客观或不偏不倚的方式所提出的问题。这些问题与发问者不可分割,并且它们的答案否定了单纯理性的分析。换句话说,实践判断的真理性尺度是精神与经过矫正的欲望的一致性,这恰与思辨的判断相反,因为后者的真理性尺度是精神与其对象的一致性。然而,如果真是如此,整个论证,像阿奎那正确指出的那样,就会再次表现为循环论证:实践问题中的真理或正确理性取决于某一特殊行为同经过矫正的欲望的一致性,而经过矫正的欲望本身又取决于它与正确理性的一致性。〔1〕

阿奎那解决这一双重难题的尝试,再次阐明了亚里士多德至多只是暗示过的东西。虽然这一尝试在《〈伦理学〉评注》中已有所提示,但其最详细和完整的表述见于《神学大全》中关于法律的著名论文。〔2〕 其独创性是显而易见的,因为这篇论文在亚里士多德那里没有对应物,而是大部分依赖西塞罗和奥古斯丁的早期自然法理论。简言之,阿奎那的尝试就在于证明,虽然选择达于目的的手段确是理性的任务,但人作为道德存在物而追求的目的已经由自然所规定,并预先包含在人对那一目的的内在愿望中。自然应理解为一种确定的和必然的倾向的内在原则,或像奥古斯丁为其所下的定义那样,认为自然是分享神的智慧,这一智慧甚至使非理性存在物都能按照与理性相一致的方式而活动。〔3〕 人本身就是一

---

〔1〕《〈伦理学〉注释》,Ⅵ,第2讲,n. 1131。参见《神学大全》,Ⅰ,问题1,第6条,ad2^{m};问题14,第16条。亚里士多德:《伦理学》,X. 5,1176^{a}4以下。

〔2〕《神学大全》,Ⅰ—Ⅱ,问题90～108。

〔3〕《〈物理学〉注释》,Ⅱ,第1讲;参见《〈形而上学〉注释》(*Commentary on the Physics*),Ⅴ,第5讲。

种自然存在物,同所有其他自然物一样,人的整个存在的倾向就是趋于他注定要一贯服从的目的。因此,作为一种实体,人自然寻求自我保存;作为一种动物,人与其他动物一样有养育子女的自然欲望;而作为一种理性存在物,人自然倾向于人的特有之物,如政治生活和真理的知识。[1]

正因为天生拥有理性,人比其他自然物更完善地参与神意的秩序。通过掌握有关他本身目的及展示那一目的的自然倾向的知识,人直接知道统治其行为的一般原则。这些原则作为实践理性的命令而构成"法",这个由自然本身所颁布的法能使人辨别正确与错误,并充当人的行为的善恶标准,而且是一贯正确的标准。[2]其最普遍的律令构成一种特别习惯的对象,阿奎那称这种习惯为良心,或更准确地说,称之为良知,与之相对应的习惯是一切思辨证明的首要和自明的前提。[3]

"良心"和"良知"二词没出现于亚里士多德的著作中,而是出现于后期希腊和早期罗马传统中,尔后为中世纪著作家沿袭下来,因此对这两个词的使用标志着托马斯主义学说的非亚里士多德风格。然而事情并不止于此。由于所讨论的这些道德原则被认为是严格及本来意义上的法,所以它们具有强迫性特点,而对亚里士多德及一般的哲学传统来说,这一特点是不存在的。因为自然法不仅倡导或阻止某些本质上高尚或卑贱的行为,它还以今世或来世惩罚的痛苦相威胁来约束或禁止这些行为。因此,自然法显然假定了人的灵魂不朽,也假定了全知、全能的上帝的存在,他以其智慧和公正统治世界,而且在他的眼里,所有人的行为或值得奖赏或

---

〔1〕《神学大全》,Ⅰ—Ⅱ,问题94,第2条。

〔2〕《神学大全》,问题91,第2条。

〔3〕《神学大全》,Ⅰ,问题79,第12~13条;Ⅰ—Ⅱ,问题19,第5~6条;In Ⅱ Sent.,Dist,问题16。

应被惩罚。[1] 违反自然法的律令就是背叛，而不仅仅是背离理性或判断力的缺乏；违反自然法也就是冒犯上帝，因为上帝是自然法的制定者和保证者；罪恶者除自动丧失内在的利益，如幸福和美德之外，上帝还要根据其罪错程序而施以外在的制裁。在这种情况下，人的全部道德生活获得了崭新的方向；它不再仅仅从人的实现和完善的方面被理解，而且最终成了欣然和感激地服从具有无条件约束力的神授法的问题。[2]

应该马上补充说，自然法只提供了最一般的行为准则或人关于道德命令的知识所依赖的不可动摇的基础。它代表着首要但绝非充分的人间理性统治。唯有其最高原则毫不例外地为一切人所知，甚至这些原则都往往过于宽泛而不能直接用于指导人的活动。因此有必要补充另一种法，这后一种法只有通过人的努力和劳作才能达到，正因如此它才被称为人类法。人类法本身派生于自然法，表现为一般准则的特殊规定或出自不可证明的原则的具体结论。例如，自然法规定应该尊敬和崇拜上帝，但对神的崇拜需要举行某些活动或仪式，这些活动或仪式又可能依时间和地点而有所变化，因此必须由人的理性予以具体规定。又如，从不应伤害他人这个一般原则出发，理性推论出不应杀人、盗窃或通奸等具体结论。[3]

不必说，这些原则并不总是具有同样的表现或导致同样的必然性。大多数情况下它们的普遍性受限于它们所处理的问题的“变形”或极端偶然性，同样也受限于人性的相对不完善和不稳定。人的行为总是与特殊事物有关，因此人的道德很容易受无数具体情况的影

---

〔1〕《神学大全》，Ⅰ—Ⅱ，问题 18，第 9 条；问题 21，第 4 条；问题 96，第 4 条；问题 98，第 5 条；问题 99，第 1、5 条；问题 100，第 2 条。

〔2〕《神学大全》，问题 71，第 6 条，ad5^{m}；《反异教大全》，Ⅳ. 140。

〔3〕《神学大全》，问题 95，第 1 ~ 2 条；问题 91，第 2 条，ad2^{m}。

响。正义通常要求借自他人或代人寄存的东西应归还原主,但这并不是说一个人在道德上有义务把一批武器交还给一个企图背叛国家的人。再者,并非一切人都能达到同等程度的美德或道德的完善,不管是因为年龄、自然倾向还是因为习惯的缘故。如果道德原则所提出的要求是特殊的主体或群体无法做到的,那它就是不合理的,因此有必要加以改变,以使其适应具体情况。[1] 道德原则越是特殊,它就越是可变的和不确定的。所以,与自然科学不同的是,道德科学缺乏精确性,因此只能满足于提供真理的大致轮廓。[2]

在阿奎那和亚里士多德之间,真正有决定意义的问题不是道德原则是否经历变化的问题,而是有没有永远不许违背并且在极端情况下也保持义务特点的道德原则问题。亚里士多德明白地指出所有自然的正义都是可变的,[3]而阿奎那则区分了自然法的共同的和第一位的戒律与它的具体的和第二位的戒律,前者在一切情况下都必须为一切人所遵守,后者则随具体情况而变化。前者有别于后者之处就在于前者具有更高程度的可知性并且更接近于人的自然目的。禁止谋杀、通奸和盗窃的律令就是如此,一切人都毫不例外地要遵守,只有上帝——自然法的创立者——在某些情况下可以免除它们,如他曾命令亚伯拉罕杀死其子爱萨克。属于普遍有效的法律这一范畴的有摩西十诫,包括禁止偶像崇拜和轻慢地谈论上帝的律令,后者与旧约关于仪式和审判的戒律不同,它们未被新约法律所取消。[4]

---

〔1〕《神学大全》,问题 94,第 4 条;问题 96,第 2 条;Ⅱ—Ⅱ,问题 57,第 2 条,ad1^{m}。

〔2〕《〈伦理学〉注释》,Ⅰ,第 3 讲,n. 35;Ⅱ,第 2 讲,n. 258—259。

〔3〕 亚里士多德:《伦理学》,Ⅴ. 7,1134^{b}25 以上。

〔4〕《神学大全》,Ⅰ—Ⅱ,问题 94,第 5 条,ad2^{m};问题 97,第 4 条,ad3^{m};问题 99,第 3 条,ad2^{m} 和第 4 条;问题 100,第 8 条,ad3^{m};增补,问题 65,第 1 条;另参见Ⅰ—Ⅱ,问题 100,第 1 条;问题 104,第 1 条,ad3^{m}。

一个有争议的问题是,被迫采取的不道德行为是否正当或可以原谅。在阿奎那看来,处理这个问题当然也要区分第一位的和第二位的戒律。关于这个问题,亚里士多德没有给出一个确定的结论。他说,"或许"有某些丑恶的事情,人即使在遭受最大痛苦乃至死亡的情况下都不应同意去做。最后他同样含糊其词地说,"把赞扬和谴责给予那些屈服于强迫的人和那些不屈服于强迫的人"。[1] 在评注这段文字时,一方面,阿威罗伊解释说,亚里士多德的意思是,屈服于强迫的人在一种情况下可以予以谴责,但在另一种情况下又不可以,这后一种情况似乎指的是一个人在肉体上和精神上所受的折磨超出了常人所能忍耐的限度,因此正确和错误行为的区别基本上成了成文法的问题。[2] 另一方面,阿奎那解释说,"或许"一词的修辞意义多于其字面意义。他强调指出,某些行为在所有情况下都应予以谴责,他还引用圣劳伦斯的例子来支持这一观点,因为劳伦斯宁可被烧死也不供奉偶像。所以,阿奎那把亚里士多德最后一句话的意思当作:不是说屈服于强迫的人有时可以予以原谅或值得同情——像亚里士多德所暗示的那样——而是说他永远不能逃避应负的责任和严厉的谴责。[3]

由于禁止这种行为的法律体现了立法者的意图,也体现了作为那一意图的主要目标的社会公益,因此法律决不能根据下述假设而被弃之不用,这种假设是:如果立法者没有预见到某些特殊情况,而这些情况使遵守法律有违人愿,那么立法者本身就会允许以更高法律的名义来违反这些法律。[4] 自然法的最一般原则因此可

〔1〕 亚里士多德:《伦理学》,Ⅱ. 1110^b24—33。

〔2〕 阿威罗伊:《〈尼各马可伦理学〉注释》,威尼斯,1562 年版,第 31 页。

〔3〕 《〈伦理学〉注释》,Ⅱ,第 2 讲,n. 395—7。

〔4〕 《神学大全》,Ⅰ—Ⅱ,问题 100,第 8 条。

以直接应用于人的社会,并不需要为了使其发挥作用而加以变通。公益或社会的自我保存有时会迫使人违背这些原则的可能性永远被消除了。在正义和公民社会的要求之间存在根本的和必然的和谐一致。完善的社会秩序存在或能够存在于行为中,而不仅仅停留在口头上。绝对意义上的正义不仅为公民正义所接近,而且二者实际上是一致的。同样,人作为个体的完善与其作为公民的完善最终也是一致的。[1]

结果,公民正义和勇气,这两种与城邦福利最密切相关的美德,由此获得了一种新的和更崇高的地位。正义与高尚之间的问题按照有利于正义的方式而被确定,正义成了道德美德中绝对的至高无上者。[2] 由于同样的理由,阿奎那能消除亚里士多德有关勇气的论述所固有的暧昧,并毫不闪烁其词地把勇气说成是首先同在保卫城邦中所面对的与死亡有关的美德。[3] 他提出的关于公民社会问题的和谐解决办法,同样也消除了高尚谎言的需要,并且更重要的是消除了对城邦诸神的虚伪但有益的信仰,而代之以接受真正的神,即上帝,因为这本身就是自然法的要求。智慧因此可以不借助于谎言而统治。前面曾提到,阿奎那的政治学中不存在真正的神秘主义,之所以这样说,原因不仅仅在于他在基督教世界中恢复了哲学的地位,更根本的是因为托马斯主义的立场设定了正义的要求与公民社会的要求之间的一致性。

这种一致性的最清楚的说明表现在阿奎那对亚里士多德关于法定奴隶制学说的重新解释中。根据罗马法和国际法原则,阿奎那不仅为奴隶制的必要性而且为其正当性作了辩护,认为奴隶制

---

〔1〕《〈伦理学〉注释》,Ⅴ,第 11 讲,n. 1003;《神学大全》,Ⅰ—Ⅱ,问题 92,第 1 条,ad3^{m}。

〔2〕《神学大全》,Ⅰ—Ⅱ,问题 66,第 4 条;Ⅱ—Ⅱ,问题 58,第 12 条。

〔3〕《〈伦理学〉注释》,Ⅲ,第 14 讲,n. 537。

对征服者和被征服者双方都是有益的,因为它既饶后者一命又使前者得到臣服者的效劳。[1] 在这一点上,阿奎那的学说再次表现出与亚里士多德学说的差异,因为后者认为,对并非天生就是奴隶的人的奴役是一种必然的恶,这是由作为整体的社会之更高和更迫切的要求所证明的,因为它是公民社会水平上的人类正义所具有的不可克服的缺点和自相矛盾的特征的另一种表现。

《圣经》的信仰与哲学

托马斯主义是《圣经》的信仰与亚里士多德的哲学之间的综合,而阿奎那的自然法学说则是这种综合在道德和政治方面的最好范例。作为一种自然的法则,自然法享有理性,而不可完全归结为上帝的意志。自然法所命令或禁止的行为在本质上是善的或是恶的,这里的善或恶并不单纯是这些行为由上帝命令或禁止的结果。不过,作为一种法,它显然也以上帝的意志为依据,因为它的动力来自上帝的意志。因此自然法构成了两个方面之间的中间形态:一方面是非宗教的哲学传统的自然正义学说,另一方面是非哲学的宗教传统的唯意志主义。它有别于后者之处,在于它把法律界定为实质上的一种理性的行为而不是上帝的意志行为。而它有别于前者之处,在于它设想上帝不仅是宇宙的最终原因或一切事物的永恒的推动者,而且是立法者,或从无中创造世界,并通过其法令能动地将一切创造物引向它们的预定目的的有效原因。这里所考虑的关键问题,也是哲学与启示宗教分歧的焦点,归根

[1] 《〈政治学〉注释》,Ⅰ,第4讲,n. 75和n. 79。

结底表现为《圣经》的创世说与哲学关于世界永恒的学说之间的对立。

阿奎那试图克服两种立场之间的对立,其方式不是把神创世界的概念归之于异教哲学家——像一些早期的亚里士多德的注释者所做的那样——而是极力主张亚里士多德为论证世界的永恒性所提出的理由至多只是或然的。阿奎那的主张主要依据的是亚里士多德的《命题篇》——世界的永恒在其中被看作一种辩证的问题或属于理性无法解决的一类问题,而不是依据亚里士多德的《论天》,后者从科学的观点处理同一问题,并且无疑关涉亚里士多德对这一问题的最终立场。[1] 如果自然理性既不能证明也不能否定世界是永恒的观点,那就不能认为启示的学说与哲学学说是直接相矛盾的。阿奎那否认世界永恒与上帝创世之间的对立,从而进一步弱化和部分地抹杀了两种学说之间的冲突。因为在他看来,即便世界是永恒的,它也仍然在上帝的自由意志中有其根源。[2] 创世说的最终的实质意义,不在于世界在过去某一时刻的产生——不管那一时刻有多么切近或遥远——而在于一切事物的存在从根本上都依赖于上帝。这种观点的形而上学表述见于阿奎那关于除上帝之外的一切事物中本质与存在之间的真正区别的学说,这一学说是典型的托马斯主义的学说。[3]

同样确定的是,由于将有效的因果关系归于上帝,阿奎那被迫保留或恢复上帝的理智同上帝的意志之间的区分。虽然这种区分应该看作由理性所作出的区分,而且决不是真正的区分,但它仍然具有这样的效果,即更突出上帝的意志,而不是突出把上帝当作只

---

〔1〕《神学大全》,Ⅰ,问题46,特别是第1条;《反异教大全》,Ⅱ.30—38。亚里士多德:《命题篇》,Ⅰ.11,104ᵇ16;《论天》,Ⅰ.2—4和10—12;Ⅱ,2。

〔2〕《神学大全》,Ⅰ,问题46,第2条。

〔3〕《神学大全》,Ⅰ,问题3,第4条;《反异教大全》,Ⅰ.22。

是思想自身的理智或思想的亚里士多德学说。这一结论由下述理由所强化,这些理由是阿奎那用来解释——假定永恒的创造在理论上是可能的——为什么上帝“在时间中”而不是从永恒中创造世界的:世界的非永恒性更能说明一切事物都起源于上帝,更能使人确信上帝的创造活动并非出于必然而是出于自由意志的行为。最后,这更能显示上帝的无限力量,因为创世意味着存在的全能,只有具备存在的完满性的上帝才有此种能力。[1] 从当代哲学和政治思想片面强调意志和力量的特点中,我们可以部分地和不充分地瞥见阿奎那的这种学说所具有的深远意义。

即使接受了阿奎那的解释,并同意亚里士多德的学说与基督教教条不是不可共存,仍然还会提出这样的问题:通过把亚里士多德的道德和政治观点置入神学的框架中,或通过以基于启示的学说来补充这些观点,阿奎那是否并未深刻改变这些观点的本来特点?两位著作家之间的区别问题并不因阿奎那偶尔暗示下述之点而完全消除,即亚里士多德主要探讨的是人在今世的幸福,而基督教最关心的是人的来世的幸福,只是因为亚里士多德把今世的幸福当作唯一的幸福,并在人的灵魂不朽这一关键问题上一贯保持沉默。[2] 把来世的维度加诸亚里士多德的理论会造成观点的改变,这一改变并不因为不显著就不那么重要。要了解这种改变,只需反思。例如,当宽容与谦卑——一种在亚里士多德那里找不到的美德——相结合时会是怎样的,或当从人的永恒命运这一更大的范围来考虑今世生活时勇敢的情况会是怎样的。不难想象,当在战场上面临死亡时,一个指望来世奖赏的基督徒借以激励自己

[1] 《反异教大全》,Ⅱ.38,15。

[2] 《〈伦理学〉注释》,Ⅰ,第4讲,n.4;Ⅱ,第18讲,n.588—590;《〈政治学〉注释》,Ⅱ,第1讲,n.170;参见《反异教大全》,Ⅱ.48。

的情感不同于一个英勇的公民的情感,后者没有在天堂接受奖赏的保证,而且他知道,当为高尚的事业献身时,他所冒的危险将是最终且无法挽回地丧失人所珍爱的一切。

广而言之,这里的基本问题与其说关涉启示的内容同哲学学说之间的一致或不一致,不如说关涉基于两种不同的生活方式的信仰与哲学之间的鲜明对照。一个人不可能同时将两种不同而又有同等权威的准则作为行为的指南。认可信仰生活的至上性,或虔诚地响应神的启示,就必然要破坏本来意义的哲学,或取消由哲学家和非哲学家构成的自然秩序,而代之以基于真正的信仰者同非信仰者之更根本区别的超自然的秩序。最终结果表明,博学的阿奎那同博学的亚里士多德之间的鸿沟,远远大于博学的阿奎那同单纯但虔诚的安瑟尼之间的鸿沟。

上述的分析提示了阿奎那在基督教神学中所发起的革命的真正性质。与通常所说的相反,阿奎那并未给亚里士多德施行洗礼。实际上,他宣布早期的注释者给予亚里士多德的洗礼是无效的,也就是说,他拒绝接纳亚里士多德为上帝城邦的正式公民。相反的是,通过把亚里士多德的哲学塑造为婢女的角色,他把亚里士多德造就成了上帝城邦的奴隶或仆人。按照阿奎那自己的道德原则,这种处理并非不公正,因为作为对基督教神学的贡献的回报,亚里士多德即便没有获得神的恩赐,至少也获得了生活的体面。证据是,虽然他最终被逐出犹太教和伊斯兰教,却在基督教的西方世界中找到了永久居所。亚里士多德作为自然理性的最辉煌成就的杰出代表而在基督教传统中所享有的荣誉地位,雄辩地证明了阿奎那的事业的新颖和大胆。

应该补充说,这一事业的成功并非是完美无缺或无可挑剔的。正因为它的大胆,阿奎那同西方两个最有势力(虽然为数不等)的集团发生了冲突。他引起了传统神学家们的对抗,他们对一个顽固不化的无宗教信仰者侵入基督教圣地感到愤怒,并指责阿奎那割裂基督教智慧的统一。同时,他也遭致新近解放的哲学家们(所谓的拉丁阿威罗伊主义者们)的愤怒,他们反对把他们相信已使他们获得自由的那种哲学降低为神学的奴仆。阿奎那在信仰和理性两个极端之间所建立的微妙的平衡不出3个世纪便被后来的两种革命性发展打破了。对后来的这些发展阿奎那是不会同意的,但是他早就为这些发展做了准备或提供了方便。一种发展是路德以所谓更纯洁和更脱俗的基督教的名义拒斥“亚里士多德主义的教会”。另一种发展是马基雅维利以一种既非古典亦非基督教而显然是现代的理想的名义同时否定亚里士多德和教会。

阅读书目

1. 托马斯·阿奎那:《论塞浦路斯国王的王者之治》(*On Kingship to the King of Cyprus*),杰拉尔德·B. 菲兰译,多伦多,1949年版,第1卷。

2. 托马斯·阿奎那:《神学大全》,英属多米尼加省教父译,3卷本,纽约,1947年版,Ⅰ—Ⅱ,问题90~97;问题100;问题105,第1条(论法律的论文部分);Ⅱ—Ⅱ,问题47和问题50(论智虑的论文部分),问题57~58(论公正和正义的论文部分)。

3. 托马斯·阿奎那:《论天主教信仰的真理》(*On the Truth of the Catholic Faith*)(《反异教大全》),安东·C. 皮基译斯,花园城,1955年版,第1卷,第1~7章。

4. 托马斯·阿奎那:《〈尼各马可伦理学〉注释》,C. Ⅰ. 里金戈译,芝加哥,1964年版,第1卷,第1~3讲;第4卷,第8~11讲;第5卷;第6卷,第7讲;第10卷,第9~16讲。

5. 托马斯·阿奎那:《亚里士多德〈政治学〉注释》,序言;第1卷,第1讲;第3卷,第1~6讲。《中世纪政治哲学:资料集》,R. 林纳和M. 马迪编,纽约,1963年版,第298~334页。(托马斯·阿奎那著作中译本:《阿奎那政治著作选》,马清槐译,商务印书馆1963年版。——译者注)

帕多瓦的马西利乌斯

（约1275—1342）

列奥·施特劳斯

马西利乌斯，其主要著作名叫《和平的保卫者》（1324）。他是一名信奉基督教的亚里士多德主义者，不过，他的基督教信仰及其亚里士多德主义倾向，与最负盛名的基督教亚里士多德主义者托马斯·阿奎那的主张有着根本不同。与托马斯相比，马西利乌斯好像生活在另一个世界里。在《和平的保卫者》全书中，他只有一次提及托马斯，然而，就是在这唯一的一处，当他宣称引述托马斯的话语的时候，他事实上只不过是在引述另一位基督教权威作家的话语，因为托马斯在自己所做的一次汇编中，插入了这位作家的名字。[1]

---

〔1〕 帕多瓦的马西利乌斯：《和平的保卫者》（*The Defender of the Peace*）英文版，附有 Alan Gewirth 一篇导言，纽约哥伦比亚大学出版社1956年版，第2卷，第13章，第24节（相当于 Dictio 本第2卷，第169段）。

托马斯接受了罗马教廷的传统教会政体形式。马西利乌斯承认基督教神职人员是被神圣地建立起来的,以示同基督教平信徒相区别,尽管二者都是基督教秩序之组成部分,但他否认基督教的教阶制度是被神圣地建立起来的。按照他的看法,所有基督教神职人员就神圣权利而论,其各方面在本质上都是一律平等的。他也否认任何神职人员(不管他是主教还是教皇)凭借神圣权利而具有以下权力:命令或强制他人的权力;决定是否以及怎样对叛教者和异教徒(不论他们是臣民还是君主)实施强制的权力;以及以一种具有法律约束力的方式决定何为正统、何为异端的权力。但是,我们不可能对马西利乌斯的教会学说进行深入探究,虽然这一学说具有政治上的极端重要性,尤其是在宗教改革时期。因为这一学说与其说属于政治哲学,毋宁说属于政治神学。遵照这一区分,我们不会曲解马西利乌斯的主张,因为他本人在其整部著作中,将那种由"人类自身体验"来"证实"的政治学说,同那种直接或间接地受上帝所启示的政治学说区分开来,因朴素信仰而非理性所接受的正是这种受启示的政治主张。[1] 这并不是要否认他关于基督教神职人员理论学说的基本原则,提供了解决充斥其著作的几乎所有难题的答案,因为这一基本原则说明了他唯一明显背离亚里士多德学说之处。

就政治哲学的基本原理而言,马西利乌斯把自己打扮成"神圣哲学家""异教圣哲"亚里士多德的严格的追随者。[2] 他明确赞同亚里士多德关于共和的目的的见解:共和之存在是为了美好的生活,而美好的生活在于积极参与成为一个自由人的活动,也就是在于培养实践美德,正如培养思辨的灵魂。虽然实用或公民的福祉"似乎是"人类行为之目的,但事实上,形而上学者的活动比身为最

---

〔1〕《和平的保卫者》,第3卷,第9章,第2节。
〔2〕《和平的保卫者》,第1卷,第11章,第2节首至第16章,第15节尾。

卓越活动家和政治家的王公诸侯更完善。[1] 马西利乌斯明确赞同亚里士多德的下述做法,即把共和的目的作为共和国及其构成成分的其他类型的动因(质料因、形式因、动力因)之基础的观点。他还明确赞同亚里士多德的许多其他观点。他对亚里士多德所持的唯一保留在于:亚里士多德并不懂得公民社会的一个极为致命的弊病,一桩必须加以祛除的"邪恶的事情,人类的公敌"。这种无知并无损于亚里士多德那无与伦比的智慧。亚里士多德之所以不知道问题中的这一"毒素",是因为他不可能得知它,因为它是某个奇迹的偶然后果,除了这一奇迹本身之外,即使是最英明的人也难以预见到它。这一奇迹就是基督的启示,而这种严重的弊病是由基督教教阶制度这个绝对得不到《圣经》支持的要求所引起的——这一要求在罗马教皇应具有完全充分的权力这一观念中登峰造极。马西利乌斯声明这就是他将要论述的那种唯一的政治弊端。因为其他的弊端已经由亚里士多德作出了适当的处理。[2] 因此,我们甚至不应奢望在《和平的保卫者》一书中找到一整套的政治哲学表述。该书的问世是作为亚里士多德的《政治学》处理公民社会弊病部分的某种附录。

然而,亚里士多德对世俗社会的非同寻常的弊端的毫无觉察,只不过是他的根本性错误的一面,这一错误在于他是一个异教徒。不过,这一错误只是在关于神职人员的主张这一点上直接影响其政治哲学。他并不了解真正的基督教神职人员,而只懂得错误的异教神职人员。这并不意味着他关于神职人员的主张全盘皆错。相反,在政治哲学领域,这一主张大体是正确的。

---

〔1〕《和平的保卫者》,第1卷,第4章,第1节;第1章,第7节;第2卷,第30章,第4节尾。(参见第1卷,第6章,第9节,第1段)

〔2〕《和平的保卫者》,第1卷,第1章,第3~5、7节;第19章,第3、8~13节。

他清楚地看到了神职人员是构成共和国的一个必要成分,甚至是一个显贵的成分,但绝不是进行统治的成分,因为僧侣教士决不能具有统治或审判的权力。他还清楚地看到,个人是否成为祭司,不能完全取决于个人自己;教士的人数以及资格,特别是对外乡人成为共和国里的神职人员的认可,都得服从共和政府的裁定。基督教启示并不与这一得到有力论证的主张相抵触,[1]因为启示实际上高于理性,但并不反对理性。事情还不仅仅如此。亚里士多德实际上并不懂得神职人员的真正基础,这一基础只可能是神的启示。然而,如果不是亚里士多德,至少其他哲学家(他们作为哲学家并不相信来世)也会设计出或者接受对来世作出裁决的所谓神圣法,因为他们主张这类教会法令将促使那些不是哲学家的人不要做非道德的行为,并促使他们在此世提升德性。基督教就是一种真正的神圣法,而基督徒对死后的奖惩的信仰则是一种真正的信仰;基于基督教信仰,人们实际上就可以说,共和国既致力于尘世的福祉,又致力于来世的至福。但是,鉴于来世的目的不可能为人所知或得到证实,政治哲学就必须将这一目的设想成推进尘世目的的一种假定手段。此外,尽管基督教唯独或主要关心的是来世生活,但它也使人们在来世的命运取决于他们在此世中如何生活,并且它还坚决主张对死后的奖惩的信仰在政治上也是有益的。[2] 这些异教哲学家的论证因而是正确的,并因此而可以说这些论证构成这一得到证实的政治主张之组成成分。无论如何,这一论证引出了为马西利乌斯所接受的"宗派"这一哲学概念,宗

---

〔1〕《和平的保卫者》,第1卷,第5章,第1节;第15章,第10节;第19章,第10节;第19章,第12节尾。第2卷,第1章,第4节;第8章,第9节至末尾;第30章,第5节(第2段)。

〔2〕《和平的保卫者》,第1卷,第4章,第3~4节;第5章,第11节;第10章,第3节。

派是基于对某种特定的神圣法的信仰或某种特定宗教所形成的一个社团。这一概念将所有所谓的和真正的神圣法都一律囊括其中,因为真正的宗教之真理不能为本来意义上的哲学所认识。这一不带宗教色彩的"宗派"概念是马西利乌斯政治科学的本质部分之一,正如它在阿尔·法拉比的政治科学中的位置。[1] 它引出了神职人员这一理性概念,按照这一概念,教士从本质上来说就是教师,而不是统治者,也不是法官。根据任何一种神圣法,教士的基本职能都在于传授一种关于来世的有益理论,或者更一般地讲,在于传授其所处社会恰好信奉的那种神圣法。教士是唯一以教师身份构成共和国的要素。[2] 按照亚里士多德《政治学》中的观点,僧侣教士事实上构成共和国的六要素之一。不过他们的职能不在于传道授业。马西利乌斯在这一论点上偏离亚里士多德,但不是基于某种误解;他在字面形式上偏离其导师,但在精神实质上并未背离其导师。通过断言神职人员是共和国里唯一从本质上献身于传道授业的那个部分,马西利乌斯使我们注意到下述极为重要的事实,即按照亚里士多德的看法,哲学家们远不是理想的共和国中从事统治的那部分人,像柏拉图所说的那样;他们甚至也不是任何共和政体中进行统治的人,因为共和政体之为共和的目的,不在于理智思辨的圆满完善——城邦与公民根本不作哲学思辨。

一般而言,异教哲学家,尤其是亚里士多德,都详尽阐述了关于神职人员的理性主张,这一事实并不意味着亚里士多德关于这

---

〔1〕《和平的保卫者》,第1卷,第5章,第2、3、13节;第10章,第3节。第2卷,第8章,第4节尾(但参见第2卷,第16章,第17节中"宗派"一词的贬义)。参见上书第224页。

〔2〕《和平的保卫者》,第1卷,第5章,第12节;第19章,第4节(Previte-Orton所编本,第102、122页)及第5节首。第2卷,第6章,第10节尾;第10章,第6节;第20章,第13节。注意马西利乌斯并未引《圣经·申命记》第33章,第10节。

一主题的全部主张都是正确的。按照亚里士多德的说法,神职人员的行为不如统治者的行为高贵和完善,然而,按照“基督徒的法律”,并且唯有按照这一律法,神职人员的行为才是最完善的。按照亚里士多德的看法,只有上等阶级的年长者才应当成为神职人员,而这是基督教所否认的又一个论点。最后,按照亚里士多德的观点,神职人员也不过是普通公民,而在基督教那里,鉴于基督教教士应当仿效基督耶稣,并因此而过着合乎福音的贫苦和谦卑的生活,那么他们似乎绝不应与属于恺撒的事情有任何瓜葛。[1]

亚里士多德曾经加以探讨的那些共和国的弊病会危害各种类型的政府,并使优良的政府变得不可能。然而按照马西利乌斯的见解,《和平的保卫者》所论及的这一弊病使任何政府都变得不可能,因为它摧毁了政权以及法律秩序的统一性,或者说它导致了永久的无政府状态,因为它构成这样一种信念,即基督徒在尘世隶属于双重政府(属灵的与世俗的),而这二者注定会相互冲突。这一弊病不仅危害美好的生活以及和平的果实(而共和国的存在正是为了这一缘故),而且它还危及一切生活、一切和平。而这一生活、这一和平,对共和国的目的之实现,乃是基本条件,并且是必要条件。从这一点我们看到,马西利乌斯的著作之标题是多么合适,这一著作就是一名保卫者,不是信仰的保卫者,而是和平的保卫者,除此之外,别无他意。再次说明一下,这不是由于和平乃是至善或政治上独一无二的善,而是因为作为时代的一种缩影,这一著作主要论及的是时代的弊病。这是马西利乌斯明显地退而求其次的缘由。因此他在对最佳政体的问题作抽象概括时并没有否认其重要性:任何政体都比无政府状态要好。因而他更为关心的是一般法

---

〔1〕《和平的保卫者》,第 1 卷,第 5 章,第 1、13 节。第 2 卷,第 13 ~ 14 章,第 24 章,第 1 节尾;第 30 章,第 4 节(第 1 段尾)。

律,更关心法律本身,而不是优良的法律或理想的法律,并且更为关心的是一般的政府而不是理想的政府。因此,他满足于将一般的赞同作为合法性的标准,以示与同意的程度区别开来。亚里士多德似乎可以说已经提供了解救马西利乌斯困境的办法。当马西利乌斯事实上主张,法律之为法律并非一定是好的或公正的,只有完美的法律才必须公正的时候,他与亚里士多德的下述评论完全一致,即一个统治者不能因为其统治的不公正而不成其为统治者;或者说与亚里士多德的那种用法,并且实际上也是通常的用法相一致,正是基于这种用法,我们才可以谈及坏的法律或不公正的法律;下述事实就更不用说了,即当亚里士多德用自然的奴役来反对法律的奴役的时候,他所讲的法律肯定不是一种公正的法律。当马西利乌斯经常或者往往有意忽略共和国致力于美德这一事实时,他表现得同亚里士多德的下述观察相一致,即几乎所有城邦并不关心美德——这种观察并不妨碍亚里士多德把这些坏的城邦称为"城邦"。[1]

马西利乌斯对亚里士多德的唯一保留意见是下述事实的直接后果,即亚里士多德是一个异教者。但这同政治哲学或理性的政治主张的关涉只是偶然的。同时,按照亚里士多德的看法,理想的政体是绅士们的统治,他们统治着城邦,这是一个相当小的社会,他们之所以有能力做到这点在于他们是富人。在一个基督教社会里,这些绅士们如何被当作统治者去统治基督教神职人员并统治教会呢?因为,在一个基督教社会,僧侣教士的活动比统治者的活

〔1〕《和平的保卫者》,第1卷,第1章,第1节;第8章,第4节;第10章,第4~5节;第15章,第1节;第17章。第2卷,第4章,第5节;第8章,第9节;第28章尾。《政治学》(*Politics*),第1255^{b}页(此为标准版页码。——译者注),第13~15行;第1276^{b}页,第1~3行;第1282^{b}页,第7~13行;第1324^{b}页,第7~9行;第1333^{b}页,第5行以下。对开本(EN)第1180^{a}页,第24~35行。

动更为高贵。此外,教会乃是普世性的。最后,基督教世界中的最理想的人们,也就是最好的基督徒,必须过着合乎福音的贫苦生活。这就是马西利乌斯相信自己必须加以解决并且相信自己已经解决的问题。

如何将亚里士多德的原则(那些献身于最高贵的实践活动的人凭其自身的资格就应当进行统治)同基督教原则(神职人员的活动比绅士的活动更高贵)加以调和的问题,本来似乎可以由罗马教皇应享有完全充分的权力这一理论以最清楚最简洁的方式加以解决。马西利乌斯避免在政治哲学范围内得出上述结论,因而他主张,在任何共和国中,最根本的政治权威并不是政府,也不是进行统治的那部分人,而是人类立法者,而人类立法者就是人民,即全体公民。用卢梭的话来说,马西利乌斯断言唯一合法的主权者是人民,但这一主权者得同政府区别开来。他因此成功地使基督教祭司服从于基督教平信徒,使基督教贵族服从于基督徒大众(*Populus*)或人民(*demos*)。但在采取这些步骤时,他似乎公然背离了他所崇敬的导师的教诲,可以说他的导师曾经将主权者同政府等同起来,尤为重要的是,他的导师更偏爱绅士主权或政府(贵族政治),而不是人民主权或人民政府(民主政治)。

马西利乌斯即使接受亚里士多德的下述主张也并未解决这一难题,按照亚里士多德的看法,民主政治或平民的统治乃是一种糟糕的政体形式,而构成平民的那些农民、手工艺者和会赚钱的人,严格说来并不是共和国的组成部分。相反,由于他把下述主张归为亚里士多德本人的理论,反而增加了困难:立法权必须全部掌握在全体公民手中;政府应该由全体公民选举产生,并应该对全体公民负责;政府必须严格遵照法律来进行统治,而如果它胆敢违背法律,就该受到全体公民的惩罚。被说成是亚里士多德的这一理论比亚里士多德本人真正的理论民主气息更浓:在马西利乌斯所理解的全体公民中,平民即使不能说是起着决定作用,也肯定是很重要的角色。马西利乌斯用来为他的主张立论的那种有利于平民的论证,事实上几乎等同于亚里士多德论述和探讨过从不健全政体到贵族政体(或王权政治)的过程中倾向于民主政体的论证。在这一方面,马西利乌斯对亚里士多德的理论进行了详尽引证,尽管存在诸多奇怪误解。但奇怪的是,关于亚里士多德的反民主政治的辩论,马西利乌斯竟完全沉默,不置一词。他转述了这一反民主政治的辩论,但省略了任何有关亚里士多德的内容。他唯独引用了某个权威关于反平民主义的见解,即英明的所罗门王的格言:“群氓之多,无可胜数。”马西利乌斯在其关于人民主义的论证中并未引证《圣经》上的任何段落。因而他一度使我们困惑地以为《圣经》,至少是所罗门, 可能赞成贵族政治。然而,由于他的下述暗示而使这种困惑的可能性得到了消除,即他暗示说,圣哲所讲的群氓可能是指不信仰宗教者和异教徒,这些人无论在世俗科学方面如何聪明,都是绝对愚蠢的,因为按照使徒保罗的说法,尘世的智慧对上帝而言乃是荒谬可笑的。从这一点出发,随之而来的是,有信仰的个人,因此还有那些有信仰的大众,乃是真正聪明的人,并因而完全有能力制定法律、选举国王和地方行政官员。

至少还有另一段马西利乌斯的评论可以表明,马西利乌斯对人民的能力充满信心,大体上出自于他对基督教世界中的权威的关切,而不是出自对上述权威的关切。事实上,他说道,赋予大众以立法权和选举官员的权力这种必要性,并不如将选举神职人员和免去他们的神职人员职务这种权力委托给大众的必要性明显,因为错误地选举一名教士可以导致永远毁灭和对此世生命的严重的伤害。这一伤害包括妇女们在向神职人员忏悔她们的罪恶的秘密谈话过程中,遭到诱奸。显然,即使是最卑微的公民,更不必说那些有信仰的大众,也像那些学者一样,有能力判定任何一个神职人员在这类事情上是否值得依赖;这些地位最卑微头脑最简单的公民在这些方面甚至比那些博闻强识的学者更能捕捉正确信息。马西利乌斯还主张,全体信徒在其深思熟虑方面受着圣灵的指引,他们同作为纯粹公民的全体公民区别开来,他们是一贯正确无误的。[1] 至今为止赞成平民政府的最为重要的例证是由教会的最纯正形式所提供的。在这一纯正形式中,还没有基督教君主,而教会唯独由神职人员和一群作为子民的信徒所组成。正是在这一时代,"教会"只是意指全体信徒,因此所有基督徒都是祭司。因而,人民与神职人员之间的那种传统的区分必定会得到彻底的修正而有利于人民。根据早期教会的惯例,所有教职由全体信徒选举产生。这一论证并未受到下述事实的削弱,反而因它而得到了加强。这一事实是:在这种早期教会中,大众野蛮无礼,缺乏经验。即使在这时候,主教们也往往是由大众选举产生的,那么在信仰已在臣民们和君主们心中根深蒂固之时,这一程序就再合适不过了。[2]

让我们回到政治哲学领域,并更为仔细地探讨马西利乌斯关于人类立法者的理论。在这本共52章的专著中,他花两章专门用于探讨该理论的命题、论据以及对该理论的捍卫。他提出了三条论据,并且还补加了第四条论据,但正如他所言,第四条论据几乎

---

〔1〕《和平的保卫者》,第1卷,第5章,第1、13节;第8章,第3节;第11章(尤其是第6节);第12章,第3、4节;第13章,第1、3、4节。第2卷,第17章,第10~12节;第21章,第3节、第9节尾。《政治学》,第1281^{a}页,第40行以下。(尤其是第1281^{b}页,第23~25行)

〔2〕《和平的保卫者》,第2卷,第2章,第3节;第15章,第8节;第16章,第1节和第9节首;第17章,第5、7~8、10节;第28章,第3、17节。

可以说是对前三条的总结。这三条论据如下:(1)立法权应当属于那些凭借自身能力能够制定出最理想的法律的人,而这只能是全体公民;理由是没有人明明知道却偏偏伤害自己,并且我们还可以补充说,当每个人都为自己的利益着想时,任何人的利益都将不会受到忽视,或者说,所有人的利益都将得到充分的保障。(2)立法权应当仅仅属于那些极好地保证已经制定出来的法律将得到奉行的人,而这只能是全体公民,因为每一个公民都认为最好是奉行某种在他看来是自己强加于身的法律,即使这种法律还算不上优良;其理由在于,每个公民不仅是一个自由人(他不隶属于某个主子),而且他还热望成为一个自由人。我们也许会注意,这一论证导致了一个马西利乌斯从未探讨过的难题,即关于上帝所赋予的法律以及不怎么明显的自我强加的法律的难题。(3)那些能够对他人并因而对所有人有利或有害的东西,应当为所有人所知晓、所懂得,借以使所有人和每个人都能获得惠益,拒斥伤害。对该理论的捍卫是在三场辩论中阐明的,这三场辩论大体取自亚里士多德所引述的平民主义者的论证。在第二场辩论中,马西利乌斯通过教会法规的寡头或专制特征说明了将立法权委托给少数人或一个人的危险性。[1] 马西利乌斯的人民主义论点因此看来衍生于他的反教权主义。

马西利乌斯把最根本的政治权力——人类立法者的权力,不是简单地归于全体公民,而是归于"全体公民或者它的最强大或最优秀的一部分人"。他所讲的最强大或最优秀的一部分人肯定不是指那些不够格的大多数人。这个看来似乎可以说取代了全体公民的最强大或最优秀的一部分人,必须既从人数上又从质量上加

---

〔1〕《和平的保卫者》,第1卷,第12~13章。第2卷,第23章,第9、13节首;第24章,第11节;第26章,第19节;第28章,第29节。

以理解,这样平民就不会完全受最优秀的人们的摆布,而最优秀的人们也不完全受平民的支配。马西利乌斯所勾画的这种安排可以称为一种介于寡头制和民主制之间的折中“政体形式”——如果没有下述事实的话,即“政体形式”乃是政府的一种形式,而马西利乌斯认为主权者应同政府区别开来。此外,虽然按照亚里士多德的说法,在一个民主政体中,公众完全参与审议活动与司法活动,但马西利乌斯却将这些职能保留给政府或从事统治的一部分人,以示同全体公民或其中的最强大与最优秀的那部分人区别开来。[1]首要的是,正如马西利乌斯在明确地专门用于对人类立法者进行界定的那些章节中已经揭示的,人类立法者可以将其立法权授给某个人或几个人。马西利乌斯因此而让人民的主权完全处于蛰伏状态。在马西利乌斯公开赞扬每个人实际地参与立法活动这种卓越美德的同时,他却将这种参与行为当作不相关的行为而不予考虑。人们甚至可以说,他撤回了人民主权这一原理。他将国家中从事统治的那部分人在有机体政治中的地位比作人类身体中的心脏地位。正是这部分人塑造了国家的其他部分人。然而,果真如此,那么从事统治的这部分人就并不是从现存的主权者即人类立法者或者人民,也就是由国家的所有各方按其适当比例所构成的整体衍生而来,确切地说,这部分人倒是这个所谓的主权者。根据这一点,马西利乌斯将共和国里从事统治的那部分人的地位比作宇宙中的原动力,也就是亚里士多德式的上帝,毫无疑问,这个上帝并不服从宇宙中的其他部分所制定的法律。简言之,马西利乌斯回到了亚里士多德派的观点,按照这一见解,人类立法者(主权者)等同于从事统治的那部分人(政府)。或者说,最强大最优秀的

---

〔1〕《和平的保卫者》,第1卷,第5章,第1、7节;第8章,第1节;第12章,第4节。第2卷,第2章,第8节;第4章,第8节;第8章,第7节。

那部分人等同于从事统治的那部分人。因为在任何安定的政治制度中,从事统治的那部分人,无论是由一个人或者少数人还是许多人所组成的,它理所当然是那些最强大更优秀的那部分人。马西利乌斯甚至还明确地将统治者等同于立法者。例如,他把罗马皇帝们称作立法者们。他不仅仅说,人类立法者可以赋予统治者以"完全充分的权力",甚至还主张统治者应该将其地位归之于"人类立法者或任何其他人的意志,因而统治者可以将其地位归之于他本人的意志"。[1]

假如进行统治的那部分人就是立法者,那么这部分人就绝不只是简单地服从法律。即使是在一个任何个人都不是立法者,因而也都不能以任何形式凌驾于法律之上的共和国里,某些治安官员作出非法的举动以图拯救共和国,有时也是必要的,比如西塞罗在粉碎卡提林阴谋集团时的所作所为。当马西利乌斯提出统治者只服从神圣法的时候,我们绝不应忘记,按照他的看法,神圣法不是那些人类理性所能了解的法律,在此世中也不具有强制力。此外,假如进行统治的那部分人(政府)就是立法者(主权者),那么政府在行为不当的情形中就不应受惩罚,其理由同主权者们(人民)按照人民主义的前提假设不受惩罚的理由相同。[2] 总而言之,撇开其教条主义的腔调不谈,马西利乌斯的人民主义的主张证明是与亚里士多德在《政治学》中关于民主政治的论证一样,都是临时

---

[1] 《和平的保卫者》,第1卷,第4章,第4节(第13页,第20行);第8章,第5节;第10章,第2节;第12章,第3节;第13章尾;第14章标题及末尾;第15章,第5~6节;第16章,第21节;第17章,第9节。第3卷,第5章,第4节(第149页底);第8章,第6节;第22章,第1节;第30章,第4节(第485页,第19~21段——这是该章中最为关键的两段)。第3卷,第2章,第13节。《卑微的护卫人》(*Defensor Minor*),第3章首。《政治学》,第1296^{b}页,第14~16行。

[2] 《和平的保卫者》,第1卷,第14章,第3节;第15章,第4节;第26章,第13节。参见第2卷,第3章,第15节;第30章,第6节。

性的或尝试性的,尽管采取的是不同的方式。

被人们看作一篇政治哲学论文的《和平的保卫者》的特征在于,它极为强调地提出了人民主权理论,同时又确确实实撤回了这一理论。关于政治社会之根基的这个令人惊异的矛盾,意义究竟何在?马西利乌斯在人民主义和人们可以称之为君主制绝对主义之间的摇摆不定究竟有何意义?人们可以说,当人民仅仅被理解为神职人员的反面的时候,马西利乌斯站在人民一边;而作为教皇的对立面,他站在罗马皇帝们一边,包括古代的和中世纪的皇帝。换言之,一旦人们像某些学者所做过的那样,设想《和平的保卫者》一书纯粹是受反教权主义的激励而写就的,那么矛盾就消失了。他需要为其反教权的论证提供一种人民主义的基础,因为他不得不抛开关于教会的流行见解转而诉诸《新约全书》。《新约全书》虽然为服从绝对君主或专制暴君的要求提供了强有力的支持,但对马西利乌斯的下述主张却并未予以支持;马西利乌斯主张,只有世俗的基督教统治者——与神职人员区别开来——才应该统治教会,即对此世中任何影响人类命运的事务进行管理(对异教徒和背教者的惩罚,开除教籍,财产权,等等);然而,《新约全书》显然对下述观点给予了某些支持,即对这些事务的裁定取决于全体信徒,而不仅仅取决于神职人员们。马西利乌斯所讲的"全体公民"纯粹是"全体信徒"的哲学的或理性的对应物。他之所以需要这样一个对应物,是为了给他的反教权主义提供最广泛的可能基础,既从理性上又从启示上反对神职人员的统治。这种解释暗示作为《和平的保卫者》之特征的那种根本上的自我矛盾,乃是一种清醒战略的自觉产物。这种解释及其含义都是站得住脚的,不过,它们并未说明马西利乌斯的人民主义主张中的某些特色,或者说它们也没有说明完全归属于马西利乌斯的战略之本质特征。说它们未能说明这类战略的特征,是因为把马西利乌斯设想成一个也许技艺高超但相当不审慎的政治家或鼓吹者是远远不够的。

为了找到一条走出这一困境的出路,让我们来探讨马西利乌斯的那种既未受到政治神学又未受到反神学之成见的影响的理论,这就是他的君主政体或帝王政治(王权政治)理论。他说,君主制“或许”是最佳的政府形式,但他以探讨究竟是世袭的还是民选的君主政体更可取的问题为己任。虽然他仅仅用了一章专门讨论这一主题,但这一章比显然用来确立人民主权的那两章合起来篇幅还要长。他决意赞同严格意义上的民选的君主政体。也就是说,在这种君主政体中,任何一个君主,而不是某个君主及其后裔,是民选的。他的这一决定可能使他博得了教皇的欢心,但更可能的是博得了德国皇帝的欢心,此人这时候正介于一场与教皇的激烈战斗之中,他不久就成了马西利乌斯的庇护人;而马西利乌斯的这一决定就不会使他赢得法国国王的欢心。[1] 然而,赢得所有世俗君主的好感,这却是他的冒险获得成功的必需条件——他的这种冒险目的在于根除教皇的完全充分的权力以及任何与此有关的事情。因此我们可以假定他对民选的君主政体的偏爱超过了他对世袭君主政体的偏爱,这一偏爱属于他的最终的或严肃的政治主张。与他对人民主权的自我否认不一样,他绝对没有否认过他的这种偏爱。他赞同民选的帝王政治的那种论证可以归为一个以下将要探讨的问题。统治者的最重要的品质在于审慎,因为人类事务的繁复无穷不允许有一种依照法律的适宜管理,并且审慎又不是依世袭而来的。审慎,也就是与纯粹的聪明截然不同的实践智慧,它与道德上的德行乃是不可分割的;反之亦然。审慎对于制定

---

〔1〕《和平的保卫者》,第1卷,第9章,第5~7节;第15章,第3节尾;第16章。第2卷,第24章,第2节。

好的、公正的法律就更是必要。虽然审慎具有无与伦比的重要性,但它却极为罕见;大自然只在人类中的一部分人那里造就有审慎的潜质,而真正实现这一潜能的人就更是寥若晨星。上述探讨并不含有世袭的帝王政治乃是不合法的意思,它只是意味着世袭的帝王政治依此而不如民选的帝王政治。在许多国家的所有时期,以及在所有国家政治生活刚刚开始、人们都还是野蛮无礼的时候,世袭的帝王政治甚至可能比民选的帝王政治更为可取;因为,在许多国家的所有时期,以及在所有国家的草创时期或衰落时期,审慎似乎可以说至多只是某个家族的专属,因而根本不存在什么审慎的选民。民选的帝王政治之优于世袭的帝王政治,因为前者适合于一个完善或文明的共和国,而后者则适合于一个尚不完善的或无可救药般野蛮的社会。[1]

这样一来,上述探讨便导致了这样的结论,即对于一个完善或文明的共和国,一群审慎的人所进行的统治,也就是贵族政体,仍然比民选的君主政体更为妥当。如果在一个共和国里,有一群审慎的人,正如在一个完善的共和国里的情形,那么除了一人外,大家都一律被剥夺了至高的尊荣,这是毫无道理的;被不公正地剥夺了他们在政府中所公平享有的权益的这些人,完全可以正当地参与叛乱。马西利乌斯用一整章专门来论证政府所必不可少的统一绝没有受到损害,如果政府是由一群人而不是一个人所组成的话。不仅世袭的君主制,而且君主制本身,也只有在极端缺乏适合于统治共和国的人才这样的时候和这样的地方,才是适宜的,如在罗马共和国的晚期。君主政体是一种在家庭中比在完善的文明社会中

---

〔1〕《和平的保卫者》,第1卷,第7章,第1节;第9章,第4~7、10节;第11章,第3节(第42页,第1415行);第14章,第2~7、10节;第15章,第1节;第16章,第11~24节(尤其是第16章,第17节)。

更适宜的政权类型。同君主制相区别的贵族政体,只是在最有利的条件下才成为可能,这种政体因此而极为罕见,但这绝没有否认贵族政权乃是最自然的政体形式这一事实。马西利乌斯争辩说,假如神职人员称职的话,那么宗教大会可以仅仅由神职人员们所组成,因为参与这一大会的最重要的要求在于对神圣法的精通,也就是说,那种最高智慧形式;然而,僧侣教士们并没有成为他们应该成为的样子。这等于说,原则上讲,贵族政体或者智者的统治更可取;正是由于教会不再是贵族政体,而是马西利乌斯孜孜不倦地加以重复的某种寡头政治,因此教会需要由平信徒中的最理想的那部分人来加以校正,并且平信徒在教会中属于大众化的成分。马西利乌斯在其人民主义的论证中指出,制定和审查法律乃是审慎者的正当事务;其他社会成员在这类事务上毫无用武之地,而倘若要求他们不只是担当"形式上"的批准者的角色,那么就只会对他们完成其所应尽的职责产生妨碍。人民对法律的这种批准与认可事实上看来似乎是可取的,因为它很可能使平民大众更自觉地服从法律。[1]

马西利乌斯在人民主义和绝对君主政体之间的这种摇摆不定表明,他是将贵族政体作为这两种错误的极端形式之间的正确的折中办法。那些说来赞成绝对君主的立法权的理由也有利于主权政府这种政体形式,其乃是由一个城邦中的审慎者所组成的,每个这样的人拥有这一地位都应当归功于具有同等地位者的推荐而不

〔1〕《和平的保卫者》,第1卷,第2章,第2节;第3章,第4节;第9章,第10节;第11章,第5节尾;第12章,第2节;第13章,第8节;第14章,第9节;第16章,第19、21、23节;第17章。第2卷,第20章,第2节尾和第13~14节;请将第2卷,第3章,第15节同第30章,第6节比较。Gewirth在上述导言中,也就是在第1卷第254页中认为,《和平的保卫者》第1卷第2章中对regnum(王权、专制)的运用,使人们期待某种较马西利乌斯实际上所具有的更强烈的拥护君主政体的倾向。

是归功于民选;并且那些说来赞成“全体公民中的最强大或最优秀的那部分人”的立法权的理由,也同样可用来支持在任何城邦中真正最强大或最优秀的那部分人。就政治上的卓越优秀而言,这部分人既不太年轻,又不太年迈,人数既不太少,又不太多,也就是说,这是一群最审慎的、品德高尚的公民。马西利乌斯在为赞同人民主权而极力论证的同时,力图避免为赞同君主制辩护,这样,就得出了他所赞同的政体——人民主权。这种政体并没有向民主政治靠拢,不过就政体形式而言,与君主制相比,它更接近民主政体。同时,他的人民主义的论证,鉴于其明显的不足之处,而从上述主权者组成政府这种“城邦政体形式”指向贵族政体。贵族政体之所以易于为大众所接受,不仅因为一种名副其实的贵族政体作为审慎、品德高尚的公民的统治,具有内在的优良特质,而且因为它尊重平民大众的敏感性。马西利乌斯以最温和的形式提出赞同贵族政体的论证,因为这种论证并未为反教权主义的策略提供充分而广泛的基础。在他看来,反僧侣主义的这一策略是其所处时代最紧迫的任务。此外,按照与马西利乌斯同时代的大多数人的观点,赞同贵族政体的这一论证倒是增进了神职人员的利益,因为如果政治权力已经被表明它按理说应当属于最英明的智者,那么随之而来的,似乎与其说它属于具有人类智慧的贤哲,不如说属于具有神的智慧的圣哲。

马西利乌斯所采取的战略因而可以用政治上的不可能性来作解释,也就是说,当时公开讨论这一根本性的政治问题就像物理意义的不可能性一样。按照他的所作所为,他本可以从容不迫,因为他已经证实,一个教权政府乃是不可能的,或者是不可取的。在他看来,《新约全书》不仅没有授权认可由神职人员所组成的政府——特别是在世俗事务上——而且还明确地对此加以禁止。按照基督教律法,并且唯有按照基督教律法,真正的神职人员的行为乃是完美无缺的。但这种行为需要一种精神和一种生活方式,它们同统治权是不相容的。因为这种行为要求鄙视尘世,并具有极度的谦卑。耶稣基督把他本人和使徒们排除在各种形式的世俗统治地位之外。保罗禁止神职人员介于任何世俗事务之中,因为人们绝不能尊奉两个主子。《新约全书》极力强调顺从人类政府的义务,而"俗世政府所佩授的宝剑也并非白搭",它"与其说是保卫祖国,不如说是惩罚作恶者"。《新约全书》还把认为可以不顺从坏的统治者或坏的主人这种观点追根为有罪的倨傲自大。基督教奴仆不允许像希伯来奴仆那样干了 6 年苦役之后要求得到自由,因为旧约律法在基督徒的品性中获得了一种纯正的神秘意义。谦卑和对尘世的鄙视因此可以与对世俗统治者的虔诚的忠顺完美相配,携手共进。然而,在政治哲学领域,马西利乌斯所主张的与基督教最高权威所主张的必定有些不同。他甚至还为那些违反耶稣基督的箴言而对其臣民"称王称霸"的异教徒统治者作辩护。按照保罗的说法,只有那些为教会所"不齿"的人,亦即那些对非属灵的事务有智慧的人,才应当成为世俗事务的评判官。西奈山上的训诫不可能同统治者及其下属臣民的地位和义务协调一致。[1] 完善的基督教共同体是耶稣基督与使徒们财产共有的共同体;然而在其他方面,这个共同体又是不完善的,因为它的本意是要成为普世性的,然而,对于它将来可能会变成一个大社会这种未来的统一,它竟毫无准备;这个共同体只有通过基督徒君主们的作为,才能够变得完善起来。人们很想用以下的话来表述马西利乌斯的想法,即

---

〔1〕《和平的保卫者》,第 1 卷,第 10 章,第 3 节;第 12 章,第 2 节。第 2 卷,第 4 章,第 13 节;第 5 章,第 1 ~ 2、4 ~ 5、8 节(第 1 段);第 9 章,第 10、12 节;第 11 章,第 2、7 节;第 28 章,第 24 节(第 262 页第 9 行);第 30 章,第 4 节,第 1 段尾。

与其说是神的恩典使大自然趋于完善,毋宁说是大自然使神的恩典趋于完善。他甚至还指出,在人类政府和神的天意之间存在某种对立,前者是酬赏此世的正义和善举的实干者,后者使此世中的人们承受苦难。[1] 马西利乌斯表示,基督教律法的独特性,即对上帝未来的审判的信念——这是基督教与所有其他宗教共同具有的一种信念——会促使基督教神职人员们不要欺弄穷人,同时,对基督教的信仰又会敦促基督教神职人员过着贫苦的生活。事实上,按照他的看法,合乎福音的贫苦乃是彻底的谦卑和对此世的彻底鄙视不可避免的伴生物。不过,在人类理性领域,财富,亦如尊荣,被视为美好的东西,因为它对于实践德性乃是必需的。然而,按照基督教教义,志愿贫苦对于完善乃是如此必不可少,以至于那些并未过着志愿贫苦生活的人,都是坏基督徒。即使撇开这一点不谈,马西利乌斯也完全可以抱怨说,教皇们对自己因罗马皇帝们而从极端贫苦提升到世俗生活的丰衣足食的境况并未表现出应有的感激之情。他似乎假定基督教道德同世俗的绅士道德相互抵触,或者说启示不仅高于理性,而且与理性相对立。这可能是他认为《新约全书》律法何以特别难于完全执行的一条理由。[2]

马西利乌斯有时被当作宗教自由的捍卫者而受人歌颂。不过,他也只不过是指出了下列问题:强制异教徒或不信宗教者究竟容不容许,同时他宣称在这种场合他并不想说强制是不妥当的。他的确否认基于神圣法可以在此世中行使这种强制。因为按照马西利乌斯的说法,任何神圣法在此世中都没有这样的强制力,除非

---

〔1〕《和平的保卫者》,第2卷,第4章,第6节;第13章,第28节;第17章,第7~8节;第22章,第1节首,第15~16节;第24章,第4节;第27章,第2节(第426页第2段)。Gewirth在上述导言中,也就是第1卷第81页。

〔2〕《和平的保卫者》,第1卷,第6章,第3、6节;第15章,第21节;第16章。第2卷,第11章,第4节;第13章,第16、23节尾至第24节;第26章,第12节首。

借助人类法的力量,因为人类法使违背神圣法成为一宗犯罪行为。此外,按照基督教神圣法——这种法律理所当然地谴责异端邪说和无宗教信仰,并且用来世的惩罚这种威吓来进行鞭挞——一个人若是被迫而信仰,那么他就不是一个真正的信徒;此外,耶稣基督也未曾赋予基督教神职人员以任何强制权力。撇开这一点不谈,作为基督徒的人类立法者,并不是作为基督徒而是作为人类立法者,而可以运用强制手段来反对此世中的异教徒和不信仰宗教者。这种权力可用下述比较来阐明。基督教神圣法禁止酗酒,但它不至于要求在此世中运用强制手段来对付醉汉,然而它并不禁止人类立法者在此世中用惩罚的手段来禁止酗酒。与此类似,人类立法者可以强制实施宗教的严肃性,即正统性。比如说,究竟是不是实施强制,将取决于他对异端邪说的裁定。他可能受《圣经》上将异端邪说比作私通这一做法的指引,而容许异端邪说,亦如他容许私通,尽管私通也受到基督教神圣法的禁止。或者他也可能受《圣经》上将异端邪说比作麻风病这一做法的指引,因而依照专家们(神职人员)的忠告而对异端采取强制行为,正如他依照专家们(医生们)的忠告而对麻风病患者采取强制措施。他也可能受下列事实的指导,即《新约全书》毫无疑问允许开除教籍,而开除教籍必定会对被革除教籍者的此世生活产生影响。[1]

然而,撇开任何神学上的考虑,也就是说,撇开任何为基督教神圣法所特有的考虑,很明显,假如说对来世的神圣审判的信仰有助于培养此世的道德行为,甚至异教徒哲学家们也承认这一点,那么人类立法者用禁止那些可能颠覆破坏这种信仰的言论这种手段

---

〔1〕《和平的保卫者》,第1卷,第10章,第3～7节。第2卷,第5章,第6、7节(第154页,第23～26行,及第157页,第28行);第6章,第11～13节;第8章,第8节;第9章,第2～5节;第10章,第3、7、9节;第13章,第2节尾。

来保护这种信仰及其推论,就是无可厚非的。这一结论同马西利乌斯的下述主张并不矛盾,即人类政府只关心与内在行为相区别的外显行为这一主张。按照内在行为与外显行为的区别(马西利乌斯可以说是受到艾萨克·以色列里的《定义书》中的一段话的启发而想到这一区分的),我们的那些出于认知力和食欲力的行为,像思维与欲望之类,停留在行为者之内,而并未通过任何身体部分在空间上的移动而发生作用,故这些行为是内在的。然而我们出于认知力和意欲力的其他行为却是外显的。换言之,人类政府只关心这样一些行为,这种动作的履行可以得到证实,即使人们作出了这一行为却对此极力否认。从这一点我们可以推论说,言论也是外显的行为。鉴于这里所指的那种颠覆性的言论可能对他人以及整个社会共同体产生损害,对这种言论的禁止,按照马西利乌斯的说法,显然归于人类立法者的管辖权限内。[1] 马西利乌斯毫无疑问并未鼓吹摆脱宗教的自由。

如果受制于神圣法的每个人都能随心所欲地自由理解它的允诺与威胁的话,那么,任何神圣法都将失去其大部分价值。基督教律法尤其如此,假如耶稣基督不曾说到,他的神圣法的唯一真实意义可以为全体基督徒所领悟,基督教神圣法,连同它将信仰作为永获救赎的必要条件而加以强调一道,就会是徒劳地被给予的,它之被给予就只会导致人类的永远毁灭。这种信仰统一的必要性是由全体的或天主教的教会,也就是由全体信徒们以某种具有法律约束力的方式来确立的,这是就全体信徒们乃是人类立法者而言的,正是他们授权给宗教大会并赋予其决定以强制力。当存在一个独

---

〔1〕《和平的保卫者》,第1卷,第5章,第4、7节。第2卷,第2章,第4节(第3段);第8章,第5节;第9章,第11节;第10章,第4、9节;第17章,第8节至尾。Gewirth译本导言,及第1卷,第284页。并参见该书第174页以下。

一无二的具有基督教信仰的人类立法者、其权限广及全世界的时候,这种委任(或规定)也并未导致任何困难。这样的立法者,按照马西利乌斯所采纳的一种观点,就是罗马人民,或者引申地说,就是罗马皇帝。马西利乌斯力图为他同时代的罗马皇帝们保全这一尊严。然而,他决不能对他本人或他的读者们隐瞒下述事实,即在他所处的时代,存在这样一群属于教徒的人类立法者,他们并不承认某个高人一等者,或者说他们互相独立、互不依赖。这样一来,就不复存在信仰统一的保证了,只有在个别的独立地区或共和国之中例外。因此,马西利乌斯认为下述这种倒是可取的,即各种各样的基督教君主们应该同意承认罗马主教为"普世牧师",然而,按照他的看法,君主们并无义务要这样做。[1]

不过,正如他指出的,一个"普世牧师"或世界性的主教,并不如一个世界性的君主来得必要。因为一个世界性的君主显然比一个世界性的主教更有能力使信徒们维持信仰的统一。作为一个基督徒,马西利乌斯这样一来就似乎被迫,鉴于他的理论前提,而要求政治社会成为严格说来的普世社会——并且不只是虚张声势或者说是出于礼节,因为当时罗马帝国甚至正处于其权力的巅峰状态——这样政治社会就能够履行其对基督教信仰的责任与义务。说他似乎是被迫的,这是讲他放弃他的人民主权理论的最后一点痕迹,或者放弃亚里士多德式的对贵族政体的偏爱的最后一点痕迹(马西利乌斯的人民主权理论部分地表现在这一偏爱中);因为马西利乌斯和亚里士多德所理解的民主政治和贵族政治都是行不通的,除非是在相当小的社会里。然而,不管这一切,或者说由于

---

〔1〕《和平的保卫者》,第1卷,第19章,第10节。第2卷,第13章,第28节;第17章,第2节;第18章,第8节(第1~2段及末尾段);第19章,第1~3节;第20章,第1~2节;第21章,第11、13节;第22章,第6、8、10节;第24章,第9、12节;第25章,第4~6、9、15~18节;第28章,第27节;第30章,第8节。《卑微的护卫人》,第7~12章。

这一切,马西利乌斯否认一个普世性君主是必要的。因为《圣经》并未要求一个普世性世俗帝国,理性更不会有这样的要求;假如在那些特殊的共和国或王国之中存在政权统一的话,那么人类中的和平便得到了充分的保障——我们可以将此理解成它是指和平的保障只有这唯一的可能途径。马西利乌斯在他关于"世界政府"的合意性问题的唯一的主题性讨论中,拒绝对世界政府作出决断。他间接地提出妨碍世界政府的种种困难,导致这些困难是因为世界上不同地区之间的距离以及缺乏沟通,还有语言的差异、风俗习惯的天壤之别。他提到这样一种观点,按照这一见解,所有这些使人们阻隔开来的事情,可能是由于某种超凡的原因,也就是由于大自然,它通过这些制造分裂、制造不和的事物而煽动人类发动战争,以防止人口过剩。马西利乌斯明确地表示,假如人类既无开端又将无终了之日的话,也就是说,假如"世代绵延、直至无穷"。或者说,这个人类可观察的宇宙永恒不灭的话,要不是战争与流行病,人口过剩就是不可避免的。[1] 亚里士多德关于可观察的宇宙的无穷性的理论同《圣经》上关于创世说的教义是不相容的。亚里士多德关于"世代绵延、直至无穷"的理论也与《圣经》上关于"原初第一人"的教义不相容,同作为《圣经》各种教义之前提的那种教义,即我们原初的父母犯有原罪,人类因此而需要救赎的教义也不相容。马西利乌斯并未宣称亚里士多德的理论是正确的。同时他也没有因为它同《圣经》上最根本、最显明的教义相抵触而宣称它是不正确的。读者因而只能揣测马西利乌斯究竟是一个信教者还是一个不信教者,除非读者对马西利乌斯在《和平的保卫者》第 38 章(第 2 卷,第 19 页)中就信仰《圣经》之真理的根据问题所作的讨

---

〔1〕《和平的保卫者》,第 1 卷,第 17 章,第 10 节;第 2 卷,第 28 章,第 15 节。

论进行探讨。

在政治哲学领域,马西利乌斯对托马斯·阿奎那心照不宣的反对态度,在他关于自然法或自然权利的主张中表露无遗。马西利乌斯否认存在一种真正名副其实的自然法。他预先假定理性除了人类之外不知道有任何其他的立法者,因而所有名副其实的法律都是人类法;事实上理性有能力分辨何者高尚、何者正义、何者有利于社会。然而,这样的洞见本身并不就是法律。此外,它们并不能为所有人所理解,因而也不能得到所有国家的承认;出于这一理由,它们绝不能被称作自然的。事实上,关于何者为高尚、何者为正义,的确也存在某些准则,它们在所有地区都得到承认,此外,它们还几乎在所有地方都得到强制实施;这些准则因而可以被称作自然权利。尽管它们被普世性地或普遍地承认,严格说来它们也并不是自然的,因为它们并不受真正的理性所支配。得到普遍承认的东西并不是合乎理性的,合乎理性的东西并不得到普遍承认。在这些隐喻意义上可以称作"自然权利"的准则中,马西利乌斯提及人类后代必须由父母抚养到一定时期这条准则;他可能将这一准则视作一条并非绝对地合乎理性的准则,因为亚里士多德曾经坚决主张不应该抚养任何畸形儿童。更一般而言,假如战争按其本性乃是防止人口过剩所必需,那么正义的与非正义的战争之间的区分就微不足道了,而对这些正义的准则的这一重大限制条件必然会削弱这些正义准则的合理性——普世性地或普遍地承认要在共和国中获得这种正义。换言之,对正义准则的普遍承认并不是合乎理性的,因为存在有违背这些准则的某种自然必然性,或者说因为人类并不拥有常识或神启所宣称的那种程度的意志自由。

如果人们从下述事实出发,那么就可以更好地理解马西利乌斯对自然法的否认,这一事实即他明确地否认实践理性的第一原理的存在。在亚里士多德的《伦理学》中,第一行动原理在认识论上的地位是不清楚的。消除这一模糊性的一种办法——这种办法受到阿维罗伊和但丁的青睐——将第一行动原理并且因而还将政治学第一原理设想成是由理论理性或自然科学所提供的。正是自然科学,它清楚地表明究竟何为人类目的。人类的目的在于其精神的完善,也就是真正的形而上学家的那种实际思维。假如条件允许的话,有能力追求这一目的的个人因而将审慎考虑,他如何才能达到这一目的。这种审慎考虑(智虑)——一种实践理性行为——在许多方面因人而异,但有一些普遍行为准则,所有人都必然加以遵照——如果他们作为沉思者而想尽可能臻于完善的话。不过,严格说来,这些准则也不是普遍的,因为只有一少部分人按其本性就有能力过这种好沉思冥想的生活。但也存在这样一种目的,所有人都有能力追求它,这就是他们的身体的完善。这种较低级的或最先的完善需要在政治社会中并通过政治社会才能得到安全保障。在此,出现了极度模棱两可的话:政治社会之所以必需,既是为了人类的最先的完善,也是为了人类终极的(理论上的)完善——尽管是以各不相同的方式。然而,这还可能是:政治社会反过来要求各种不同的"组成部分"(农民、手工艺者、金融家、军人、僧侣教士、统治者和法官)并按照一定的秩序组织起来。政治社会出于其福祉的缘故,它要求立法者、统治者和法官们具有审慎的品质,并具有即使不是全部至少也是一些美好德行,尤其是公正。与亚里士多德在《政治学》中的程序相一致,马西利乌斯从公民社会的目的中推论出这些美德的必要性,又从人类的最高目的或多个目的中推论出公民社会的目的的必要性。也就是说,由于偏离了亚里士多德在其《伦理学》中出于教育上的或实践中的目的而采用过的程序,马西利乌斯并未将这些美德看作终极性的或看作出于其本身的缘故而值得选择的。这是因为马西利乌斯与其说将审慎和美好德行视为出于其自身的缘故而值得选择的,不如说将它们视为有助于那两种自然目的,这表明,他的政治科学较之亚里士多德的政治科学具有更明显的"实证性"。

关于人类天生就有的那种至高目的,马西利乌斯谈的甚至比亚里士多德在其《政治学》中谈的还少。出于上面所表明的那些理由,他不怎么看重亚里士多德的这些见解。马西利乌斯关于共和国的理论,使人联想起柏拉图在其《理想国》中所提出的主张,按照这一主张,猪的城邦也是真正的城邦。他关于人类法的理论使人联想起迈蒙尼德的主张,按照这一主张,人类法除了对人类身体上的完善有用外,对任何更高的目标都不适用,而神圣法既能造就身体的完善,又能造就精神的完善。[1] 但是,迈蒙尼德坚决主张,神圣法从根本上讲是合乎理性的,而不像托马斯所说的,是超乎理性的。人们可以说,马西利乌斯将迈蒙尼德关于人类法的观点同托马斯关于神圣法的见解兼收并蓄,并因而在政治哲学领域得出下述结论,即真正名副其实的唯一的法律就是人类法,它致力于人类身体上的福祉。在某种程度上马西利乌斯是因他的反教权主义而被迫持有这一观点。一旦反神学的激情诱使一个思想家采取对沉思冥想的至高无上性提出质疑这一极端步骤,那么政治哲学就同经典传统彻底决裂,尤其是与亚里士多德分道扬镳,并呈现一幅崭新的特征。这个思想家就是马基雅维利。

---

〔1〕《和平的保卫者》,第2卷,第10章,第3~7节;第12章,第2~3节;第14章,第4节;第15章,第6节尾;第19章,第13节。第2卷,第8章,第3节;第12章,第7~8节。

阅读书目

1. 马西利乌斯:《和平的保卫者》,英译本附有 Alan Gewirth 的一篇导言,纽约,1967 年版。《言论集》(*Discourse*),第 1 卷,第 1~13 章;第 2 卷,第 12 章,第 3~12 节。(中译本:《和平的保卫者(小卷)》,殷冬、曾水、李安平译,吉林人民出版社 2004 年版。——译者注)

2. 马西利乌斯:《和平的保卫者》。《言论集》,第 1 卷,第 14~19 章;第 2 卷,第 8、12、19 章。

尼科洛·马基雅维利

(1469—1527)

列奥·施特劳斯

人们常常谈到德性,却不是用德性(virtue)这个字眼,而是用"生活品质"(the quality of life)、"伟大的社会"(the great society)或"有道德的"(ethical)甚至"正直"(square)来代替。然而,我们果真懂得什么是德性吗?苏格拉底得出结论说,人最大的幸福就在于探讨德性方面的事物——显然,关于德性,人们甚至还未找到令人满意的定义。不过,假若我们想找到关于这一真正至关重要问题的最为详尽、最不模棱两可的答案,那么我们就得回到亚里士多德的《伦理学》上来。在这里,我们透过书中其他内容,而读到:存在第一号德性,它就叫作恢宏大度(magnanimity),这是一种习惯,即他要求自己获得崇高的荣誉,但同时又明白自己是值得这份荣誉的。在这里我们还读到,羞耻并不是一种德性。羞耻适合于年轻人,他们由于未成年而免不了要犯错误。但羞耻同成年人和有良好教养者是不相称的,因为他们总是举止得体、恰如其分。这真是妙极了——我们在不同的文献中见到了一种迥然不同的说法。当先知以赛亚接到神召的时候,他被自己的微不足道、毫无价值的感觉所压倒:“我是嘴唇不洁的人,又住在嘴唇不洁的民中。”这一表述等于是对恢宏大度的某种隐含的谴责,是对羞耻心的某种隐含的辩白。其理由在上下文中已经给出:“圣哉,圣哉,圣哉,万军之主耶和华,他的荣光充满全地。”一般说来,在亚里士多德和希腊人看来,没有什么神圣的神祇。究竟是希腊人还是犹太人正确?是雅典还是耶路撒冷正确?而要找出何者正确又该如何着手?我们难道不应承认人类智慧无力解决这一问题,而每种答案都是基于某种信仰行动?然而,这岂不构成对雅典的彻底打击?因为一种哲学若基于信仰,也就不成其为哲学了。也许正是这种不可解决的冲突,才使西方思潮长盛不衰。也许正是这种冲突,构成某种思潮的基础和底蕴,这种思潮确实是哲学的,却不复是希腊式的。这就是近代哲学。正是在试图理解近代哲学的过程中,我们遇到了马基雅维利。

马基雅维利是这样一位独树一帜的政治思想家,人们通常用他的名字来指称一种政治学理论,但这种政治学理论已经独立于他的影响而存在,并将继续存在下去。这种政治学理论唯一考虑的是权术,即为了达到其目的不惜采用各种手段,无论是正义的还是邪恶的、严酷的甚至恶毒的——其目的在于其国家或祖国的扩张,但也将祖国用来为政客、政治家或其党派的自我扩张服务。然而,假如这种现象亦如政治社会自身那样源远流长,它为什么却以马基雅维利命名呢?马基雅维利从事思考和写作不过是新近的事情,即大约五百年前。诚然,在公开署名的书中公然为这种现象作辩护,马基雅维利确是前无古人、后启来者的。马基雅维利使这一政治理论能够在公开场合站得住脚。这意味着,他的成就,无论是令人憎恶还是令人敬重,都不能根据政治本身来理解,也不能根据政治史来理解——比如说根据意大利文艺复兴来理解——而唯有按照政治思想、政治哲学、政治哲学史来理解。

马基雅维利看起来似乎同所有先前的政治哲学家进行了决裂。有令人信服的证据来支持这一见解。不过,他的最大部头的政治著作表面上是在寻求复兴古代罗马共和国;马基雅维利远不是一个彻底的创新者,他是某些古老而被人遗忘的事物的恢复者。

为了明确我们所处之方位,首先让我们暂时关注一下马基雅维利以后的两位思想家:霍布斯和斯宾诺莎。霍布斯将他本人的政治哲学视作全新的东西。不仅如此,他还否认,在他的独创性工作之前存在任何真正名副其实的政治哲学或政治科学。他以真正的政治哲学的奠基者,也即政治哲学的真正奠基者自居。他当然知道远自苏格拉底就存在一种所谓的真正的政治理论。然而,这种理论,按照霍布斯的说法,与其说是科学,不如说是一种幻想。他把苏格拉底及其后继者们看作无政府主义者,因为他们容许抛开王法、实证法,而诉诸一种更高的法律,即自然法;他们因此而鼓励一种与世俗市民社会全然不兼容的无序。根据霍布斯的说法,这种更高的法律,也即自然法,所需要的是下述要求,并且只有这一条要求:对最高主权的无条件的绝对服从。不难表明,这种推理思路与霍布斯本人的主张相抵触;不论怎样说,以往的政治哲学并未触及问题的根本。霍布斯对所有以往的政治哲学的激烈抨击在如下陈述中极明显地表现出来了:“但凡就正义和政策权谋写过文章的人,他们无一例外都彼此攻讦,既相互冲突,也难自圆其说,如果要将这种理论化约为定律和公理,那么别无他法,唯有将这些原则放在一个稳固的基础上,因为激情不会怀疑这一根基,也不会寻求用别的根基取代它;然后在这一基础上按照自然法则而逐步建立事实的真实情况(它至今还只是空中楼阁),直至其整体坚不可摧。”政治主张的合理性在于它可以为激情所承纳,也即在于它可以为激情所赞同。必定成为合乎理性的政治主张之基础的激情,乃是对横死的畏惧。乍一看,似乎存在另一种替代选择,即慷慨情怀,这是“一份因无须失信食言而感到的荣耀与自豪之情”。然而,它是如此罕见——尤其是在财富、支配权和感官快乐的追求者那里,而正是这种人占人类的绝大多数——以致不能指望可以把它作为合乎理性的政治主张的基础。霍布斯试图将政治学说建立在最普通的基础上,尽管大家公认这种基础很低贱,但它却有根基牢靠的优势,而传统的主张都是建立在虚幻中的空中楼阁。与此相应,在这种崭新的基础上,道德的地位必定会被贬低;道德无非是由畏惧所激起的对和平安宁的追求。道德律或自然法则被理解成派生于自然权利、自我保存的权利;基础性道德事实乃是一项权利,而不是一项义务。这种新精神变成了现代的精神,也包括我们这个时代在内。此种精神被保存下来了,尽管霍布斯的理论在他的伟大的后继者们手中经过了重要的修正。洛克将自我保存拓展成舒适的自我保存,并因此为渴望中的未来社会奠定理论基础。按照传统观点,一个公正的社会是一个由公正的人们所统治的社会。与此相反,康德断言:“建立国家的问题不管听起来有多么困难,但即使是魔鬼的民族(只要其有理智)也可以解决。”言下之意,只要他们敏于算计。我们在马克思的主张中也能分辨出这种思想,因为马克思寄予厚望的无产阶级毫无疑问绝不是什么天使。这样说来,尽管受霍布斯的影响的那场革命已由马基雅维利决定性地预备好了,但是霍布斯却并没有提到马基雅维利。这一事实需要进行进一步的检验。

霍布斯在某种程度上是斯宾诺莎的老师。不过,斯宾诺沙在《神学政治论》的开篇就对这批哲学家展开了抨击。他说,这些哲学家将激情视为坏事。通过讥笑奚落激情,他们向人称颂并表明自己对于某种并不真实存在的人类本性的信念分号他们不是按照人类的实际情况来设想人类,而是按照自己对人类的期望加以设想。因此,他们的政治主张毫无用处。政治家则完全不是这样。政治家从经验中懂得,只要有人类存在就会有罪恶。因此政治家的主张极有价值,而斯宾诺莎正是将他的主张建立在这些政治家的主张基础之上。这些政治家中的英杰就是那位最机敏的佛罗伦萨人马基雅维利。对于马基雅维利对传统政治哲学较为温和的批判,斯宾诺莎将它全盘接受过来,并将它转译成霍布斯的更为直接的语言。比如对"只要有人类存在就会有罪恶"这个句子,斯宾诺莎心照不宣地借自塔西陀;这句话出自斯宾诺莎之口,就等于是对承认救世主时代的信念的彻底驳斥;救世主时代的来临需要神的干预或某个奇迹,然而按照斯宾诺莎的说法,奇迹乃是完全不可能的。

斯宾诺莎《神学政治论》一书的导言显然是在模仿马基雅维利《君主论》第15章。在《君主论》中,马基雅维利写道:

> 关于君主应该如何进行统治的问题,我知道有许多人已经写过文章,现在我也写起文章来,特别是当我讨论这个问题的时候,我的观点与别人不同,因此,我恐怕会被人认为倨傲自大。可是,因为我的目的是写一些东西,即对于那些了解它的人有用的东西,我觉得更恰当的做法是直截了当地探讨事物在实际上的真实情况,而不是凭空想象。对于许多人来说,他们所设想的共和国和君主国从来没有被看到过,也从来没有人知道它的实际存在与否。可是人们实际上怎样生活同人

> 们应当怎样生活,其距离是如此之大,以至于一个人要是为了应该怎样办而把实际上是怎么回事置诸脑后,那么他不但不能保存自己,反而会导致自我毁灭。因为一个人如果在一切事情上都想要以善良对待,那么,当他置身于许多不善良的人当中时定会遭到毁灭。所以一个君主如要保持自己的地位,就必须知道怎样做不善良的事情,或者必须知道视情况的需要运用还是不运用善良行为。

如果一个人依赖人应当根据德性来生活这一判断标准来指引自己的生活,那么他就进入了一个虚幻的王国或共和国。古典的哲学家们正是这样做的。他们因此得出了《理想国》和《政治学》中的理想政体形式。然而,当谈到想象的王国,马基雅维利想到的不仅仅只是那些哲学家,他也想到了上帝的王国。从他的观点来看,这个王国不过是空想家们的不切实际的奇想,因为,正如他的学生斯宾诺莎所言,公正只存在于公正的人们所统治的地方。他们虽然也赞同这些哲学家们的观点,认为理想的政体形式是可能的,但他们认为,这种情况发生的可能性极少。按照柏拉图的见解,理想政体之实现有赖于一种巧合,这是一种不大可能的巧合,即哲学与政治权力的合一。理想政体之实现有赖于机遇,也即有赖于命运,这就是说,有赖于某种本质上超乎人类控制的事情。然而,按照马基雅维利的观点,命运之神是一个女子,你想要压倒她,就必须击打她、打败她。人们可以看到,她宁愿让那样行动的人们去征服她。对命运的这种态度,同极大多数人对待生活的观点之间,存在某种关联性:通过降低政治上杰出的标准,人们就可保证在原则上是可能的那种独一无二的政治秩序得到实现。按照马基雅维利之后的人们的说法,那种理想必须变成现实;这一理想和现实必然会合二为一。这种思路已经取得了某种惊人的成功;假如当今某人坚持认为不存在理想得以实现的保证,那么他必然担心会被称作一个犬儒主义者。

马基雅维利不是仅仅出于描述人类是如何生活的这一目的而关注人类事实上是如何生活的;确切地说,他的意图是基于对人们事实上是如何生活的了解,而教导君主们应当如何进行统治,甚至还教导他们应当如何生活。因此,似乎可以说他对亚里士多德的《伦理学》进行了重写。在某种程度上,他承认这些传统主张是正确的,人们都必须过一种亚里士多德意义上的有德性的生活,但他否认有德性的生活就是幸福的生活,或者说会带来幸福。“假如慷慨是以你被强迫使用的那种形式加以施行的,那么它就会伤害你;因为假如你有德性地慷慨行事,并且是按照你应该运用的方式行事,那么君主就会自我毁灭,并不得不暴虐地统治其臣民以获取必需的金钱。”吝啬,慷慨之反面,“是君主能够统治下去的恶德之一”。不过,如果是用他人的钱财,君主应该慷慨大方,因为这会增加他的声誉。同样的考虑,也适合于仁慈及其反面——残酷。这把马基雅维利引向下列问题:一个君主究竟是被人爱戴比被人畏惧好一些呢,抑或是被人畏惧比被人爱戴好一些呢?要同时既被人爱戴又被人畏惧是难乎其难的。如果君主对两者必须有所取舍,那么选择被人畏惧比选择被人爱戴要强得多,因为一个人是否被人爱戴基于他人的意志,而被人畏惧则基于他自己的意志。然而,君主必须避免自己为人们所憎恨;如果君主不去染指他的臣民的财产和妻女——尤其是务必不要染指他们极其热爱的财产,他们对父亲被谋杀的不满还不及对失去遗产的怨恨——那么他就能避免被人憎恨。在战争中,残酷之名声没有任何坏处,完全可以置之度外。最杰出的例子是汉尼拔,无论是凯旋,还是败不旋踵,他总是得到士兵们的绝对服从,从来就无兵变之虞。“这并不是由于别的原因,而只是由于他的残酷无情,以及数不胜数的优秀品质,这使他在士兵们的心目中既可敬又可畏。但是,假使他不是残酷无情的话,光靠他的其他能力是不足以产生这样的效果的。然而,对此事缺乏深思熟虑的史学家们,一方面赞赏汉尼拔取得这样的丰功伟绩,而另一方面却非难他取得这种成果的主要原因(残酷无情)。”我们注意到这种残酷无情乃是汉尼拔的能力之一。把残酷“运用有方”的另一个事例是恺撒·博尔吉亚罗马涅的平叛。为了平定该国,他任命雷米罗·德·奥尔科(一个残酷而机敏的人物)为军队的首领,并授予全权。雷米罗在短时期内恢复了地方的安宁与统一,因此声誉鹊起。可是,后来恺撒认为赋予他此种过分的权力已经没有任何必要了,反而还可能会使他遭受憎恨;因为他深知雷米罗过去所采用的严酷手段已经引起人们对他怀有某些仇恨。他想要表明,如果过去发生过任何残忍行为,那并不是因他而发动的,而是来自他的大臣的残酷本性。因此,在一个早晨,恺撒将雷米罗斩为两段,曝尸在切塞纳的广场上,在他的身旁放着一块木头和一把血淋淋的刀子。这种凶残的景象使人民既感到痛快淋漓,同时又惊讶恐惧。

这样,马基雅维利的新的“应当”要求对德行和恶行根据环境的需要而作明智的和积极的灵活运用。对德行与邪恶的这种明智的轮换,就是他对“virtú”(德性)一词本意的理解。他既按照传统意义又按照他本人所赋予的意义来运用“德性”一词,他本人以此自娱,笔者相信,他也使许多读者忍俊不禁。他偶尔也在德性与良善(virtú and bontà)之间作了一点区分。这种区分在某种意义上可以说是由西塞罗首开先河的。西塞罗说,人们会因为自己的谦逊和节制,尤其是公正和坚守信念,而被称作有“善”(good)人,以示同具有勇气和智慧的人相区别。西塞罗对各种美德所作的区分，使我们想起柏拉图的《理想国》，在该书中，节制和正义乃是为所有人所必备的美德，而勇气和智慧则只为某些人所必备。马基雅维利在良善(goodness)与其他的美德(virtues)之间所作的区分，促成了良善与德性之间的对立：德性乃是为统治者和士兵们所必备的，而良善则是从事于和平工作的平民大众所必备的，或者说是他们的性格特征；这样一来良善逐渐意味着出于畏惧而对政府的服从，甚至还意味着令人作呕的卑微行为。

在《君主论》的大量篇幅中，马基雅维利按照正派人士一直津津乐道的方式大谈道德。在第19章中，他解决了这一自我矛盾。在这里，他谈到了上起哲学家皇帝马可·奥勒留、下至马克西米努斯的历代罗马皇帝。其最精彩之处是他对塞维鲁皇帝的讨论。塞维鲁属于那类既残酷又贪婪的皇帝。正是他所具有的如此"伟大"的德性使他能够始终称心如意地进行统治，因为他深知该如何使用狐狸性格的人与狮子性格的人——这两种性格都是君主必须仿效的。一个新生的君主国的新君主，不可仿效好皇帝马可·奥勒留的行为，也不必效法塞维鲁的举止；然而，他应当从塞韦鲁那里取得对于建立国家所必需的那份遗产，并从马可那里取得适合于保持一个已经牢固建立起来的国家并使之荣耀起来的那份遗产。《君主论》的主要论题是一个崭新国度的新任君主，也就是其缔造者。而作为真正名副其实的缔造者之典范的就是这个聪明透顶的罪犯塞维鲁。这意味着，正如奥古斯丁所言，正义恰恰不是国家之根本(the fundamentum regnorum)，正义的基础是非正义，道德的基础是非道德，正当性的基础是不正当或革命，自由的基础是专制暴政。起初，只存在恐怖，既没有和谐，也不存在仁爱。那种为恐怖而恐怖，为了使恐怖统治永久长存而实行的恐怖统治，同那种将自身局限于为与人类境况相匹配的人道程度和自由度奠定基础的恐怖统治之间,理所当然存在天壤之别。但这种区分在《君主论》一书中至多只是提了一下。

《君主论》中最给人安慰的章节是该书的最末一章。该章是对一位意大利君主洛伦佐·美第奇殿下的劝诫。马基雅维利奉劝这位君主将意大利从蛮族手中,即从法国人、西班牙人和德国人手中解放出来。马基雅维利告诫洛伦佐,解救意大利并不存在巨大的困难。他提出的理由之一是我们看见了上帝所创造的绝无仅有的奇迹:大海分开了,云彩为你指出道路,巉岩涌出泉水,吗哪自天而降。这些绝无仅有的事件确实有一个例子:以色列人从埃及人的奴役中解放出来后所遇到的奇迹。马基雅维利所暗示的似乎是:意大利就是洛伦佐的应许之地。然而,还有一个困难:把以色列人带出囚所并引向应许之地的摩西,并没有到达这片乐土;他在这片乐土的边境上死去了。马基雅维利因此而暗自预言,洛伦佐将不会解放意大利,理由之一在于他缺乏将这项伟大工作付诸现实所需要的那种非凡的德性。但是,除了马基雅维利对这一绝无仅有的奇迹所作的断言外,我们对它没有任何了解。所有这些非凡的事件发生于西奈山启示之前。因而,马基雅维利的预言是一种新启示,也即新基督教十诫这样一种启示即将来临,呼之欲出。这一启示的使者当然不是才能平庸的洛伦佐,而是一个新摩西。新的摩西就是马基雅维利本人,而新十诫则是关于一个崭新的国家中崭新的君主的全新学说。不错,摩西是一个武装起来的预言家,而马基雅维利则属于手无寸铁的预言家,他必然走向灭亡。为了找到解决这一困境的办法,我们必须转向马基雅维利的另一部伟大著作《论李维的前十书》(以下简称《论李维》)。

一旦我们从《君主论》转向《论李维》,以求找到解决在《君主论》中不曾得到解决的这些困难的办法,我们就像刚跳出油锅又入火炕,逃脱小难更遭大难。因为《论李维》远比《君主论》更难以理解。要想表明这一点,不首先向读者引入某些悬念乃是不可能的;而这种使人迷惑不解的悬念正是理解的开端。

让我们从头开始,即从《献词》开始。《君主论》是献给马基雅维利当时的主人洛伦佐·美第奇殿下的。马基雅维利自比为地位低下、身居卑位的人。他深为统治者洛伦佐·美第奇殿下的威仪所折服,以至于他将《君主伦》视作不值得洛伦佐殿下垂青的礼物,尽管该书乃是他平生最为珍爱之物。他基于对自己这部著作的如下评论来推介此书:这是一本读者在很短时间内就可以理解的一本小册子,尽管它包含了作者多年来历尽困苦所形成的认识。而《论李维》,则是呈献给马基雅维利的两位年轻朋友的,正是他们促成马基雅维利写成该书。同时,该书也是马基雅维利对获益于这二位友人而表示感激的象征。他曾将《君主论》献给统治者洛伦佐殿下,以求获得恩惠。并且他拿不准洛伦佐殿下是否会垂青于《君主论》——洛伦佐殿下说不准会更喜欢收受骏骑良骥。基于这些情况,马基雅维利在《论李维》一书的献辞中,对他在《君主论》一书的献辞中所遵从的那种惯例,即将某人的著作呈献给君主们的习惯表示轻蔑。《论李维》所呈献的并非君主们,而是献给那些合当成为君主的人。洛伦佐殿下是否也合当成为一个君主则尚存疑问。

两书之间的这些差异可以用下述事实来表明:在《君主论》中,马基雅维利极力回避使用他在《论李维》中所使用的术语。《君主论》没有提到良心、公共的善、专制暴君(也就是国君与暴君之间的区分)以及天国;并且在《君主论》中,"我们"从不意指"我们基督徒"。人们也许会提到,马基雅维利在这两本书中都未曾提到此岸与彼岸的区分,或者说今生与来世的区分;他在这两本书中也只字未提魔鬼、地狱;总而言之,他在这两本著作中只字未提灵魂问题。

现在让我们讨论《论李维》的正文部分。《论李维》所谈的究竟是什么呢?这是一本什么类型的书?《君主论》就没有这一类困难。《君主论》乃是君主们的一面镜子,而为君主们的言行设立据以参考的明镜乃是一种惯用的手法。与此相应,《君主论》所有章节的标题用的都是拉丁文。这并不是否认,相反却强调了下述事实,即《君主论》在传统的幌子下带有革命性的主张。然而,这种传统的外观在《论李维》中不见了。尽管该书所论及的是古代的和传统的主题,但它的任何一章标题用的都不是拉丁文,而是古罗马文。进一步而言,《君主论》还算不难理解,因为它有一个还算清晰的意图。然而,《论李维》一书的意图却极为模糊,以致人们禁不住要怀疑它究竟有没有意欲实现的目的。此外《论李维》是以论述李维的前十书的面目出现的,李维的前十书上溯至罗马开国时代,下至第一次布匿战争前夕,也就是说,自未败坏的罗马共和国最强盛时期开始,而以罗马对意大利本土以外的征服结束。不过,马基雅维利在《论李维》中某种程度上涉及了李维的著作所涵盖的整个罗马史:李维的历史著作是由 142 卷书组成的,而《论李维》也是由 142 章组成。李维的著作一直延续到奥古斯都皇帝统治时期,即基督教兴起之时。无论如何,其篇幅有《君主论》4 倍之巨的《论李维》看起来似乎比《君主论》全面而广泛得多。马基雅维利在《论李维》中明确排除在外不作理会的唯一主题是:"使自己成为一个牵涉甚广的新事物的首创者是多么危险,而操纵驾驭它并使之完善,并且在其完善之后又尽力维持它又是何等困难。要对这些内容加以讨论必定是篇幅浩大,议事多多,劳心费力,在此难以进行;因此我将在一个更适当的场合对此加以讨论。"然而,马基雅维利在《君主论》中明确加以探讨的恰恰正是这一浩大而激动人心的事情。“人们必须考虑,还有什么比使自己成为引入一种新秩序的首创者这件事更难以操纵驾驭、更无获胜的把握、更为险象环生的呢?”的确,马基雅维利在此并未谈到“维持”的问题。而这种“维持活动”,正如我们从《论李维》一书中所得知的,最好由人民来进行,而一种新的风尚和秩序的引入最好由君主们来实现。基于这一点,人们也许可以得出下述结论:同《君主论》不同的是,《论李维》富有特色的主题乃是人民。这一结论诚然不错,然而对于刚刚开始来理解这部著作的我们来说,它是远不够充分的。

《论李维》的特色可以用另一类型的两个例子来加以进一步说明。在第 2 卷第 13 章中,马基雅维利断言并以某种方式证明,一个出身低微或卑下地位而擢升到高位的人,靠的是欺诈而不是强力。罗马共和国在其开国之初即是如此,不过,在谈到罗马共和国之前,马基雅维利谈到了四位君主,他们都是从低微或卑下的地位晋升到高位的。他对居鲁士这位波斯帝国的缔造者谈得最为详尽。居鲁士的事例是最重要的。居鲁士凭着对他的舅舅——米堤亚皇帝进行欺诈而上台掌权。然而,既然他首先是米堤亚国王的外甥,怎么能说他是从低微或卑下的地位晋升而来?为了使其论点为众人所接受,马基雅维利接着提到了乔万·伽列阿佐,此人通过欺诈而从他的叔叔倍尔那波那里篡夺了国家与权力。因此,伽列阿佐首先也是一个在位君主的侄子,因而不能把他说成是出身于低微或卑下的地位。那么,马基雅维利想通过这种令人费解的方式表达什么呢?他在第 3 卷第 48 章写道:一旦你看到你的敌人犯下了一个巨大的错误,你一定要相信其背后定有欺诈。该章的标题就是这样说的。在这一章的正文中,马基雅维利走得更远,他说“在其背后总是存在诡计和欺诈”。然而,还是在这个关键性事例的稍后部分,马基雅维利表明,罗马人曾经因其道德败坏而犯下了一个巨大的错误。这就是说,它是一个非欺诈性的错误。

人们该如何来处理我们在《论李维》中所遇到的那些困难呢?让我们回到该书的标题上来:《论李维的前十书》。这个标题从字面上看并不正确,但若说这部著作主要是由对于李维的前十书的评述所组成的,那么则是比较有把握的。此外,我们还注意到,《论李维》缺乏一个明确的意图:如果我们认真地对待该书是专门用来论述李维的这一事实,也许该书的意图会变得明晰起来;也许马基雅维利追随李维的方式是遵循李维的论述思路,从而追随李维。然而事实又一次不是这样,但是若是从理智上来理解这倒也是准确的;马基雅维利使用还是不使用李维乃是理解该书的关键。马基雅维利使用李维的方式有好几种:有时他心照不宣地采用李维所讲过的故事,有时他引用李维的"这一文本",有时他提到李维的名字,有时他引用李维的原话(采用拉丁文)却未曾提到李维的名字,有时引用李维的原话(采用拉丁文)同时又提到了李维的名字。马基雅维利使用还是不使用李维,可以用下列事实来说明:他在前10章中没有引述李维的话,而在接下来的5章中引述了李维,而在之后的24章中又只字未提李维的话。弄清这些事实背后的原因乃是理解《论李维》的关键。

由于难以在笔者所支配的篇幅内终结这一问题,笔者想选辑下述章节来论述这一问题,即第1卷序言、第2卷序言、第2卷第1章、第1卷第26章和第2卷第5章。

在第1卷的序言中,马基雅维利让我们知道,他本人发现了新的风尚与秩序,走出了一条无人涉足过的新路子。他将自己的成就同未知水域和大陆的发现相提并论:他以道德世界—政治世界的哥伦布自居。促使他这样做的是他一直以来的天生欲望,即干一番他认为能给每个人带来共同利益的事业。因此,他勇敢地正视他明知正在等候着他的那些危险。这些危险究竟是什么?在发现未知的海洋和大陆的情形中,危险在于寻求它们的过程;一旦你已经发现了那些未知的大陆并打道回府,你就平安无事、万事大吉了。而在发现新的风尚和秩序的情形中,危险在于发现它们的过程,也就是说在于使之广为人知的过程。因为,正如我们从马基雅维利那里所听到的,使自己成为某种影响其他众多事物的新事物的首创者是极其危险的。

令我们极为惊讶的是,马基雅维利稍后就将这些新风尚和秩序等同于古代的风尚和秩序:他的发现只不过是一种重新发现而已。他谈到当代人热衷于古代雕像的残片。这些雕像赢得了巨大的声誉,并且被当代雕刻家们奉为典范。更令人惊异的莫过于没有任何人想到要模仿古代王国和共和国的那些有道德的行为,其悲惨后果是古代的德性已荡然无存。当今的律师们从古代的律师们那里学到他们的职业技巧,而当今的物理学家则将其判断基于古代物理学家的经验之上。因此,最令人惊讶的莫过于在政治和军事事务方面,当今的君主们和共和国,却并不求助于古代的那些先例。其结果与其说是由当今的宗教将世界所引向的那种虚弱引起的,或者与其说是由许多基督教国家和城市热衷于骄奢淫逸、放纵无度所导致的罪恶引起的,还不如说是由对历史特别是李维所论述的历史的一知半解引起的。其结果是,马基雅维利的同时代人相信,仿效古代人不仅是困难的,而且简直是不可能的。然而,这显而易见是荒谬的,因为自然秩序,包括人的本性,与古代毫无二致。

我们现在终于懂得,为什么说新的风尚和秩序的发现——它只不过是古代风尚和秩序的一种重新发现——是危险的。这种重新发现,导致了下述要求,即要求古代的德性应当受到现代人的仿效。但这种重新发现却与当今的宗教背道而驰:正是当今的宗教教导我们,仿效古代的德性乃是不可能的,也即在道德上是不可能的,因为异教徒的德性不过是华丽的罪恶。马基雅维利在《论李维》中必须要做的不仅仅在于纯粹地介绍古代的德性,而且在于复兴它,并不顾基督教的非难。说新风尚和秩序的发现只不过是古代风尚和秩序的重新发现,这并未解决那一困难。

不过,下述情形是显然的:马基雅维利不可能视古代的优越性为当然,他必须证实和确立这种优越性。他首先必须为古代的崇拜者与诋毁者找到一个共同的根基。这一共同的基础就是对古代的崇敬,无论是基督教的古代还是异教徒的古代。他从"古老即美好"因而"最古亦最佳"这一不言而喻的前提出发。因此,他首先被引向古代埃及,古代埃及在最遥远的古代处于全盛时期。然而,这并无多大帮助,因为关于古代埃及,人们所知甚微。马基雅维利只得求助于既充分为人所知晓,同时又是他自己所属的那个最古老国度:古罗马。然而,古罗马并非在每一个重要方面都是明显令人崇敬的。有一个强有力的事例可以用来并且已经被用来证明斯巴达优越于罗马。马基雅维利因此必须确立古罗马的权威性。他为实现这一目的所采取的基本方法使人想起神学家们从前通过建立《圣经》的权威来对抗不信教育所采取的某种方式。然而,古罗马并不是像《圣经》一样是一本书。不过,马基雅维利通过确立古罗马的权威性,从而确立了古罗马主要的史学家即李维的权威性,并因此而确立了该书的权威性。李维的历史书即是马基雅维利的《圣经》。从这里可以得出马基雅维利必须先确立罗马的权威性,然后才能使用李维,而不能相反。

马基雅维利是在论罗马宗教的章节(第1卷,第11~15章)开始引证李维的。在先前的章节中,他曾经将恺撒作为专制暴政的首创者同罗慕路斯作为自由城市的创建者相比较。恺撒的荣耀归因于历史学家们,他们对恺撒歌功颂德,因为他们的判断力已被恺撒的非凡成就,即为各代皇帝们的统治奠定基础这一成就所腐蚀了。皇帝们不容许历史学家们对恺撒自由评断、说三道四。不过,那些自由的历史学家懂得如何与这种限制周旋:他们谴责阴谋叛变者卡提林,此人昭示着恺撒的不幸;他们还赞颂恺撒的政敌布鲁图斯。但并非所有的皇帝都是坏蛋。从涅尔瓦到马可·奥勒留的各代皇帝执政时期是黄金时代,其时,每个人都有权拥有他所中意的任何观点并为之辩护:所谓黄金时代是指思想及其表达不受任何权威所限制。这些言论事实上构成马基雅维利论述罗马宗教的导言。在那里,他至少将非基督教宗教作为与《圣经》宗教同等的宗教对待。所有的宗教其理念都具有权威性,马基雅维利前不久质疑过的正是这一点。然而,对于古罗马的统治阶级而言,宗教并不是一种权威;他们把宗教用于其政治目的,并且他们是以极其令人敬佩的方式做到这一点的。对古罗马宗教的褒扬隐含着甚至不只是隐含着对近代罗马宗教的某种责难。马基雅维利之赞颂古罗马宗教的理由,与那些臣服于恺撒式诸皇帝之权威的自由历史学家之称誉布鲁图斯的理由如出一辙:他不能公开谴责他所臣服的基督教权威。因此,如果说李维的历史书乃是马基雅维利的《圣经》,那么,它是马基雅维利用来反《圣经》的。

在他确立了古罗马的权威性并用许多事例来表明它相较于近代的优越性之后,他开始暗示古罗马所蒙受的那些欠缺和不足之处。只有从这一点开始才涉及李维,也即《论李维》作为一本书,作为李维的独立权威区别于罗马历史之处。不过,在第1卷的结尾处,他公开质疑了包括李维在内的所有历史学家对于一件极其重要之事的见解。他因此把我们逐步引向认识到,为什么说他所重新发现的那些古老的风尚和秩序乃是全新的。其理由如下:(1)古罗马的风尚和秩序之确立,是基于环境的压力,通过反复试验、不断摸索而建立起来的,并无一个连贯一致的计划,而对于其之所以确立的理由也一无所知;马基雅维利则为此提供理由,并因此得以修正某些古老的风尚和秩序。(2)激励古老的风尚和秩序的精神是尊敬传统、崇敬权威,这就是那种虔敬的精神,而马基雅维利则受一种完全不同的精神的激励。在第1卷中清楚地展现了争论的展开。尽管第1卷从对最遥远的古代的高度称颂开始,但是以"极为新近"这种表述结束:许多罗马人都赞颂他们的凯旋者乔凡尼西米。

这样一来,我们就为理解第2卷序言做好了准备。在这里,马基雅维利公开质疑了对古代的偏爱这一成见:"人们常常厚古薄今,却往往毫无理由。"事实上,世界一如既往,江山依然故我。善与恶既未增进一分,也未减损一毫。有所改变的乃是不同的国家与民族,它们历经充满德性的时代与衰败堕落的时代。在古代,德性最初存在于亚述,而最后存在于罗马。在罗马帝国毁灭之后,德性只在帝国的某些部分幸存下来,尤其是在土耳其。因此,有些出生于我们这个时代的希腊人,由于他不曾成为一个土耳其人,他完全有理由厚古薄今。与此相应,马基雅维利赞颂古罗马时代而谴责他自己所处的时代也是完全正当的。因为古代的德性在罗马和在意大利已荡然无存。因此,他规劝年轻人应仿效古罗马,无论命运女神在什么时候给予他们这样做的机遇,也就是说,去做时代和命运的罪恶往往妨碍他做的那些事情。

第2卷序言的内容似乎是相当贫乏的,至少同第1卷序言相比是如此。这得归因于下述事实,即第1卷序言是对整部著作的导论,而第2卷序言不过是对第2卷,尤其是对第2卷前数章的引论。在这里,马基雅维利首先不同意普鲁塔克的一个观点,马基雅维利称普鲁塔克为一个举足轻重的著作家,而他从未将此称誉授予李维——这种观点也为李维甚至也为罗马人民本身所共同享有,即认为罗马人是凭着幸运而不是凭着德性获得他们的帝国的。在罗马征服之前,整个欧洲大陆上栖居着三个民族,他们顽强地捍卫着自身的自由,并自由地管理着自己,也就是说,像共和政体那样。因此,若要征服他们,罗马需要超常的德性。在那些古老年代,这些民族比他们在当今更热爱自由,这一切又是如何发生的呢?按照马基雅维利的观点,这最终归因于古代宗教与我们现代宗教之间的差异。我们的宗教认定谦恭、卑微和对人间事务的轻视为至善,而古代的宗教认定心智的伟大、身体的强健以及其他所有适于使人类变得强大起来的事物为至善。但是,罗马帝国的灭亡、所有共和国生活的毁灭最终导致了尘世与天国自身武装(包括尚武风尚等)的瓦解。撇开古代罗马的超常的德性不谈,罗马之所以伟大的第二个原因是她慷慨地恩准外乡人为公民。然而,这样一种政策使国家面临极大的危险,正如雅典人尤其是斯巴达人所深知的,他们担心新居民的混合会败坏古老风俗。由于罗马的这种政策,许多从来就不懂共和国生活并且对此毫不在乎的人,也就是许多东方人,变成了罗马公民。罗马人对东方的征服因而仅是完成了她对西方的征服刚开始的那部分,并且因此产生了下述结果,即罗马共和国一方面是基督教共和国的直接对立面,另一方面又是基督教共和国所要发展的目标,甚至是它的典范。

第3卷并无序言,但它的第1章起着序言的作用。通过这一细微的不合常规,马基雅维利强调了下述事实,即《论李维》的章节数目等同于李维的历史书的卷数,而且李维的历史,正如我们先前提到过的,从罗马的源头谈起,直至基督教问世的年代。第3卷第1章的标题如下:“假如你希望一个教派或一个共和国长盛不衰,那么你必须频繁地使之回到它的源头。”尽管该标题只谈到教派和共和国,但这章本身论及了共和国、教派和王国;各种教派,也就是各种宗教,占据着核心地位。世上的万事万物的进程都有个限度,即由天国所设定的限度。然而,它们只有秩序井然、符合规则方可达到这种限度,而这就意味着它们只有被频繁地带回到其源头,方可达致其限度;因为在其源头,它们必定具有某种善性,否则,它们就不会获得其最初的声誉,并与日俱增。马基雅维利用罗马的事例来证明他最先有关共和国的论点:罗马在被高卢人打败后,重新获得新的生命和新的德性。那时候罗马重新恢复对宗教和正义的奉行,也就是恢复了古老的秩序和制度,尤其是宗教秩序和制度。正是由于忽视这些使她曾经蒙受灾难。古老德性的恢复在于对恐怖和畏惧的重新承受,正是这种恐怖和畏惧曾经使人们在开初之际是良善的。马基雅维利因此解释说,他对古老风尚和制度之恢复关切,从根本上是指人们起初之所以良善,不是由于天真无瑕,而是由于他们受着恐惧的折磨,即受原初的和根本的恐惧困扰;在起初,没有仁爱,只有恐惧。马基雅维利的全新主张正是基于这种所谓的洞见(这种洞见预见到霍布斯的自然状态理论)。马基雅维利然后转向对教派的讨论,他用“我们的宗教”事例来阐明其论点:

> 假如我们的宗教不曾被圣方济各和圣多明各带回到其源头或原旨的话,那么,它肯定早已销声匿迹,因为,他们以自己的清贫和基督人生的典范,将这种宗教带回到人们的头脑中,但在人们的头脑中,这一宗教久已灭绝了;而这些新秩序和制度是如此强有力,以至于高级教士和宗教首领们的伤风败俗、

> 道德败坏也并未毁灭我们的宗教;因为法兰西斯派和多米尼克派仍然过着清贫的生活,并且通过告解和布道活动而在人民中赢得了如此巨大的信誉,以至于他们使人民深信,说罪恶的行为是罪恶,本身就是一种罪恶,而顺从高级教士们而生活才是美好的生活。如果高级教士们犯有罪孽,那就让他们受上帝的惩罚吧。因此,高级教士们极尽其行恶之能事,因为他们不用担心那些他们从未见到过并且他们也从不相信的惩罚。这样一种创新曾经维持了并且还在继续维持这种宗教。

在此,回到源头是通过引入新的秩序来实现的。在这里,马基雅维利毫不迟疑地作如此表示是因为他并不认为,圣方济各派和圣多明各派的改革等同于是对早期基督教的某种简单的恢复,因为这些改革完全未触动基督教教阶制度。然而,新秩序的引入在共和国里也是必需的,正如马基雅维利的《论李维》的最后一章中所强调的:古代风尚和秩序的恢复,在所有情形中,包括在马基雅维利本人进行的恢复工作的情形中,都是新风尚和秩序的引入。诚然,在圣方济各派和圣多明各派的革新同共和国的革新之间毕竟存在巨大差异:共和国的革新使整个共和国,包括领头人物,都服从于原初的恐怖和畏惧,这恰恰是因为原初的恐怖和畏惧能抵御罪恶——因为对罪孽的惩罚是可见的因而又是可信的。基督教之不要抗拒罪恶的命令或劝告乃是基于人们原初或起源时的良善,是基于爱这一前提假设;这一命令或劝告只可能引向极度的无秩序,或者导致逃避推诿。不过,这一前提假设转向了其极端对立面。

我们已经看到,《论李维》的章节数目是意味深长的,它是一种有意的安排。我们因此可能会怀疑《君主论》的章节数目是否也是富有意味的。《君主论》由 26 章组成。“26”是希伯来语中上帝的圣名的字母数。然而,马基雅维利是否知道这一点,笔者不敢妄下断语。“26”等于“13”的 2 倍。“13”现在以及在过去一段时间都被认为是不吉祥的数字,然而,在早先时期,它也被当作甚至主要是被当作吉祥的数字。这样,“13 的 2 倍”可能既意味着好运,又意味着厄运。它兼有二者,即命运(Fortuna)。可以作为这种观点的一个佐证是,马基雅维利的神学观点可以用神即命运(Deus sive fortuna)(以示同斯宾诺莎的神即自然 Deus sive natura 相区别)这一惯用语来表达。也就是说,上帝乃是被当作受人类影响(祈求)所左右的命运。然而,要确立这一点在眼下需要展开一场“过于冗长又搞得沸沸扬扬”的争辩。因此,让我们看看是否能从对《论李维》第 26 章的考察中得到某些教益。该章的标题如下:“一个新君主,当他在一个城市或国家掌权之际,必须使任何事物都焕然一新。”该章的主题因而是一个新生国家中的新君主,而这就是《君主论》中最为重要的主题。在上一章的结尾处,马基雅维利说过:若有人想建立某种绝对的权力——历史学家将此称作专制暴政,那么他就必须使一切事物焕然一新。我们这一章的主题因此是专制暴政,但“专制暴政”一词在该章中从未出现:与由 26 章所构成的《君主论》一样,《论李维》第 26 章也将“专制暴政”一词加以回避。第 26 章本身的教诲如下:一个想在其国家中确立绝对权力的新君主,必须使一切事物都焕然一新;他必须设立新的地方行政职务,并使之使用新的名称,运用新的权威,启用新人;他必须使富人贫穷,又使穷人富裕,正如大卫在他成为王时所做的那般:qui esurientes implevit bonis, et divites dimisit inanes。总之,他绝不可听任在他的国度里有任何事情原封不动,并且在此国度里,不可能有任何职位或财产,其拥有者认为不是属于君主的。他所要奉行的那些风尚,是极端残酷又充满敌意的,这不仅对任何基督徒的生活是如此,而且甚至对每一种常人的生活也是如此;这样一来,每个人都必定更喜欢作为一私人而生活,而胜过作为对人类具有如此破坏性的国王而生活。在本章中所出现的上述那段拉丁文引文,在修订版中被译成如下:“他使饥肠辘辘者得饱美食,而使富足者空手而归。”引用的这部分构成赞美歌《圣母玛利亚颂》的一部分,即当圣母玛利亚从报喜天使加百列那里听说她将生下一个被叫作耶稣的儿子时所作的感恩祈祷;这个“使饥肠辘辘者得饱美食,而使富足者空手而归”的人,不是他人,正是上帝本人。而按这一章的上下文来理解,这意味着上帝是一个专制暴君,而使富人贫穷、使穷人富裕的那个大卫王则是一个上帝般的国王,一个按照上帝基督的方式行事的国王,因为他厉行专制。我们一定得注意,这是在《论李维》和《君主论》中所援引的唯一一段《新约》中的话。并且对《新约全书》所作的唯一引证被用来表达一种极其令人恐惧的亵渎神明的思想。人们也许会为马基雅维利辩解说,这一亵渎神明的言论并未公开地表达出来,而仅仅是隐含着。然而,这一辩护完全无助于马基雅维利,而只能使他的处境更糟。理由在于,当某人公开地喊出或发泄出一种亵渎神明的言论时,所有虔诚人士要么会感到不寒而栗并掉头而去,要么就会根据他的罪过而给他以应得的惩罚。罪过完全是他的。可是,一种隐秘的渎神言论则是如此阴险狡诈,不仅在于它使亵渎神明的言论逃避了按照正当的法律程序实施的惩罚,而且更在于它实际上迫使听众或读者本人自己想到这一渎神言论,并因而成了渎神者的一个帮凶。马基雅维利通过诱使读者们思考那些受禁忌的或有罪的思想,因而卓有成效地建立了同读者的亲密关系,马基雅维利把读者们称作“年轻人”。这样一种亲密关系似乎也由每一位起诉人或法官所建立。

他们为了证明犯罪者有罪,必须按照犯罪者的想法来思考,然而,这种亲密关系是为犯罪者所憎恶的。可是,马基雅维利所意欲、所期望的正是这种亲密关系。这是他对年轻人进行教育的一个重要部分,或者用时下所盛行的说法,这是他败坏年轻人的一个重要组成部分。

如果篇幅允许,我们再来探讨一下其章节数目为"13"的倍数的《论李维》一书的其他章节,那将是十分有益的。但我在此却只能探讨其中的一章,即第2卷第5章。该章的标题如下:"教派和语言的变迁,以及洪水和瘟疫毁灭了对往昔事物的记忆。"马基雅维利以同某些哲学家展开讨论开篇。他对这些哲学家的论点提出反驳。这些哲学家说世界是永恒的。马基雅维利"确信"人们可以向这些哲学家答复如下:如果说世界如哲学家们所主张的那般古老,那么认为不只存在五千年的记忆(我们从《圣经》那里得知的记忆)就该是合理的。马基雅维利以《圣经》的名义反对亚里士多德。然而他接着说:人们满可以作出这种反驳,假若他们没有看到各时代的那些记忆被多种原因所毁坏的话。这些原因部分是出自人类,部分是来自天国。马基雅维利然后驳斥了所谓的亚里士多德的反驳,即著名的亚里士多德派的反《圣经》观点。他接着这样说道:

> 人为的原因在于教派和语言的变迁。因为当一种新的教派,也就是一种新宗教兴起之时,它为了获得尊荣,最先考虑的是要消灭旧的宗教;而一旦建立起新的教派秩序的这些人操持一种不同的语言,那么他们之扑灭旧的宗教就易如反掌。人们通过思考一下基督教宗派反对异教宗派所采用的措施就可以认识到这一点。基督教宗派曾经毁灭了异教宗派的所有

> 秩序、所有仪式,并且还毁灭了有关这一古老神学的任何一种记忆。诚然,他们在彻底清除其先贤事迹的记载上没有得逞,但这得归因于下述事实,即它将拉丁语言保存下来了,基督教徒必须用这种语言来写他们的新律法。假若他们当初能够用一种全新的语言来写这些律法,就不会有关于往事的任何记录了。人们只需读一读圣格里高利以及基督教其他首领的活动日志,就可以看到,他们通过烧毁古代诗人的诗篇和历史学家的著作、销毁古代的偶像并砸碎古代的任何其他象征来破坏古代的全部记忆的行径是多么发而不可收拾;而假若他们再创造一种全新的语言来为这种破坏推波助澜,那么一切往昔事物都会在极短时期内被人遗忘得一干二净。

通过这种极端夸大,马基雅维利勾画了他本人的学术工作,尤其是恢复他自己所喜爱的李维的本来面目的背景情况。李维的绝大部分历史书由于“时代的邪恶”而散佚。(第1卷,第2章)此外,他在此暗中将基督教的行为同伊斯兰教的行为加以对比,伊斯兰教的新律法是以一种全新的语言写就的。基督教与伊斯兰教之间的区别不在于基督教较之伊斯兰教对异教的古代致以更大的尊重,而在于基督教并未如伊斯兰教征服东罗马帝国那般征服西罗马帝国,因而不得不采用了拉丁文,进而又在一定程度上保留了罗马异教徒的文献,由此将其死敌保存了下来。稍后,马基雅维利说道:“这些教派在五千至六千年间经历二至三次变故。”他因此而测定基督教的寿命,最长大约是三千年,最短大约是1666年。这就是说,基督教可能在《论李维》写就后的约150年后走向末路。马基雅维利并非从事这类推测活动的第一人(参见格弥斯托士·卜列东,他对基督教的命运的推测比马基雅维利乐观得多,理解力也强得多)。

不过,马基雅维利这一断言的最重要之点在于,所有宗教,包括基督教,都是人为的,而不是神启的。毁坏关于往昔事物的记忆的那些神启的变化,是瘟疫、饥馑与洪水;源自神的即是自然的;而超自然者即人类。

马基雅维利关于宗教所说的或所主张的那些内容之要旨并非独创。正如他将"教派"一词用于宗教这一事实所指明的,他沿袭了阿威洛伊主义的思想方法,即中世纪的亚里士多德派的思想方法。正是这些哲学家拒绝对启示宗教作出任何让步。虽然马基雅维利的宗教主张之要旨并非独创,但他提出这一观点的方式却是极为奇妙的。事实上他除了承认世俗神学外,对其他任何神学都概不承认。世俗神学认为,神学应服务于国家,国家视情况要求而决定运用还是不运用神学。他指明,宗教可以被省除,只要存在一个强而有力的君主即可。这实际上意味着在共和国里宗教是不可或缺的。

《论李维》的道德主张与政治主张从根本上来讲,同《君主论》中的主张并无二致,不过有一个重要的差异:《论李维》在极力渲染赞同实行共和政体的理由的同时,却还教导潜在的专制君主如何破坏共和国生活。然而,几乎无可怀疑的是,马基雅维利之偏爱共和国更甚于偏爱君主政体(无论是专制性的还是非专制性的)。他憎恶压迫,如果这种压迫并非服务于人类的福祉,并因而未服务于卓有成效的政府,尤其是未服务于既公正无私又不吹毛求疵地给人惩罚的那种正义。他是一个慷慨大度的人,同时他深谙在政治生活中,被当作慷慨的行为在大部分时间里不过是精明的算计,这样的行为理当受到嘉许。在《论李维》中,他对马库斯・弗里乌斯・卡米卢斯的称颂已经很清楚地表明了他的偏好。卡米卢斯也得到了李维的高度评价,被称为罗慕路斯第二、罗马的第二缔造者、宗教习俗的最诚心诚意的实践者;李维甚至还把他说成是所有凯旋将军中的佼佼者,但李维的意思可能是指到卡米卢斯时代为止所有指挥官中的最杰出者。然而,马基雅维利称卡米卢斯为"罗马所有名将中最深谋远虑者";马基雅维利既称颂他的"良善",也称赞他的"德性",也即他的人道博爱和正直诚实。他是一个既善良又聪明的人——简言之,是一个出类拔萃者。马基雅维利对他的沉着镇定印象尤其深刻,因为他无论身处好运还是置身厄运,都能一如既往,处之泰然。在他从高卢人手中将罗马拯救出来并因此而赢得了不朽的尊荣之时,在他被宣判有罪而遭放逐之际,他都能安之若素。马基雅维利将卡米卢斯之不为命运的冲动所左右的这种优势,归根于他对世界的无比的了解。尽管他具有非凡的德性,但却被宣判有罪而遭受流放。他为什么竟受如此苛待?马基雅维利在某个特别章节(第3卷,第23章)中进行了探讨。在李维的论述基础上,他列举了三条理由。然而,假如笔者没弄错的话,李维从未把这三个理由放在一起作为卡米卢斯遭流放的原因。事实上,马基雅维利在此所遵从的并非李维,而是普鲁塔克。但他对人物角色的特点进行了更改。他将下述事实置于核心地位,即卡米卢斯在其得胜凯旋之际,曾用四匹白马拉他的凯旋战车,因而人们说他出于骄傲自大而希望同太阳神平起平坐,或者如普鲁塔克所言,与主神朱庇特平起平坐(李维说是与朱庇特和太阳神平起平坐)。笔者确信,这一相当令人震惊的傲慢行为在马基雅维利的眼中则是卡米卢斯恢宏大度(magnanimity)的一个象征。

卡米卢斯的极度骄傲自大表明,正如马基雅维利所肯定知道的那样,存在一种超乎卡米卢斯的伟大之上的伟大性。毕竟,卡米卢斯并非一种新风尚和秩序的缔造者或发现者。用稍微不同的话说,卡米卢斯是一个具有至高尊严的罗马人,正如马基雅维利通过他的喜剧《曼陀罗花》极清楚地表明的,人类生活也需要轻浮。马基雅维利在该剧中赞颂权贵洛伦佐·美第奇,因为他曾将庄重严肃同轻浮孟浪结合在一个似乎不可能的结合体之中,马基雅维利将这一结合体看作值得称赞的,因为从庄重严肃过渡到轻浮孟浪,或从轻浮孟浪过渡到庄重严肃,人们就是在模仿自然界,而自然界正是变幻莫测的。

评　价

人们不禁要问,我们应当如何就马基雅维利的整体主张来作出合理的评价呢?答复这一问题的最简捷办法看起来是下面这样的。马基雅维利最为频繁地提及或遵从的历史学家,除了大家所熟知的李维外,就是色诺芬。但是他只提到色诺芬的两篇著作《居鲁士的教育》和《希耶罗》;他对色诺芬所写的苏格拉底式著作视而不见。这就是说,他对色诺芬的道德世界的另一极——苏格拉底——视而不见。色诺芬这一半,按照色诺芬本人的观点,是更好的一半,但却被马基雅维利掩盖了。人们可以有把握地说,马基雅维利所知道的,或者说他所发现(他本人也因该发现而得以出名)的那些道德现象和政治现象,没有什么内容不为色诺芬所深谙,更不用说柏拉图和亚里士多德了。诚然,在马基雅维利那里,一切事物都被他用新的眼光来加以审视。然而,这并不是由于观察视野的扩展,相反却是由于观察视野的缩小。近代许多关于人的发现也具有这种特征。

人们经常拿马基雅维利同智者学派进行比较。但马基雅维利却从未谈到智者学派或通常被当作智者学派的那些人。不过,他在《卡斯特鲁乔·卡斯特拉卡尼传》中间接地提及这一问题。该书是一本很吸引人的小册子,内容是对一个 14 世纪的雇佣兵队长或专制暴君的一番理想化描述。在该书的末尾,他记录了卡斯特鲁乔说过的或从他那里听到的一些妙语。几乎所有这些妙语都是马基雅维利从第欧根尼·拉尔修的《名哲言行录》一书中借用过来的。在某些事例中,马基雅维利对妙语进行了改变,以使之符合卡斯特鲁乔的口吻。在第欧根尼那里,记载了这样一个古代哲学家,他宣称他希望像苏格拉底那般死去;马基雅维利将此变成卡斯特鲁乔的妙语,不过,他所希望的是像恺撒那般死去。在《卡斯特鲁乔·卡斯特拉卡尼传》一书中所辑录的大部分妙语都源于犬儒学派阿里斯提波和第欧根尼。对阿里斯提波和第欧根尼的引述——此二人都不归属于智者学派——会给我们以有益的指引,如果我们对哪些学者可以称为是马基雅维利的“(思想)渊源”这一问题感兴趣的话。

在《尼各马可伦理学》一书快收尾之处,亚里士多德谈到了可能会被人们称为智者学派的政治哲学的那些内容。其主要论点在于智者们把政治学同雄辩术加以等同或几乎加以等同。换言之,智者们相信或者倾向于相信言辞的无所不能。毫无疑问,马基雅维利不可能被指摘犯有这种错误。色诺芬谈到他的好友普罗克塞诺斯,此人在居鲁士反对波斯王的远征中曾率领一支分遣部队,并且此人还是最著名的修辞学家高尔吉亚的门徒。色诺芬说,普罗克塞诺斯生性诚实,完全有能力率领有教养的绅士们,却不能使士兵们对他敬畏三分;对于那些没有教养的粗人,他不能给他们施以惩罚,甚至不能给他们以训斥责难。但是作为苏格拉底学生的色诺芬却恰恰因自己能够管理有教养的绅士又能够驾驭无教养的粗人而被证明是一名优秀的指挥官。色诺芬,这个苏格拉底的门徒,对于政治的严厉与苛刻,对于超越言辞之外的这种政治成分,不抱有任何不实的错觉。在这一至关重要的方面,马基雅维利与苏格拉底结成了一条反对智者们的共同战线。

阅读书目

1. 尼科洛·马基雅维利:《君主论》(*The Prince*)。(中译本:《君主论》,潘汉典译,商务印书馆 1985 年版。——译者注)

2. 尼科洛·马基雅维利:《论李维的前十书》(*Discourse on the First Ten Books of Titus Livius*)。(中译本:《论李维》,冯克利译,上海人民出版社 2005 年版。——译者注)

马丁·路德

(1483—1546)

约翰·加尔文

(1509—1564)

邓肯·B. 福里斯特

伟大的宗教改革领袖马丁·路德和约翰·加尔文,而是并不以哲学家或政治家自居,而是始终把自己认作神学家和上帝之圣道的学生。与此相应,我们不应期望他们提出一整套的政治哲学,或者政治学的某种一般理论,因为他们并不将此认作是他们奉神召而需完成的重任。然而,宗教改革运动要求对一般神学立场进行系统阐述,而这不可避免地包括对政治学和政治哲学的某些关键内容的表态。而且不管愿不愿意,这两位宗教改革领袖实际上都义不容辞地提出了相当具体的政治建议,甚至还卷入政治活动之中,正是在政治活动中,他们的政治观点得到系统阐发,并付诸实践检验。他们认为自己对政治上某些问题的表态直接来自他们的神学前提,也即《圣经》,他们的政治学说只有从他们所持的神学观点出发才能被恰当地理解,因为他们的政治学说不能被割裂地加以审视。

他们对政治的首要关切是界定其适当的范围,并将这一界定同政治所处的背景联系起来。然而,要划清神学与政治哲学的疆界,没有长篇大论是不可能的;尽管路德和加尔文立基于基督教神学,他们却不可避免地被卷入大谈政治学的性质及功能的活动之中。他们对下列问题展开了讨论,诸如世俗政府相对于上帝的救赎计划的地位;罪与世俗权威之间的关联性;神法、自然法与实证法的关系;基督教关于人的教义的多重意蕴;教会与国家;对政治权力的限制;统治者与臣民的双重职责义务;如此等等。简言之,政治哲学的大部分主要问题至少都被他们论及,要是他们能够不时表明究竟何种工具——理性、传统、经验、良知还是《圣经》——才真正适合于论述某一特定问题就好了。

若论脾性与谈吐,路德与加尔文正好相反。路德此人光彩照人、精力充沛、感情冲动、博闻强识、文笔流畅,常常言过其实、夸大其词,或者为了使某个论点强而有力,甚至不惜与他在别处所言相矛盾。他从未写过一部论述其神学观点的综合性著作,他的政治主张必须从"时论书册"、神学论文、布道词甚至赞美诗中梳理出来。撇开某些浮在表面惹人眼目的矛盾以及言过其实的夸大其词,路德的思想中的确存在内在的统一性与一致性;他的政治神学是极为精心地构建出来的,而且总体而言,它是内在一致的,即使有时候在表达时不免会使人产生误解。而加尔文在其著作中给人的印象是更为克制、枯燥乏味、思路清晰、有条不紊、自成一体。他的《基督教要义》一书,最初写作时他才 25 岁,但在直至 1559 年的以后各版中,他都作了修订与扩充。该书是至今最伟大、最有影响力的系统性神学著作之一。

在其最后的修订本中,他的神学思想得到了确切的表述,尽管许多细节尚有待于用他大量的布道词、讲演、经文评注、往来信件加以补充。

撇开某些意味深长的神学上的和政治上的差异,路德和加尔文具有广泛的共同性与大体的一致性。他们接受同一权威,采纳几乎同一的方法,而且他们的思想结构以及大部分结论都极为类似,这使我们完全有理由将他们一同加以讨论,但同时也需指出他们之间所产生的分歧何在。

政治神学的基础

1. 因信称义

大凡新教神学,其根基与核心都在于唯因信而称义这一学说。在路德的主张中以及在宗教改革运动中独树一帜、与众不同的这一切,可以追溯至这样一种信念,即坚信人的彻底败坏及其与上帝的全然疏离是因为人的原罪深重;这一信念还伴同有对解决宽恕与和解问题的种种办法的否定,而这些办法已经被广为接受。宗教改革领袖们远不止于痛斥对赎罪制度过于明显的滥用,并且他们还否认罗马教廷得以提出原罪和救赎问题的根据与前提条件。

无论是路德还是加尔文都相信人的完全堕落。虽然相信这一点,但他们并不是说,人类所能做的事情中没有任何事情可称之为在“善”这一词语的一般公认的意义上被理解的“善”,而是说,即使是人类心目中的“种种善功”,如果按照上帝对他的仆人所要求的那种正义标准来衡量,乃是可怜的、不得要领的。我们所犯下的原罪乃是我们败坏的人类本性以及我们自身的责任的正常表现;我们可以做的任何善行都是上帝通过我们而进行的功,这是上帝慷慨的恩典,我们不能因为自己的善行而要求一份荣耀,图得一份功绩。在全能者上帝面前以我们的善功为托词,是荒谬可笑的,因为考虑到神的审判要对我们的罪过进行定罪,这些善功就变成毫无希望的微不足道之事;它们本身毫无例外地都被我们的败坏与邪恶所玷污了;此外,就其成立善行而言,善属于上帝,而不属于我们自己。在上帝定罪面前,所有人都一律平等。加尔文写道:"即使是圣徒,也根本不能做出一件按其性质来评判不应受到定罪的功事。"[1]想赢得或博得上帝的宽恕并与上帝和平相处,人类仅凭自身的力量无论怎样作为都是不可能的。

宗教改革领袖们同中世纪传统的决裂,不仅在于他们关于原罪和人类的堕落境况的更为激进的主张,还在于他们所提出的解决办法。他们宣称,我们之称义于上帝,不是靠劳功,也不是靠通过赎罪券分发施予给圣徒的功德,而完全是藉靠 Sola fide,即因信称义。而且信仰乃是上帝的恩赐,它不是人们独自地能够创造出来的某种东西。这并不简单地意味着,人必须接受一定的理论主张,确切地说,它意味着,当面对上帝的审判时,人的唯一出路在于承认他的完全孤立无助,并承认对他的定罪的完全正当性,然后,将他的所有罪孽置于基督耶稣肩上,并依仗他的工,而达致神恩的王国,蒙受基督耶稣本人的那种"异己的神圣性"。[2] 我们之称义是一种无关乎功绩、无关乎回报的恩赐,我们的任何成就与此纯然无涉。人类在上帝面前并未消融的唯一的义是一种"消极的义",它是上帝经由信仰而慷慨赐予的。

---

〔1〕 约翰·加尔文:《基督教要义》(*Institutes of the Christian Religion*),以后所引该书除特殊声明的外,都出自 Henry Beveridge 的译本。伦敦,1949 年版,第 3 卷,第 14 章,第 9 节。

〔2〕 路德:《加拉太书注释》(*Commentary on Galatians*),P. S. Watson 编,伦敦,1953 年版,第 39 页等。

2.《圣经》的权威性

在辩论过程中，路德和加尔文发现自己回到了圣保罗和圣奥古斯丁的教诲上来了，并且事实上驳斥了如伯拉纠主义这样的全部中世纪神学，这种神学相信，人在某种程度上能够凭借自身的努力作为而赢得救赎。在称义问题上同经院哲学的这种决裂，乃是新教神学思想的出发点。早在1517年路德写下如下文字时，他就与整个中世纪神学传统开始分道扬镳："以为意志凭其本性能够遵照正确的戒律，这是错误的……人们必须承认，意志并不能毫无束缚地去追求任何一种据称是善的行为……人按其本性无力要求上帝成其为上帝。事实上，他是本人想成为上帝，而不是想上帝成为上帝。"〔1〕

这把他直接引向下列更具有学术性的问题："实质上，亚里士多德的整部《伦理学》乃是神恩的最大敌人……三段论形式当被应用于神的术语时，是毫无用处的……亚里士多德的全部思想之于神学，正如黑暗之于光明。"〔2〕

路德论证说，由于没能对人类的堕落境况予以应有的认真考虑，这使神学家们对理性给予过分的信赖。启示与理性、神学与哲学之间的真实区别与对立，比如说，在托马斯主义的综合体系中，早已丧失殆尽。人们认为理性，至少是在它的某些运用中，不受人类堕落所带来的全部影响，而人的本性和神恩已经得到互补，因此而回避了我们所知的唯一本性乃是堕落了的本性，也即这一本性与神恩永远格格不入这一问题。本性的救赎实际上需要的是重建其未败坏的情境，而不是通过加入一种"超自然性"而使之圆满。

---

〔1〕 路德：《驳经院神学论纲》(*Disputation against Scholastic Theology*)，第6、10、17条。载《路德全集》美国版(*American Edition of Luther's works*)，Jarolsav Pelikan 和 Helmut T. Lehman 编，陆续出版50卷，在圣路易斯和费城出版，见第31卷，第4页以下。

〔2〕《驳经院神学论纲》，第41、47、50条。

关于理性与启示之间的关系,路德表现出同奥卡姆和唯名论者高度的一致,但他最终还是驳斥了他们的观点,因为他们作为伯拉纠分子,“不仅使《福音书》变得模糊不堪,而且将它掏空,并且还把耶稣基督彻底埋葬了”。[1] 路德把这看成是关于人的潜在性的一种不是根据《圣经》所得出的结果。

假如说理性不能提供讨论神性问题的适当工具与手段,那么神学究竟还留下什么东西?是否科学之王后即将消失,留在她身后的除了一套虚无缥缈的虔诚外,别无他物?宗教改革领袖们的回答是明确的:神学真理的唯一标准必定是通过《旧约全书》和《新约全书》的表达而显露出来的上帝的圣道。唯有如此,神学方能避开对堕落的本性或败坏的理性的不适当的信赖。无论是教会的传统还是人类的哲学化思维,都不可悖逆于《圣经》。新教神学将成为《圣经》的神学,基本上就是对《圣经》清楚教义的解释。例如,加尔文在谈到他的《基督教要义》时说,该书只是“我们所发现的、上帝在他的圣言中希望教导我们的那些东西的总汇”。[2]《圣经》的权威性乃是自证的,因为“它清楚地展示了其真理性的证据,正如黑白事物自证其颜色、苦甜食品自证其味道一样”,[3]并且这种权威性通过个体信仰者心中圣灵的事功而向个体信仰者肯定其存在。正是那对任何神智健全的人来说都是明白易懂的《圣经》的明确意义,而不是任何比喻性的或精神化的阐释,才是人生与教义的最高法则。宗教改革领袖们对其对手的指责之处,不仅在于后者在《圣经》之外还将异己的权威引入神学,也不仅在于这些对手们使上帝的圣道屈从于教会的判断,还在于他们拒绝严格依从于圣

---

〔1〕 路德:《加拉太书注释》,第130页。

〔2〕 加尔文:《基督教要义》,法文版,前言。

〔3〕 加尔文:《基督教要义》,第1卷,第7章,第2节。

道的清楚明白的意义，相反，他们却这样来对待《圣经》，“好像它是蜡制的鼻子，可以随心所欲地任意捏拉拖扯”。[1] 宗教改革领袖们宣称，根据充分且恰当的理解，整部《圣经》自身表明它是上帝的启示在基督耶稣那里的一体见证，它毫无晦涩难解与模棱两可可言。[2]

路德和加尔文在关于《圣经》的理论主张上存在差异，但这种差异无论在何处都未公开明显地表现出来，我们只能从他们对解经的不同态度中大致地拾撷到这种差异。一方面，当路德想在《圣经》中找到人生的某种准则时，他倾向于对此作消极理解：《圣经》设定了必须从理性传统或历史中寻找积极指导的这一限制性规定。《圣经》的主要关怀是号召人们在耶稣基督那里寻求拯救，但是，就这个世俗世界的生命而言，《圣经》所起的作用大多是消极性的，并且它需要受到补强以获得某种充分的伦理道德支持。在另一方面，加尔文则在《圣经》中寻找某种明确而积极的生活与行动的模式 。在路德看来，《圣经》指出了一种可用多种生活方式加以表现的同基督的关系，而加尔文倾向于在《圣经》中寻找到基督徒应服从的唯一永恒准则。然而，《圣经》理论上的这种差别远不是绝对的，并且决不可过分加以强调。人们可以发现，这一差别在这两位宗教改革家对“律法的运用”（参见下文中的律法这一条目）问题上的不同态度上表现得更为明确。不过，这种不一致可能是加尔文在论及教会和国家的形式与作用问题上的极端激进主义的根源之一，也可能是路德在这些问题上更加遵从理性与传统的根源之一。

---

〔1〕《路德全集》费城版（*Philadelphia Edition of the works of Martin Luther*），英文版共6卷，1915～1932年陆续在费城出版。第1卷，第367页。

〔2〕路德：《意志的枷锁》（*The Bondage of the Will*），英译本J. I. Packer和D. R. Johnston译，伦敦詹姆士·克拉克公司，1957年版，第70～74页。

《圣经》中有大量的篇幅论及政治活动,如果不谈及其他原因,单就此而言,很明显,路德和加尔文作为《圣经》神学家,都必定要有其政治理论,在这一理论中,他们理应详尽阐述《圣经》关于政府、服从以及其他问题的教诲,并将这些教诲同当代问题联系起来。无论是路德还是加尔文都从来没有宣称自己是一个独创性的思想家。他们只是认为自己是真理的见证人,所有人在《圣经》那里都能获得这种真理。在他们看来,自己的工作只是将与相关问题有关的段落挑选出来,并针对当前的需要对这些段落进行解释、关联、引申。至于政治与教政的问题,最紧迫的需要在于恢复那些古老的、真确的和使徒的教规,而在这方面,《圣经》乃是唯一的向导。

3. 称义与伦理道德

人们往往争辩说,唯因信而称义这一理论,连同它对于人类价值判断在上帝面前的效力的否认,使人们不可能对伦理学和政治学进行任何严肃探讨。假如归根结底而言(在上帝面前),善功毫无价值,那么又为何要行善呢?道德的全部根基岂不实际上遭到摧毁么?

然而,宗教改革领袖们的回答完全不是如此。当一个人知道自己唯因信而称义时,他的信仰必须"变成对邻人的积极主动的爱"。"我们并非凭着作出义行而成为义人,而是由于我们已经成了义人,我们作出义行。"[1]宗教改革领袖们从未将信仰理解为对一系列命题与主张纯粹消极的赞同。

> 因此,当有人说到,由于我们只是大讲信仰,善功因而就

〔1〕 路德:《驳经院神学论纲》,第40条,载美国版《路德全集》,第31卷,第4页以下。

> 被禁止了，这就好比我对一位病人说："要是你身体健康的话，你就能充分利用你的四肢躯干，但既然没有健康的身体，你的四肢躯干的所有功用都毫无意义；而他则想据此推断说，我曾经禁止他的所有四肢躯干的功用；与此相反，我的意思是，他首先必须健康，而这将影响所有器官部分的所有功用。"因此，信仰在所有工(works)中必定是处于支配地位的工匠或主人，否则，这些功行就毫无用处。[1]

信徒的那些工有特殊的价值，因为它们不再有利害关系；信徒侍奉上帝与邻人，是为了侍奉他们而侍奉他们，把他们作为目的本身，而不是想借此为自己赢得救赎。

伦理道德标准也并未遭废止。虽然它们同救赎问题无关，但它们是上帝出于某个意愿而赋予与制定的，并且还存在另一个领域——彼岸世界(the world)——在那里，伦理道德标准的效力完整无损地保存下来了。那些称义的人的义，用路德的话来说，是一种"消极的义"，这是某种只能被赋予我们却不可勉力以求的东西。但是，也存在一种积极的义，它也是必需的，并且受上帝掌控，但似乎可以说，它局限于此岸世界领域(this world)。称义的信徒在基督耶稣那里被上帝接纳为义人，但记住下述这点是很重要的，即上述情况并未使这个信徒在人们的心目中变得无罪或在道德上完美。可以肯定地说，尽管已经称义，但义总是努力在爱的行为中表现自己。基督徒——以及基督徒政治家——生活在两个国度，无论在哪个国度，他都必须侍奉上帝，尽管是以不同的方式。若想对宗教改革领袖们有关"双重国度"的教导有一个完整的认识，我们

---

[1] 路德：《论善功》(*A Treatise of Good Works*)，载费城版《路德全集》，第1卷，第199页。

现在就必须转向他们的政治思想,因为“双重国度”的学说构成其政治思想的中心。

双重国度

1. 人类的双重公民身份

按照加尔文与路德的说法,人类隶属于两个王国。

> 让我们来仔细观察一下,对人类而言,政府是双重的:一个是属灵的,通过它,良知得以养成虔敬和对神圣的崇拜;一个是俗世的,通过它,个人被委以作为个人和公民必须履行的那些义务。一般以属灵的和俗世的管辖权这些不恰当的名称来指称这两种政府形式,以表现前一种类型与属灵的生命有关,而后一种类型则同现世生命的事务有关,亦即不仅是同衣食住行有关,而且也同法律的制定有关。法律要求个人与他的同伴们心地纯洁、富有尊严并有节制地生活在一起。前者在灵魂中占有一席之地,后者则仅仅掌控外部行为。我们称其一为属灵王国,称另一为俗世王国。[1]

简言之,人类既属于尘世,又属于天国;既属于暂存王国,又属于永生国度;既服从于俗世法律,又领受永恒福音;也即人是一个既具有理性又具有信仰的存在。在属灵王国,他是完全自由的,而在俗世王国,他是完全受管辖的。他既是教会之一员、基督耶稣之

〔1〕 加尔文:《基督教要义》,第3卷,第19章,第15页。

永恒身体的一部分,他又服从于俗世行政官员和法律的暂存权威。人在世俗领域主要受理性、传统和已往的伟大思想权威的指导,而在属灵王国,则受到《圣经》中所记录下来的上帝的圣道的教导。

对这两个领域进行明确的区分是神学主要且持续进行的任务之一,然而,这一任务也是相当不易的。这两个王国并不简单的如中世纪许多思想家所主张的那样就是教会与国家。对它们不能加以区分,或者错误地加以区分,会导致混乱,并给这两个领域带来灾难,对此我们稍后将详加考察。"这样,无论是谁,只要他能在法律和福音之间作正确的判断,那么感谢上帝,应让他明白,他就是一个名副其实的神学家或真正的牧师。"〔1〕

2. 双重王国的关系

尽管我们应对双重王国进行明确的区分,但我们不应认为,它们互相之间毫无干系,或者说它们全然独立自主。正如苏格兰和英格兰,它们在1603年和1707年间(除了克伦威尔时期以外),在同一国王的旗帜下联合统一起来了,而同时它们又保留其各自的政府。与此类似,属灵的王国与俗世的王国,尽管互相区别,却共享同一最高主权者。二者都是上帝的王国,都是上帝对人类的关怀与爱护的体现,在某种意义上,我们可以说,它们是互补的,但我们需要小心谨慎地表达我们这样讲的意思,以免同中世纪的观念相混淆。宗教改革领袖们否认自己同中世纪的这些观念有任何关联。上帝之赐予其恩典既是通过国王,也通过传道士,而这二者都以其自己的方式指向天国。属灵的政府将我们引向对上帝的热爱;俗世政府则将我们引向对邻人的奉献。但对上帝的热爱与对我们的同伴的奉献,从根本上说来是如此地结合在一起,以致不可

〔1〕 路德:《加拉太书注释》,第122页。

能做到一个方面而不同时也做到另一个方面。无论是法律还是福音、理性还是信仰、国家还是教会、哲学还是《圣经》,对于此岸世界(this world)的生活都是必不可少的。撇开那些似乎互相冲突、互不协调的外观,我们知道两个王国属相互勾连,它们是互补的。[1]但是,只有当二者合二为一,同时为了避免产生危险的混淆又必须保持其区别的时候,这种统一才能各得其所、尽善尽美地得到实现。“这样,正如我们业已加以划分的,对这二者,人们总是需要区分对待。当我们考察其中之一时,我们应当撇开另一个,对它不予考虑。”[2]双重王国之间的界限是在每个人那里都存在的一种区分。恰当地说,两个政府各分管不同领域的主要事务,运用不同的手段,出于不同的目的。与此相应,提出一个王国相对于另一个的优越性问题决不是明智的。它们必须相互协调、相互配合,而且事实上也的确这样配合与协调,这诚然不错,但前提是人们不要将它们之间的相互分离及其在上帝面前的平等地位这两个问题搅在一起。

然而,要保持这种恰当的区分也绝非易事,因为“魔鬼从未停止过将这双重王国搅在一块”,[3]以图给世间带来混乱与灾难。他要么是通过人类的自命不凡,要么是通过人类的唯灵论来达到目的。一方面,俗世权力可能力求控制教会并支配该信仰什么、该宣讲什么;而教皇可能极力宣称所有尘世权力都出自于他。“这些人”,路德说道,“妄想成为上帝本人,而不是想侍奉上帝,臣服于上帝”。[4] 法律和福音可能混为一谈,这或者是由于“杀人越货的暴

[1] 加尔文:《基督教要义》,第4卷,第20章,第2页。

[2] 加尔文:《基督教要义》,第3卷,第19章,第15节。

[3] 路德:《“诗篇”第101篇注释》(*Commentary on psalm 101*),载美国版《路德全集》,第13卷,第194页。

[4] 路德:《“诗篇”第101篇注释》,载《路德全集》美国版,第195页。

民”,他们就是如此地削弱了合法权威;或者是由于教皇,他“不仅将法律与福音混为一谈,而且传播福音的他还制定纯粹的法律,比如那些仅仅是仪式性的法律。他还将政治事务与教会事务加以混淆;这是一个魔鬼般可恶可憎的混淆”。[1] 另一方面,有一批天真幼稚的唯灵论基督徒,他们力图将福音引入只有法律才能胜任的那些领域。这是些宗教的狂热者,最明显的事例是再洗礼教徒,他们看不到上帝在凡俗世界中的充分的掌控力,因而出于那些值得称道的理由而力图将凡俗世界纳入属灵界。他们也大错特错了,尽管他们是无意的,但他们也是执行魔鬼的那种混淆行为的代理人:

> 一个人若冒险用福音来统辖整个社会或凡俗世界,那么他就变成了这样的一位牧羊人,他把一群狼、狮子、鹰和绵羊赶到一块儿,并且说:“请随便吃吧,和和气气、平安相处吧;散开吧,遍地都是好吃的;别担心什么狗呀、棍棒呀什么的。”当然,羊群会老老实实地让自己饱餐一顿,然后和和气气、安安静静地相处,然而,它们的命是不会很长的了。[2]

通过这些自命不凡者和天真幼稚者的行为,魔鬼得逞了;

> 基督教主教们以及所有教皇世系都应当关心福音,关心灵魂;但他们也需要管理世俗事务,发动战争,并关心尘世的福祉,而以他们的精明伶俐,他们是乐于这样做的。同样,俗

---

〔1〕 路德:《加拉太书注释》,第123页。

〔2〕 路德:《论俗世权威:对俗世权威服从的限度》(*Secular Authority: towhat extent it should be obeyed*),载费城版《路德全集》,第3卷,第237页。

> 世的君主们应当照看他们的行政管理;但撇开这一切,他们必须站在教堂里,倾听弥撒的音乐,全身心地成为属灵的。因而,即使是现在他们也在涉足福音事务,效法教皇,而禁绝上帝所吩咐的那些事情,如在圣事中的那两类事情:基督徒的自由和婚姻。这一德性的后果通常也明显地表现在神圣罗马帝国议会那里;因此,根本性事务被置于次要地位,或者往往就被忽略或遗忘了。[1]

然而,人们必须记住,路德本人时常违背他本人所确信的东西。比如当他主张,"假使每个人都具有信仰,那么我们就将无须法律了",他借口说,具有信仰的人在这个尘世中能够完全独立于俗世政府,因而可以不正当地"将福音关于属灵的自由的教义转变成世俗秩序"。[2]

3. 教会与国家[3]

双重王国并不等同于教会与国家,而政治统治当局完全属于俗世领域,并且它被创造纯粹是"为了这种转瞬即逝、昙花一现的生活"。[4] 尽管它可能可以表明人们对宽恕的请求,却不能像教会那样成为称义的中介。尽管如此,在这个堕落的世界上,它却是一个必不可少的机构,它由上帝所创设,作为其意志的工具,并直接从他那里取得其权力,而没有经过教皇、教会或人民之手。在这方面,宗教改革领袖们赞同中世纪的反教皇派理论家们,如威克里夫

---

〔1〕 路德:《"诗篇"第101篇注释》,载美国版《路德全集》,第13卷,第174页。

〔2〕 路德:《论善功》,载费城版《路德全集》第2卷,第199页;加尔文《基督教要义》,第3卷,第19章,第15页。

〔3〕 "国家"(state)一词在此以及在这一章中,纯粹是"世俗政府"的同义词。

〔4〕 加尔文:《对"提摩太前书"第6章第13~16节的布讲词》(*Semon I Tim*),载《宗教改革家著作集成》(*Corpus Reformatorum*),第53卷,第618页。该书中的加尔文的著作部分由 Baum, Gunitz 和 Reuss 所编,共59卷。布鲁斯威克,1863~1900年版。

的观点,并且还赞同马西利乌斯和奥卡姆的观点,但这些思想家关于人民主权的见解则另当别论。对于宗教改革领袖们以及中世纪反教皇派而言,世俗政府均具有极其现实的尊严。路德觉得,他这样强调,正恢复了长久以来由于中世纪对双重王国的混淆而失去了的某种东西,因此他写道:“我可以自豪地说,自从使徒时期以来,世俗的宝剑(君权)和世俗政权从未得到像我所做的那般清晰的描述或如此高的评价。”〔1〕

“教会”一词有点模棱两可。它可用来指称“有形的教会”,也就是由受洗礼的人们组织成的,人们于其中进行敬拜、受教诲、团契并服从宗教权威的那种可以从经验上分辨得出的机构;也是一个包含许多人的团体,这些人事实上并非上帝的选民,这个群体甚至还可能将某些上帝的选民排除在其成员之外;也是一个其表现并非完美无缺且时常变化不定的机构。“教会”或者也可指称“无形的教会”,也即基督耶稣的永恒身体。只有上帝的选民,即那些因信而称义的人才属于这个机体,而它的真实构成唯有上帝知道。无形的教会纯洁无瑕、永恒不朽,它等同于圣徒相通。两位宗教改革领袖紧随威克里夫和马西利乌斯之后,都认为不应将教会看作等级森严的僧侣集团或教士阶层。所有基督教徒都是属灵的,而牧师或教士只不过是全体信仰者中所有神职中的一个特殊职能。〔2〕

虽然路德和加尔文都极力坚持教会和国家的各自独立性,但

〔1〕 路德:《军人是否亦可获救》(*Whether Soldiers, too, can be Saved*),载费城版《路德全集》,第5卷,第35页。

〔2〕 威克里夫:《英语著作选辑》(*Select English Works*),Arnold 编,第3卷,第447页;《教会研究》(*Tractatus de Ecclesia*),Loserth 编,请随便看一部分;加尔文:《基督教呈给法国国王的献词》(*Prefatory Address of the Institutes to the king of France*),第6节,等等;路德:《致德意志基督教贵族书》(*To the Christian Nobility of the German Nation*),载费城版《路德全集》,第2卷,第61页以下。

他们这样说的时候,其意图是大不相同的,认识到这一点是极为重要的。路德,像先前的威克里夫和胡斯一样,极力强调教会的无形性,而不过分关心其现世的独立性,但在教义、布道活动和圣事方面则是例外。俗世政权可以组织教会的外在组织体制,这似乎对它来说易如反掌;它可以按照其意志处置教会的财产;而俗世权威,如果是基督徒,甚至可以被认作是对有形的教会的外部事务具有权威的"主教",但上面提到的那三种事务则属例外。[1] 此外,加尔文则极力强调教会的有形性。[2] 在他看来,真正的教会的组织形式正如真正的教义,只能在《圣经》中寻求。《圣经》也为基督徒的外部行为提供了积极的指导。对外部伦理道德的控制决不能完全听任于国家;教会也必须运用它所特有的教规(最显著的是革除教籍),对其成员实施惩戒,即便是世俗领域中的行政首脑或统治者,他们作为基督徒也必须服从教会的教规。在加尔文看来,教规和教会组织体制是教会的"支柱",并属于信仰的本质要素。无论是教会还是国家都关心对外部伦理道德的维护,但它们按照自身的不同性质而相应地采取了不同方式。[3] 在路德看来,教规与教会组织体制对救赎领域而言是无关紧要的。

这样,我们看到,无论是路德还是加尔文,都坚持教会和国家的独立性,但他们对这两个"统治集团"的划分在许多方面都有分歧。争论的领域包括教会的大部分世俗功能,尤其是教会的外在组织形式。在路德看来,在《圣经》中找不到什么对教会治理有约束力的指导,而且他乐意接受那些传统的或那些看来似乎是权宜之策的东西。但在加尔文看来,教会的组织体制必须尊奉《圣经》,

[1] 路德:《致德意志基督教贵族书》,第68页。

[2] 加尔文:《基督教要义》,第4卷,第1章,第7节。

[3] 加尔文:《基督教要义》,第11章,第1、3节;第12章。

而不能允许传统或世俗政权对此拥有权威。这样，如路德所言，如果这些领域听任于国家，那么要使教会保持其自身的自主性（或者确切地说，神权统治）简直就变得越发困难了，即使是在路德认为属于教会的那块特有的领域也是如此。而假如像加尔文所言，将争议领域授予教会，那么教会就会经常受诱惑去扩展其“教规”的适用领域，进而甚至宣称自己比世俗国家更具优越性与权威性。

在理论上，尽管在实践中并非总是如此，这两种诱惑都受到宗教改革领袖们的拒绝与抵制。虽然他们对这两个领域的划定各有分歧，但他们都一致认为它们是独立的领域，不容混淆。但这并不意味着教会和国家不应配合协调。其中的任何一方在其自身的工作中都需要借助另一方的存在与支持。一方面，“世俗秩序是教会的福祉所必不可少的”，加尔文在其《基督教要义》第一版论俗世政权的章节中就以此为标题。而另一方面，纯正的教会之存在有利于国家，因为，“所有人都承认，任何一个国家，如果没有把虔敬作为其第一关怀，它是不可能成功地建立起来的”。[1] 教会与国家，正如希波克拉底的孪生儿：当一个病了，另一个也患起病来，它们要健康就得一同健康。[2]

通过考察路德和加尔文分别归诸属灵的权力和俗世的权力的职能，我们也许更能详尽地理解教会和国家的协作关系。在这两位宗教改革领袖看来，俗世政府并非仅仅关心社会生活与外部伦理道德的维护，而且在维护对上帝的真正敬拜与侍奉上负有责任。假如有必要的话，国家有权，并且实际上是有义务，按照上帝的圣道来净化和改革教会，使之恢复真正教会的形式。真正的教会应

---

〔1〕 加尔文：《基督教要义》，第 20 章，第 9 节。

〔2〕 加尔文：《对“撒母耳记上”第 38 章的布讲词》（*Homilies on Samuel 38*），载《宗教改革家著作集成》，第 29 卷，第 659 页。

该切记在心的一个根本内容在于,教会独立于并区别于世俗权力。这表面看来似乎是否认教会和国家的分立,但我们应注意以下两点:首先,世俗权力对教会所特有的领域(不过这一领域得加以限定)所进行的干预只是应急之举,而并非司空见惯;其次,世俗权威只有在为使教会恢复《新约》所确立的基督教精神时才有权进行干预。"上帝般的君主"有义务并且也仅限于使教会恢复它在《圣经》中被赋予的形式与职能。否则,他的干预就全然不正当。教会和国家之间恰当而正常的关系在于平等的双方之间互相支持、互相鼓励。

这样,国家就具有双重职能。它对俗世社会和教会都负有义务。路德和加尔文都将政府看作主要是"一道抵御罪恶的防护堤",或者说是"治疗恶习的一剂良方"。路德作为一名神学家不大愿意对国家应当如何遏制罪恶这一问题大发议论,至多也只是泛泛而谈,然而加尔文则毫不犹豫地对此详加论述:"世俗政权的存在是为了引导我们的行为适应人类社会,亦即使我们的行为方式符合世俗的正义,使我们彼此和平共处,敦使我们珍爱普遍的和平与安宁。"[1]世俗政权须关怀贫苦者,它须创办学校、聘请教师,它须关心大学教育,如此等等。[2]

关于有形的教会,国家应当为牧师们以及基督教团体的敬拜提供物质上的支援;它应当"巩固和维护对上帝的外在敬拜,捍卫纯正的教义以及教会的生存条件"。它必须切记,"决不允许有反对上帝之名的任何邪神崇拜、任何亵渎神明的言辞以及任何有悖于上帝真理的诽谤中伤,也绝不允许对宗教的任何其他冒犯在人

---

〔1〕 加尔文:《基督教要义》,第4卷,第20章,第2页。

〔2〕 加尔文:《致英国国王的信》(*Letter to the king of England*),载《宗教改革家著作集成》,第14卷,第40页。

民中间爆发并散播开来——简言之，决不允许在人们中间存在某种其他公开的宗教形式”。[1] 然而，国家并无专断的权力或权利，决定何为“纯正的教义”，何为真正的教会。在此类问题上，它须受上帝圣道之明确教诲的约束。但即使《圣经》的教诲如加尔文所相信的那般明确无误，我们也很难主张，他在实践中成功地在坚持他的一系列前提下，对教会和国家进行他所应当作的明确区分。

要明确清晰地划分教会和国家的领域，总是颇为艰难的。正如我们所见，路德和加尔文对此问题并非完全一致。然而，两人对教会的限制都比中世纪的模式要严格得多，他们这样做的根据在于：唯有这样，教会才成其为教会，而国家则具有其应有的尊严与权威。他们将既与“两把宝剑”的学说无关，又与任何类型的政教合一理论毫无干系。只可能存在一把宝剑，它仅仅属于世俗政府。属灵的政府若想篡夺世俗政府所特有的这一职能，那么它就否定了自己的本性；反之亦然。在更深远的意义上讲，教会和国家一起共同构成一个统一整体，它们都是上帝的主权的表现，但若企图草率地实现这种统一性，那就犯下了一个灾难性的错误。诚然，教会和国家应该相互协作，但它们只能作为上帝的“分立但平等的”仆从。

4. 神学与政治学

神学与世俗的学术，正如教会与国家，将被限定于其所应有的领域。这样，无论是神学还是哲学都不是科学的王后，但在其自身所限定的那个领域中，其中的任何一个都是“王后”。神学家绝不能自命为万事万物的权威；他必须承认他的权能是有限度的。“我为何要教导一名裁缝如何制作一套衣服呢？”路德问道。

---

[1] 加尔文：《“以赛亚书”注释》(*Commentary on Isaiah*)，载《宗教改革家著作集成》，第 37 卷，第 211 页；《基督教要义》，第 4 卷，第 20 章，第 2、3 节。

"他自己就清楚得很,我只会告诉他如何按照基督徒的方式做他的活计。对君主亦是如此。我只会告诉他说,汝行事应如基督徒。"[1]

神学所关切的是信仰问题,其权威是《圣经》,《圣经》绝不意欲成为政治家(裁缝也一样)的教科书。"在使徒们的作品中,我们见不到对这些问题的明确说明,这是由于他们的目标不在于建造一个世俗政体,而是建造一个属灵的基督王国。"[2]

然而,神学家必须教导政治家说"汝行事应如基督徒",并且《圣经》针对统治者的行为也花费了不少的言辞。无论是路德还是加尔文,他们对统治者的劝告和责难都是毫不犹豫的,并且往往直言不讳、一针见血。他们给神学所加的限制似乎是这样的:神学既不能提供万无一失的指导以渡过所有政治生活困境,又不能为理想社会勾画一幅普遍有效的蓝图,而且这样的神学家并无行使政治权力的特殊资格。这类事情与神学的不沾边,简直是无以复加的了。神学既不能取代政治这种技艺,又不能取代政治学这一科学。政治哲学决不能被并入神学中;正如国家决不能被并入教会之中。然而,即使仅仅是为了保证二者都不会逾越其界线,也应当存在某种对话。决不要让政治哲学主张它能"渗透到上帝的天堂王国",也不要让神学宣称它能统治尘世王国。

假如说从神学和《圣经》那里所获得的政治上的指导必然是有限的、不充分的,那么我们该转向何处寻求指导?我们得知,政治活动所基于的是理性而不是启示。正如路德所指出的:

---

〔1〕 魏玛版《路德全集》(*Weimarer Ausgabe of the Works of Martin Luther*),第10卷,第3编,第380章,第10节。

〔2〕 加尔文:《基督教要义》,第4卷,第20章,第12节。

上帝使世俗政府服从于理性,因为它对灵魂的福祉或具有永恒价值的事物将没有任何管辖权,而只对肉体的和短暂的善物有管辖权,上帝将这些善物置于人的统治之下。出于这一理由,在《福音书》中没有对于应当如何维护和控制世俗政府的任何教诲,《福音书》只是吩咐人们应尊敬它,而不是对抗它。因此,异教徒对于这方面可谓见识颇多、言辞不绝,正如他们在实际生活中的所作所为那样。诚然,在这类事情上他们确实比基督徒要老练得多……无论谁,若想在世俗政府治理问题上获得教益,变得明智,那就让他读一读异教徒的著作与作品吧。[1]

如果我们期望政治学方面的指导,我们就不能太依靠《圣经》而是应多求助于经验,求助于使之一般化的理性,求助于宗教历史和世俗历史以及求助于传统和哲学。正是亚里士多德,当考虑他对神学的影响时,[2]路德称此人为“这个该打入地狱的、自高自大、卑鄙下流的异教徒”,而当讨论的是政治学问题时,他则变成了声名卓著的权威。

我深信,上帝赐予和保存了异教徒的著作,比如荷马、狄摩西尼、西塞罗、李维这样的诗人或历史学家,以及稍后杰出的法学家们的著作与典籍……这些异教徒和无神论者,也可能有他们的先知、使徒、神学家或传道士为其世俗政府服务……因而他们就有了荷马、亚里士多德、西塞罗、乌尔比安等人,正如上帝的子民有摩西、以利亚、以赛亚等人;而他们的

〔1〕 路德:《“诗篇”第101篇注释》,载美国版《路德全集》,第13卷,第198页。
〔2〕 路德:《致德意志基督教贵族书》,载费城版《路德全集》,第2卷,第146页。

皇帝、国王与君主们,如亚历山大、奥古斯都等人,就是他们的大卫和所罗门。[1]

然而,统治有方的能力并非仅仅是对这类著作与典范潜心研习的结果。理性和政治判断力也不是均等地散布在人们之中。统治是一门专业化的技巧,它需要杰出的天赋,因为它并不纯粹就是遵循规则与原理。真正具有独创性的政治革新家即人类的英雄,真是凤毛麟角,寥若晨星;平庸的政治家只是被迫"对典籍中所记录的律则、格言和英雄范例修修补补,并用以自救"。[2]

何为人

1. 堕落

正如我们已经清楚地看到的,人是一个堕落的存在。人最初是按照上帝的形象创造的,但他反叛了自己的制作者,而且由于人的堕落,这一形象已经遭到彻底的扭曲,变得面目全非。人,这个上帝的制造之物,他本注定要拥有同创造者之间的友好关系,现在他却已经变成疏远和异在的存在。在应当见到秩序的地方,现在盛行的是混乱无序;在应当见到和谐的地方,充斥的却是冲突斗争。由于堕落,人不再只属于一个王国,而是属于双重王国,并且无论在其中的哪一个王国,都可以找到堕落与原罪之恶劣后果的痕迹。

由于持有以上见解,宗教改革领袖们完全有理由怀疑哲学家

[1] 路德:《"诗篇"第101篇注释》,载美国版《路德全集》,第13卷,第199页。
[2] 路德:《"诗篇"第101篇注释》,载费城版《路德全集》,第164页。

们的“惊人的愚昧无知”,这些哲学家想在一堆废墟中寻找一座完好的建筑,“用有序的安排来贴合无序的秩序”。[1] 一种出自于经验观察的关于人类本性的理论所描绘的肯定只能是一幅完全错误的图景,它所基于的是堕落的人,“人由于(败坏的)本性而既无正确的教规训戒,又无善良意志”。[2] 而一种合乎理性的关于人性的先验理论也是绝对不行的,因为它包含了人类理性的堕落及理性的局限性。理性与经验观察能告诉我们许多既有趣又有用的事实,然而它们完全无力构造一种有效的目的论。它们本身并不能告诉我们关于人类的起源和命运的任何有价值的东西。它们可以描绘那堆“废墟”,甚至还能教导我们该如何修复它(这是一种很重要也很管用的功能),然而,唯有启示才能描绘完整的大厦,并监督指挥重建工作。

然而,当我们说到理性已败坏的时候,我们究竟是什么意思?加尔文同一些哲学家们就此展开了讨论,他写道:

> (这些哲学家们)一般坚持认为理性栖居于头脑之中,正如一盏明灯,向头脑中的各项计划或意图投射光芒;又如一女王,掌管着意志——它是如此地充溢着神圣之光,以至于它有能力求得最佳者;它又是如此地赋有魄力,以至于它完全能指挥若定。而且,相反,感觉则是单调乏味、目光短浅,卑躬屈节于低等事物,而从未表现出真正的远见卓识;他们还坚持认为欲望一旦按照理性行事,而不是听任自己顺从于感觉,那么它就经得起美德的检验,也即它会坚守正道并进而转换成意志;

---

〔1〕 加尔文:《基督教要义》,第1卷,第15章,第8节。

〔2〕 路德:《驳经院神学论纲》,第34条,载美国版《路德全集》,第31卷,第4页以下。

但一旦受感觉的奴役,那么这种欲望就败坏堕落了,以致退化成了贪欲。[1]

这种见识将受到下列两条理由的反驳,它们在很大程度上是基于基督徒的经验能分辨得出的关于人类堕落的详尽图景。一方面,尽管理性在一般的陈述中往往是正确无误的,但在它所给予的那些特殊的劝告建议中,它却往往由于骄傲自大与自私自利而在不注意间误入邪路;另一方面,在堕落的人那里总是存在有理性与意志之间的战斗:“我愿从善,但却总是阴差阳错、难以遂愿;我愿弃恶,但却总是罪孽深重。”意志受制于健全的理性,却又敌视理性;理性目标高远,但很快就变成无用之物。由于反对那种认为“人被败坏的只是人的本性中的感官方面,而理性则完好如初,意志也几乎未受损害的一般教条”,[2]加尔文因此回到了《圣经》教义以及圣奥古斯丁的教诲。

尽管如此,“斥理智为永远的盲目,以致毫无才智可言,不但违背上帝的圣道,也与常识不符”。[3] 虽然在神学中,人类理性将得不到信赖,并且它在救赎领域以及在那些“在其自身达到目标之前就早已消散成一片虚无”[4]的事情中,也不是一种充分的指导,然而它还是有其独特的地位,而且一旦涉及“低等的对象”,即世俗领域的事务,它还会产生重要的结果。关于这类例证,加尔文提到“政治学和经济学方面的事情,也即所有的机械技艺和人文研究”。[5]

---

〔1〕 加尔文:《基督教要义》,第2卷,第2章,第2页。
〔2〕 加尔文:《基督教要义》,第2卷,第2章,第4页。
〔3〕 加尔文:《基督教要义》,第2卷,第2章,第12页。
〔4〕 加尔文:《基督教要义》,第2卷,第2章,第12页。
〔5〕 加尔文:《基督教要义》,第2卷,第2章,第13页。

接下来,加尔文提出了下述有点令人惊讶的主张,即“既然人按其本性就是一种社会的动物,他逐渐远离自然本能而倾向于珍视与维护社会生活,与此相应,我们看到在所有人的心目中都对世俗秩序与忠诚留有很深的印象”。[1] 加尔文这样说似乎是主张,社会性本能乃是上帝的形象的遗迹之一,也即是赋予人类的真实本性。人在上帝的御座前的整体堕落,并不意味着上帝已从人那里取走了人在尘世王国中赖以生活的所有资源。不过,堕落的人即使已被赋予理性和社会性本能的量度准则,但却绝不能指望他能正确地运用它们。

2. 强制

既然人与上帝疏远,并对上帝抱有敌意,那么要使这个尘世的生活成为可能,他就需要管束限制。切断人与上帝之间联系纽带的那种骄傲自大和自我中心,同时又是人们之间的冲突斗争、敌意和疏远的基础。要是人类理性、良知和意志配合协调,教育与启蒙也就绰绰有余,根本用不着什么强迫压制。但既然堕落的人对上帝、对正义与善良几乎一无所知,既然他甚至还拒绝顺从为他余留的那份灵光,那么强制必将要被作为社会生活的必要基础。所有人,包括称义的人,都是罪人,在尘世王国中,必须强迫他们顺从。顺从权威,对此我们稍后将详加论述,它本身即是一种善,它是安定的社会和政治生活赖以建立的唯一基石。人,按照他原初的清白无瑕,无须任何政府。但堕落的人必须受束缚,并被迫在外在行为上遵奉社会生活的必要准则,因为“倘若他不被管束,那么,在凶暴残忍方面,他就会远胜过所有凶禽猛兽”。[2] 强制,既是对罪恶

[1] 加尔文:《基督教要义》,第 2 卷,第 2 章,参见路德:《加拉太书注释》,第 490 页。

[2] 加尔文:《宗教改革家著作集成》,第 30 卷,第 487 页。

的束缚,同时又是道德律的神性永恒提醒者;它还是这样一种手段,通过它,上帝出于仁慈而给予人以和平的社会生活这一无上赐福。

权威及其限度

1. 国家作为上帝的仆从

当路德和加尔文试图划定并描绘世俗政权时,他们得在三条战线上同时作战。首先,他们必须对抗诸如再洗礼教徒这类狂热盲信者,再洗礼教徒完全否认世俗政权有任何地位,并使基督徒不承担对世俗权力的任何义务。其次,他们必须反驳历代教皇世系将世俗权力纳入教会的主张。最后,他们必须抑制那些统治者的自命不凡,这些人“全能的上帝已使之疯狂。他们事实上认为自己有权做他们所中意的任何事情,以及要求其臣民干他们所中意的任何事情……他们擅自将自己置于上帝的地位,控制人的良知与信仰,并按照其疯狂的头脑来教训圣灵”。[1]

为了反驳再洗礼教徒的观点,加尔文和路德从神学上证明世俗政府的必要性,关于这点,我们已经见到。为了反驳教皇,他们必须证明国家在上帝之名下的自主性。而为了反驳自命不凡的君主们,他们必须表明教会在上帝之名下的自主性。

我们已经看到这二位宗教改革领袖对世俗政权的必要性、局限性和独立性的某些论证。上帝在尘世中的主权是绝对的。世俗政府的必要性,是与上帝的意志也应当在罪人那里获得遵从这

---

〔1〕 路德:《论俗世权威》,载费城版《路德全集》,第3卷,第230页。

样一种必要性相关联的;世俗政府的局限性是由下述事实所确定的,即政治权威是一种被委任的权威,服从并依赖上帝的主权;世俗政权在世间的自主性出自它对上帝的意志的直接依赖性。简言之,所有政治权力都因上帝而来,并将为他服务:"因为没有权柄不是出于上帝的。凡掌权的都是上帝所命的……他(掌权者)是上帝的差役。"(《圣经·罗马书》第13章,第14节)"我们必须牢固地设立世俗法律和宝剑(喻君权),这样无人能怀疑它在尘世间的存在是受上帝的意志和定例所支持的。"[1]世俗政权起源于,在上帝保护人免遭不顺从所产生的全部后果中所体现的上帝的仁慈宽大的意志,而不起源于人的需求。它的权威是上帝所委派的权威,而不是由人民所委派的。在路德和加尔文的思想中,绝对没有给任何类型的社会契约论或人民主权观点留下任何空间。世俗政权是上帝为了一个堕落的世界中的人类之福祉而发布的一条定例,它在任何情况下都决不可被认为一件人类的"统治工具",或者被认作任何基于同意而产生的东西。世俗政权必须始终就权力的行使对上帝负责,而不仅仅是对人民负责。[2]

这样,国家是"上帝在尘世中的仆人与佣人。它之建立是表达上帝对人们的关怀,是为了惩恶扬善,也是为了教会的福祉"。[3]强迫与管束限制本身并不是世俗政府的最高目标。它之存在使人类有可能无限地趋近"善的生活",在一个堕落的世界上,这种"善的生活"也是可能的。我们可以说,国家是为人类服务的,但若说它是人类的佣人,那就完全误入歧途了。从人类的观点来

---

〔1〕 路德:《论俗世权威》,载费城版《路德全集》,第3卷,第231页。

〔2〕 加尔文:《"罗马书"注释》,爱丁堡,1844年版、1849年版,第13章,第4节。

〔3〕 路德:《论俗世权威》,载费城版《路德全集》,第3卷,第245页。加尔文:《基督教要义》,第4卷,第20章,第2、3节。

看,国家值得我们无限地崇敬,因为它仅次于传道机构,(它)是尘世间对上帝的最高服务机构和最有用的机构。[1] 它甚至完全可以称为"神的",因为,无论是路德还是加尔文都暗示说,甚至在《圣经》中有时也把统治者称作"神祇"(例如在《圣经 · 诗篇》第 82 篇中)。

2. 政府的形式

世俗政府作为上帝的佣人或仆从所应采取的形式与结构问题,取决于神学和政治哲学之间微妙的边界,并且当加尔文和路德二人感到实在有必要谈及这一主题时,他们都面显难色。显然,要处理这一问题,一定的神学的和对《圣经》的深刻理解是有意义的,实际上也是必要的。但同样明显的是,除了《圣经》以外,其他的标准,也是完全可用的。神学和哲学之间的明确区分,因下述紧张关系而变得模糊不清了,这种紧张关系即一方面宗教改革领袖们否认自己作为神学家在这一领域有何权能;另一方面他们又深信,自己作为神学家对于解决这一争论具有无可替代的作用。

甚至提出什么是政府的理想形式这一问题的正当性也特别令加尔文感到不安。我们生存于其下的那些权威是上帝的佣人或仆从,他们受上帝的委任,这使他们自命不凡地提出他们的权利问题。事实上,他们所处的位置证明他们是被上帝委以重任,并因而有权赢得尊敬并得到服从。提出权利这一抽象问题对于平民尤为不当。而且这二位宗教改革领袖的精明的经验主义,在他们探讨对上述问题作理性思辨的价值的时候,表现得极为明显。他们对这一问题的回答视条件而定。并且,尽管政府本身是一种必不可

[1] 路德:《"诗篇"第 82 篇注释》,载美国版《路德全集》,第 13 卷,第 51 页。参见《基督教要义》,第 4 卷,第 20 章,第 25 节。

少的善,然而政府的不同形式自身就包含诸多善的和恶的可能性,以致事实上很难说何者为理想形式。

实际上,对宗教改革领袖们来讲,这是一个次要的主题。有些类型的政府对社会生活来讲是至关重要的,而好的政府则能给人们带来许多世俗的福祉。然而,即便是最残忍的异教徒专制暴政也无力扑灭信仰的烈焰。[1] 尽管如此,两位宗教改革领袖无论谁都没有停留于仅仅向统治者提出劝告,即"汝行事应如基督徒",他们还将神学上的洞见运用于解决什么是理想的国家形式这一问题上来。他们没有构造出一个理想国家,部分是由于他们并不将此事视为一名神学家——或一个平民——的一项职责,以及部分是由于他们怀疑这样一项工程是不是有点自命不凡,并有助于对国家本身进行美化颂扬而无视其短暂的和有限的功能。关于人的堕落的教义是神学在这一领域最主要的贡献,而且它对于任何类型的乌托邦主义都是一种羁绊。但路德和加尔文从这一教义所引申出的具体结论则截然不同。

路德将人的本性之败坏看作在一个集体中会无可避免地加剧的事情,与此相应,他将人的本性的败坏看作支持君主政体统治的一个有力论证:

> 假如注定要遭受罪恶,那么从统治者那里受罪总比从臣民那里受罪要好。因为暴民们无法克制、愚昧无知,其每个都甚于五个暴君。那么,从一个暴君,也即统治者那受罪总比从无数的暴君,也即暴民那受罪要好。[2]

---

〔1〕 加尔文:《基督教要义》,第 4 卷,第 20 章,第 8 节;《论"罗马书"》,第 13 章,第 1 ~ 3 节;《"彼得前书"注释》(*Commentary on I Peter*)(爱丁堡,1855 年版),第 2 章,第 13 ~ 14 节。路德:《论善功》,载费城版《路德全集》,第 1 卷,第 263 ~ 264 页。

〔2〕 路德:《军人是否亦可获救》,载费城版《路德全集》,第 5 卷,第 45 页。

路德实际上并未在民主政体与暴民统治之间作出区分,他将暴民统治看作对所有井然有序的政治统治的否定。暴民既不可能成为基督徒,也绝不能真正富有理性。信仰、正义和理性可能可以属于个人,但从不属于暴民,这些人把什么事情都推向极端。君主政体使一个信仰基督教的、公正而明智的君主的统治成为可能,而且即使是一个坏透了的君主的苛政和毫无理智的暴行也比不上暴民的统治来得更坏。受到尊敬并得到顺从的世俗权威是安定的社会生活的先决条件,但它却不能在民主氛围中幸存下来。君主政体是最佳的政府形式,但它并不必然就是绝对君主政体,因为路德毫不犹豫地对政治权力的行使施以道德的和宗教的限制,并随时准备承认按照神圣罗马帝国议会与皇帝并立的模式来从宪制上对君主政体进行节制的价值。〔1〕

从人的堕落这一原理中,加尔文所引出的第一条结论是,统治者必须受到制约;换言之,应该存在某种"制约与均衡"系统。与此相应,尽管他承认所有政府形式都有其弱点,并易于误入邪路而被滥用,但他强烈地偏好某种类型的贵族式统治,它或者是基于人民普选,或者不是。因为"由于人们的众多恶与缺陷,即使是由多位臬皮匠进行统治也更为安全和可接受,因为他们因此可以相互掣肘、互相教化、互相告诫,而一旦其中的任何一个有擅权越职之嫌,其他人作为监督者和宰制者会对他的过度行为加以抑制"。〔2〕在政府之中对政治权力的行使实施"制衡",这在加尔文看来无论如

〔1〕 费城版《路德全集》,第5卷,第45、48、50页;《论俗世权威》,载费城版《路德全集》,第3卷,第237页;《"诗篇"第101篇注释》,载费城版《路德全集》,第13卷,第160~161页。

〔2〕 加尔文:《基督教要义》,第4卷,第20章,第8节。参见《对"申命记"的布讲词》(*Sermons on Deuteronomy*),载《宗教改革家著作集成》,第27卷,第453~460页。

何都不曾贬损上帝的主权;事实上,它是对统治者们内在的那种悖逆上帝的自命不凡倾向的一种永恒的控制,也是对那种对付人民的专制暴虐的一种永恒的羁绊。

自由与共和政体制度乃是伟大的善举。但它们是上帝的恩典,我们不能对此抱有奢望,或者靠我们自己去勉力奋求。基督教完全不是什么乌托邦式的革命。加尔文高度评价公民普选——当然须保证没有过度。选举是正当地组织起来的教会的一个特征,也是它延及世俗政府领域时的一项巨大的优势,同时也是一项巨大的责任。然而,无论在何种情况中,加尔文都从未过度崇拜民主政体,并且他也从未使用人民主权这个概念。在教会那里,一种正当地举行的选举所能够做的无非是认识到上帝对个人的先验召唤,上帝召唤个人担任某一特殊职位,从事某种特殊的服务。而在国家那里,选举过程同样纯粹是认识到上帝将一位合适人选提升到某个职位。这种权力和权威出自于上帝,而不是出自于选举人,而被选上的行政官员所应当得到的顺从与尊敬,决不亚于世袭主权者所得到的那份顺从与尊敬。[1] 自由和选举其统治者的权利是美好的,但并不具有终极的重要性,因为正如加尔文一再提醒我们的那样,"你在世人间的境况,以及你所遵守的律法并不重要,因为在它们那基督的国根本没有存在过"。[2]

3. "在上有权柄者,人人当顺服他"

既然政治权威是上帝的佣人与代理人,那么通过服从它,我们便也是在服从上帝本人:"人们应该服从作为上帝的臣相的掌权柄者,并以全部畏惧和崇敬之心听命于他们,正如听命于上帝本

[1] 加尔文:《基督教要义》,第4卷,第3章,第13~15页。

[2] 加尔文:《基督教要义》,第20章,第1节。

人。”[1]即使是一个坏的地方行政官员,即使是一个专制暴君,也必须得到服从。君主有权利得到顺从,并不依赖他是否履行了对其臣民的职责,而奥卡姆与马西利乌斯正是这么看的;它也不依赖于他在上帝面前的地位,也即他是上帝的仆役,而威克里夫正是这么认为的。如果必要的话,对我们的统治者,我们不仅顺从,而且还为要他祈祷,特别值得一提的是,我们还要向他们提出率直的批评。[2] 这一服从职责在《圣经》中就已经明确地提出来了,如《圣经·罗马书》第13章:“在上有权柄者,人人当顺服他……凡抗拒掌权的,就是抗拒上帝的命令;抗拒的必自取刑罚……所以你们必须顺服,不但是因为刑罚,也是因为良心。”

在《圣经》中所表达的上帝的这一清晰而不含糊的命令,似乎本身就是顺从这一义务的完全恰当的根据。然而,路德和加尔文列举了许多次要的理由来表明在此上帝的意志与人类的善相一致。第一,无论何种政府都不能说是全然的坏,而且无论何种政府,不管是多么的腐败,总比完全不要政府要好:“这种世俗政府的形式,无论它可能有多么的丑恶,多么的腐败,总比缺乏君主般的权威要来得好。”[3]正如一个政党在某些特殊的情形中举止不当,并不证明推翻这种结盟制度是正当的。君主的举止不当也并不证明造反有理,而造反则被理解成对政府的一种冒犯。第二,每个人都得承纳他所应得的那个政府:一个善良的统治者表现了上帝的仁慈,一个专制暴君则表现了上帝的愤怒。我们应当感谢良善的政府,然而,无论什么专制暴君都绝不可作出与我们的那份罪恶所应得的判罚相比更大的判罚。第三:

---

〔1〕 路德:《“诗篇”第82篇注释》,载美国版《路德全集》,第13卷,第44页。

〔2〕《路德全集》,魏玛版,第52卷,第189页;加尔文:《诗篇第82篇注释》(*Commentary on Psalm 82*),论第2句。

〔3〕 加尔文:《“彼得前书”注释》,论第2章,第14节。

> 受罪并无损于任何人的灵魂，它甚至还会增进和改善人的灵魂，虽然它会使肉体和财富承受损失；然而若想干坏事（如进行抵抗），就会有损于灵魂，虽然由此将得到世界的全部财富……世俗权力不可能造成任何危害，因为它与布道、信仰以及十诫中的前三诫毫无干系。[1]

顺服一个不公正的统治者也许是我们在尘世中必须背负的一个十字架。以牙还牙、以恶报恶，对一个平民来说，将是对上帝的拒不顺从，它会危害人们自身的灵魂。抵抗包含对上帝的裁判权和定罪权进行篡夺之嫌疑，因而是不正当的（参见下文第6部分，第2～3小节）。最后，所有安定的社会生活的必要基础正在于顺服。路德还面无愧色地引证鞑靼人和波斯人，以他们为例证说明一种根深蒂固的顺服习惯会多么有助于产生一个强大而繁荣的社会。

然而，撇开这一切，基督徒在他顺从专制暴君的时候，也可以当着暴君的面加以嘲笑。因为"我们原知道，我们这地上的帐篷若拆毁了，必得上帝所造、不是人手所造、在天上永存的房屋"。（《圣经·哥林多后书》第5章，第1节）或者如路德在他的一首杰出的赞美诗中所表明的：

> 人们应该信仰基督教义，
> 全心全意，决不能怀疑；
> 基督以他的精神和才能与我们同在，
> 奋斗在战场；

〔1〕 路德：《论善功》，载费城版《路德全集》，第1卷，第263页。

他们夺走我们的生命、财产、荣誉与妻儿,任凭他们去得猖狂吧,

等待他们的绝不是好下场,

主道依然兴旺,上主国度永久长。[1]

4.“顺从上帝,不顺从人,是应当的”

宗教改革领袖们的顺从理论决不能被简单地理解成对《圣经·罗马书》第13章的解释说明;为了权衡比较又不致曲解《圣经》的见证,我们必须留意这样一些段落,比如彼得在公会前所说的话:“顺从上帝,不顺从人,是应当的”(《圣经·使徒行传》第5章,第29节)。何时我们可以或者必须不顺从“在上掌权柄者”的问题确实重要,因为正如我们已经看到的,不顺从合法当局绝非易事。这一决定决不可留待个人怪诞或自私的判断加以决定。非正义、专制暴政和压迫本身都不是不顺从的理由与借口。我们也不能因为顺从会给自己带来痛苦而有权抗拒。然而,“我们臣服于统治我们的那些人,但只是臣服于那些按照上帝意志统治我们的人。如果他们作出任何忤逆上帝的成命,我们就对这一成命不屑一顾”。[2] 为了顺从人而违反上帝的明确的诫命,此种行为是不能称义的。

若想发掘这一见解的意涵,那么重要的是切勿忘记双重王国之间的区分。行政官员若拒绝以基督耶稣所说的“勿要裁决勿属你裁决之事”为根据来宣判罪犯,就将不是顺从上帝而是顺从人了;他这样就简单地将法律与福音混为一谈了。事实上,他也在不顺从以契合于他的处境的那种形式表现出来的上帝的爱的法则。

---

[1] 路德:《坚固保障》(*Eim'feste Burg*),Thomas Carlyle 译。

[2] 加尔文:《基督教要义》,意大利修订版,第4卷,第20章,第32节。

但是,路德列举了两宗情况特殊的例证,在其中,不顺从是被容许的。第一宗事例是当我们受令去从事一项对他人显然不义的行为的时候:

> 因此,如果一个君主热切希望进行战争,而他的理由又显然不义,我们就根本不应跟从他,更不应助纣为虐;因为上帝发出诫命说,汝不应谋杀邻人,汝不应对他人行不义。同样,如果君主吩咐我们作假见证、偷盗、说谎与欺骗等,情形亦然。此时我们应当舍弃资财与荣耀,抛舍身体与生命,这样上帝的诫命才可能得到确立。[1]

我们将毫无怨言地忍受不义,但决不与它沆瀣一气。用来决定何为正义的标准是神法和自然法,这一标准在《圣经》中得到了极好的说明,并且通过理性和良知而适用于个别情形。证明不顺从为正当的第二种情形是当世俗权力超出其正当领域悖逆于上帝而擅自染指信仰和礼拜事务,并宣称要"控制人的良知和信仰,而且按照他们疯狂头脑来教训圣灵"的时候。[2] 在这种情形下,我们应当"对它不屑一顾"。需要再次提醒的是,证明不顺从为正当的标准并非简单地就是个人的良知和虔敬的感情。不应听信这一套,除非这植根于上帝的圣道。

然而,虽然不顺从是可以允许的,并且在这类情境中它事实上还是必须要做的,然而暴力抵抗却是绝对不行的。用刀剑来反抗将会混淆双重王国,因为它假定属灵的领域也可以正当地拿起刀剑,然而,拿起刀剑恰恰只能属于世俗王国。由于不承认任何社会

---

〔1〕 路德:《论善功》,载费城版《路德全集》,第1卷,第271页。
〔2〕 路德:《论俗世权威》,载费城版《路德全集》,第3卷,第230页。

契约论、人民主权论或者基于同意进行统治这类理论,臣民企图借助暴力来改变政权的任何基础也就不存在。明显同上帝的圣道相抵触的世俗统治者的那些命令,本身是不正当的,然而即使是一系列这样的行为也不能摧毁这类政府的权威性,并证明反叛为正当,甚至也不能证明武力的威吓为正当,正如加尔文在致受迫害的法国新教徒的信中一贯而明确地指出的那样,不顺从源于特殊的诫命,而反抗则旨在推翻权威。

这么说来,假如有这样一个基督徒,政府总是力图迫使他不顺从上帝,而当他对此踌躇顾忌的时候政府又滥施迫害之淫威。面对这样一个政府,他该何所作为呢？回答是他有三条路可供选择。首先,如果不顺从有极大的痛苦,那么遵照《圣经·马太福音》第10章第23节的指令"若有人在这城里逼迫你,就逃到那城去",他可以逃到另一个不怎么专制暴虐的国家。其次,如果出于种种理由,逃离或者是不可取,或者是不可能,那么人们就必须承受,既拒绝顺从这些非法的成命,又拒绝以暴力反抗世俗权威这种方式来违背上帝。最后,路德和加尔文每人都敞开了一个小小的口子,这似乎为在某些明确限定的条件下的反抗之正当性提供了某种有条件的证成。路德,特别是在其后期,准备承认实证的(神圣罗马)帝国法律使设想在许多事例中出现的选帝侯们对皇帝的正当反抗成为可能。加尔文也得出了差不多同样的观点:

> 这样,如果有些人今日被选为行政官员,被委任来节制君主们的放荡不羁(正如长老议事会一度被用来制衡斯巴达国王,或者像护民官们被用来制衡罗马执政官,或者像德莫议事会被用来制衡雅典元老院)(如今三大社会阶层在每个

领域，无论何时召开显贵会议，所使用的权力都是一样的），那么，我根本犯不着阻止他们按照其法定的权能抗阻君主们残暴。反倒如果他们无能地纵容君主们对最下层平民的压迫和欺侮，那么我就会宣告他们犯有背信之罪，因为他们不老实地出卖了人民的自由，他们本知道自己被任命做自由的神圣保卫者。[1]

这寥寥数语，注定会对之后加尔文政治思想的演变产生重大的灾难性后果，对此我们必须有清醒的认识。下级地方行政官员是世俗政府的一部分，他们即使是经选举产生的，但无论如何也不是人民主权的代表。他们的权威，亦如君主的权威，来自于上帝，而且如果不能将它用于它本来预期的促成“公共的善”这一意图与目的，即使这涉及对君主的反抗，那也将是对上帝的不服从，必将遭致上帝的审判。人民大众是否有权以武力来支持下级地方行政官员或者三大社会等级反对君主，是一个未被提出的问题。加尔文将发现这个问题的确极为棘手。

那些耐心地忍受一个不公正的专制暴君统治的人应该切记，上帝是专制暴君的审判官，他绝不可能逃脱上帝的定罪。至于这种审判如何表现出来，我们将留待第6部分来讨论。

5. 宽容

我们不可能在路德的著作中找到对宽容和宗教自由问题的前后一贯的看法。虽然我们可以有充分理由地说，他的思想在发展、在演变，大体上是从他早期对异议的明智的宽容，发展到他后期对迫害的坚决拥护，然而，在他的思想中仍充满矛盾，并且我们很难

---

〔1〕 加尔文：《基督教要义》，第4卷，第20章，第31节。（D. F. 英译本）

将他对这一问题所作的大部分表述理解成是对特殊情境所作的一时冲动的轻率回答。[1]

路德否认教皇党人有迫害他的权利,同时他又为自己遭受迫害而感到欣喜,把遭受迫害当作真正教会的一个必要标志:“我并不感到惊恐,因为许多大人物迫害我、憎恨我。相反,我感到欣慰,信心百倍,因为在整部《圣经》中,迫害者和憎恨者毫无例外都弄错了,而被迫害者才是正确的。大多数人总是支持谎言,而少数人则拥护真理。”[2]然而后来,当大多数人追随他的时候,这一原则就被抛诸脑后,路德毫不迟疑地用最激烈的措辞为迫害异议者的行径作辩护,这些异议者包括诸如卢尔施塔特和闵采尔这样的个人,也包括诸如暴民、再洗礼派教徒和犹太教徒这样的团体。在早期,他大谈应当如何让上帝的圣道自成其功、水到渠成,不能强迫他人信仰,基于这一基础,他鼓吹普遍的宽容,深信真理终将获胜。他认为对异端的宽容,可以加强而不是削弱信仰:“圣灵写道,吉卜赛人和迦南人应该留在应许之地,使以色列人在战争中得到锻炼……这涉及异教徒。”[3]并且宽容甚至应当泽及犹太人。[4]

他对犹太人、罗马人以及持异议的教派的态度很快就变得强硬起来,而且他用以证明迫害为正当的理由也是五花八门,往往是

---

〔1〕 宗教改革领袖们对宽容的态度,R. H. Baiton 在其著作中作了深入阐发,并作了对比探讨,这主要表现在他的以下几部著作中,特别是他关于“路德对宗教自由的态度之演变及其一致性”的论文(*The Development and Consistency of Luther's Attitude to Religious Liberty*),载《哈佛宗教评论》(*The Harvard Theological Review*),第 12 卷,第 2 期;他所编辑的《卡斯泰利奥论异教徒》(*Castellio's Concerning Heretics*)(纽约,1935 年版)的导言以及他所著的《争取宗教自由》(*The Travail of Religious Liberty*)(伦敦,1953 年版)和《被追捕的异教徒;迈克尔·塞尔维特的生与死,1511 ~ 1553 年》(*Hunted Heretic*: *The Life and death of Michael Servetus*, *1511 ~ 1553*)(波士顿,1953 年版)。接下来的段落大多依据这些著作,好几处引证出自这些书。

〔2〕 魏玛版《路德全集》,1521 年版,第 7 卷,第 317 页。

〔3〕 魏玛版《路德全集》,1518 年版,第 1 卷,第 624 页以下。

〔4〕 魏玛版《路德全集》,1523 年版,第 2 卷,第 336 页。

矛盾百出。在《论善功》(1520)中,他写道:君主就是人民的典范,因为普通民众仿照君主所信仰的去信仰。因此,君主的职责是信仰并维护真正的宗教,并且他无权决定何为真正的宗教。[1] 在《论“诗篇”》(1530)第86篇中,他探讨究竟何种异教徒应该受到迫害,并得出结论说,世俗权力应该惩处那些基于宗教的理由而否定世俗政府的尊严与权威的人,并且还应惩处那些否认在《圣经》中可以明确地见到并为全体基督教界所共同接受的教义的人,因为这是对神明的亵渎。至于路德派信徒和罗马天主教徒之间的冲突,路德吁请世俗统治者根据《圣经》在两者之间作出裁决,并命令那些不符合《圣经》精神的党徒保持沉默。[2] 然而,当他要求对其对手们施以惩罚时,他往往变得不分青红皂白、嗜血好杀。有时,他声称罗马天主教徒和再洗礼教徒该当死罪,而有时他又认为流放就足够了。但是,无论如何,上帝的圣道应该得到世俗的行政官员的宝剑的支持。路德的有些话语可以当作明显的修辞上的夸张而不予考虑,但是,若要争辩说,路德在这一问题上没有在那双重王国(他在别处曾如此明确地加以区分)之间制造某种“可恶的混淆”,那是很难站得住脚的。

与路德相比,加尔文的态度就要坚定得多。基督教裁判官有义务对异端采取行动,即便异端不是在公然煽动或亵渎神明。裁判官是上帝的代理人或帮手,相应地,他必须在能力范围内运用一切手段来维护上帝的尊荣。由于异端本身就是对基督教社会的一种冒犯,并且作为对上帝的尊荣的直接威胁和攻击,它比个人对他人所实施的最坏的冒犯更为可恨、更为凶残。消灭异端不仅要求运用自然法(按照其破坏社会的企图)和罗马法(特别是按照《查

---

〔1〕 费城版《路德全集》,1520年版,第1卷,第265页。

〔2〕 美国版《路德全集》,第13卷,第61页以下。

士丁尼法典》中所包括的针对多纳图派和摩尼派的措施),而且尤其需要运用《圣经》,“因为上帝清楚地表明,假先知将被无情地为乱石所击毙。当上帝的尊荣被触犯时,我们要将所有的自然之情都踩在脚下”。[1]

无论是加尔文还是路德,都没有从不敬神的邪恶的统治者对圣徒们的迫害中得出结论说,一个神圣虔诚的君主应该容许各种意见。在这二人的思想中,不存在任何相对主义或中立论的痕迹,而相对主义与中立论正是宽容的基础。他们关于双重王国的理论也并不是对近代的那种教会和国家分立的概念的另一种表述方式。真理是已知的,而保护它免受怀疑主义的攻击则是一宗生死攸关的事情,教会和国家都必须以其自身所特有的方式关心此事。当真理本身还处于危急之中的时候,任何妥协都是不可能的。

律 法

路德和加尔文承认三种形式的法律:神法,它直接由上帝通过启示而给予;自然法,它为所有人所享有,并对所有人都具约束力;实在法,它由正当的世俗政府正式地制定出来并得到实施。我们将依次对此加以讨论。

1. 上帝的律法

神法是永恒的、不可改变的和绝对的。它是最高的和客观的准则,所有人类行为都须依此来判定。它在基督教十诫中得到了

---

[1] 加尔文:《对“申命记”的布讲词》,第13章。

简洁的表述,并在《圣经》的其他部分得到详尽阐发。上帝赐下神法,按照路德的说法,是出于两个目的(严格按照律文来讲应是法律的两种"用途"),而加尔文则还加上了第三种目的。其一,由于神法向人昭示上帝的义以及他的诫命,因而它审判罪恶,并指明宽恕的要求。这种律法,按照其"神学上的用途",起着某种明镜的作用,它向每个人显示个人自身在堕落和罪孽中的真实面目,并消除那种基于傲慢而产生的虚假的自我理解。其二,这一律法有助于制止罪人公开作恶,并获取"为社会的良善所必需的那种强制的与被迫的正义"。其三(加尔文与路德在此分道扬镳),对于信仰者们来讲,"神法是这样一种最佳手段,它使信仰者们得以每天更为真切、肯定地得知,他们渴望遵循的上帝的意志究竟是什么,并向他们证实这一认知的可靠性"。[1]

是否在《圣经》中所见到的所有法律规定都可以看作对人具有约束力的神法?路德和加尔文,正如许多其他的基督教思想家一样,在暂时的法律和永恒的神法之间作了区分,这一做法同某些极端的宗派主义者的做法相反。路德和加尔文毫不犹豫地宣称,那些仪式性的律法和大部分繁复的经济的和社会的法规可以在《旧约全书》中见到,它们属于早先的规范,因而已经被废弃不用了。仪式性的律法已经由基督耶稣的工废除了(正如《希伯来书》所认为的那样),而在现代,我们并无义务去力图再现古代以色列的政体形式或法典。作为上帝所认可的社会的和政治的组织之典范,它们毫无疑问富有教益,然而它们受时代和环境的制约,现在完全不适用了。在此,我们有一个社会与经济系统的特殊例证,从它那里可以学到许多东西,但它绝不意味着人们要对它盲目地模仿与

〔1〕 路德:《加拉太书注释》,第 297 页以下;加尔文:《基督教要义》,第 1 卷,第 7 章,第 8~12 节。

抄袭。它与《圣经》的其余大部分内容一道,应当被看作对十诫的某种解释说明。关于教会和国家的关系这类问题的一般性指引在《新约全书》和《旧约全书》中均可见到,就此而言,《圣经》是那种必须得到恢复的"古老秩序"的源泉。至于教会的外部形式,路德发现,《新约全书》中规定的教会的结构,至少可以说大部分是暂时性的,而加尔文则把《圣经》中所描绘的使徒时代的教会看作教会的真正形式的详细模型。显然,在这些问题上,外在的标准正被应用到《圣经》之中,以决定什么是暂时的,什么又是绝对的。

两位改革家都极力否定任何关于此种法律(神法)的"双重标准"的观念。中世纪教会曾一度接受过这一观念:"不存在不同的生活准则,只存在永恒而不可改变的准则。"[1]所有人都被呼召趋近于完全,所有人都置身于此种法律的判决之下。关于此种法律(它对所有人或者说所有基督徒都具有约束力)同福音劝谕(它引导"宗教信徒",也即"圣灵的健将")之间的那种古老的区分被废除了。趋于完全这种呼召居于此种法律的中心,然而随着时代的变迁,它变得模糊不清了,主要是由于对称义的误解,这种误解假定仅仅通过顺从一系列外部法规,就可以得到救赎。与此相应,基督耶稣则被看作神法的最佳阐述者,因为"当神法被谎言弄得模糊不堪,又被法利赛人的酵玷污时,他通过维护和净化它而使之恢复其完整形态"。[2] 然而,主张此种法律的统一性和普遍性,并不是否认特定的义务随职能而变化:人们往往力图将那些事实上只适合于在社会中发挥某种特殊职能的准则加以普遍化,从而产生混淆。同一特定义务不会对一个人的官方身份与私人身份都有约束力。一个人作为政治家或死刑执行人,他可能应召而执行某种公

---

〔1〕 加尔文:《基督教要义》,第2卷,第5章,第13节。

〔2〕 加尔文:《基督教要义》,第8章,第7节。

务,而他作为一名父亲或一名平民来干这事肯定既错误又不妥。基督耶稣的道德教诲,总的说来,所处理的是私人的伦理道德,而非其他。使上帝的法律得以表现出来的那些不同的职能标准只是表面看来相互冲突,因为爱(love)乃是所有法律的"王后和主母",而在特殊情境中,所有法律都必须受无条件之爱(charity)的准则的检验,因为这是全部真正的律法的核心所在。

神法是对完全和敬虔的一种呼召;然而,完全对于堕落的人来说是无法企及的,相应地,这种律法必须超出自身而指向在福音书中所提供的宽恕与赎罪。

2. 自然法

无论是路德还是加尔文都认为,自然法从根本上来讲就等同于神法。与阿奎那和大部分经院哲学家不一样,这两位宗教改革家从来不认为自然法需要由一种"超自然法"加以完善或补足。只存在一种法律,虽然我们可以从不同的观点来考察它。这种法律有一种"属灵的用途"(宣判罪恶并昭示福音)以及一种"世俗的用途"(抑制公众的不道德行为)。而在加尔文看来,在被救赎者之中,它还有第三种用途,然而这一法律本身总是唯一的、不可改变的。

然而,就我们所知,神法与自然法的关系,并非只是一种简单的同一关系。重要的是请注意,在此背景下"自然"一词意指在人堕落之前的那种未败坏且有序的本性以及当时的世界。从客观上来讲,自然法就是上帝的律法,它是绝对的、无条件的,并对所有人具有约束力。由上帝启示的律法被赐予特定的人,与此不同的是,自然法基本上能为所有人所知。它是:

> 真正的和永恒的义的法则被呈现给所有民族和时代的人

们,他们正是顺从地按照上帝的意志来设计他们的生活。[1]因为,尽管非犹太教信徒并未接受摩西的成文法,然而他们接受了属灵法,这种法律为包括犹太教徒和非犹太教徒在内的所有人所知晓,他们也都对这种法律负有义务。[2]

但是,既然败坏不仅延及人的意志,而且还殃及他的理性与良知,那么他对自然法的理解就会受到损害。与此相应,堕落的人所理解、所领会的神法与自然法之间必定存在某种差异,有时甚至是某种冲突。罪恶与败坏表现在人的这样一种永恒的企图之中,即企图修正和改变自然法以使之尽可能不与他的堕落的意志与欲望相冲突。罪恶使他对自然法的领会变得模糊不堪,这样一来,神法将显现以消除人的堕落本性所引入的托词。

对于摩西十诫的前二诫,情形就是如此。关于第一条戒律("我是耶和华——你的上帝,曾将你从埃及的为奴之家领出来,除了我之外,你不可有别的神。"——译者注),可以为堕落的人所企及的那种自然法标准只是简单地教导他应当崇拜和服侍上帝。然而这究竟包含哪些具体内容,他将如何尊奉上帝,还有究竟谁才是真正的上帝这些问题,他现在只能在启示的神法中才能找到答案。关于第二条戒律("不可为自己雕刻偶像,也不可做什么形象仿佛上天、下地和地底下、水中的百物。不可跪拜那些像,也不可侍奉它,因为我耶和华——你的上帝是忌邪的上帝。恨我的,我必追讨他的罪,自父及子,直到三四代;爱我、守我诫命的,我必向他们发慈爱,直到千代。"——译者注),顺从问题提供了极大例证,表明神法究竟是通过什么途径对被掺假的或未能充分发展的自然法进行

---

〔1〕 路德:《罗马书注释序言》(*Romerbrief*),第37、15页以下。

〔2〕 加尔文:《基督教要义》,第2卷,第2章,第24节。

阐发,使之明确并加以净化的:

> 每一个具有正常理解力的人都相信,假如可以通过任何手段摆脱不公正的和专制暴虐的统治的话,那么甘受此类统治显然是极为荒谬的。而且在人们之中盛行这样一种观点:若想耐心地忍受它,这属于某种既卑下可怜又奴性十足的思想,而挺身反抗则是属于某种勇敢而高尚的思想。事实上,在哲学家们看来,报仇雪耻并不是罪恶。但是,上帝却谴责这种过于高傲的精神,而命令其人民忍耐下去,而人类则把忍耐看作极丢脸的举动。[1]

傲慢自大已经歪曲了主观的自然法,因此,由权威当局颁布的神法就变成了恢复客观的和绝对的自然法的必要手段。

在特定情景中该如何发现和应用自然法?自然法并非为人本身所固有,它是由上帝所设立的外部客观标准,通过运用理性,或者按照加尔文的说法,通过理性与良知的协作,是可以见到它的,至少是部分地见到。有些人可能比其他人更富有理性,但要发现自然法,也绝非是一桩轻而易举的事情。它的发现需要对所有问题的小心思考、仔细探究,“因为被称为自然法和理性的那种高贵的尤物在人之中真是凤毛麟角、寥若晨星”。[2]

3. 国家法

国家所具有的目的,只是维持对社会生活所必需的伦理道德以及风纪的外在遵守。诚然,它与神的——自然的法律相关,但它并非直接从它推演而来。可以说,神法与自然法设定了这样一些

---

〔1〕 加尔文:《基督教要义》,第2卷,第2章,第24节。

〔2〕 路德:《“诗篇”第101篇注释》,载美国版《路德全集》,第8卷,第161页。

界限,在其中,政治家可以自由地制定那些似乎适合于具体情况与政治需要的法律。理性——堕落的理性——必须根据具体情境的大致要求来进行立法,但不得与上帝的律法相冲突。“诚然,每个民族的确都能够自由地制定法律,而这些法律又的确被证明是有益的,然而,即便如此,这些法律仍然需要接受爱的律法的检验,这样,尽管它们在形式上千变万化、形式各异,但它们都必须基于同一原理。”〔1〕

实在法即使显然还远非完美,也必须得到顺从,但这种顺从,需要将我们在第4部分第4小节中所讨论的那些极端情境排除在外。路德尽管坚持这种顺从义务,但他对纯粹的实在法有某种强烈的藐视——实在法是与自然的“健康法”相对立的“病态法”。不可避免的僵化刻板使实在法不管用:

> 不用利用任何(实在)法,只凭借(本性)的力量,做任何事情都会极为成功。事实上,这使所有(实在)法律都归于无效。然而,假如本性迷失了,而事情必须按照(实在)法律来实现,这就等于是徒劳无功;除了在病态的本性中所固有的东西外,什么也得不到。它就好比我设立这样的一般规则,即在就餐用膳时,每个人一餐只能吃两个卷饼,喝一小杯酒。如果是一个身强力壮的小伙来就餐,他会一顿吃上五六个卷饼,喝上一两瓶酒;因此他需要比(实在)法律所规定的更多的食物。但假如是一个病号来就餐,他就只能吃上半个卷饼,喝上二三匙酒。因此,他除了理会他的病情所允许的食量外,根本不会管什么(实在)法律规定,而如果他不得不理会这种(实在)法律,

〔1〕 加尔文:《基督教要义》,第4卷,第20章,第16节。

那他就只有死路一条。[1]

法律的制定是一桩既棘手又难遂人意的事情,而且只有少数人具备足够的立法能力,这样一来,“在此人们必须对典籍中所记录的法律、格言和英雄范例修修补补,并用以自救。因此,我们必须继续成为我们称之为典籍的这些无言的大师的门徒。然而我们永远不会做到像那些典籍所记录的那般完美;我们匍匐蠕行于其后,并依附它,正如依附一条长凳或一根筶杖”。[2]

因此,立法乃是一门专门的、需要特定技能的职业,在它的细节方面,神学家本身并无任何特殊的能力。这一原理,连同宗教改革领袖们对教会法规的反驳,在路德那里,导致了某些激进的后果:

对我们来说,目前关于婚配与离异之事,究竟什么是恰当的程序?我说过这应当留待法学家来解决,并服从世俗政府的裁定。因为,婚姻是一桩完全世俗的和尘界的事情,它同妻儿子女、房屋家居有关,还同属于政府领域的其他事务有关,所有这一切向来完全服从于理性(《圣经·创世纪》第1章,第28节)。因此,我们不应当左右政府官员和贤者们依据法律与理性所作的决策与指示。基督耶稣在此(《圣经·马太福音》第5章,第31~32节)并不作为一名法学家或行政官员而行使为外在行为制定或订明规章制度的职能。[3]

---

〔1〕 路德:《“诗篇”第101篇注释》,载美国版《路德全集》,第13卷,第163页。

〔2〕 路德:《“诗篇”第101篇注释》,第164页。

〔3〕 路德:《论登山训众》(*Commentary on the Sermon on the Mount*),载美国版《路德全集》,第21卷,第93页。

政治乃一项天职

1. 人及其呼召

所有人都有两类来自上帝的呼召。一方面,所有人,虽然身为罪人,却都奉召在上帝的永恒王国中获救。就救赎而言,人类一律平等。另一方面,所有人都平等地要求上帝的慷慨的宽恕。然而就尘世的生活而言,平等消失了,而为秩序与等级所取代,人们发现自己置身于不同的"地位"或"职份",按照这一"地位"或"职份",他们应当通过侍奉其邻人而尊奉上帝。路德和加尔文都否认有这样一种"宗教"职业,按照此种职业的要求,对上帝的尊奉可以同对邻人的侍奉割裂开来。每个人在社会中都具有多项不同的职能,它们被看作神圣的天职。例如,一个人可能有丈夫、父亲、农场主和公民的职份,而每一种职份都有其特定的职责与义务。在每一种情形中,职份都对人的自私自利起着某种抑制作用,迫使他把目光投向外界,并且像关心自己那般关怀其同伴。上帝对人类的关怀主要是通过他把人们置于特定的职份上而表现出来的,在每一种职份中人们都被促使去关怀其同伴,并使他们有意或无意地成为上帝本人的"面具"或"面纱",成为上帝的爱的工具。

这样,虽然职份本身就是善的,但人们可能并且往往由于未能履行应当承担的义务或者未能恰如其分地履行这些义务而在实际上滥用其职份。同样,如果不同的职份没有保持区分与相互独立,就会导致极大的混乱与无序。例如,一个法官如果在其私人交往中,也像他在按照其司法上的职能而采取行动时所要求的那般严厉与苛刻,那他就大错特错了。我们也不应该在受野心或对新奇事物的热爱的驱使下,放弃我们于其中发现自己有益于他人的那一职份。以上纯粹是些推断,并且我们忽视了上帝为了追求某些不同凡响的事情而早已交付给我们的那些职责,而这种忽视所带来的风险,也只能由我们来负责。前述教诲捍卫了社会的稳定并抑制了罪恶的野心,然而,决不允许将它同下述事实相冲突,即上帝本人常常向人们呼召新的职能,并且他的呼召绝对不容忽视:“在万事万物中,上帝的呼召才是正当行为的基础与起源。”〔1〕

政治家的天职是一项神圣的呼召,它在人们之中享有引人注目的特殊荣耀。正如任何居于其职份之中的其他人,政治家也是上帝的“面具”或“面纱”,但他之赢得人们独特的尊敬,是因为在某种特殊的意义上讲,他是上帝的代理人。就人而论,在政治生活中,政治家处于上帝的地位。

这样,个人诚然有顺从法律的指令之义务。然而上帝,其本性是爱,他则不受这一法律的约束,而且他的爱往往是这样表现出来的,即它看起来似乎和那些对平民具有约束力的法律相抵触。通过职份,上帝往往强制人们去从事这样一些行为,它们显得似乎同法律相抵触,而事实上,它们只是在不同的程度上去表现爱的法律。这在政治职业中极为明显,在这里,政治家有责任按照看来似乎既同法律又同福音相矛盾的方式而间或地恢复使用武力、强制与暴力。然而,“挥舞着这柄宝剑并大开杀戒的这只手因而就不再是人之手,而是上帝之手。上帝实施了绞杀、严刑拷打、斩杀、谋杀以及争战。所有这一切都是上帝的工与判决”。〔2〕 而且:

---

〔1〕 加尔文:《基督教要义》,第3卷,第10章,第60节。参见《论四福音的和谐》(*Commentary on the Harmony of the Gospels*),载《论马太福音》,爱丁堡,1945~1946年版,第22章,第21节,并参见路德:《军人是否亦可获救》,载费城版《路德全集》,第5卷,第34页;《论登山训众》,载美国版《路德全集》,第21卷,第23页。

〔2〕 路德:《军人是否亦可获救》,载费城版《路德全集》,第5卷,第36页。

> 上帝的律法禁止杀戮;但是凶手不可逃脱惩罚,颁布律法的上帝把宝剑交托在他的使者手中……因此,不难得出结论说,就这一方面而言他们并不服从于教会共同法(common law),尽管上帝用这种法律束缚所有人的双手,但他仍旧不束缚他的正义,他正是凭借使者之手而实行这一正义——正如一个君主当他禁止其所有臣民打击或伤害任何人的时候,他却仍旧不禁止其官员们执行他已经特地责成他们实施的那种正义。[1]

值得特别注意的是,私人的伦理道德与“职份上的”伦理道德之间的区分并不意味着它们并无内在的关联性。政治家,就其私人生活而言,并未摆脱那种非常严格的要求的束缚,亦即趋向完全这一呼召。他也没有因他的公务行为而被委以全权(carte blanche)。在这两种情形中,他都必须表现上帝的爱与正义,尽管有时是以不同的和貌似不一致的方式来表现。

2. 上帝的审判

政治家,尽管在政治领域,相对其他人而言,他可能是一位“神祇”,有权得到人们的顺从,受到人们的尊敬,赢得极大的荣耀,但在上帝的眼里,他完全是一个罪人。他的权威和尊严是借来的,并非真正属于他,而完全属于上帝。他处在一种特殊的诱惑中,认为已经被托付给他的恩典,是他自己的东西而可以随意使用,而这么一来他就很难不去否认他对上帝的依赖及从属。然而,假如他变得自命不凡,那么“他就比一只虱子、蛆虫或任何其他寄生物还不如——因为寄生小虫毕竟还是上帝的受造之物,而他却是这样一个恶棍,他被上帝任命为其代理人,然而他却不断地蔑视或遗忘他

---

〔1〕 加尔文:《基督教要义》,第4卷,第20章,第10节,从“因此”一词开始的这段引文仅见于1541年法文版。

的主权者——上帝”。[1]

对于统治者所表现的自命不凡——就人们而言,这意味着不公正与专制暴虐——上帝是如何审判的?虽然可以肯定自命不凡的统治者将在来生中受到审判,但同样真切的是,上帝的审判也表现在历史之中。路德主张说:“它(审判)总会发生,并且对于那些不必要地发动战争并被打得落花流水的人,审判早已发生。”[2]当路德这样讲时,他倒是很独特地将自己的真实想法过于简单化了,因为他在别处承认,上帝的审判并不是按照如此简单的方式表现出来的。但不管怎样,报应确实存在于历史之中。例如:“专制暴君们冒着这样的风险,即出于上帝的律例,其臣民完全可能揭竿而起,挺身反抗……杀死或者撵走专制暴君。”[3]这一事实不应理解成在某种程度上证明了反抗是正当的。因此,那些反叛的人在上帝面前犯有罪行。但是,“罪人的恶行可以为上帝所利用,同时上帝又能不断地免受任何腐蚀与玷污”。[4] 假如其所有臣民都是忠诚的基督徒,那么统治者就毋须畏惧任何犯上作乱行为;然而,既然这种情形不大现实,那么他最明智的还是谨防上帝通过不信神者的暴力而表现出来的愤怒。上帝之工的运作并不依赖人们的忠诚。或者说,上帝也许可能推举外来统治者和外来民族来使这个不义的君主俯首称臣。

因此,他(上帝)凭借埃及人制服推罗人的狂暴;凭借亚述人制服埃及人的傲慢无礼;凭借迦勒底人驯服亚述人的凶恶残忍。凭借米堤亚人和波斯人制服巴比伦人的狂妄自负。居

[1] 《宗教改革家著作集成》,第61卷,第395页。

[2] 路德:《军人是否亦可获救》,载费城版《路德全集》,第5卷,第37页。

[3] 路德:《军人是否亦可获救》,第48页。

[4] 加尔文:《基督教要义》的标题。

> 鲁士早先征服了米堤亚人,后来由于犹大国和以色列的国王对他(上帝)的所有善意的忘恩负义以及他们不恭的拒不服从,他(上帝)(对这些犹大国和以色列人的国王)进行征服和惩罚——一次由亚述人完成,另一次由巴比伦人完成。[1]

或者,正如我们已经见到的,上帝也可能通过下级地方行政官员来抑制专制暴君,或者通过一位"英雄人物"来抑制专制暴君。

3. 英雄

按照路德的说法,政治在正常情况下是一桩"修修补补"的事情,可理解的是,或迟或早这件衣裳(政权)总会穿破,而需要换新。衰败的最后阶段通常是不堪忍受的专制暴虐和压迫,而取而代之的新的代理人,也即旧的衣裳(政权)的摧毁者和新的衣裳(政权)的裁剪工被称作一位"了不起的人物"(wundermann),或"英雄好汉"(virheroicus)。虽然平民个人若企图废除既定权威或重铸国制,就是冒昧放肆的自命不凡行为,但上帝却在某些时期将这一特殊天职委托给某些人。关于这样的人物,我们可引证参孙、大卫、耶荷耶大、居鲁士、地米斯托克利、亚历山大大帝、奥古斯都和内曼等人——所有这些人,无一例外都是非基督徒,这也许有点意味深长。

英雄直接从上帝那里获得委任,上帝不断地给他以教导与指引:

> 不错,先生们,当大卫想打败歌利亚时,人们就教导他;人们为他披上盔甲,并给他装备起来。但大卫却不能穿戴这一盔甲。在他的心里还有着另一个主宰者,并且大卫在他还不知怎么做

[1] 加尔文:《基督教要义》,第4卷,第20章,第30节。

> 的时候就将歌利亚杀死。因为大卫不是什么生手，他受过这一技能的训练；他是一个能手，曾在上帝的门下受过这种训练。[1]

这个英雄并不服从对普通人甚至对普通的统治者具有约束力的那些法律与准则。他可以领导一场叛乱，而人民则可以正当地随他而起。他被赋予珍贵的理性禀赋，并且知晓上帝的旨意。这样，他甚至可以凌驾于，法律之上，或者至少他可以对它加以改良，因为他本人就是“活的法律”。在他的统治下，专制暴政被摧毁，百废俱兴，一个新时代宣告到来。然而，他却并不是普通百姓的楷模，而那些并未得到上帝的特殊呼召的人，若企图仿效英雄，那就让他们受难吧！

人们若将路德的英雄同尼采的超人相提并论，那是极不合理的，同时，若将他与卡莱尔的英雄等量齐观也是不合适的。路德的英雄之摆脱法律的束缚及其创新和恢复能力，并非来自他自己，而是来自上帝对他的选择，以及他对上帝的直接依赖。这份荣耀、这份敬拜、这份权力以及这一国度，通通归属于上帝，而不归属于他。他的杰出禀赋确实是上帝的恩典，而且不应认为这含有免除原罪这一污点的意思。作为这一论断的证据，路德指出，无数的英雄，一旦完成了其丰功伟业，就落得一个悲惨的结局，最后沦入专横傲慢、自命不凡这份罪恶之中。

对于路德在世俗政府的潜在性上所持的如此令人沮丧的悲观论点，加尔文拒绝加以采用。加尔文把英雄仅仅看作摆脱压迫的“天赐的救主”。革新并不是他的主要职能，因为这是政治活动的一个完全正常的方面。既然政治并非仅仅是一桩“修修补补”的事

---

〔1〕 路德：《论“诗篇”第 101 篇》，载美国版《路德全集》，第 13 卷，第 156 页。

情,那么对于一件新衣裳(新生政权)的制作就无须特殊的受上帝指派的成衣工。

阅读书目

1. 马丁·路德:《“诗篇”第 101 篇注释》,载美国版《路德全集》,在圣路易斯和费城于 1956 年开始陆续出版,第 13 卷,第 146 页以下。加尔文:《基督教要义》,J. T. McNeill 编辑,F. L. Battles 英译。《基督教历代名著集成》(*Library of christian classics*),费城,1915~1932 年版,第 2 卷,第 2 章第 1~4,12~16,22~24 节;第 3 卷,第 19 章,第 15 节;第 4 卷,第 20 章。

2. 路德:《致德意志基督教贵族公开书》(*The Open Letter to the Christian Nobility of the German Nation*),载费城版《路德全集》,共 6 卷,1915~1932 年版,第 2 卷,第 61 页以下。(中译本参见《路德选集》,徐庆誉、汤清译,宗教文化出版社 2010 年版。——译者注)

3. 路德:《论俗世权威》,同载上书,第 3 卷,第 223 页以下。路德:《军人是否亦可获救》,同载上书,第 5 卷,第 32 页以下。(中译文参见《路德选集》,徐庆誉、汤清译,宗教文化出版社 2010 年版。——译者注)

4. 加尔文:《基督教要义》,第 1 卷,第 15 章,第 4、6~8 节;第 4 卷,第 10 章,第 1~12 节;第 11 章。(中译本参见《基督教要义》,钱曜成译,生活·读书·新知三联书店 2010 年版。——译者注)

5. 加尔文:《“罗马书”注释》,爱丁堡,1844 年、1849 年版。《论“罗马书”》,第 13 章,第 1~5 节。(中译本参见《罗马书注释》,赵中辉、宋华忠译,华夏出版社 2011 年版。——译者注)

6. 加尔文:《论四福音书的和谐》,爱丁堡,1845~1846 年版,《论“马太福音”》,第 5 章,第 31 节;第 22 章,第 21 节;第 26 章,第 52~56 节。

理查德·胡克

(1553—1600)

邓肯·B. 福里斯特

与清教徒的论战

胡克的伟大著作《论教会政体的法律》,被公认为是对当时加尔文派清教徒观点的一次全面抨击。可是,我们也应当注意到,这类清教徒观点在许多方面却稍有别于加尔文本人的观点。英格兰的清教徒、法兰西的胡格诺派教徒、苏格兰的诺克斯及其追随者都声称自己是加尔文的门徒,都尊奉加尔文的著作为至高权威。可事实上,他们都在好多方面改变了加尔文理论体系,尤其是他的政治主张。他们通过突出某些方面,无视其他方面,并且引入一些完全陌生的概念,建立了一种与加尔文学说截然不同且远不及其圆融一贯的政治神学。

这些清教徒将改造的核心,置于对人类理性

之有效性的彻底诋毁之上——甚至在加尔文曾承认过理性具有适当性的那些领域也是如此，宣称在指导各类事务方面，《圣经》才是唯一的权威，并且绰绰有余。例如，约翰·诺克斯在其《反对邪恶女性统治的第一声号角》中，就几乎完全以《圣经》为论据，提出自己严格的政治和法律主张，认为妇女决不应当拥有政治权力，并丝毫不为此感到尴尬。[1] 英国的清教徒则向议会提出了一条指导原则，即"无论是做任何事项，都必须得到上帝圣言的直接授权"。[2] 这些主张撤除了对《圣经》权威适用领域的所有限制，不给自主理性以任何地位和功能。这种改造的结果，具使对《圣经》究竟为何物的理解发生了变化。也就是说，经文不再简单地是对上帝非凡活动的记录(信仰正依附于这种记录)，也不再简单地是教义的原始材料、效法耶稣基督的指针、救赎的使者、可以在其中发现上帝珍宝的瓦器。现在，《圣经》被视为一本指引道德和政治的完全正确无误又妥帖恰当的手册，一部既可使政治家从中找到如何进行统治的方法，又可使哲学家从中找到如何挣脱受玷污的理性之迷惑的教科书。这样，路德和加尔文在对待《圣经》时的那种相当具有批判性的洞察力几乎已经销声匿迹，取而代之的是一种新型的《圣经》崇拜。

这种改变不可避免地带来神权政治的主张。教会是上帝的圣言的守护者，而牧师的职责则是宣讲圣道。既然圣言是政治领域的唯一确定无疑的向导——正像在其他任何事物中一样，那么国王和地方行政官员在各类事务中就应当服从教会及神职人员的指点，托马斯·卡特莱特这位清教徒牧师把他的先师加尔文的论点推向极端。他写道，国王们应当"丢弃他们头上的王冠，匍匐在教

---

〔1〕 见莱格编:《理查德·胡克全集》(Works)，爱丁堡，1840年版，第4卷。

〔2〕《对国会的首次忠告》(*The First Admonition to Parliament*)，载《清教徒宣言》(*Puritar Manifestoes*)，弗莱尔和道格拉斯编，伦敦，1907年版。引自A. P. 登特列夫:《中世纪的政治思想》(*The Medieval Contribution to Politic Thought*)，牛津，1939年版，第104页。

会面前并舔掉其脚上的尘土”。[1] 胡克《论教会政体的法律》一书的绝大部分内容就是对这位清教徒牧师著作的直接反驳。

然而,正是反抗的问题使加尔文与其后继者之间的纷争公开化。加尔文曾并不明确地指出,“下级行政官员”可以约束国王的权力,[2]尽管更多的是基于宪法而不是基于《圣经》权威,这一观点后来成为激进的加尔文主义者紧密团结坚决捍卫的一面旗帜。一位不知姓名的法国胡格诺派教徒在16世纪最后25年里所著的《反暴君论》(Vindiciae contra Tyrannos)中声称,即便只有一个地方行政官员准备反对这样一位“视臣民为草芥”的国王,所有基督徒平民都有责任拿起武器推翻这位专制暴君。为了捍卫这种反抗的权利——并且它实际上还是一种义务,该书作者认为,《旧约全书》表明政治社会应当建立在两道誓约或契约之上:一道是上帝、国王与人民之间的契约,构成“上帝的子民”;另一道则是国王与人民之间的契约,根据其条文,平民愿意服从,国王也承诺公正地进行统治。《反暴君论》一书宣称,《圣经》表明了主权是由上帝授予人民的,并且只是由人民转授给君主和地方行政官员。根据类似的前提,诺克斯在写给他在苏格兰的追随者们的信中,特别强调反叛邪恶君主的义务,甚至号召平民声明与专制暴君脱离关系。那些传统哲学的观念,如在中世纪已成为一种陈词滥调,却为宗教改革运动领袖们所拒斥的人民主权和契约论,现在以一种新的、表面上符合《圣经》的外观重新出现。《圣经》和加尔文仍然是公开宣称的权威,但语气和术语却往往大为不同。虔信上帝的人与其逆来顺受、痛苦不堪,不如在世间创建一个基督教共和国,尽管这一创建过程

---

〔1〕 见托马斯·卡特莱特的著作:《对一种回答的答复》(*Replye to an Answere*),1573年版。

〔2〕 加尔文:《基督教要义》(*Institutes*),第4卷,第20章,第31节。

充满艰辛,阻力重重。

为了反对这种追求符合《圣经》的激进主义,胡克发起了他猛烈的抨击。他本可以借助加尔文来反对加尔文主义者——并且事实上他也偶尔这样做了,[1]可是,他自己却不是任何一种意义上的加尔文主义者,他的兴趣也并非是在论辩时占到上风。对他而言,加尔文绝非最高权威。他也绝不可能基于对《圣经》权威的共同理解加入这场论战,因为他绝不会承认"任何该做的事都必定毫无例外地包含在《圣经》之中"。[2] 他声称,对于他极想说明的绝大部分事件,《圣经》都并非唯一的权威。例如,在教会组织或世俗政府方面,就必须承认理性的作用,因为"除了运用自然理性外,没有任何已知的方式能用以裁定争论中的问题",[3]甚至基督耶稣在争论中也运用自己的理性。至少在自然领域,我们必须承认理性和历代伟大的"理性人士"必定具有一定的权威性。基于此,胡克认为他可以充满信心地用古代的权威,用著名的教父和经院学者的权威,尤其是阿奎那的权威来驳斥他的论敌们。既然清教徒历来喜欢争论,他们也就无法挣脱理性的作用而完全依赖《圣经》或信仰的权威。[4]

形而上学

《论教会政体的法律》是一部涵盖面广、洋洋洒洒八大卷的鸿

〔1〕 例如,理查德·胡克:《论教会政体的法律》(*The Laws of Ecclesiastical Polity*),前言,第3章,第4节。

〔2〕《论教会政体的法律》,第2卷,第8章,第5节;第3卷,第7章,第2节。

〔3〕《论教会政体的法律》,第3卷,第8章,第17节。

〔4〕《论教会政体的法律》,第2卷,第4章,第7节;第7章,第4节。

篇巨作。前五卷在胡克生前出版,而余下三卷却直至下一个世纪中叶方才付梓。尽管我们只能找到第6卷的一些残片,但后三卷的真实性是毋庸置疑的。[1] 从文风上来看,《论教会政体的法律》是一部散文杰作,它也许是用英文写就的首部哲学和神学巨著。虽说其最初意向是辩论性的,但由于该书超越了直接的论争而讨论基本原则的永恒问题,它也就跻身于重要的政治哲学著作之列。

在第1卷中,胡克极力凭借托马斯·阿奎那的权威而阐述自己思想的形而上学其础。有人认为,胡克给予形而上学的地位相当于宗教改革家们在其政治思想中曾经给予教义学的地位——这一看法是有道理的。他主张,世界是一个有秩序的宇宙,其中每一事物都在朝着其特定的目的运行。每一目的本身又是达成下一目的的手段,只有最终目的,也就是至善(summum bonum)的上帝例外,因为上帝就是善本身,不能作为达致其他善的手段。这个宇宙被法则所支配着,这种法则就是“朝着至善运动的指导性规则”,[2]它是无上者所赋予的。不过“上帝的存在只不过是在上帝的事功中体现的一种法则,因为上帝只是在劳作过程中才显现出完美”。[3] 上帝为他自己以及万事万物所制定的法则是永恒法,任何其他的法则都来源于此。[4] 这一永恒法则并非是上帝随意制定的,而是理性的,因为理性内在于上帝的头脑之中。[5] 这样,胡克从一开始就反对唯名论者和宗教改革领袖的唯意志论观点。理

---

〔1〕 关于第6~8卷的真实性,请参阅R. A. 郝克:《胡克的教会政体》(*Hooker's Ecclesiastical polity*),第8卷,纽约,1931年版,及C. J. 西桑:《胡克先生明智的婚姻和教会政体法律的诞生》(*The Judicious Marriage of Mr. Hooker and the Birth of the Laws of Ecclesiastical Polity*),剑桥,1940年版。

〔2〕《论教会政体的法律》,第1卷,第8章,第4节。

〔3〕《论教会政体的法律》,第1卷,第2章,第2节。

〔4〕《论教会政体的法律》,第1卷,第4章,第6节;第3章,第4节。

〔5〕《论教会政体的法律》,第1卷,第2章,第4、5节;第3章,第4节。

性居于事物的核心,它总是指向善,因为善是上帝的本质。[1] 上帝的行动与法令总是既善又合理的,这种"合理性的善"通过那些约束各种受造物的种种法则表现出来,而这些不同法则都来自于永恒法。这些法根据各存在物及其运作过程采取不同形式,并在事物的运作过程中展现自身的力量。自然法对所有创造物都具有约束力,而天国法对天使的活动起作用。理性的法则支配各种理性的受造物,这些理性的受造物也受到通过启示而被领悟到的神法的约束。人法则是一种由人所实施,并且源自理性或神圣法则的法律。所有这些衍生的法则(法律)一起构成"第二永恒法则"。其中一些可能会被打破而导致邪恶产生,但这丝毫也不可能使宇宙变得混乱,因为邪恶与罪恶至少是被上帝所容许的,因此仍然服从于第一永恒法则,服从于上帝那种不可改变的目的。[2]

像其他受造物一样,人也必须追求自身的完善臻美。既然邪恶不受欢迎,那人们就渴求向善。[3] 人所追求的完美有三重形式:感官的(或肉体的)形式、理智的形式以及精神的形式。[4] 每一种完善形式都是人们所自然追求的,而精神上的完善,那种极乐景象则是人们追求的极致,它只有靠上帝所赋予的超自然手段才能达成,并通过这种超自然手段,补救原罪所带来的危害。[5] 自然与超自然是人类所从属的两种互补性的秩序,因此,人的完善臻美也必然既是自然的又是超自然的。

那么,人又如何知道他所追求的完善臻美是什么呢?善通过

---

〔1〕《论教会政体的法律》,第1卷,第2章,第4节;第11章,第2节。

〔2〕《论教会政体的法律》,第1卷,第3章,第1节。

〔3〕《论教会政体的法律》,第1卷,第8章,第1节;第7章,第6节。

〔4〕《论教会政体的法律》,第1卷,第11章,第4节。

〔5〕《论教会政体的法律》,第1卷,第12章,第1、3节;第15章,第2节。

理性,[1]或普遍的接受性,也就是多数人的理性,而被领悟。[2] 通过遵循理性,我们事实上就是在遵循上帝的旨意。人被罪恶所腐蚀的是意志而非理性,因为理性清楚地指向一种完美性,而这种完美性是负有原罪者发现自己单靠一己之力所无法达至的。自然可以使人趋于完美,但要达到真正的极乐境界,则有必要借助于超自然的力量。

这样,人就必须服从若干不同的法。作为感官的或肉体的有机体,人必须服从约束所有受造物的那同一类法则;而作为一种拥有智力的存在物,人又必须服从理性的法则;由于具有永恒的灵魂,人还要服从超自然的法则。在这种基本框架中,胡克发现了法的许多分支与混合形式。人的许多功能都有其特定的法,也有许多不同的权威将法置入人的各个方面。例如,有超自然法、道德律、政治法则、教会法和国家法,所有这些都是不同的立法者所制定的。[3] 所有这些法从根本上讲都是上帝的法则,它们源自于永恒法。有一些权威受上帝之命,代表上帝在人间或社会中执行某个法则,而其他情况下,上帝本人既是立法者又是执行者。

在这种法则系统中,我们必须区分可变之法与不可改变之法。一方面,永恒法是不可改变的,是理性和上帝意志的直接表达。另一方面,构成基督教信仰的伟大教义真理体系的那些"法"也是永恒不变的。我们若要知道一种法能否被改变,就必须考察它在每一种情况下所指向的目的。

例如,由于救世主耶稣基督的来临,献祭制度之目的已经得到实现,因而,犹太人的那种仪式性法则就被废除了。也就是说,上

[1] 《论教会政体的法律》,第1卷,第8章,第1节。
[2] 《论教会政体的法律》,第1卷,第7章,第3节。
[3] 《论教会政体的法律》,第1卷,第16章,第5节。

帝所制定的某些法则也是可以改变的。[1] 有些事情是无关紧要的,它完全取决于人类立法者,而有些事情则相当重要,它取决于不可改变的神法或自然法。至于人类所制定的法律,它总会发生变化,或者是为了更有效地达到人们所期望的目标,或者是由于某一特定目标已经实现,又或者是由于某一特定目标不再有吸收力。不管怎么样,法的改变总是危险而令人不安的,即使必须改变法律时,人们也需要慎之又慎。[2] 不管是法律的制定还是改变,都必须以永恒法为指针。[3]

对法所进行的这种分析,其锋芒之所向,在于对极端清教徒观点的批判。根据他们的观点,只有上帝之法才是真正的法,人们可以在《圣经》中见到对它的清楚表达,并且这一法则支配人类的整个生活。触怒胡克的保守主义的所有激进清教徒的主张都以这一论点为基础。胡克认为,《圣经》的根本目的就在于它教授人们一种超自然的职责(义务),对于这一目的,它是绰绰有余的。[4] 但是,自然秩序与超自然秩序是相互补足的。那种极乐至福的获得,既有赖于自然职责的履行,也有赖于超自然职责的履行。前者主要通过理性去发现,而后者由于原罪的影响,超出了理性的域限。相应地,自然理性与《圣经》,“两者是共同起作用的,其中任何一个都无法单独让我们达至永福极乐而毋须关于其他事物的更多知识”。[5] 这并不是否认在《圣经》中有许多内容实际上涉及的是自然的职责,而不是超自然的职责,也不是否认《圣经》本身往往能纠

[1] 《论教会政体的法律》,第2卷,第10章,第4节;第1卷,第15章,第1节。

[2] 《论教会政体的法律》,第4卷,第14章,第1节。

[3] 《论教会政体的法律》,第1卷,第16章,第2节;第4卷,第14章,第1、2节;第5卷,第7章,第1节。

[4] 《论教会政体的法律》,第1卷,第14章,第1节;第2卷,第8章,第5节。

[5] 《论教会政体的法律》,第1卷,第14章,第5节。

正错误的推理，而只是强调，对《圣经》的把握并不能使我们免于那艰难的推理过程，而寻求我们在道德事务与政治事务中的职责。[1]《圣经》的完备是相对于其超自然的目的来说的，那种单从《圣经》中去寻找某种绝对的、政治的、教会的或道德的理想的做法，或者将《圣经》视作任何无关宏旨的日常决定之最终权威的做法，都是大错特错的。这些做法事实上有损于《圣经》的威信，也蒙蔽了人的正常感知能力。[2]《圣经》以自然法则和理性法则为前提，它不可能取代这两种法则。

政府的必要性

人是生而自由平等的，但一个脱离社会的人，只能是一种兽性的存在物，他是无法趋于完善的。[3] 相应地，人总是自然地倾向于社会。社会生活就基于这种自然倾向，也基于某种社会契约，即基于这样“一种秩序，即人们对于生活于其中的共同体的有关习俗直接地或心照不宣地共同赞同的一种秩序”。社会的维系需要政府机构，其职能在于阻止冲突、抑制邪恶，并调节人们之间的利益纷争。[4] 不过，政府的目的并非简单地通过强制手段来维持社会的存在，政府自身还要关注对“至善”(summum bounm)的追求。所以，胡克认为，政治组织不但要消除人类的罪恶，亦即原罪的后果，而且还应当成为人类完善的一种条件(这是在基督教而不是亚里

〔1〕《论教会政体的法律》，第 1 卷，第 13 章，第 2 节；第 2 卷，第 8 章，第 5 节。
〔2〕《论教会政体的法律》，第 1 卷，第 15 章，第 4 节；第 2 卷，第 8 章，第 6 节。
〔3〕《论教会政体的法律》，第 1 卷，第 10 章，第 1 节。
〔4〕《论教会政体的法律》，第 1 卷，第 10 章，第 1 节，以及第 8 卷，第 2 章，第 18 节。

士多德派的意义上讲的完善)。[1] 在这一问题上,胡克同时保持了古典的和基督教的传统。无论是关于人类本性的理性知识,还是源于《圣经》启示的关于人类的堕落的知识,都表明了国家存在的必要性。政府亦如社会,应当以契约为基础,[2]绝大部分合法的政治权力都来自多数人的同意,尽管它可以采取多种形式。每个人既可以亲自而明确地表示同意,也可以通过被恰当指定的代表来表示同意,同意还可以用传统的方式被假定。[3] 然而,尽管赞成是政治权力的理想基础,但也并不是说所有政治权力都必须以赞成为基础。例如,征服者有权支配他所统治的属民,而只受上帝的法则和万国公法的约束。也有一些受上帝特别感召的人,他们凭靠纯粹的神圣权利而行使权力。[4] 不过,最初奠基在征服或神圣权利基础之上的权力,经过一段时期,可能会被人们自愿地接受,因此,它在事实上就成了基于赞同的政府,尽管从其起源来看并非如此。[5] 无论政治权力的起源怎样,掌握权柄的人都是上帝的代理人,哪怕他们的权力是受平民的委托,最终也是属于上帝的。[6]

严格说来,政治权力属于人民,它通过契约和赞同被委托给政府。这是迄今最好的一种权力形式。[7] 这种权力或者受到原初的"归顺性契约"条款所限制,或者在这些契约鲜为人知或废弃不用的情况下,简单地按照社会中传统上可以接受的那些约定条款的

---

〔1〕《论教会政体的法律》,第8卷,第2章,第18节。

〔2〕《论教会政体的法律》,第1卷,第10章,第3节。

〔3〕《论教会政体的法律》,第1卷,第10章,第8节;第8卷,第2章,第9节;第6章,第8节。

〔4〕《论教会政体的法律》,第8卷,第2章,第5节。

〔5〕《论教会政体的法律》,第8卷,第2章,第11节。

〔6〕《论教会政体的法律》,第8卷,第2章,第6节。

〔7〕《论教会政体的法律》,第8卷,第2章,第5、9节;第1卷,第10章,第3节。

约束。[1] 所以，世俗权威的合法行为就是整个社会的行为，它表达了我们倾向于称之为公共意志的东西。某些公民或某些派别如果力图免除事实上本应由他们自己履行的行为，这是很不适当的。[2]

既然人类本性既不断追求完善，同时又难免被罪恶所腐蚀或蒙蔽，那么某种类型的政府的存在就是必要的。但是，又存在多种政府形式，自然界又"总是给人们留下了任意选择的空间"。[3] 胡克对于任何既定的、传统的那份深深的敬意，使他不可能对理想的政府形式大费口舌。理想的政府形式难以企及，轻率的努力往往适得其反。篡改既定的制度绝不是一件无足轻重的事情。[4] 胡克有他自己的偏爱，可以断定，他十分满足于伊丽莎白殖民地的政治和宗教现状。他认为一种适度的有限君主政体，同由主教们所治理的教会联起手来，二者都基于赞同而进行统治，这将是最理想的安排，但他对这种安排应否在其他地区或不同的条件下实施却存在怀疑。[5]

教会与国家的关系

《论教会政体的法律》一书的大部分内容重点用于探讨教会与国家的关系。基督教政权的原则与国民政府的原则一样，都将为理性所发现。卡特莱特认为，"为一切时代所必需的基督教会的

---

〔1〕《论教会政体的法律》，第8卷，第2章，第11节。

〔2〕《论教会政体的法律》，前言，第5章，第2节。

〔3〕《论教会政体的法律》，第1卷，第10章，第5节；参看第3卷，第2章，第1节。

〔4〕《论教会政体的法律》，第5卷，第9章，第1～2节；第4卷，第14章，第1～2节；第5卷，第7章，第1、3节。

〔5〕《论教会政体的法律》，第3卷，第11章，第16节。

教规是由耶稣基督所传递的,并记录在《圣经》中……它从那里且只能从那里得出。而那些基于其他根据的东西,则应认为是不合法的和假冒的"。[1] 与这种看法相反,胡克明确肯定了教会政体的事情与教义这类事情不同,人们必须仅仅根据理性来对它进行判断,也就是说,根据自然法则来对它进行判断,而毋须违反《圣经》的禁忌。《圣经》允许作出比较大的变动,但若将它视作对政体的某些特定问题的指南,这是极不妥当的。[2]

胡克认为,教会与国家不能严格地分割开来。宗教在国民和统治者履行其各自的职责过程中给他们以帮助和勉励,它是公正与和谐的源泉。[3] 基督教——几乎任何宗教——有其政治作用,但是,我们不能由此简单地认为教会是一项政治设计,或者像马基雅维利那样,认为宗教对于某些特定政治目的的实现用途极大。[4] 不过,基督教既是一种地道的宗教,又具有其重要的政治功能,因为它可以抑制政府官员的自私愿望和一般平民的不断反叛。既然国家是人们达至完善的一个条件,而这种完善的极致又存在于超自然之中,那么"所有共和国就都应当提供超越世俗事物的神圣事物"。[5] 在基督教占人口少数的国家中,教会必然会从国家中分离出来,因为公民并不意味着就是教徒。可在"基督教的共和国"中,教会与国家有着同一个"实体",有着同样的全体国民,只是被人们认作是两个不同的"事件"或两种不同的功能。[6] 与信仰和理性

---

〔1〕 托马斯·卡特莱特:《教会组织指南》(*A Directoty of Church Government*)开篇的句子。

〔2〕 《论教会政体的法律》,第3卷,第9章,第1~2节。

〔3〕 《论教会政体的法律》,第5卷,第1章,第2节。

〔4〕 《论教会政体的法律》,第5卷,第2章,第3~4节。

〔5〕 《论教会政体的法律》,第8卷,第1章,第4节;第3章,第2节;第5卷,第76章,第4节。

〔6〕 《论教会政体的法律》,第8卷,第1章,第5节。

的关系一样,教会与国家也相互补充。教会对国家予以协助,并与国家一道将人们引至那个超自然的命运。国家关心人们美好的生活,而这就不可避免地意味着它要关心教会,关心真正的宗教。

至此,胡克开始与阿奎那产生分歧。他争辩说,正像在国家中一样,在教会中,所有那些不直接隶属于神的启示的事情,其主权都属于全体成员。他与威克利夫或路德一样,强烈反对下述观点,即认为教会中的权威,按照神圣权利,只属于教皇或僧侣教阶集团。在胡克这里,处理外部宗教事务的权力被授予全体教徒,尽管这种权力完全可以通过他们而委托给一个或几个人。与国家政权一样,宗教政权也须为教徒所赞同认可。[1] 在基督教共和国中,赋予权力给政治权威的社会契约,也被用作宗教式的理解,所以像在世俗事务中一样,将教会事务中的最高权力交给同样的一个人或几个人也就是理所当然的了。正如清教徒和加尔文本人所认为的,《圣经》并没有谴责这样的规定。基督教共和国的观念在《新约全书》中并不被知晓,而在《旧约全书》中我们发现,在以色列,教会权力与国家权力统一在一起。[2]

胡克关于处理教会与国家之间关系的主张,以一种十分笨拙的方式提出了宽容这一问题。他关于有形的“教会”的概念是一个“含义丰富”的概念,并且他不愿宣称在根本意义上应将异教徒和罗马天主教徒排除在教会之外,哪怕这样会给人产生错误印象。[3] 从主要方面来看,作为救赎之根本的那些事情乃是自明的,基督教

---

〔1〕《论教会政体的法律》,第 8 卷,第 1 章,第 8 节。

〔2〕《论教会政体的法律》,第 8 卷,第 1 章,第 1、5、14、18 节;第 3 章,第 2、6 节;第 4 章,第 9 节。

〔3〕《论教会政体的法律》,第 3 卷,第 1 章,第 10 ~ 11 节;《关于称义的训诫》(*Sermon on Justification*)。

徒中许多有关教义的争议,无论在何种程度上,都与救赎理论无关。[1] 但正如我们已经看到的,国家却无法避开宗教事务,尽管国家对宗教所关心的必然主要是外在的礼仪遵奉与信教立誓。虽然国家能够创设一项前所未有的职责,但它无法将往昔的谬误通过法令的形式规定为真理。人类法律不能强迫人们去信仰,尽管它能够并且确实强迫人们表现出真信之态。人类法律只应外在地约束行为,可是,在诸多情形下,某些意见倘若自由表达或任意放行,公众的统一又难以维持。国家机构应当关心真正的宗教的维系,但它无权决定何种宗教是纯正的,无论如何,宗教观点都无法强加于人。因此之故,一方面在教会中,教义之间差异甚殊无可避免,并且也理当容忍;另一方面,国家机构又有责于维持社会秩序稳定,维持教会与国家的和谐与统一。对于破坏这种和谐与统一的行径,对于分裂社会的诸般冲突,对于煽动人们从事违背法律、反对社会的活动的观点,国家都不能容忍。个人意见与私人情感无法加以控制,因此理应予以容忍。但个人意见与私人情感公开表达或付诸行动,它们就落入了严格意义上的人法之界限,这种容忍须考虑公共利益而施以限制。[2] "审慎的"胡克对各种宗教迫害深恶痛绝,但无限制的宽容,在他看来,无论在政治上还是在神学上,似乎又不大现实。

阅读书目

1. 理查德·胡克:《论教会政体的法律》(*The Laws of Ecclesiastical polity*),见约翰·凯布尔编:《胡克全集》(*Hooker's*

---

〔1〕《论教会政体的法律》,前言,第3章,第2节。

〔2〕《论教会政体的法律》,第8卷,第6章,第5节;第5卷,第62章,第15节;第68章,第7节。

Works),R. W. 丘吉和弗兰西斯·帕吉特修订的 3 卷,第 7 版,牛津,1888 年版,第 1 卷,第 2~5 章,第 8、10~12、15~16 节;第 5 卷,第 1~2 章;第 8 卷,第 1~3 章。

2. 理查德·胡克:《论教会政体的法律》,前言;第 1 卷;第 2 卷,第 7~8 章;第 8 卷。

弗兰西斯·培根

(1561—1626)

霍华德·B. 怀特

新颖的唯物主义

在弗兰西斯·培根(其爵号分别为维鲁兰男爵、圣阿尔本斯子爵)看来,在尘世事务中,没有什么比政治哲学问题、"共和国的理想状态或类型"之本质更为重要、更值得玩味的了。[1] 更确切地说,世间最珍贵的事情在于人类心智同自然万物的本质相统一。一旦人类心智能够征服自然而在自然中获得最近乎完美的人类事物,即培根在《新大西岛》中所描述的那种共和国,这种统一性就会真正地产生。尽管《新大西岛》是培根最重要的政治著作,但要真正认识该书的重要地

〔1〕 比较培根在《伟大的复兴》(*Instauratio Magna*)与《新大西岛》(*New Atlantis*)二书的开场白,A. B. Gough 编,牛津,1915 年版,第 13 页。

位,我们唯有先认识到,在培根看来,政治事务赋有比人们通常所认为的要远为丰富的含义……而要确信这一点,人们必须理解培根用旧术语来描述新事物的写作风格。[1]

譬如,培根否认"第五元素"这类东西的存在。"第五元素"一度被用来指称星球与天体中的某种元素,它与已知的四大元素——地、水、火、风——迥然不同。这种宇宙观可以追溯至亚里士多德,却受到了培根的大力嘲笑与奚落,培根称亚里士多德的宇宙乃是"异想天开"。然而,在一篇名叫《宣告一场圣战》的对话中,培根笔下的一个人物暗示说,这场对话中的苏格拉底的信徒、一个名叫尤波利斯(Eupolis)的男子,可以说是"第五元素"。"尤波利斯"意指"善邦",更确切地说,就是"治理有方的国度"。培根一方面否认宇宙有什么第五元素或精华,但另一方面却又似乎将它赋予"治理有方的国度"。这样,他同亚里士多德的争论不在于亚里士多德提出了某种异想天开的东西,而在于他在错误的地点寻找异想天开的东西。真正异想天开的东西将在人类的政治世界,即人类创造的世界中找到。[2]

还有另一个老式的说法即"终极原因",培根也是用它来描述某种全新的事物。终极原因乃是事物赖以存在的目的,并且培根说过,对终极原因的追寻败坏了自然哲学。正如他对待人们对"第五元素"的追求一样,他对这种追寻也同样抱以轻蔑的态度。然而,当他承认人们对终极原因的追寻一旦与"人类事物"相关联就可以是合理的时候,他却是相当认真的。对这种追寻的完整理解导致了下述观点,即

---

〔1〕《论学术的进展》(*Advancement of Learning*),第2卷,第7章,第2节(章节分段按照牛津第5版),W. A. Wright 编,1900年版。

〔2〕《智慧之球的描述》(*Descriptio Globi Intellectualis*),载《培根全集》,J. Spedding 等编,波士顿,1861年版,第7卷,第313页;宣告一场圣战(*Advertisement touching an Holy War*),载《培根全集》,第8卷,第191页以下。

"按照终极原因",人类乃是世界的中心,毫无疑问,认为终极原因唯有在人类事物中、大概是在人造事物中才是可以理解的,这样一种看法彻底改变了终极原因的含义。万物因之而存在的终极原因,乃是人为的事物,而人类能够制作的最佳事物就是理想共和国,即《新大西岛》中的共和国——乐土——拥有已知最有价值的世间事物的国度。不过,这种事物尚不存在,它只存在于培根的头脑中,并且只是培根理论上的构想。它还有待于人类在实践中建造。[1]

那最高级的事物对人类建构活动(理论上的和实践中的)的依赖性,是这样一种标志,它表明人工物、人造物较之自然物更为崇高伟大。培根的自然哲学是唯物主义的,它与古代唯物主义尤其是德谟克利特的唯物主义一脉相承。培根承认后者是他的智识传统。[2] 然而,追随他的人,除舍夫茨伯利以外,很少有人像培根自己承认的那样承认这一点。[3] 虽然德谟克利特的唯物主义和无神论主张自然会导致下述结论,即认为任何对终极原因的追求都不会有什么结果,但这种唯物主义和无神论主张本身并不会想到要去创造人类的或政治的终极原因。作为一种唯物主义,培根的主张全然是新颖的,因为它明确界定了人类的一种可能的终极目的,尽管这一目的受我们现在所谓乌托邦理论的影响。培根的理论体系尽管新奇,却受惠于两位政治哲学家前辈,即马基雅维利和吉尔丹诺·布鲁诺的著述的影响。

---

〔1〕《新工具》(*Novum Organum*),第1卷,第48节,第2卷,第2节;《辩论集》(*Redargutio*),载《培根全集》,第7卷,第52页;特别是《古人的智慧》(*De Sapientiaveterum*)中的"普罗米修斯"一节,载《培根全集》,第8卷,第191页以下。

〔2〕特别参阅《论事物的本性》(*Gogitationes de Natura Rerum*)和《原则与本原》(*Principiistque Qriginibus*),载《培根全集》,第5卷,第203页以下和第289页以下。另参见《古人的智慧》中的"爱神丘比特"和"科努姆"两则寓言。

〔3〕参看沙夫茨伯里《论特征》(*Characteristics*)《杂录》(*Miscellany*),第2卷,第2节(1732年版,第3卷,第69节)。

培根似乎接受了马基雅维利的主张，即政治哲学应当侧重于人们的实际行事而不是人们的应然行为。与马基雅维利一样，他将极端境况作为他的出发点。培根确信，自然一旦受到经验的“纠缠”和“拷问”，就会袒露无遗、明白易懂，一如马基雅维利是在极端情境中、在暴力与罪行中洞察到良好政治秩序的起源。人是由欲望组成的，而国家与共和国之起源正肇生于这些欲望。人都有一副心智，并依赖它来征服自然，然则人唯有通过服从自然，并且在自然的极无规则性中，在非凡事例和奇迹中理解、懂得自然，才能征服自然。服从自然，使人得以征服自然。人本身并无自然目标或目的：宇宙乃是异在陌生的东西，不可理喻。万物的向导乃是这一欲望，它接纳或排斥万物。正如马基雅维利一般，培根也是一个享乐主义者，但他却坚决拒斥古典享乐主义的反政治结论。[1]

然而，尽管马基雅维利谈到应着眼于人们实际的行事而不是人们之应然行为，他却与自己所设定的程序背道而驰，反而着手描述虚构的共和国之创造者的行为。培根一方面称赞马基雅维利的这一言论，另一方面他本人却也同样是一个虚构的共和国的创造者。一旦我们认识到，尽管培根的理论出发点大大得益于马基雅维利，然而他的政治思想所采用的路线方向则与马基雅维利的迥然不同，那么，上述事实的意蕴就昭然若揭了。培根最杰出的政治著作既不是论述君主的本性的著作，也不是谈论某个古代历史学家的论文集，而是对古代神话的分析（《古人的智慧》）和对一个柏拉图式的神话的驳斥（《新大西岛》），这一事实使我们懂得了培根

〔1〕《培根全集》，第 2 卷，第 254 页；第 3 卷，第 31、45、77 页；第 6 卷，第 327 页；第 9 卷，第 211 页；第 12 卷，第 119、213、275、318 页；第 13 卷，第 124、222 页。另参见《古人的智慧》中的“斯芬克斯”寓言。

与马基雅维利的某些相异之处。不过,在我们明白这些神话的重要性之前,我们必须得认识到,在培根的计划蓝图中从一开始就存在同马基雅维利的某种差异。在马基雅维利看来,名声或荣誉的重要性、自私者作出不自私的举动的那种目的,乃是压倒一切的。培根则似乎是在两种热爱之间摇摆不定,一种是把对名声或智慧的热爱视为最大的激情,另一种是把对名声或智慧的热爱看作至高的善。不过,由于那些期望真正名声之人,唯有作为智慧的热爱者才能得偿所愿,所以这种摇摆不定只是表面的。

技术进步与人类的拯救

培根似乎曾经对马基雅维利说过,最令人们感激不尽的并非英雄们的业绩,甚至也不是共和国缔造者们的伟大创举。使人们感恩戴德的是那些极大地"解救人类苦境"(培根的一个用语)的事物,那就是各种发明创造。诚然,在那些通俗的论说集中,培根把国家与共和国的缔造者们称作"至尊的元勋",然而,在那些更为深奥的学术著作中,他指出,古代人把发明创造家当作神来顶礼膜拜,而他们把英雄只是当作半神半人来对待。此外,假使此种尊荣并非总是唾手可得,那是由于历来的发明创造家几乎寥若晨星,而他们的创作也大多出于偶然。在这方面,反基督的野兽比人要做得好一些。难怪他在《新大西岛》中从古埃及的宗教中借用了大量的象征,来暗示直率的布鲁诺早已很公开地,也许不怎么有效地谈到过的那些思想。埃及虽在基督徒看来代表着物质世界的黑暗,但它却是一个倍受倾慕的对象,在那里,野蛮之人所从事的创造发明同他们的应得权益是一致的。此外,在培根自己的乌托邦社会里，塑像是为创造发明家而立，而不是为政治英雄豪杰所设。[1]

培根这一主张的实际目标在于鼓励发明创造。古代对技术进步的怀疑，现在让位于对技术进步的强烈信念。对技术进步的信念将导致发明创造，而创造这些发明则需要某种新方法，即培根的《新工具》中所揭示的那种方法，原则上也就是近代自然科学的那种方法。[2] 在政治上需要的是一支由培根的追随者们所组成的"新式队伍"，他们随时准备进行实验，他们不仅对自己的科学结果充满信心，而且对这些结果在政治上的惠益也信心十足，正如马基雅维利一样，培根的主张的确也需要一批追随者，但这是一批类型不同的追随者，它不是一支由政治家们组成的队伍，而是一支由创造发明家所组成的队伍。并无确凿的证据来确信培根的追随者们会理解他的主张。他们甚至也没有必要这样做。在哲学家和非哲学家之间所作的那种老式区分将被一种新的三重区分取代，即在哲学家、专家和大众之间进行区分。导致各种发明创造的这种主张，要求有一大批专家或技术人员，由于他们都共同具有科学经验，并从事我们时下所称的集体性科研，他们会有助于改善人类的境遇。这些人无须懂得宇宙的或人生的真理，他们甚至也不必真正懂得培根的政治哲学，而只要懂得能够进行发明创造的那些方法。当然，他们必须服从那些真正懂得究竟哪些发明创造真正有助于"解救人类境况"的人，这是因为发明创造也可能是毁灭破坏性的。培根有他自己的一套方法，以防止破坏性的发明创造战胜

---

〔1〕《培根论说文集》，第55节"论尊荣与名誉"（所有论说文的序号都是根据培根本人所辑的最后版本。他对早先各版的论说文标题序号有所改变）。另参见《培根全集》，第6卷，第145页；《古人的智慧》中的"普罗米修斯"；《新工具》，第1卷，第129节。

〔2〕阿尔弗雷德·N. 怀特海：《科学与近代世界》（*Science in the Mordern World*），纽约，1925年版，第60页以下。

建设性的发明创造。尽管当今并不存在这样的防护性手段,但不应以此来抹杀培根采用这套方法的先见之明。发明创造者本人必须是那些对方法驾轻就熟的人。因此,培根对方法的强调标志着他同马基雅维利的政治哲学分道扬镳。培根尽管并不否认政治家职业的崇高,但他暗示,他提出的这些方法可以适用于所有的人类发明创造,包括政治上的发明创造。虽然培根并未说到一旦佐以近代发明创造,政治家就将如虎添翼,但从他对《新工具》的方法可以适用于所有人类知识领域的无比信心中,就可以得出这一结论来。[1]

为了使发明创造繁荣昌盛,培根不得不使掌权者相信,发明创造在政治上是无害的。他在关于自然的那种纯知识同"关于善恶的那种引人自豪的知识"之间作了某种区分。他力图保护他本人的知识既不受原罪教义的影响,又不因此而受迫害。然而,很显然,若存在从培根的科学方法直达所有人类知识及其各分支领域的通道,那么就必定存在这样一些发明创造,它们在政治上并非全然无害。[2] 简言之,纯自然知识事实上影响到了并且必定还会继续影响引人自豪的善恶知识。不过,当把它们应用到王公与推荐权人身上时,申请者说话必须小心谨慎,以免王公与推荐权人看破其主张的革命性特征。培根将他的主张视作导致发明创造的东西,这一事实意味着这一主张须有一大批追随者,并且也意味着这种追随须得到大批的公众的认同。由于不能像保护他的主张那样保护他自己免受迫害,培根对是否将其政治哲学公之于世踌躇再三。在某种程度上,他不可推出他的政治哲学,因为,尽管有一些

---

〔1〕《新工具》,第1卷,第79、80、120节以下;《新大西岛》(*New Atlantis*)中随处可见。

〔2〕见《论学术的进展》,第1卷。

事情,他认为业已得到解决,如他的方法的正确性,但还有其他一些事情,它们只有当那些还有待努力取得的发明创造真正在实际生活中解救了人类境况时才能为人所知。例如,培根对未来的医学寄予厚望,这不仅是为了健康,而且也是为了长寿。一旦人类生命能够免于自然死亡——培根的确暗示了此种可能性,那么这种免于自然死亡的自由所带来的难以预料的后果,将迫使任何有关终极性的政治主张不得不作某种保留。[1]

培根的确宣称自己知道某些有关终极性的政治主张。其中之一即是那种导致创造发明的科学方法,它使人不得不采用一种与马基雅维利的历史观迥然不同的历史观。关于这种历史观,培根似乎曾经得益于布鲁诺,尽管培根很少提到这位哲人。给英雄带来荣誉的行为乃是时代所赋予的,无论人们对荣誉本身会如何说。英雄辅佐自己的国家,而国家既可兴荣,亦可衰微。与之相反,发明创造则属于全人类,并与人类同呼吸共命运。各种发明创造超越了人们所谓的永恒循环。培根紧步布鲁诺之后尘,也把驳斥永恒循环的主张视作其使命。永恒循环的学说提到出生、成长、衰老、死亡的循环周期,也提到星体的往复轮转、四季的更迭,还提到人类生命的代代相随、国家和共和国的朝代更迭。所有人类事物都被看作匆匆过客,短暂易逝。这种观点,的确是饱览万物的兴衰枯荣,培根把它看作"自然的"见识。尽管说它是"自然的",但它却是一种错误的见解。它是人类未来绝望的根本源泉。在对未来充满希望的那些理由中,培根列出并且强调人们应放弃对循环自然承受的态度。事物的循环进程并不遵循上述定式,属于现代的伟大时代,亦即培根本人所处的时代,远非属于古代的伟大时代可以

---

〔1〕 特别请看《生与死的历史》(*Historia Vitae et Morits*),载《培根全集》,第3卷,第331~502页。

比拟。[1]

现代性的伟大必将反抗历来统治着历史思维的那些循环,布鲁诺就早已充分认识到这一观念,并且他从这一观念中获得了慰藉,尤其是在他受迫害的日子里。布鲁诺谈到了现代科学的那些硕果,他确信,他关于无限宇宙的发现会真正有助于收聚这些硕果。在一则著名的寓言中,人们过去由于无力把握住神圣事物而眼目失明,现在他们治愈了失明的双眼,并且对人类的变革具有比往昔更敏锐的洞察力。善与恶还可能交替演变,但由于布鲁诺的新科学,任何一次善举都比上一次更好,而任何一次恶行都比上一次更轻微。因此,布鲁诺通过他本人的主张——他关于无限宇宙的新发现,在观点见解问题上带来了宽容,恰恰因为他的这一新发现在科学的问题上带来了统一——同哥伦布及其追随者们的成就进行对比,正是哥伦布及其追随者坚持将自己的信念强加于他人。布鲁诺希望在人类社会兴亡更替恶性循环的那种不可抗力中找到一条出路。[2] 在寻找出路的征途上,培根是布鲁诺的忠实追随者。

然而,尽管布鲁诺确信,为了超越人类事物中的循环变化,需要给人类以当头棒喝,并消灭盘踞和统治着学院的那些基督教亚里士多德主义势力,但是培根则相信,单单是国内和平就能够带来科学进步并因而带来政治进步。因此,他自比为某个磨坊主,

---

〔1〕 参见布鲁诺:《论无限的宇宙与众多世界》(*On the Infinite Universe and worlds*)[其英译本载于 Dorothea W. Singer 所编:《布鲁诺的生平及其思想》(*Giordano Bruno, His Life and Thought*)。纽约,1950 年版;第 243～245、283、285 页以下]。《意大利人著作集》(*Opere Italiane*),G. Gentile 编,巴里,1925～1927 年版;第 1 卷,第 24 页以下;第 2 卷,第 23、86 页、《论英雄的热情》(*Eroici Furori*),Michel 编,其法译本(*Des Eureurs Heroiques*),巴黎,1954 年版;第 114、205～207、311 页。培根《新工具》,第 1 卷,第 84、92 节。

〔2〕 关于这 9 个盲人见《论英雄的热情》,第 415 页以下;关于论哥伦布的文章,见"*Cenade La Ceneri*",载《意大利人著作集》,第 1 卷,第 24 页。

他为“风平浪静，平安无事”而祈祷，“因为风车制成后，水车就不怎么时兴了”。[1] 风车的操作，按照培根的修辞手法，较之水车的操作既经济又简单（认真说来，情况正好相反），而这代表着科学的进步。培根看到，这种进步需要联合进行实验和集体性研究，而这反过来又需要装备精良的学术机构，后者本身就要求国内的和平安宁。为了促进科学进步，他讲授了一套可以称为“临时的”政治哲学。他并未使用后来为笛卡尔所采用的“临时道德”这一术语，但他提倡一种道德的和政治的方法，它无疑是特意计划用来为那些尚未到达新大西岛这个乌托邦岛屿的人们服务的。

这种政治方法从实践中和理论上都是临时性的。诚然，在前一方面（实践方面），它毫无新意。政治哲学家历来就认识到人们不得不生存于他们自己的社会里，而这些社会又或许并不是可能的最理想的社会。培根见解的新颖之处在于，他否认在征服自然方面取得重大进步之前设想理想政治制度的可能性。在他看来，这一进步会使人们懂得他们究竟可以期望什么，也就是说，它会向人们揭示在展望人类的美好前景时，他们究竟可以走多远。由于置身于科学革命的源头，培根因此不得不承认尚不知所谓的人类的终极之善。[2] 然而，他宣称，从宇宙的异在特征和通过他加以改良的方法而征服自然的可能性，他充分懂得，人们毫无疑问能够逐步认识到他们该期望什么，并且这一期望目标就是普遍的善。虽然他对自己的乌托邦具有某种洞察，但他的著作主要论及的是可

---

〔1〕“风平浪静，平安无事”出自培根1609年10月10日致托比·马修的信。培根将《伟大的复兴》的一部分呈送给马修。据信说信件表现了这部著作的写作意图。此信件可在培根的好几种文集中见到。

〔2〕也许我们对该期望什么的无知的最有力论述是在《辩论集》中，载《培根全集》，第7卷；另参见《新工具》，第1卷，第70、117、120～122节。

能把人类引向这一乌托邦的那些国家或共和国。由于他懂得世俗和宗教的纷争会严重阻挠科学,培根力求使自由与习俗或者与传统结盟。他的临时性主张因之具有保守性特征,并且维护和扩展王权、教会和帝国这三种制度。

关于前两种制度,我们无须多言。培根是君主制度的拥护者,这是因为君主政体是既成现实,也因为它给予私人以闲暇,不问政治而从事哲学与科学研究,还因为在一种君主政体下有利于创作,根据培根的描述,这种政体可与"上帝的太平盛世相媲美;它非我们所能理解"。超出我们理解范围者,也就超出了我们的审查范围;即使一种君主政体不如詹姆士一世那般灿烂辉煌,它也会同自由携手并进。培根究竟是不是一个地道的君主制度拥护者,这是很难断定的,尽管他假装将君权尽可能拔高。至于他的英国圣公会倾向,培根看到,英国圣公会乃是英国 Politiques(温和主义派别;Politiques 原指 16 世纪宗教冲突中法国温和主义者集团的成员,他们认为全国团结高于一个党派的绝对优势地位,并鼓吹以信仰自由作为政府的政策。——译者注)的圣公会,这些人希望丢下宗教论争,统一国家。在他看来,英国圣公会的领导较之清教或天主教的领导总要好些,并且他因此认为它"一劳永逸地"解决了宗教纷争。诚然,他的这种固执看法尚有更深层的理由。显然,一个将"终极原因"和"第五元素"理解成仅同人造物相关的人,必定将他的主张设想成远离神学的东西。培根认为,自然知识可以回避人类原罪,因为关于自然的知识与原罪没有什么关系,只有那种人们引以为自豪的关于善恶的知识才与真正的原罪有关。他的这番托词自然地会使他远离宗教纷争。在培根看来允许哲学从神学中独立开来的那种教会,才是最近乎真正教会的基督教教会。他在英国教会而不是在罗马教会中见到这种分离,因为他认为经院学者统治学术的权力过于强大。不过,他曾努力使英国教会变得更为宽容。他用不着像布鲁诺一样抱怨学术受到“平庸之辈”的把持,因为他确信在英国这一问题已经得到解决。[1]

帝国主义倾向

培根的帝国主义倾向比较复杂。虽然他的君主政体倾向和英国圣公会倾向是那般谨小慎微,但他的帝国主义倾向则是直言不讳的。这也许是在他的临时性主张中表明他本人的马基雅维利主义倾向的唯一证据,马基雅维利主张,居中骑墙的态度,即中庸之道,尽管在所有其他的追求中管用,但在政治学领域则是有害无益的。在培根看来,拓展帝国的疆域乃是政治哲学的一项职责,此前它却一直受到忽视。人们不难想象,这样一种职责概念在传统的政治原理中没有什么地位。帝国主义这一职责意味着理想社会并非小国寡民,而是泱泱大国。它推崇的“伟大性”,不仅仅是根据势力,而且也是根据其疆域判断。像英国这类人口不断增殖的国度,较之那些人口稀少而不能保持其帝国之强盛的国度,如西班牙,拥有更多机会获得伟大性。履行这一职责需要的是侵略而不是正义的行径,勇猛英武本身也将变成战争之美德,不管战争是否正义。事实上,对正义战争的寻求,这对经院学者和对培根的同时代人格劳秀斯来说,是一个意味深长的问题;而在培根那里,它展现了一

〔1〕 尤其请看《培根论说文集》,第3、17、18节;《论学术的进展》第2卷,牛津版,J. Spedding编,《培根勋爵的生平与书简》(*Life and Letters of Lord Bacon*)印有《关于建立英国教会的公告》(*the Advertisement touching the Establishment of the Church of English*),培根并未公开发表该文,第1卷,第74页以下。另参见以下的信件,即第1卷,第48页;第3卷,第48~50页;第5卷,第373页。

种完全不同的意义,因为他将一场捕风捉影的战争(或者一场习惯上称之为“先发制人的战争”)描绘成一场防御战和正义战。那么,决意用于征服的任何反对他国的战争(如土耳其、西班牙)都可以说是一场正义战争,因为这将是一场因对战争的疑惧而引起的争斗。换言之,若甲国正打算通过拓展其帝国之疆域而履行其义务,乙国如觉察到了这一拓疆阴谋,就会进行一场打击甲国的战争以履行自己的义务。这或许就是自然状态学说在主权国家中的培根化形式。在自然状态中,行为是自私的,而解决争端的方式则是帝国主义的。正义战争这一概念在这种解决争端的帝国主义方式面前看来已荡然无存。[1]

当培根说到为帝国拓疆的问题在政治哲学中被人忽视的时候,我们可以公正地质问他为何似乎视而不见马基雅维利对该问题的处理。马基雅维利盛赞好战行为和帝国目标,他所极力强调并奉为开风尚与制度之先河的楷模与历史先驱的是好战的罗马帝国。不过,培根确实认为,关于为帝国拓疆这一义务的研究和讨论向来被人忽视。要懂得个中缘由,也非易事。培根的帝国主义与马基雅维利的帝国主义之间的一个显著差别在于双方对海军重要性的见解不同。培根的帝国主义显然是一种海上帝国主义,而马基雅维利的帝国主义则不是。这看来似乎是无关宏旨的差别,它难以证明培根为何宣称首要的是将帝国主义视为公民之义务。然而,我们应当切记,在 17 世纪,能够成就所向无敌的海

---

〔1〕 见《培根论说文集》,第 29 节,以及《论大不列颠王国的真正伟大之处》(*True Greatness of the kindom of Britain*),载《培根全集》,第 13 卷,第 231 页以下。关于帝国主义作为一项义务,见拉丁文版《论学术的进展》(*De Augmentis Scientiarum*)中的论文第 29 篇,载《培根全集》,第 3 卷,第 120 页;另参见《培根勋爵的生平与书简》中关于西班牙战争的片段,第 8 卷,第 483 页。《关于一场神圣战争的公告》,载《培根全集》,第 13 卷,第 191 页以下。关于骑墙态度和中庸之道的说法,来自《古人的智慧》中的“伊卡洛斯”篇。

上帝国的那类人,乃是一批“新人”。他们这种人能够按照培根在《学术的进展》通篇中所提出的忠告,学会如何在世界上立足,并学会如何运用语言的技能、工商业管理的艺术与外交艺术。他们这些人能从世界的遥远角落将大批使生活舒适的物品和奢侈品带到伦敦市场。他们对于从事培根为之申辩的高利贷行为也毫不感到羞耻。这些人之所以向往帝国主义,与其说是根据专制权力,倒不如说是根据经济获益。他们是资本主义精神的真正代表,而培根对资本主义精神的贡献,较之加尔文是有过之而无不及的。[1]

在某种意义上,培根的帝国主义是他的临时性主张与他的权威性和决定性的主张之间的一条纽带。因为在他的临时性主张的那些支撑物中,唯有这种帝国主义主张为新人指明了前途。与其说它为王公、贵族、封建领主、世俗僧侣指点了迷津,不如说它为商人提供了向导。培根的侵略型社会是这样一个社会,其居民受他的“幸运(财富)建筑术”的引导,受他关于如何在世界上立足相处的忠告的引导。而这种研究,在他看来,在历来的政治著作中却遭受冷落。侵略型社会的这类居民将成为新型海上帝国主义的坚强后盾,他们是把人类载往新大西岛的船舰。这艘船舰最先是一艘英国号,培根认为他的乌托邦成就主要是英国人的成就。英国羽翼已丰,正义之战即将打响。它的人民最为勇猛好战。世界性王国就像一颗芥子种子,尽管它还无足轻重,但一株巨树就是从此茁壮而生。培根将他的帝国主义观念比作这样一颗芥子种子,从大不列颠这颗微不足道的小种子里,一个伟大的帝国就将茁壮成长起来。

---

〔1〕 请浏览关于幸运建筑术的讨论,见《论学术的进展》,第2卷,第23页。另参见《培根论说文集》,第34、36、41节以及注释(18)中的引文。

《新大西岛》

如果我们以为培根的帝国主义只是为某一个民族国家而做的狭隘设计,那么我们对培根就有失公允。它的侵略性质是为某些较之英国帝国主义远为重要的事物——人类对自然的统治——而设计的。这一性质完全可以成为临时性的主张与最终决定性的主张之间的纽带。这一决定性主张在培根本人的著作中只是部分地得到完成,但这一主张被期望是超乎时间与空间的。这种超越性把我们引回到古代神话问题上来。《古人的智慧》所辑录的是古代寓言传说,并附有培根本人的阐释。培根认为该书是一部重要著作,这可从他在前言中的表述体现出来。他宣称,即便是在他那个时代,任何人若想提出新真理,也必须按照他所采取的那种方式来提出。培根表面上是阐释古代神话或寓言,实际上却是尽可能在神话结构允许的范围内提出自己的主张。古老寓言被认作是最远古时代同有史料记载的历史事件的一种交融,除了《圣经》告诉我们的那些内容以外,这些最远古时代由于人们的健忘而被湮没了。不过,有史料记载的历史事件与最远古事件之间的这种纽带还有更多的内容,因为正如《圣经》上的比喻所表明的,它是神圣事件与人类事件之间的一种纽带。然而,由于唯一可以理解的神圣性是人为的神圣性,古老神话被展现为通过研究自然和征服自然而通向神圣性的途径。

培根把米诺的求爱行为看作对政治理解的追求,把对欧律狄刻的追寻看成是哲学探索,把斯芬克斯之怪谜看成是统治自然的王国与统治人的王国这一培根式区分之源泉。这些荷马之前的寓言作者是否也是这么想的，这倒无关宏旨。与《圣经》中的故事传说的差别是，这些故事传说代表着观察人和看待世界的一种更自然的方式，并暗示着，要不是碰到亚里士多德和基督教，人类也许就能够创造一个征服自然的社会，而不必等到培根了。培根紧随布鲁诺，他说，当前时代乃是“古的”，即世界的古老时代，在这时的人们比那些所谓的古代人所懂得的要多得多。[1]

然而，在培根看来，最为重要的神话，部分是他本人的创造，部分则是对一个柏拉图式神话的反驳，这个神话见于《新大西岛》。这部著作是对大西洋的某个乌托邦岛的描绘，并且它在形式上也是残缺不全的。它的收尾相当兀然，是在对被称作“所罗门宫”的机构的描绘中结束的。所罗门宫是该岛上最重要也最强大的组织，即一所科学家学园。有些历史学家得出结论说，培根对该著作厌倦了，因而不曾费神将它写完。然而，为了他国的利益，他却不厌其烦地将该书译成拉丁文。这项工作对于培根虽不像对某一些人那么艰巨，但他这样做只可能是因为他认为这部著作内含某种价值。培根事实上留下了不少未曾出版的未完成著作，而《新大西岛》不属其中之列。此外，培根写这部著作是想反驳柏拉图的一篇对话，即《克利梯阿斯篇》(*Critias*)，这篇对话在形式上也是不完整的。一旦我们正确地理解了《新大西岛》何以在形式上未曾完成，我们就可以从从容容地仔细领会这部著作。

《新大西岛》完全不同于先前的某些虚构的乌托邦岛，如莫尔的《乌托邦》。后者的发现据说是出于偶然。人们也无从得之该到哪里找寻它。旅行者之到达新大西岛也是出于偶然，然而一旦旅行者准确地标定该岛位置，就不难到达该岛，人们从早到晚都能看

---

〔1〕《古人的智慧》，载《培根全集》，第 12 卷，第 427 页以下；第 13 卷，第 1 页以下。

到这片土地,正如以色列儿童在晚上知道上帝基督带他们出埃及,而在白天他们该看到上帝的荣耀。培根的本意是使新大西岛成为希望之乡、应许之地,这是很明确的。他称之为“幸福之地”“神圣乐土”“天使国度”。他说,用本族语来讲,它可称为“本色列”,它意味着“完美之子”。此外,培根对这一海洋的形象化描述标志着航海的胜利,因此也标志着科学的凯旋。在莎士比亚的《暴风雨》或《伯利克里》中,关于海的最主要形象描绘是暴风雨,与此不一样,在《新大西岛》中,旅行者们发现通向该岛的征途是一片宁静的海洋。这一意象可与前述磨坊主所祈祷的“风平浪静,平安无事”这一词组的意蕴相对照,而现代乌托邦所要求的正是如此。

大西岛是坐落在西方某个地方的一座岛屿。正如柏拉图向我们所描述的,是关于大西岛作为一个技术乐园的故事。大西岛的居民,由于耽于享乐而堕落,在同某个古代雅典民族交战时(据推测,索伦讲述该故事时,古代雅典民族已存在九千年之久)被击败,军队将士无一人生还。后来,宙斯以灭绝种族来惩罚该岛,并且使船只难以在近海停靠航行。大西岛毁于一场地震中,从此一蹶不振。与此不同,古代雅典毁于一场洪水。山地的居民劫后余生、幸免于难,后来他们又建造起另一个雅典。培根有意将柏拉图的神话颠倒过来,他承认古大西岛确实被毁,但却是由于罹受一场洪灾,从而暗示在那里山地居民得以幸存,他们后来建立了印加文明和阿兹台克文明。正如古雅典,新大西岛击溃了一支大西岛军队,但对待这支军队要比雅典人更人道些,他们允许这支军队返回家园。此外,新大西岛也在一场洪灾中劫后余生、幸存下来。它拥有某些古代雅典不曾拥有的东西,即战胜洪灾的工具。它拥有培根式的科学,并且借助这一科学,它得以超越时代的变易兴亡。培根的变易兴亡既指自然的灾变,又指政治的衰败。新大西岛是一个超历史的领域,培根用它来否定那种甚至马基雅维利也持有的、认为社会兴衰变迁周而复始的观点。本色列国并不兴衰变迁、周而复始。其久远年代驳斥了在培根时代所流行的基督教关于世界年代的观点,按照这一观点,世界历史还不足六千年。

一旦到达这座岛屿(新大西岛),旅行者们便会预先得到警告,尽管它们到达本色列国时已饥寒交加、奄奄一息,他们却不得登陆上岸。然而,在海关对他们进行很委婉很客气的讯问后,他们被获准上岸并留在海岸上。由一位基督教教士向他们介绍这座陌生的岛屿。这位教士是异客里(Stranger's House)的长官。他大谈《圣经》传到本色列国的奇迹以及本色列国知晓欧洲的途径,尽管欧洲对本色列国一无所知。通过秘密的远征探险,本色列人学会了在他们看来有必要懂得的关于欧洲的事情,即科学中的发明创造与进步。长官还告诉旅行者们往昔的事情,其时本色列国著名的君主所罗门王开始建造所罗门宫。旅行者们遇上了一个叫作琼宾的犹太商人,此人在本色列国的等级制度中的地位明显高于那位基督教教士。琼宾向他们解释了本色列国最重要的节日,它被称作蒂尔桑或家父的庆典,琼宾还津津乐道地将本色列国的婚俗同欧洲的婚俗加以对比。他还引见了一位更显赫的官员,即所罗门宫的元老之一,这位官员所穿的长袍官服可与《旧约全书》中的高级教士的长袍法衣相媲美,而他向人们祝福的方式使人想起基督耶稣或教皇。他还愿意同一位旅行者进行交谈,故事的叙述者索伦本人有幸得到这份尊荣。这位官员讲述了所罗门宫的组织机构及其职能,显然它是该岛的统治机构,官员还恩准他们为了他人的利益向外作宣传。

本色列国的故事并非毫无戏剧性的成分。该岛几乎不受旅行者们的影响,而旅行者们,按照叙述的情形来看,却经历了极大的变化。他们登上了某个岛屿,受到人们的祝福,但这祝福却极为冷淡。那些人救了他们一命,但并不怎么欢迎他们。旅行者们对自己能否再见到欧洲感到茫然,但当他们获准可以留下来时,当他们得知本色列国皈依基督教时,他们反倒要求驻留下来。不过,他们还不打算长期住下去。而关于各种节日以及所罗门宫的作用和统治的讨论,则代表着某种入会式。他们为了适应乌托邦中的生活而变得坚强起来。在旅行者们的欢呼喝彩声中,或者说在他们的改宗皈依过程中也许更为确切,首领走过船长或者说船员们中的"要人"的身边,而来到叙述者索伦的面前,显然叙述者是船上最博学的人。在旅行者们打算成为本色列国公民之前,他们的统治观念必须向本色列国自身所盛行的统治观念靠近。这种变化似乎就是西方和基督教社会转型为世界性社会的过程。本色列国的那些名词、形象化描述出自多种来源。虽然旅行本身是往西的一场旅程,但其形象化描绘则主要是东方的,它们出自巴勒斯坦、埃及、波斯。

通过暗示人们可以向西漫游而最终到达东方,培根暗示"统治有方的政体"完全可以超越空间上的代谢变迁,正如超越时间上的代谢变迁。《圣经》传到本色列国中("具有绵羊本性的")仁勿杀城(Renfusa)较之《圣经》传到西方时间要早得多,这一奇迹的真实性得到了一名所罗门宫成员的证实。他宣称要以自然哲学知识来判断其他一切,而《圣经》的教诲只有当它与自然哲学的普遍性教导相一致时,才是可以接受的。相应地,在政治上则是科学界——所罗门宫学园——在事实上拥有绝对统治权。

然而,学院权力的行使尚需要同盟者的支持。所罗门宫可以决定哪种创造发明可以在国家里推广,哪种创造发明则不可以。

我们眼下完全懂得，正如培根所预见的，一种极力想“仿制雷电霹雳”的科学，必须有某种防御机制应对对它的运用与滥用。[1] 社会自身必须有一定的防护设施。这有下述两类：一是学院权力的保护措施，它通过裁定何种发明创造可以泄露，而限制公众的知识；二是家长式权力的防护措施，它保证美德的推行与实施。我们可以称之为大众无知的防护机制与大众精神的防护机制。关于后者，培根的《新大西岛》似乎主张某种世俗宗教，其节日之一就是蒂尔桑的庆典。蒂尔桑是一家之父，他有三代共计 30 个在世子孙。他的庆典是异教节日的大杂烩，但它同丰收的日常仪式不同，因为它既是对丰产的回报，又是对高寿的奖赏。其象征使人联想起埃及神话中的俄赛里斯和伊希斯，它导致了虔敬（或者说对长者的孝敬）与自然（或者说对丰收和富裕的敬畏）的合一。蒂尔桑本人不仅受到敬重，而且还赢得了各种权力。培根大力渲染本色列国的一妻制特征，称之为“世界的童贞地”。一对一是司生育与繁育的女神的指示，其他形式对于一个以丰产而闻名的乌托邦社会是不可理解的。其意蕴在于蒂尔桑庆典的严厉特征，正如本色列国的其他节日。培根在其他地方区分了为所有人天生具有的“爱慕之情”和他称之为“激情”的那种“扰乱人心的感情”。鉴于蒂尔桑庆典颂扬了那种“不扰乱人心的感情”，这一庆典不仅是对长辈的庆贺和对丰收的庆祝，而且也是对美德的礼赞。其馈赠是本色列国的真正统治者——所罗门宫的同仁——赐予那些拥有忠实而简单的快乐之人的奖赏。

蒂尔桑庆典的政治重要性在于，它将古老的父权同新式的朝气蓬勃的科学结合统一起来。世俗宗教将虔敬糅进科学，使科学

---

〔1〕 该词组出自《辩论集》，载《培根全集》，第 7 卷，第 93 页。

的统治牢固可靠、坚不可摧;同时,统治者必须用科学著作来使公民守教无懈可击、高度可信。进步会使人民深信美德的价值。假如说所有人都受到"爱慕之情"的引导,而这些有益于良善生活的"爱慕之情"能够让心智免受烦扰,那么最理想的生活就是哲学的生活,这种生活最能免受烦扰,它最擅长抗拒烦扰的最有力根源,即迷信。按照这种观点,培根是在步卢克莱修之后尘,但他实际上比卢克莱修走得更远。培根极力建立这样一个社会,在其中,公民们一般都能在某种程度上抗拒烦扰。然而,他们的这份超脱,不是基于知识而是基于幻觉。

虽然培根宣称,他的科学会大大有助于"消除人类心智精神上的不平等",但他也明确表示,所有人唯有根据他的"著作"才能理解他。所有人都没有真正理解培根式的科学。[1](培根在《新工具》第1卷第128节中说道:"我还直率地宣告,我现在所倡导的东西根本很少适合于那样些急功近利的世俗目的,因为它除在效果上和事功上外是不能降低到为一般人所领会的。"——译者注)

由于父权明确地服从于学院的权力,它看来似乎取代了王权。允准旅行者们羁留下来的是"国家"而不是"国王",而伊丽莎白一世是反对使用"国家"一词的。在《新大西岛》中提及过国王们,但他们的统治已经消亡了。那些统治者获得了或者接近于培根视之为可能的那些不朽性形式。蒂尔桑获得了那属于再生复兴的不朽并接近于超越死亡的那种肉体的不死,所罗门宫成员则可以获得那来自于名望的永生性。所罗门宫是一个极为严格的机构,它代表着人口中的一小部分。当旅行者们得知某个所罗门宫元老将访问他们所驻留的那座城市时,他们也得知该城居民已有12年之久

[1] 请将《新工具》第1卷第122节同第1卷第128节比较。

未曾见到一个元老。尽管新成员的吸收并非根据出身，因而进入统治集团的成员资格在某种意义上是民主式的，但统治者与公民之间的鸿沟也是巨大的。显然，所罗门宫的元老和成员共计有36名。培根是如此坚信成员们对于科学真理及其特有的实用性会达成一致见解，以至于他甚至没有提议将所罗门宫成员的数目设成奇数，或者说不曾努力使一个多数总是可能。

如何阻止统治集团的成员企图攫取权力，阻止他将那些危险的发明创造带到国家中来呢？如何阻止人民在一场国家和民族危机中对统治集团颐指气使、过分奢求呢？关于此，培根几乎没留下任何告诫。正如在近代乌托邦思想中普遍存在的那样，在他的乌托邦构造中，存在某种信念因素，即在哲学家、专家和广大公众之间的三重区分这一信念，这一信念在培根这里得到了维护。这种维护以下述预先假定为前提，即专家会尊重哲学家，并愿意接受哲学家的指导，或者说知识愿意臣服于智慧。在此前提下，人们就不会顽固地传播共产主义，或者分裂原子、摧毁世界，因为知识将始终服务于人类之福祉。虽然明知人类的福祉可能需要较之培根自己所掌握的更多的关于"爱慕之情"的知识，但他还是宣称他至少懂得本色列社会保护和守卫的种种生活方式。

我们眼下应该更清楚地了解培根对柏拉图所进行的反驳。《克利梯阿斯篇》是在宙斯将诸神召集到一起，对他们说在某个地方是可以见到世界的全部生成变化时突然收笔的。宙斯曾号召诸神惩罚大西岛，宙斯未记载下来的演说可能涉及这一惩罚以及大西岛的毁灭。培根的著作也是在一场演说声中收场的，但那场演说完整地记载了下来。它不是关于某种东西先产生尔后又消失这样一场毁灭过程的叙述，而是论述如何避免毁灭。它不是宙斯所作的演说，不过，演说者也差不多是一个神性的人物。他向人们祝福,其方式使人想起耶稣基督或罗马教皇,他的所罗门宫成员身份赋予他“预测自然”的权力与力量,他以怜悯之心关切着人类。他与前任者们一道建造起一个共和国,在那里,他们也静观并超越了世界的生成变化。他知晓宙斯的种种奥秘,他也可以道破它们。不过,他之所以没有道破某些事情,原因在于他万万不可道出它们,因为唯有在人类已经发现了该如何仿造雷电霹雳的时候,自然哲学方可完全地引入政治哲学。

所罗门宫的会员们观察世界生成变化的手段以自由旅行的方式表现出来。本色列国实际上是一个封闭的社会。国家对旅行实行限制,这与柏拉图《法律篇》中的情形极为一致。变幻莫测、前途未卜的旅行,对于到达新大西岛是如此必要,可是一旦到达该岛,这种旅行却受到该社会的禁止。正如在《法律篇》中的情形,同不完美的东西相接触甚至也会腐蚀本色列国。旅行因而严格地限定于地位至尊者和智慧最高者,在这种情形中,这些人被称作“光明商人”。柏拉图所描述的旅行者寻求“受神指引的人”,这样的人既可能生长在腐败的国度,也可能生长在未曾受腐蚀的国度,而培根式的旅行者所寻求的是光明。诚然,这意味着,欧洲人的科学——在培根看来,这一科学依赖于机遇——对于那种依赖于驾驭自然系统的科学会有某些教益。然而,只有那些最英明的人,才可能观察到并择取欧洲人的这种偶然性科学的长处。由于本色列国倾向于变成一个世界性的社会,深思熟虑的科学会尽其所能地吸收偶然性科学,而外部腐蚀的危险也会得到消除。

如此一来,培根的临时性措施中的重商主义和帝国主义精神将会呈现何种面貌呢?本色列国十分富饶,这是一个殷勤好客的国度,但却保护着悠闲的步伐。通过朝气蓬勃的科学与古老社会的混合,本色列国得以将它的豪华奢侈同朴素与顺从相调和。这样的社会并不是我们通常把它同商业贸易至上论相联系的那种社会,并且它同贪婪的、利润至上的英国也毫无相似之处。看来,似乎商业精神并且事实上还有帝国主义精神,在培根式科学取得硕果的时候,就再无必要了。科学将为与商业相联系的豪华奢侈提供保证,而本色列国的世界性也将使侵略性帝国主义精神成为多余。

本色列国是一个睦邻之邦。培根对此深信不疑,他有意不模仿好战尚武的罗马,如马基雅维利所做过的,而是仿效一种更酷爱和平的世俗宗教,即古埃及冥府之神俄赛里斯的世俗宗教。此外,本色列国显然已多年没有战事,因为它似乎已经通过它的光明商人通晓世界的其他地区。有这样一位国王,其军队曾击败古大西岛,此人名叫阿尔塔宾。从该词的拉丁文词源来看,阿尔塔宾暗示此人双倍的崇高。他恩准其敌人返回家园,不过得先许诺永不再反对新大西岛。马基雅维利听到这一允诺一定会觉得很荒唐,而培根可能认为这至少有点愚痴。阿尔塔宾因他的治国之才以及因他的人道精神而崇高伟大。在阿尔塔宾之后,随着所罗门宫的建造,出现了新的统治者,他们是三倍的崇高伟大,赫尔墨斯魔法护神(三倍的崇高伟大)的神秘数字暗示了这一点。他们之异常崇高伟大也是由于智慧,在他们的统治下,本色列国的武装力量繁荣起来,甚至拥有各种难以扑灭的火阵、威力强大的加农炮、模仿鸟类的飞行装置、在水下航行的潜艇。无论人们后来用这些可怕的装备做过什么,却没有证据表明本色列国的统治者们曾经用过它们。他们之所以装备这些武器,是因为本色列国,由于它独树一帜的世俗宗教以及它享乐主义的乌托邦性质,它在一个充满敌意的世界中理当需要强大的军事防御设施。尽管如此,本色列国自从阿尔塔宾之后,却似乎并无战事。

关于那种好战尚武的精神又如何呢?我们最好通过关于这一

问题的其他两处论述来分析。其一见之于培根在《古人的智慧》中对海神柏修斯神话的讨论。这则寓言据说与战争有关,但培根的论述则完全放在讨伐战争上,对纯粹的防御战争则只字未提。事实上,对这则寓言的阐释,看来似乎是对基督教十字军东侵战以及基督徒的对手们的反东侵战或防御战的描绘。该场战争与其说是一场真正的战争,不如说是一场改宗运动,它在一场对人们的精神上的胜利中偃旗息鼓。也许比对这则寓言的论述更为重要的是在《宣告一场圣战》中的那场对话。该书正如《新大西岛》,它在形式上也是不完整的。该对话始于一场关于反对异教徒的战争以及这类战争是否正义的讨论,而以鼓吹进行一场反对"背道人情者"的战争终结。在该对话中的那个怀疑论者、一个名叫波利奥的廷臣提出,如果对话者们真想打一场神圣的战争,他们就必须将它组织成一场讨伐战,并找一位名叫乌尔班的教皇来指挥这场战争,正是乌尔班指挥了第一次十字军东侵。乌尔班这一名字与拉丁文中表示城市的词有关,但后来它并不纯粹是指任何城市,而是指最理想之城罗马。对话中的苏格拉底信徒的名字"尤波利斯",也是指最理想之城(然而不是指罗马而是指希腊)。培根所鼓吹的征伐,他衷心支持的唯一的神圣战争,是由最理想的城市所指挥的战争,或者说是由统治有方的国家所指挥的战争,无论这个国家或城市被称为尤波利斯还是本色列国。这样一场神圣的战争也许事实上会引发冲突,这种可能性不能排除,但是,神圣的战争主要是一场目的在于将世界从蒙昧主义传统中解放出来的征伐战。

自然哲学与政治哲学的关系

神圣的战争解决了在《古人的智慧》中多次提及的那个问题,

即关于自然哲学与政治哲学之间的关系问题。俄尔浦斯为了使自己被蛇咬伤致死的妻子欧律狄刻还阳而下到冥国，他把她营救出来了，然而当他把她带到人间时，却过早地目睹她的芳容。他因此而变成牲畜和石头，远远避开女性伙伴，拿着他的竖琴征服森林。在这方面，他确是卓有建树，直至塞壬女妖这帮狂女们用她们难对付的喧嚣声淹没了他的美妙音乐，并将他杀死。培根说，俄尔浦斯是一个“快乐而充满神性的人”，他是一名“完整的哲学家”。在培根那里，完整的哲学指的是自然哲学和政治哲学。黑暗势力代表自然，要不是由于俄尔浦斯缺乏耐心，他本可以驾驭自然并救出欧律狄刻——她代表哲学所关怀的对象。俄尔浦斯在这方面的失败使他忧郁寡欢、意气消沉，而这种感情与哲学是格格不入的。然而，即使是处于忧郁消沉、心灰意冷的情况下，俄尔浦斯也还降服了其他的异己势力，他的歌声使顽石移步、野兽俯首，正如人们之缔造城邦与共和国。不过，这种征服只是昙花一现，正如在自然哲学尚不完整圆满的情况下缔造的城邦国家必定是短命的。妖女们的喧嚣之声过于强劲，俄尔浦斯毕竟抵御不了。这些塞壬女妖们乃是酒神狄奥尼索斯的随从，她们所代表的不仅仅是狂乱，而且最主要的是宗教狂热。这是一种最猛烈的激情，正是它最有可能摧毁共和国。

假如俄尔浦斯当初不是那般缺乏耐心，情况又会如何呢？他当然会保住欧律狄刻，然而他还会驯服野兽，降服顽石吗？他还需要同狂女们一决雌雄、一比高低吗？在这则寓言里，存在三种异己势力，它们分别代表自然（冥间的恶魔势力）、人（野兽与顽石）以及人类所创造的宗教习俗（塞壬女妖们）。前两者可以降服；第三者则必须加以摧毁。不过，欧律狄刻，哲学家所爱恋的对象，必定也代表着人类。俄尔浦斯所选取的征途，经过凝神沉思、慎重考虑而指向大自然奥秘最隐秘、最玄妙处。然后又返回到光明之中,载负人性而归。在这一暗示中,存在一定的模棱两可性,即在这一寓言中,对于人类有两种模拟形式。然而,这是由于培根本人并没有创造这一寓言,他只能如此对待它的缘故。显然,若如他所言,欧律狄刻代表着哲学所关怀的事物,那么她也就代表着终极原因,而这些终极原因,按照培根的主张,只可同人性联系起来。

培根在别处说过,政治学这门科学,是一门玄学,这不仅是因为它难以理解,而且也是因为它不适于表达出来。这就是说,这种知识不仅很难,而且这种主张在某种意义上也令人难以启齿。政治知识令人难以启齿的原因在于,它可能会摧毁人们所珍视的许多价值,如果人们不是小心谨慎地传播它的话。因此,在另外一则寓言中,培根用赤裸裸无掩饰来指谓政治奥秘,而《新大西岛》中未来的新娘和新郎的赤裸裸无掩饰可以理解成是把羞耻与政治学联系起来。在此培根提到了俄尔浦斯对自己的妻子的关怀。如果俄尔浦斯若与妻子一道归来,他就会赢得(或统治)人类。这样一来,塞壬女妖们的那些长笛就不可能盖过他的竖琴了。换言之,一旦驾驭自然这个共同目标已经达到,世界性社会之建立就指日可待,而人类能够拥有其乌托邦。

然而,俄尔浦斯之忧郁寡欢、意气消沉并非必然纯粹出于他的绝望。我们得知,所罗门宫的元老洞察一切,似乎他对人类无限同情。而在另一部著作《各家哲学的批判》中,哲学家在一场国际代表大会上发表演说时,也对人类充满无限同情与怜悯。[1] 在一个乌托邦社会里,为何还需要这种现象?培根似乎独具慧眼,看到了并非他的所有后继者都能看到的东西。他确信,人类能够摆脱古

---

[1] 《培根全集》,第7卷,第59页。

老的宗教迷信。然而,必须要有新的世俗机构来填补古老的宗教迷信破除后留下的阙如,只有极少的一部分人将真正得到解脱,因为真正英明的人毕竟少之又少。哲学在其指引下扬帆远航的那种人道情怀的普遍性和世界性,按照培根的想法,却并不导向自然平等这一推论。在对人类状况的解救中,在对疾病和贫富的减轻过程中,人道情怀的普遍性和世界性可能存在极大的价值。然而,一个人还是必须同情人类、怜悯人类,人类的命运既痛苦又悲惨。因为世间有某些人类所不可能拥有的至为重要的东西,它或许是幸福,或许是智慧,或许就是上帝。

阅读书目

1. 弗兰西斯·培根:《新大西岛》。(中译本:《新大西岛》,何新译,商务印书馆 1959 年版。——译者注)

2. 培根:《古人的智慧》,前言,寓言 11.“俄尔浦斯”,16.“朱诺的求婚者”,26.“普罗米修斯”。

3. 培根:《论说文集》,第 29 节,“论邦国的真正伟大性”(*Of the True Greatness of Kindoms and Estates*)。(中译本:《培根论说文集》,水天同译,商务印书馆 1983 年版。——译者注)

4. 培根:《古人的智慧》,寓言 1.“卡桑德拉”,5.“冥河斯提克斯”,7.“海神柏修斯”,10.“阿克特翁和彭透斯”,6.“牧羊神潘”,12.“科努姆”,22.“复仇女神涅墨西斯”,24.“狄奥尼索斯”,28.“斯芬克斯”。(中译本:《论古人的智慧》,李春长译,华夏出版社 2006 年版。——译者注)

5. 培根:《亨利七世本纪》(*History of the Reign of Henry Ⅶ*)。

6. 培根:《宣告一场圣战》(*Advertisement touching an Holy Wario*)。(本篇中译本收录在李春长译《论古人的智慧》中。——译者注)

7. 培根:《论大不列颠的真正伟大之处》。

8. 培根:《培根论说文集》:6."论作伪与掩饰",10."论爱情",11."论高位",13."论善与性善",14."论贵族",16."论无神论",17."论迷信",19."论王权",41."论放债",51."论党派",55."论尊荣与名声",58."论变易兴亡"。

9. 培根:《论学术的进展》,载《培根选集》(*Selected writings*),纽约,1955 年版,第 2 卷,第 345 ~ 378 页,论"民用知识"的章节。(中译本:《学术的进展》,刘运同译,上海人民出版社 2007 年版。——译者注)

雨果·格劳秀斯

(1583—1645)

理查德·H. 考克斯

雨果·格劳秀斯是荷兰人,一个真正天资独厚的奇才和实干家。他做过外交官、律师、行政官员、学者以及教师;但他本质上是一个法学家。他认为自己的巨著《战争与和平法》(1625)是法律论著而不是政治学论著;他明确地把自己想成为法理学家的意愿与亚里士多德在《政治学》中作为政治学家的意图区别开来。[1]

然而,格劳秀斯的著作并不单纯论述实在法,也不仅限于论述战争与和平的法则,即我们现在所知道的国际法。尽管他的书叫《战争与和平法》,但正如其副标题所显示的,它是有关"自然法和国际公法"、有关"公法"的主要论点的一般性

---

〔1〕 雨果·格劳秀斯:《战争与和平法》(*The Law of War and Peace*),绪论,57;Ⅱ.ⅸ.8。

论著。尽管他确实把目光倾注于战争与和平法则上,但他不断把法学的特殊部门放入对法律和政府的一般法理学分析的框架之中。

格劳秀斯的论著在政治学说史上占据重要地位。因为,首先,它是从法律而非从哲学和神学角度研究政治学的杰出典范;其次,它是16~18世纪西欧法学家和神学家撰写的有关自然公法浩如烟海的论著中的优秀代表(这类重要著作的其他例证还有西班牙苏亚雷斯于1612年写成的《论法律和作为立法者的上帝》、德国法学家撒母耳·普芬道夫于1672年著的《论自然法和国际法》、瑞士外交官瓦泰勒于1758年写的《万国公法》),格劳秀斯、普芬道夫、瓦泰尔等都被包括美国的开国元勋在内的政治家和律师奉为权威,从这一点就可以衡量出这些著作的实际重要意义。

人的本质和人的权利

格劳秀斯论著的核心思想是:人生来就是一个理性的社会性动物,该书开头就重申了古典约定主义与古典自然权力论之间长达几个世纪的纷争。格劳秀斯从雅典学园后期的领导人卡涅阿德那里寻求约定主义的观点,卡涅阿德认为,人把法律强加于自身只是为了一种便利和自我保护;这种法律必然因地而易;严格来说自然法根本不存在,因为所有人都被自然欲求所驱使,最终只朝向有利于他自己的目的,而其结果,就是不存在对人类而言天然的公正。伊壁鸠鲁主义者也欣然接受上述这种观点,格劳秀斯则用一种本质上是斯多葛主义的学说与上述学说形成对照。也就是说,他首先接受了下述命题——人之初只是受自我保存的自然欲求而不是快乐或痛苦驱使,但却否认这种欲求组成了人的最终禀性。

事实上,格劳秀斯认为人的保持自身自然存在的原始欲求实际上是本能的不自觉的,借此去充分实现自我的天性,即作为一个理性存在物而成长和发展。理性的禀赋规定了人,因为它最终使人区别于其他动物,因而比其他原始的自然欲求更卓越也更自然。撇开自我利益和便利的考虑,正是理性能力洞察到公正是一种独立自主的美德,是一种善。因而人很自然地要去寻求建立与他人联系的社会,自然而然地具有了语言和理性,自然而然地倾向于举止适度得当,尽管确实有不少人在实际生活中常常违背了自己的真实本性。[1]

格劳秀斯正是以这个有关人是理性和社会性动物的核心概念来理解和认识权利与政治社会的。权利(*jus*)的最初含义是公正的东西。格劳秀斯认为,如此理解的权利有一种消极而非积极的含义,也就是说,它不是非公正的东西。不公正的东西是任何与被赋予了理性的人所组成的社会的本质相矛盾的东西。格劳秀斯用西塞罗及塞涅卡的观点来支持他的论述,对他来说,只有当人的行为符合其对社会的自然趋向和愿望时,这种行为才是公正的。举例来说,鉴于偷窃属于别人的东西是对所有信誉的践踏,因而危害了社会,所以偷窃是与人所隶属的自然秩序相悖逆的。

权利的第二个含义是人的一种特性,通常指拥有某物或做某事的正当权利。权利的种类有自主权或对自己的权力,主人对奴隶的权力、父对子的权力以及财产权。在每种情况下,权利实际上是客观存在的法律,这些法律限定了相关权力应如何行使;在某些情况下,自然法本身就载明了权利。例如,如果一个人为了追回自己的财产,不得已杀死了携财而逃的抢劫犯,那么在这种情况下,自然法是允许他这样做的。但必须注意的是,格劳秀斯赋予与抽

---

[1] 《战争与和平法》,绪论,3~10、16~30;Ⅰ.ⅱ.50。

象的“人”(*persona*)相关的权利的第二个意义,使一些他同时代的法学家认为,他已明显偏离了传统或者说罗马意义上的“权利”(*jus*)。近些年,有人认为,格劳秀斯关于权利的第二个定义是严格意义上近代主观“权利”思想的前身,这种主观“权利”观念认为,撇开人的某种客观属性,如统治者、父亲或土地所有者不言,人仅仅作为一个纯粹的人,就拥有天生的“权利”。尽管如此,却也只能说格劳秀斯仅是在朝向主观权利的完整思想的道路上迈进了一小步;对主观权利思想以及对我们近代所说的个人主义的哲学阐述,始于托马斯·霍布斯,他的第一部著作《论公民》比格劳秀斯的著作晚出版了近20年。

权利的第三个含义是法律,也就是行动的准则。它规定了什么是正确可行的,以及什么行为会招来某种制裁。

法及其种类

定义了权利的三种含义之后,格劳秀斯紧接着把法律意义上的权利分成两种:自然的和意志的。第一种即自然法(*jus naturale*),与人的本质属性相关联被定义为“正确理性的律令,该律令指出,依据符合不符合理性,行为本身具有这样的属性:要么在道德上是卑劣的,要么是道德所必不可少的;结果,这种行为要么被自然之创造者——上帝——所禁止,要么就是他所赞赏的”。[1] 但为了避免人们因为后面这句话而认为,自然法本身仅仅依赖于上帝的意志,格劳秀斯在序言中阐明:即使没有上帝,或者

---

〔1〕《战争与和平法》,i. 10。

说即使人类事务与他没有关联，自然法也是行之有效的。这一论述——请注意，格劳秀斯马上把它看作贬渎神祇的——向我们昭示了：格劳秀斯可以设想自然法的世俗化，而这并不必然有损其作为一个针对理性动物的理性法则的本质上的有效性。但即使是这一谨慎的论述，由于它暗示了自然法独立于神启的以及自然的神学的可能性，很多格劳秀斯同时代的人认为这标志着对中世纪和古典学说的极大突破。这里我们主要关心的一点是，格劳秀斯提出有可能使自然法世俗化但仍对人有完全约束力，这在17世纪初叶是非常有争议的，尽管这种情况并非罕见。对大多数法学家和神学家来说，人和政治秩序依赖于神的秩序的学说仍然是自然法的精髓。

格劳秀斯为自然法的存在提供了两个证明。第一个证明是先天的，即一个行为或一件事与人的理性和社会性必然协调一致。这一证明，尽管十分困难，却是了解人出于人性的所作所为的基础，因为这一证明是按关于那种天性的严格推理进行的。第二个证明是后天的，即它为所有国家都认可的，或至少是被所有文明国家的学者所认可的，具有普遍约束力的东西提供证据。在进一步阐释这个证明的一般脉络时，格劳秀斯引用了西塞罗的观点，大意是："所有国家在一件事上的协约应当看成是自然法"。他还引用了亚里士多德的话，大意是"为了发现自然的东西，我们必须在那些就其本性而言处于良好状态的事物中寻找，而不应从腐化的事物中寻找"。[1] 而且，在进一步阐述为自然法的特定原理提供证明的后天的脉络时，格劳秀斯引用了很多源自古代神学家、历史学家、诗人和修辞学家们的著作，以及《圣经》中的实例和论据。在此

---

〔1〕《战争与和平法》，i.12。

过程中,他把自己的论据建立于"万民同意"之上,因为正如他所论述的,如果众多博学之士和仁人智士认定同一原则是正确的和确定的,而且他们正好代表不同的民族如犹太、希腊、罗马等,那么这一原则必定是"普遍原因"作用的结果。这种原因要么是由那些学者从自然本身得出的正确结论,要么就是文明的人类的一致同意。不管是上述两种情况中的哪一种,这些证据都肯定了在人、法律和政治社会的本性中原则上存在可以通过先天证明发现的东西。

法律的第二种类型是意志决断的,分为人法和神法。人的意志法又分三种,第一种是不直接依赖市民权力的法;它没有国内法或市民法综合全面,由父亲、主人的命令以及所有类似的命令组成。第二种是国内法或民法(*jus civibe*),基于政权而存在,因而在一个特定的政治社会里调整着人与物的诸多关系。第三种是国际法(*jus gentium*),从所有或许多国家的意志中获取约束力。国际法区别于自然法,不是由于主题不同,而是由于国际法是可更变的;而自然法则不然,因为它建立在意志之上,而不简单地建立于人的理性可以洞察的、与人的理性和社会性协调一致的基础上。可举出一例帮助我们更好地理解这些区别及其重要性——行为的责任问题。格劳秀斯指出,按照严格的自然法来说,除非在某些有限情况下,如从他人处继承了遗产,那么没有人该对他人的行为负责。然而,国际法——由所有或许多国家的意志产生的法——已修正了这个严格的原理,以便一个政治社会中的所有臣民对最高统治者的债务负有责任,他们要把财产奉献出来偿还上述债务从而完成统治者的义务。格劳秀斯的理由是,如果不做这种妥协,那么,由于统治者只对自己的行为负责,既然他们实际上已被豁免用自己的财产进行偿付,就会被纵容肆无忌惮地行动。而相对的另一方,那些统治者的债权人会被不公正地剥夺获得补偿的机会——

除非向统治者的臣民的财产提出要求。

最高政治权力

相较他对法律的本质及种类十分精心而详细的分析和定义而言,格劳秀斯对更特殊的政治现象,如政治社会的本质和起源以及政治权力的本质和行使的论述是十分概略的,在极大程度上依赖于哲学家、历史学家、法学家等的权威见解。当他定义国内法(*jus civile*)时,他指出它基于政权(*potestas civilis*)而存在,政权是统治社会秩序或国家(*civitas*)的权力。社会秩序是“一个完整的联合体(*civitas coetus perfectus*),人们组织起来从而共享权利以及公共利益”。[1] 之后,当他对政权作进一步论述时,一旦关系到社会秩序或状态的含义和目标时,他就只满足于向读者提出他的下述见解,即社会秩序是一个“完美的联合体”(*perfectus coetus*)。[2] 但是,他实际上对其确切含义及为何如是没有提供独立的论证。原因可能是,首先,作为一个法理学家,较这些问题而言,他更关心的是法律的特征,尤其是它与政权作用的关系等诸问题。其次,他完全采纳了两个普遍的古典思想:第一,只有在社会秩序中人才有可能充分实现其理性和社会性的天性;第二,对社会的躯体进行统治是必要和自然的,就像理性对人体的支配是必要和自然的一样。

后面一个思想在他论述政权及其组成部分时展现得非常鲜明:他基本上依靠了亚里士多德在《政治学》和《伦理学》中提供的概念和特征。所以他认为政权有三方面或者说三个分支。第一个

〔1〕《战争与和平法》,ⅰ.14。
〔2〕《战争与和平法》,ⅲ.7。

分支与法律——无论是世俗的还是宗教的——的一般构架有关。因为它包含政权的主干及指导性部分,[1]所以称为“指导性的”分支。第二个分支与社会的特殊公共利益相关联。这种利益造就了战争、和平和条约,造成了税收以及对公民私人财产的支配权的行使。格劳秀斯指出,亚里士多德把这一分支称为“政治的”分支。更确切地说,它是深入论及具体政策和具体法令形成的分支。政权的第三个分支与公民的个人利益和他们中可能爆发的争端相联系,相对于制定一般法律或讨论相关的特殊公共政策,其作用是通过公共权力裁定个人利益之间的冲突矛盾,因而它被称为“司法的”分支。

格劳秀斯关于最高权力(*summa potestas*)的本质及其在社会秩序中的地位的思想,也使他与古典传统有了一定联系,并把他从“主权”的现代思想中区隔出来,后者在霍布斯等人的作品中出现。尽管最高权力最初被定义为这样一种权力,它的作用不受其他法律支配,因而不会因为他人意志的影响而被架空。但下述情况也是事实:每一个政治社会,其最高权力确实服从于由自然法和国际法设置的限制。正如格劳秀斯所描述的,国内法之母是源于同意的责任。但由于源自同意的责任从自然法中汲取力量,更为重要的是,自然法决定了人生活在公民社会里,并接受正义原则指导,因而可以认为自然本身是国内法的“曾祖母”。他还指出,那些提出论据说明适用于个人的正义标准不适用于一个国家和统治者的观点是错误的。这样的观点只是一个错误的法学理论的个别应用而已,它没有认识到法律并不是纯粹地建立于便利之上,而是建立于自然正义之上。[2]

---

〔1〕 参考亚里士多德:《伦理学》,Ⅵ. viii。此处为格劳秀斯所引用。

〔2〕 《战争与和平法》,绪论,15～23。

尽管确实在大多数国家,在判定最高权力的组成是否恰当时,都把被统治者的利益放在首位考虑,但这并不意味着最高权力最终掌握在被统治者手中,或者说在统治者和被统治者之间存在相互依存关系。恰恰相反,举例来说,在君主制中,最高权力的占有在本质上意味着对发挥统治功能所必需的权利和权力的占有。当然很有可能出现君主错解这些权利并滥用这些权力。但格劳秀斯强烈反对由此得出结论说,民众因而有权利夺取最高权力或废黜统治者。所以严格来讲,革命的普遍权利并不存在,公民社会的目标是获得公共安宁。这个目标,甚至必然凌驾于用于保护自我免受统治者权力滥用危害的权利之上。因此,最高权力的刚愎自用通常被容忍,但是如有可能,一个人不该做出违反自然法则的事情来,即使统治者已下达了命令。西塞罗说:“对我而言,公民之间任何意义上的和平都胜过内战。”[1]这里当格劳秀斯引用西塞罗的话的时候,很有代表性地转向了古代的权威观点。

格劳秀斯坚持不懈地试图找出最高权力本身的特征及其与绝对占有之间的区别。在某些情况下,尤其在绝对承袭的君主制情况下,最高权力被完全垄断。这意味着其中的被统治者被君主移交给另一个君主时,这种移交严格讲不是个体的转移而是统治他们整体的永久权力的转移。但在其他情形下——事实上这可能是大多数情况——最高权力并不是被绝对掌握着,拥有由人民意愿赋予的最高权力的国王就是一例。然而,甚至在这种情况下,最高权力一旦被授予,其实际行使也是完全的。

最高权力原则上是一个统一体,或者说是不可分割的,由上面列举的组成政权的三个部分组成。但实际中,历史上最高权力分

---

〔1〕《战争与和平法》, I . iv. 19。

割的事例不胜枚举。著名的事例是教皇统治下的罗马,一个皇帝掌管东方,另一个掌管西方。甚至有三个皇帝统治整个帝国的三个区域。另一种不同类型的权力划分是,当民众选择帝王时,自己保留某些权力而把其他权力完全授予君王。因而在罗马普罗布斯时代,元老院确认由皇帝所制定的法律、受理诉讼案、任命地方官,向执政官委派军事官员。第三种类型的权力划分出自柏拉图《法律篇》中的阐述,在那儿,由于赫拉克利兹建立了阿尔戈斯、麦西尼及斯巴达,这些国家的君主必须在此前已经设立的法律条款下进行统治。

归根结底,格劳秀斯总体上沿循了亚里士多德的观点,即社会秩序或状态随最高权力形式的变更而改变,如从贵族制变成民主制或从民主制变成君主制;但在为最高权力下定义时,他把这种"政治性的"问题与法律和政府如何相互联系的这一法律问题区别开来。

战争的正义性

我们现在需要大略看一下他在上文提出的一般原则如何适用于战争的正义性问题,这是他的国际法学说的主要论题。

关键问题在于战争有无可能确实是正义的。对此,格劳秀斯的回答是肯定的。他从人和社会的本性的一般原则出发,从历史中,不管是宗教的还是世俗的,从万民法以及神的意志法(《圣经》)中引经据典,竭尽全力佐证这些原则。他论点的要旨是,不是所有权力的行使都被自然法和意志法所禁止,自然法和意志法只禁止行使那些与社会的原则相矛盾的权力,即那些企图剥夺他人权利和财产的权力。因而只为了达到或重建人类的自然目标——和平或平静安宁的社会生活条件,而不是为了个人或集团的自我扩张,为此发动的战争就是正义的。但这种相对于非正义战争的正义的范围过于宽泛而不能有效地作为指导。格劳秀斯因而详尽地提出了正义和非正义战争的各种类型。

正义战争分为两大类:其一,为了自我防御和财产保护发动的战争;其二,为了反击他人施加的伤害和施行罪有应得的惩罚而发动的战争。论述第一类要求格劳秀斯对财产的种类及根源进行极为复杂的阐述,因为只有清楚什么该归属谁,才能判定战争正义与否;论述第二类需要陈述公约、合同和约定的实质,因为只有知道谁应该得到什么,才能判定与这些问题相关的战争的正义性。

作为格劳秀斯正义战争学说的一个说明,钻研一下他是如何把自然法应用于一些实例——如某个统治者没有直接受害于另一统治者的夺权——的情形,是有指导意义的。他认为,主要的原则是统治者可以自由地通过惩治那些"严重违反自然法则"的人服务于人类社会的利益,即使施加惩罚的人没有受到直接伤害。这一统治本质上是他从下面一点中得出的,即拥有统治权的人不受其他合法权力支配,却理应遵守并且在任何可能情况下去执行自然法则。接着他引用塞涅卡的话,"如果一个人虽不反对我们的国家,然而却完全以自己为重心,尽管脱离于大众他会感到痛苦,这样卑劣的人格也使他与我们格格不入"。他又引用亚里士多德的权威见解,即反对真正野蛮的人的战争是自然所允许的。也就是说"文明化的战争"在极端情况下是正义的。在引用这个观点时,格劳秀斯鲜明地表示不赞同十六七世纪的学者如弗朗西斯·维多利亚的观点,他们认为,无论谁施加了惩罚,要么是他自己或国家遭到了伤害,要么就是对被攻击的他人拥有管辖权。[1] 根本区别

〔1〕《战争与和平法》,Ⅱ.ⅩⅩ.40。

在于格劳秀斯的惩罚权不仅仅来自国家管辖权,而且还派生于自然法则本身,这使格劳秀斯同古典学者的联系比与现代学者(如霍布斯)或神学家(如维多利亚)的联系更多一些。

正如我们注意到的,格劳秀斯的著作比托马斯 · 霍布斯的《论公民》(1642)早不到 20 年。但尽管时间相距甚近,表面看也有一致之处,如"自然法"概念的共同使用,但是事实上,格劳秀斯仍然主要沿循承袭古代经典,而霍布斯却已开始重构。主要分歧在于对这个问题的回答——人是否天生是一个理性的、社会性的动物。随着向霍布斯的转向,我们就转向了破除传统、反对崇拜偶像者,他们阐述了关于人和自然法的近代观点的实质。

阅读书目

雨果 · 格劳秀斯:《战争与和平法》的最好文本是格劳秀斯著作的翻译版,收在定名为《经典国际法》系列中,由卡内基国际和平基金会捐助;由弗朗西斯 · W. 凯尔西翻译,1925 年剑桥克拉伦登出版社出版。(中译本:《战争与和平法》,何勤华等译,上海人民出版社 2005 年版。——译者注)

托马斯·霍布斯

(1588—1679)

劳伦斯·伯恩斯

霍布斯在《法律的要素》(1640)、《论公民》(1642)以及《利维坦》(1651)这三本书中系统地阐述了自己的政治哲学思想。各书之间显而易见的差别关系到此后著作中神学理论的发展和阐释。

可以认为,霍布斯的目的有两点:(1)第一次把道德及政治哲学置于科学基础上;(2)致力于公民之间的和平、和睦友爱的建立,并促使人类完成公民责任。这两个目的,无论是理论上的,还是实际上的,在霍布斯的思想中是紧密相关的。第二个目的,即有关公民的或教化的意向,使霍布斯与同苏格拉底、柏拉图、亚里士多德、普鲁塔克以及西塞罗联系在一起的政治哲学传统有了一定关联。霍布斯认为,整个政治哲学传统,无论是在探求真理中,还是在引导人们走向和平方面都是失败的。马基雅维利以及其后的培根,为霍布斯大胆突破传统做了决定性的准备。马基雅维利认为古典学说的失败是由于把目标定得太高。因为他们把自己的政治学说建立在人类的最终抱负,即享受品德高尚的生活以及建立一个致力于品德完善的社会的基础上,因而陷入困境之中。正像培根所言,他们"为空想的国家制定了空想的法律"。马基雅维利的"现实主义"表现在把政治生活的标准自觉地降低,不是把人类的完善,而是把大多数人和多数社会在大多数时间里所实际追求的目标作为政治生活的目标。按照人的较低的却更强大的动机制定的政治规划比古典学说中的乌托邦更有实现的可能。但是,有别于马基雅维利的是,霍布斯描绘了一个道德及自然法的准则。自然法作为一个道德上有约束力的法则,决定了公民社会的目标。但他追随了马基雅维利的"现实主义",把他的自然法学说从人的完善的观念中分离出来。[1] 他试图从众多时代多数人中最强有力的东西——感情而不是理性——中推演出自然法。他认为自己发现了人类行为的真正根源,认识了人的本性;他认为自己的论述方法是科学的,因而他自认在别人失败之处是成功的,自己是第一个真正的政治哲学家。依据这些信念,他提议他的书应作为权威之作安置在大学中。他旗帜鲜明地反对亚里士多德的学说,认为:"尽管亚氏的观点目前在这些地方比任何其他人类著作更有权威性",但是实际上它既具破坏性,又是虚伪的。[2]

---

〔1〕 托马斯·霍布斯:《利维坦》(*Leviathian*),纽约,1950年版,第11章,第79页。

〔2〕 参看《利维坦》第31章结尾,以及《法的要素》(*The Elements of Law*),弗迪南德·托尼斯编,剑桥,1928年版,1.17.1。

自然状态和自然法

对霍布斯而言，一切科学知识都可归结为数学或几何知识。因而，他指出，几何学是唯一具有无可争辩的结论的科学。有时霍布斯用“几何学”一词言及所有的数学学科，即关于运动和力的数学物理科学，以及关于几何图形的哲学。哲学或科学，以下面两种方式之一向前发展着：(1)用“综合”的方法，即通过从所有事物最初的始发性的原因“综合地”推理得出显明的结果；(2)用“分解”的方法，即通过从明显的结果或事实推理得出产生的可能原因。万物本原被霍布斯定义为物体(物质)以及运动(位置的改变)。“宇宙的各个部分都是物体，非物体的东西不是宇宙的部分，因为宇宙是全部，非在其中的部分是虚无……”按照综合或几何的处置方式，人们以一般物理学定律为起点，从中推演出情感——它是个体行为的原因，再从情感中推演出社会和政治生活的准则。但正是通过分析方法，即对感性经验进行分析，人们获取了本原本身的充分规定。

这种分析方法对于政治哲学尤为重要，因为霍布斯希望他详尽说明的道德和公民科学不仅能使自然哲学家信服，而且也能让那些“确实有足够理性企图控制其个人家庭”的人心悦诚服。这种期望是合理的，因为他的分析所基于的事实通过经验可以被所有正常的人所了解。霍布斯恳请他的读者通过体察自身并考察他所说的人类感情、思想以及自然倾向是否也适用于自身，从而检验他所论述的真理；然后通过学着“阅读”和了解自我，通过感情和处境的类比，就能推测所有其他人的感情和思想。尽管他的科学方法观影响着他对人类经验的系统阐述、描述和分析,但他指出,为了确定他的政治哲学的真实性和重要性,我们应注意的不应是他的科学观,而应是他对日常的前科学经验的理解。他提出,可以独立于他的物理学考察和理解他对基本人类经验所作的恰当而正确的判定。[1]

霍布斯认为,人类行为应主要从机械论的情感心理学方面去理解认识,[2]也就是说,人身上的这些力量从后面推动着他;而不该从人类目标或霍布斯所说的情感的对象这些可以从前面诱惑吸引着人的那些东西去理解。霍布斯指出,感情的对象随着每个人的性格及教育不同而变化,并且太容易掩饰。而且,善与恶,这些人们用以概括自己的喜好和厌恶的字词,如何使用与使用者密切相关,“没有如此简单而又绝对的东西,也没有一般的共同的善恶标准,能从对象本身的本质中抽象出来……”当人们说什么是善时,他真正指的是其愉悦了他们。然而当情感起作用时,人确实是被想象以及善恶观所引导;但是思想并不能左右感情,而是恰恰相反,“因为思想对于欲望来说,就像侦察兵和间谍一样,到处窥探,以发现通向所欲事物的道路”。[3]

霍布斯赞同萌发于苏格拉底并包括托马斯·阿奎那在内的传统见解,即道德和政治生活的目标和特性应当参照自然,尤其是人的天性来决定。然而他确定自然为政治设立标准的方式与传统方式截然不同——通过建立一个“自然状态”的理论。霍布斯认为,

---

[1] “霍布斯的形而上学体系”(*The Metaphysical System of Hobbes*),玛丽·W. 卡尔金斯选编(芝加哥,1948 年版),《论物体》(*Concerning Body*),第 1、2 章,特别是第 6 章第 7 节;《利维坦》,第 34 章,第 339 ~ 341 页;第 46 章,导论,第 4 ~ 5 页;评论与结论,第 627 页。霍布斯将自己的唯物主义视为真实的(形而上学的),还是方法论意义上一个为科学性所要求的预设,这是很难确定的。

[2] 《利维坦》,第 6 章,参考《要素》1. 7. 1—1. 10. 11。

[3] 《利维坦》,第 6 章,第 41 页;第 8 章,第 59 页。

从人的情感中推演出来的自然状态理论是解决古老的心理学问题——一个对政治哲学有决定意义的问题——的方法，这个问题即人是不是天生就具有社会性和政治性？霍布斯否认人本质上是社会性和政治性的。[1] 其理由在自然状态理论中表现得很明晰：在前政治的条件下，人生活在没有政府统治，或没有凌驾于其上的公共权力使他们处于担惊受怕的状态下。

如果人不是天生社会性和政治性的，那么所有公民社会必定从社会和政治出现前的自然状态中产生。也就是说，自然状态必定存在于现时生活于市民社会中的所有人的祖先之中。霍布斯不相信曾普遍有这样一种状态。但他说“当时”在美洲很多地方，内战期间，以及独立主权国家之间确实存在这种状态。但对霍布斯而言，历史问题并不十分重要。自然状态是从人的情感中推演出来的，是为了揭示和阐明为了形成正确的政治秩序我们必须了解的人的自然倾向，它主要用来确定人形成政治社会的原因、目的、目标。认知了这些目标之后，政治问题就变成了如何为了最有效地实现这些目标而把人和社会组织起来。

如果没有公民社会，人的情况会是怎样的？人与人之间的关系又会如何？霍布斯认为，首先人在身体和精神方面比迄今所了解的更加平等，最重要的平等是所有人有平等的能力相互毁灭。这种能力之所以重要是因为人最关注的是自我保存。反之，自我保存之所以最重要是因为恐惧——对暴死的恐惧——是最强烈的情感。能力平等导致欲求平等，导致所有有同样欲求的人之间的竞争。猜疑加强了这种天然的敌对，没有政府管辖的人，总是相互

---

[1] 《论公民》（*The Citizen*），见《托马斯·霍布斯的英文著作集》（*The English Works of Thomas Hobbes*），莫尔斯沃思（1839～1845）编，第 2 卷，第 1 章，第 2 节，特别是脚注部分。

猜疑,担心别人会剥夺所有其他人所拥有的一切(包括生命),因而每个人都想征服压制别人直到威胁自己安全的力量不复存在。霍布斯指出,与“旧道德说教者的著作”所论相反的是,幸福或快乐在于不断地从对一个对象的欲求进展到对另一对象的欲求。既然如此,人不断寻求的就是确保通向他们未来愿求的道路畅通无阻。人寻求的不仅是索取,而且还要保障拥有一个自己满意的生活。霍布斯说:“因而,我首先作为全人类共有的普遍倾向提出来的便是,永无止境的至死方休的权力欲。”[1]

公民生活的问题由于我们天性中存在荣誉感、骄傲或者说虚荣感而变得更为复杂。所有非肉体或非感官的愉悦,霍布斯都称为精神的愉悦。所有精神的愉悦直接或间接地源于荣誉感,荣誉感基于一个人获得别人的或自己拥有的,对自己及自己的良好评价。评价总是相比较别人而言的。每个人都希望别人珍视自己,如同自己珍视自己一样,因而,面对藐视和轻视的表示,他随时都准备铲除蔑视自己的人。甚至当人们聚会娱乐时,也会通过那些笑料寻求这种荣誉。霍布斯认为,笑是由猝然而起的荣誉感引起的,被自己某些灵光一现的举动所愉悦,“或是会意了别人身上某些畸形的东西,通过比较,为自己击掌喝彩”。人的荣誉感和高贵感并没有缓解这一残酷的画面。霍布斯认为,恰当地理解荣誉和耻辱,就会看到,它们与公正或非公正没有任何联系。荣誉正是对某人的权力或优势,尤其是对他可能用以帮助或伤害我们的权力的认同。霍布斯甚至把尊重定义为我们对另一个人的这样的一种信念——他具有为我们自身谋利或伤害我们的权力,但并没有伤害我们的愿望,这种感情的重点不是敬仰和爱戴,而是恐惧。

---

[1] 《利维坦》,第11章,第79~80页。

竞争、猜疑以及荣誉,这三大自然原因引起人们之间的纷争,使自然状态真正成了战争状态。“这种战争,是一切人反对一切人的战争。”在这种状态中:

> 除了凭借自己力量和发明所提供的,人在没有其他保障的情况下生活着。在这种状态下无从发展实业,因为由此获得的成果是不可靠的:因而没有土地的耕作,没有航运,也没有通过海运进口的商品;没有宽敞的楼群;没有移动和搬运沉重物品的工具;没有有关地球表面的认识;没有时间观念;没有艺术;没有文学;没有社会;更糟糕的是,充满了持续不断的恐惧和暴死的危险;人活得孤独无依,贫困潦倒,污秽不堪,野蛮不化,并且短寿。[1]

而且,在自然状态下没有对公正的诉求,没有什么东西是不公正的,因为公正和不公正只有依据某种先在的法律才能得以呈现,而公民社会之外是不存在法律的。简言之,人天生不是社会性的;相反,自然使人们相互分离。因而,公民社会的状态根本上是约定俗成的。这并不意味着人身上不存在驱使他们朝向公民生活的自然冲动和力量,而是意味着反社会的力量同促进公民生活的力量是一样自然的,当未被法律或约定所调和时,它甚至比后者的力量更强劲有力。自然不是充当人类谋取利益的直接指南,而是向人们昭示了应该避免什么。从自然状态中唯一可得到的补偿就是我们有可能摆脱自然状态。这样,我们就已经追随霍布斯进入了一种同征服自然的观念相适宜的氛围中。

---

〔1〕《利维坦》,第 13 章,第 103 ~ 104 页。

对死亡的恐惧、对舒适的渴望,以及对通过自己的劳作获得舒适的希望使人类向往和平。随着恐惧、愿望和希望等情感的理性,提出了人们在一起和平生活的法规。比较这些情感与造成人类敌对的三个自然原因,我们发现对死亡的恐惧以及对舒适的渴求既呈现在谋求和平的意愿之中,也出现在敌对情绪的起因之中,而虚荣或对名利的追逐则排除在前者之外。[1] 理性的任务就成了寻找到一种办法以调整和加剧对死亡的恐惧和对舒适的渴求,从而超越并进而消除追逐荣誉所带来的破坏性效果。通过机械地理解人类的本性,我们就有能力(正如霍布斯所期望的)操纵并最终征服它。他称这些理性法则为自然法、道德法,有时也称为理性命令。在使用这些词时他承认自己屈从于传统用法,对他而言法仅仅是助成自我保存的决定或原理。确切地说,只有国家最高统治者的命令才是法律,但这些法则就其由上帝在《圣经》中的规定而言,也可能被称为法律。

所有自然法以及所有社会和政治的责任及义务都源于并服从于自然权利或个人自我保存的权利。现代自由主义者也认为所有社会和政治责任都源于并服务于个人权利,就此而言,可以认为霍布斯是现代自由主义的奠基人。可以预料,为个人权利服务的社会的、道德的以及政治的法规和制度比柏拉图和亚里士多德的乌托邦蓝图更行之有效,因为个人权利本身来自最强有力的自私的人类情感和欲求,即追求舒适生活的欲求,以及对暴死的恐惧(因为这是对最糟糕之事的恐惧,这种恐惧也最为强烈),它构成了自我保存的权利的基础。因为权利由情感作后盾,所以在某种意义上说,它可以自我巩固加强。因为道德自律和藐视自私的传统学

---

〔1〕《利维坦》,第13章。

说的基础已经动摇,所以人类通向使自我利益合法化或得以确认的新道路已经打开。

自然权利是人们为保存自己生命而采取或不采取任何行动的无可指责的自由。[1] 达到一个目的的权利也意味着为此而采取某种手段的权利。因为人在智力和智能方面有差异,某些人对保存自我的要求认识得比别人更深,但霍布斯认为这种智力差别不起决定性作用。他认为,不管智力如何,没有人真正对别人的自我保存有足够的兴趣,因而在自然状态下,每个人必然是判断何为自我保存之必要措施的唯一裁决者,每个人有自然的权利裁定为自我保存采取什么有利措施。在自然状态的普遍敌对中,不在人本身能力控制下的一切都被看成是对其存在的威胁,所以一切都可以被视为保存自我的手段。因而,在这种“每个人对一切都有权利”的状态下,没有人是安全的。不同于自然权利的自然法是理性的箴言,它通过指导人应该做什么从而使人避开危及自我保存的危险,这些危险是自然权利和非理性欲求同等作用的结果。

为了确保自我保存,首要的和基本的自然法要求人们寻求和平,与那些破坏这种和平的人斗争到底。所有其他的道德法、自然法都旨在建立和平的环境。来自基本法的第一个自然法是:每个人都应当自觉自愿地放弃为所欲为的权利,只要别人也愿意放弃这种权利;应当满足于拥有和别人一样多的自由。这种权利的相互放弃由所谓的社会契约完成。公民社会由社会契约组成,其间每个人都受契约限制,与其他人达成协议,不违抗被公认为最高统治者的那个人或委员会的命令。每个人都着眼于有利于自己,尤其是有利于安全和自我保存的方面而缔约,因而不能假定任何人

[1] 《法律的要素》,1.14.6。

会放弃那些由于它的放弃从而使所有契约目的落空的权利。举例来说,可以认为没有人会放弃抵制别人妄图剥夺自己生命的行为的权利。

当人通过缔约放弃某项权利时,就理应不去阻止那些他赋予权利的人从中获取利益。换言之,根据第二条自然法,人应当履行合同。如果这条原则没有保障,社会本身就将分崩瓦解。霍布斯认为,忠于契约的原则是所有公正和不公正的基础,因为没有契约,就没有权利的放弃或移交,每个人就有对一切的权利。因而不公正或伤害不过是不履行合同、行使他已经依法放弃的权利。所有真正的立法就成了一种自我立法,伤害他人就像是自我矛盾一样,甘愿去做自己决意不去实施的行为。[1] 所有对他人的责任和义务源生于契约,但是一方或双方允诺将来实施的合同,取决于信誉。如果双方有理由担忧其中一方不履行合同的话,就不会有信誉和有效的合同。所以,在自然状态下,不存在信誉。因而在正确运用公正或不公正这些词之前,就必须有某种强制的力量——最高权威强迫所有缔约者平等地履行契约。最高统治必须保证惩罚带来的恐惧比希望从破坏合同中渔利的诱惑力要强大得多。没有任何道德力量可借助从而建立起相互信任的环境,恐惧再一次成为可依靠的情感。霍布斯认为,明智的自我利益的得失衡量是使一个人做到公正的充分条件。在强制下活动并没有减损一个人的公正性,因为自我利益是道德的唯一基础。这种推理的一个结论是正义战争的传统观念的扩展。霍布斯同培根一样,认为使战争具有正义性不必以弥补以前的伤害的愿望为借口,主观标准——对邻国强盛的恐惧——就足矣。

---

〔1〕《法律的要素》,1.16.2;《论公民》,第3章,第3节。

霍布斯把矛头直接指向亚里士多德,反对他的分配的公正观——认为某些人生来就是统治命令别人的而其他人更适于服从,霍布斯认为,这是亚里士多德的政治学的基础。亚里士多德的观点是错误的,因为在自然状态下所有人是平等的,现在人类中出现的不平等是由民法导致的。这种观点也是危险的,因为它孕育了骄傲自大。恰当理解的分配正义在于裁决者的公正,不在于依照每个人的美德与恶行成比例地进行分配,而是应公平地对待所有人。因而霍布斯指出,如果自然使人人平等,那么平等就应当得到承认。即使自然并没有使人人平等,人们也会时时认为所有人都是平等的,因而只能在平等的条件下才能进入和平的环境。所以,为了和平,这样的平等即使不存在,也应当得到承认。因此,所有人都应当承认人人天生平等这一自然法。人之间的天然差异因而要么不存在,要么在政治上不相关。霍布斯对自然法进行探讨的一个主导目的是使人们增进友谊、和平共处,从而尽可能地减小甚至结束由于骄傲自大、不公正以及过分的自爱而产生于人与人之间的摩擦、憎恶以及敌视。自然法中有仲裁争议的法规以及公平不倚地分配有争议的财产的法规,禁止忘恩负义,甚至对罪犯的审判也不允许带有仇恨、藐视或不尊重的表示。为了防止有人认为并不是所有人都能够理解所有这些自然法,霍布斯强调指出,那些由于太疏忽或太忙碌而未学习那些法则的人也能通过这一原则——己所不欲,勿施于人[1]——而理解这些法则。道德法并不指向我们的天性的完善,亚里士多德对善恶的理解是错误的,因为他的观点仅仅为他的时代以及现今大多数没有学识的人所接受。

---

〔1〕《利维坦》,第 14 章,第 107 ~108 页;第 15 章,第 128、130 ~131 页;第 27 章,第 251 页;第 42 章,第 435 ~436 页;第 26 章,第 231 ~232 页。

霍布斯认为这些观点不可能十分准确。[1] 霍布斯说,美德如果指的不仅仅是一个人的权力,那么它也是一种行为习惯,令人做有利于自我保护以及其基本条件即和平的事。罪恶则正好相反。

社会契约和国家

自然法,也就是理性命令的本质缺憾在于其仅在道德心上对人有约束力,但人的行为和意志并非由道德心或理性所决定,而是由对惩戒的恐惧和对奖赏的希求所决定。在自然状态下,存在对不可见之力——上帝或神——的恐惧,但这种恐惧并没有足够强大的力量。[2] 霍布斯认为,需要建立一种环境,真正使遵守自然法的人有安全保障,否则遵守这些法则的人只能任凭那些不遵守的人摆布。简言之,就公民的或政治的统治来说,那种看得见、摸得着的权力是必要的。安全保障首先需要很多人的合作,组成一个足够强大的群体惩办破坏契约及侵犯他人权利的行为,同时抵御外敌的侵犯。公民社会的规模并没有特别的限定,它应当足够大从而可以阻止任何敌人,使之不敢冒险发动战争,因而取决于敌人的规模大小。这些必备条件以及人天性中反社会的因素表明,通过一致同意即很多意愿在一个问题、一个共同利益上达成协议而获得的统一,并不足以把人团结在一起。政治社会,也就是一个国家,需要一个真正的联合体,或者说一个联盟。

这个联盟,像公正和不公正一样,被霍布斯用法律上的术语加以规定。国家必须是由公民大众组成的一个法人,其中每个人与

---

〔1〕《法律的要素》,1. 17. 14 及 1. 13. 3。

〔2〕《利维坦》,第 14 章,第 117 页。

所有其他人缔约，把这个法人、公民或虚设的人的意志当作自己的意志。这个法人即最高统治者，就是“国家”。实际上，这意味着每个臣民都应当把最高统治权力的所有行为均当作自己的行为，把统治者的所有立法都看成是他自己的立法。事实上，最高统治权力，也就是体现并主宰所有人意志的权力，可以被赋予一个人或一个委员会。霍布斯首开先河把国家定义为“人”，他发现这样做十分必要，其原因在于：唯一合法的义务归根结底是自己给自己设定的义务，在自然状态下人类的自由必须以某种方式存活于他对政府的服从之中；“任何人身上都不存在不是他本身的某种行为产生的任何义务，因为所有人天生就等同自由。”[1]可通过最高统治者是一个“人”的法律虚拟实现这一点，这样，他的意志便代表了所有子民的意志，他的立法即是臣民自己的立法。通过这样一个联盟，每个臣民的能力和才干就能完全服务于维护和平和公共防御。

社会契约有这样两个部分：(1)未来国家的每一个成员与他人相互缔约，承认他们多数一致赞同的人或集团作为最高统治者。(2)投票选举决定谁或什么样的集团作为最高统治者。所有不是契约当事人的人仍然停留在战争状态，因而是其他人的敌人。

契约的有效性绝不受它是否在受威胁、害怕死亡或暴力的条件下缔结的影响。霍布斯指出，政治集团可以“自然而然地”建立起来，也可以通过制度建立起来。所有独断专制的政府都由第一种方式，即对最高统治者本身的恐惧产生，如当他是战争的征服者时；所有通过制度建立的政府都由个体间的相互惧怕而产生。恐惧在上述两种情况中都是动因。两种情况下体制的建立都是同样合法的：就权利而言，是通过征服建立，还是通过制度建立，没有什

〔1〕《利维坦》，第21章，第183页。

么区别。在通过征服而获取的最高权力中,战争正义与否并没有什么差别。因为没有人能真正把自己的权力和才干移交给别人,所以社会契约事实上约束所有人不要违背最高政治权力的意志。很显然,并非所有公民都明显地缔结这样的契约,但生活于一个国家之中,接受政府即最高统治者保护的所有人都被认为已经默许这一契约的成立。对霍布斯来说,很显然的一点是与理论问题上数学的精确相对应,政治生活中的精确是法律上的精确。正如争议在数学上被除掉一样,很显然他希望一直困扰政治世界和平的政治争端能从社会契约中统治者和臣民的权利和义务的精确推演中得到解决。

人们是为了获得安全才缔结契约的,只有当达到这一目标时,社会契约才有约束力。服从换来了保护。缔约人不可能完全避免别人的任何伤害,每个公民只要认识到,任何想伤害自己的人对来自统治者的惩戒的恐惧远远超过他从犯罪中所获得的好处就足够了。

统治者的第一个权利是惩戒权或者说捍卫治安的权利,这是从所有公民通过同意放弃抵抗的基本权利得来的。没有一个臣民能通过声称统治者违反了契约而从屈从统治者的地位中解脱出来,因为统治者没有与任何臣民缔约,臣民只在他们彼此之间缔结了契约。由于统治者没有与任何人缔约,只有他保留了自然状态中所有人都拥有的对一切事物的权利,因此他既不能伤害他人也不能做不公正的事情,因为不公正或伤害,从严格的或法律的意义上讲,不过是不履行契约,行使了他已缔约放弃的权利。而且,既然统治者代表了每个臣民的意志,任何指控统治者犯了伤害罪的人就等于指控了自己,而自己对自己实施不公正行为是不可能的。因此,最高统治者不可能被他的臣民以任何方式公正地惩戒。发动战争和造就和平的权利,包括征税权以及迫使公民为了自己的国防拿起武器的权利也属于最高统治者，因为这些权利必须掌握在能惩办那些不服从的人的同一掌权者手中。

基于同样的理由，立法权也必须操纵在统治者手中——人不会遵守那些不必惧怕的人的命令。军权、惩戒权以及立法权必须在同一人手中掌握。每个国家的民法不过是国家统治者的命令，它们规定一个人可以享有什么利益，比如界定私人财产的范围；规定一个人可以做什么而不受他人侵扰，即规定什么是善、恶、公正、不公正、诚实及虚伪；它们试图在争端发生之前就解决所有争议问题从而促成和平。

司法权如同立法权一样也归属于统治者。因为统治者必须能决定发挥自己作用的措施，所以行政权以及任命所有顾问、部长、行政官员和文职官员的权力也赋予了他。而且，因为人的所有自觉行动均取决于自己的意志，而意志又取决于他们对善与恶以及对因他们行动或不行动而得到的奖赏与惩戒的看法，所以，统治者就成为可能灌输到公民中的学说和观点正误的裁决者。审查的标准是看什么学说有助于和平，什么不利于和平。这种绝对审查权也适用于宗教观点。事实上，霍布斯对宗教的定义与这种权力很有关系。宗教和迷信都被定义为“对不可见权力的恐惧”。它们之间的差别在于宗教被公共权威所许可，而迷信则不然。霍布斯认为，严重扰乱基督世界和平的是那些观点：它们致使公民们相信，除了被托付给国家最高权力的人以外，他们还服从其他的人。在讨论霍布斯有关基督教的学说时，我们将再次涉及这个论题。

我们可以从这个权力列表中很清楚地看到，统治者的权力是绝对的，即人们不可能赋予一个人比这更大的权力。最高统治者不必受民法的约束，因为民法只不过是他的命令，他可以任意地摆脱它们的束缚。没有人会向统治者要求财产权，因为所有财产权均源于法律,即统治者的意志。在任何特定情况下,违背统治者的意志也就是与所有财产权的基础相抵触,因而是自拆台脚。当公民被允许控告最高统治者时,问题就不是统治者或其大臣是否有权利去做已经做过的事情,而是统治者在该事件中实际上想要做什么。在战争时期统帅被暂时赋予绝对权力的事例中,可以看到绝对权力在所有政府中确实是不言而喻的。只有绝对权力的拥有者才可以赋予别人即便是暂时的绝对权力。例如,当一个立宪议会对政府的权力作出限定时,这种限定权力的行使本身就是绝对权力的行使。一般实践中有这样的观点,即认为这种绝对权力从未被任何地方的公民所承认,这种反对意见是无效的,因为实践可以是有缺陷的。建立并巩固国家的艺术在于沿循某些像几何算术规则那样的确定规则,霍布斯深信自己是这些规则的第一个发现者。

臣民的某些权利是不可转让的,也就是说不能通过契约转让或交托他人。因为不来自人行为本身的义务是不存在的,同时人自身的每一个行动都旨在为自己得到某些利益,因而没有任何一个契约,包括社会契约,应当被解释为旨在剥夺一个人为自身获取利益与生命的条件,或者剥夺确保这一条件的手段。每个人都可以正当地不服从任何毁灭或伤害自己的命令,或者不服从任何要求放弃生存必需条件的命令。自我保存的权利神圣不容侵犯。但是士兵难道不是被要求在战争中献出生命吗?对暴死的恐惧在某种意义上讲难道不是一切合法性的基础吗?因而,害怕暴死不就成了公民不服从的充分动机吗?霍布斯对这些问题给出了答案:出于恐惧而逃避战场是可耻而怯懦的,却不是非正义的。统治者的任务就是使对擅离军职的恐惧超过对战争的恐惧。如果一个人找到了一个合适的替代人伍者,拒绝统治者和敌人打仗的命令并非不正义。一个死囚抵制行刑者合法地执行职责是正义的。在刑事审判中,没有人有义务自证其罪,因为没有一个契约,包括基本契约,能使人去伤害自己。没有人有义务,例如,杀死自己的父母、恩人或做出任何可耻的举动以致使自己处于被人鄙视的悲惨境地,从而使他的生活不再有任何意义。[1]

很显然,这些不容侵犯的公民自由可被推广并用作标准来区分统治者的优劣,即为公民提供一种标准以此可以合法批评、裁定从而削弱统治者的权力。如果以制度的形式出现,那么这些自由可以导致有限主权。霍布斯竭力防范在所有提出政府原则的努力中所固有的革命原则:提出确认权威原则的人,同时提供了当权威背离这些原则时确定其变更或废除的标准。尽管这是服从统治者的义务的例外,但统治者的绝对权力和以往一样保留着;他可以合法使用死刑惩罚任何反抗行为,而不论该行为正当与否。如果统治者违背正确理性而行使他的权利,他就像所有处在自然状态的人一样,违反了自然法,因而他的邪恶行为要向规则的创造者即上帝负责。再者,霍布斯承认,对于玩忽职守的政府有一种自然的惩治,即反叛。

在法律没有规定的所有事项中,臣民保留着按其愿望做或不做的权利。有时候,统治者可能会慎重地避免行使自己的权利,尽管那样做决不会削减他的权利。统治者没有正当理由希望去压迫他的臣民,因为统治者的力量直接取决于他的臣民的力量和安康。当然,霍布斯承认这种绝对权力可能被滥用,但没有无烦扰的人类生存条件。"臣民对统治者的义务要与权力存在的时间一样长,通过这种权力,臣民受到统治者的保护。"[2]不可避免的一点是,有权

---

〔1〕《利维坦》,第 15 章,第 128 ~ 130 页;第 21 章;第 28 章;第 258 ~ 259 页。《论公民》,第 6 章,第 13 节。

〔2〕《利维坦》,第 21 章,第 187 页。

力保护所有人的统治者也有权力压迫所有人。沿循乔布的论著，霍布斯把统治者比作上帝称为“骄傲之王”的利维坦。只有最强大的世俗权力才能统治人的骄傲。霍布斯在其学说中所构建的世俗权力，就它统治人类的理想，扑灭、铲除人类骄傲的种子而言，也是这样一个利维坦。

有三种不同类型的国家，分别对应于不同的统治权力。当权力被委任于一个人时，政体就是君主制；当权力交托给一个团体而每个公民都有选举权时，政体就是民主制；当权力交托给一个团体而只有部分公民有选举权时，政体就是贵族制。古希腊和罗马学者也区分过政体的好坏，他们把由一个人统治的坏统治称为暴政，由大众或很多人统治的坏统治称为无政府状态，把由少数人统治的坏统治称为寡头政治。政体的好坏是按照这一标准进行区分的，即统治者主要是为了公共利益即大多数人的利益，还是为了他自己的私利进行统治。霍布斯认为，这种道德上的区分并不可靠。它只表明了使用这些标准的人的主观好恶。那些不喜欢君主制的人称之为暴政，同样无政府状态是不受欢迎的民主制的代名词，寡头政治是不受欢迎的贵族制的代名词。这种对霍布斯所谓的区分为了臣民利益统治的政府与为了统治者利益而统治的政府的亚里士多德标准的抛弃，使区别暴君与合法君主失去政治上的意义。霍布斯认为，臣民与统治者都在平等地分享所有政体的首要和最大利益，即和平以及国防。所有人都均等地遭受着最大的苦难，即内战和无政府状态的痛苦。因为统治者的力量和权力总是依赖于他的臣民的力量和权力，所以如果统治者通过横征暴敛而削弱臣民，那么双方都同样要受到损害。

也许抛弃这种区分的深层原因，是霍布斯认为不可能指望任何一个统治者或主权者放弃追逐其个人、家族和亲友的利益，这些利益的重要性在统治者眼中起码会等同于甚至会超过公共利益。鉴于霍布斯把善恶归结为快乐与痛苦以及他的主权学说,古老的有关什么形式的政体是最理想的政治争议变得并不重要了。这些争议必然与有关公民社会应当为什么总体目标服务的问题,如自由、帝国或财富紧密相关。与亚里士多德、西塞罗以及其他希腊和罗马哲学家的偏向大众体制的这一引人走向迷途的观点相反,霍布斯认为,在任何形式的政体中,政府的权力和公民的自由都是同一的。统治权在每一个国家都是绝对的,任何形式的政体的目标或目的都是一样的,即为了和平和安全。决定性的政治或实际的问题变成了行政管理上的问题,如统治权力以什么样的管理形式去发挥作用,才能最便利有效地保障和平和安全。[1]

既然拥有统治权的人总是最关心他们的个人利益,所以在公共利益与私人利益密切统一的地方,公共利益就会被最大限度地增进。这种情况存在于君主制,因而君主制是最好形式的政体。在民主制中,每个人都拥有统治权的一部分,牺牲公众利益来牟私利的人数最多。在君主制中,只会有一个尼禄,而民主制中可能会有同吹捧民众的雄辩家一样多的尼禄。君主可能提拔不中用的人,但这种情况不会经常发生,而民主制任用无能之辈却不可避免。因为在民主制内部,在公众演说家或煽动家中常常有激烈的竞争,而每个鼓动家的权力取决于其操纵民众以及向民众施予恩惠的能力。那些不竭尽全力取悦从而为他们的派别赢得尽可能多的民众的人,无论有无才干,很快就会被对手战胜。从这一点很容易了解民主制的主要缺陷,即有繁衍派系及孕育内战的倾向。在这点上贵族制处在这两种形式的政体之间。越靠近君主制、贵族

〔1〕《论公民》,第10章,第2、16节。

制政体就变得越好,越靠近民主制则越糟糕。就统治权的实际运用而言,人们可能怀疑民主制是否确实不同于演说家们所说的贵族制或个别演说家所说的临时君主制。那些抱怨在君主制统治下缺乏自由的人,并不了解他们真正需要什么。因为由主权理论所规定的臣民的自由,在所有政体中都是一样的。但在民主制下,君主制的控诉者既是统治者也是公民,他们需要的不是自由而是统治权力和相随而来的荣耀。他们不满的真正原因是,君主制剥夺了他们在商议或表面上商议十分重要问题时炫耀自己的智慧、知识以及口才的机会。霍布斯认为,对自由的热爱事实上掩盖着对赞扬、虚荣的渴求。[1] 尽管有诸如此类的受人批评的地方,如意见纷杂难以决断、很难秘密行动等,民主制在基于自然状态的思想和主权学说的框架中仍有独特的地位,这在后面的论述中将会看到。

君主制或贵族制的建立需要官方预先提名或指派某些特定的人做统治者。但民主制可以直接由独立的个人所创立,因而所有已成立的政体的最初形式都是民主制。因为在自然状态下所有人都有同等的权利,所有合法的义务说到底都是自己对自己的义务。社会契约为了有约束力,最初部分必定是每个人缔约接受几个或某个被大多数人指定的人为统治者。每个人和所有其他人签订的这第一个协议使大众构成民主的群体,每个人以其相同的选举权任命统治者的行为是民主的行为。有人会说,只有民主的程序才与自然状态下人类的平等相一致。根据霍布斯多次阐述的原则,即有能力操纵统治权的人才是真正的统治者,可以说,人民作为民主的拥有者,是每一个建立起来的国家的最终统治者。为了防止这一结论,霍布斯又提出了一个更根本的论据,即因为所有契约都

---

〔1〕《论公民》,第 10 章,特别是第 10 章,第 7、8、15 节。

有赖于立约者的认同,契约也可以被立约者一致废除,因而人民可以通过撤除协议而使政体解体。霍布斯说,最重要的是,原始契约使每一个人与其他所有人缔约,并非只是与大多数或压倒性多数缔约。只要一个人不同意废除契约,就没有人有权利废除。霍布斯认为,难以想象所有公民无一例外地联合起来反对最高权力。但统治者本身有明确的义务,因为每个人同意以统治者的意志作为自己的意志从而把自己使用他认为正当的权力的自然权利转让给统治者去行使。如果不想触犯正义原则,他就不该拿走如今已属于最高统治权力的权利。[1]

霍布斯抛弃了混合政体或有限政府的传统理论,因为这一理论基于对真正的联合体的肤浅的理解。例如,设想统治权在君主制行政部门、贵族制司法机构以及有财权的民治机构之间划分,只要这三个机构达成协议,公民的自由便可能如同在任何别的政体下一样受到限制。那么,这种权力分割的优点也许就在于三种权力的不一致或相互牵制中;但霍布斯认为,这种不一致会导致内战爆发及政府的解体。他承认有很多维持了很长时间的政府被误以为是这种政体。但在历史上,有名的有限君主制和临时独裁统治中,真正的统治者不是君主而是制约君主的议会。他论证说,真正的政体不是由协约或协定所设立的,而是由以一个法人的意志表现出来的所有人的意志(及其力量和权力)的联合体所设立的。

霍布斯认为,真正的君主制是世袭的,因为一个选举的君主制的真正统治者是选举机构。君主制的主要问题是继承问题,尤其是由谁来指定皇家继承人的问题。统治权的现时拥有者应决定他的后继人。霍布斯制定了详尽的规划,说明在君主没有明确指明

---

〔1〕《论公民》,第6章,第20节。

谁应当继承他的权力的情况下该如何理解他的意愿。一般来说,他从这样的假设出发,即血缘最近者在感情上也最亲近,因而应当被看成是君主的继承人。

一方面,霍布斯依据意志而不是理性定义法律。另一方面,劝告本身基于理性,这些理性从被劝告者因此所获得的利益中推演出来。劝告是为了或自称是为了他人的利益。但是法律是命令,不是劝告。命令之所以应当被遵守仅仅是因为它表达了下令者的意志。因为每个人意志的目标都是牟取某种利益,所以每一个命令都是为了命令者的利益。法律是向有义务服从者下达的命令,是已获取了被服从权的人下达的命令。实在法就是这样一种由国家、统治者颁布的命令。具体说来,实在法是国家通过充分显示其意志向臣民下达的命令所组成的法规,公民以此区分是与非。霍布斯的政治主张即自然法本身,仅仅是对人们的劝告,除非以某个国家统治者的命令的形式出现。

习俗本身无权造法,习惯法的权威源自现任统治者的默认。习惯法和衡平法据说由正确理性的标准所指导的,因为这个标准被认为独立于并超越于所有政治权力,因而可以而且已经被用作检验并质疑所有国家权威的不符合理性的行为。霍布斯重新阐述了对习惯法的传统理解,以致不可能诉求于任何高于国家统治者的权威。他同意律师们的观点,即认为法律绝不能违背理性。但他提出,这种理性是谁的理性?他认为不是学者或智者、下级法官的理性,而是人造的人——国家——的理性。在探讨习惯法时,霍布斯没有把国家的理性从它的意志中区别出来。在每一个公正的判决中,法官并不会借助于影响统治者第一次颁布有关法律的理性,而是借助于促成统治者制定涉及眼下案件的法令的理性。霍布斯的观点看来导致了现行成文法的绝对至上性的思想。教会的教规或教会法，仅就由国家统治者制定而言也属于法律。当然，所有法律都需要阐释者即法官把法律付诸特殊案件。统治者是法律的最高诠释者，并任命所有下属阐释者如法官。[1]

霍布斯指出，人为的一切都不可能永恒，但借助才华横溢的建筑师，国家可以稳固地建立从而避免因为内乱而灭。霍布斯描述了人的天性中那些往往趋向破坏和平和国家秩序的力量。然而这些力量并不能通过道德改革或者诉诸人性中被认为高贵的东西而得以抵销。霍布斯改而诉诸人性中开明的自利属性，并在对情感机制的认知和操纵基础上依靠正确制度的设立。他无须像亚里士多德所做的那样去区分形形色色的人，以便决定采用什么样的政体更合适。他的目的在于设计一个适用于所有时代、民族和地方的政府体制。通过把他的“大厦”建立在人类动机的最低的一般标准上，就可以指望它不管在任何地方都可以牢固地耸立。一旦国家“由于内部动荡而不是外部暴乱而土崩瓦解，问题不在于作为材料的人们，而在于作为他们的创造者和领导者的人们”。[2]

为了获得一个王国，在建国初期常犯的错误是人们只满足于不足以维持和平和国防的权力，因而一旦公共安全需要使用那些已放弃的权力时，再重新占有这些权力似乎成了不正义的行为。这反过来又使人反叛并与时刻企求削弱邻国机会的外国力量勾结起来，因而威廉大帝保证不侵犯教会的自由权曾致使托马斯·贝克特背信并赢得教皇的支持以反对亨利二世。因为罗马元老院和

---

〔1〕 *The English works of Thomas Hobbes*, Molesworfh ed, Ⅵ. 关于霍布斯主义与前现代传统法学的对抗，可比较《利维坦》第26章“论民约法”与托马斯·阿奎纳《神学大全》卷1、卷2，4开本第90～97节，霍布斯那一章可能只对此而作。也可参看他的《一个哲学家和英国普通法学者的对话》(*A Dialogue between a Philosopher and a Student of the Common Laws of England*)，见《托马斯·霍布斯英文著作集》，莫尔斯沃思编，第6卷。

〔2〕 《利维坦》，第29章，第275～276页。

罗马人民都没有要求全部权力,所以发生了格雷克西煽动的暴乱,随之是在元老院与马里厄斯、萨拉、恺撒和庞培领导下的民众之间的战争,最终民治政体在罗马被摧毁,君主制建立起来。因此,统治者放弃自己的权利都是对应履行的义务的背叛。

此外,任由民众误解或无视他的权利的根据也是统治者的一种失职。在这方面首要的任务是使国家涤除“煽动暴乱的学说的毒害”。最初的煽动学说主要从没有学识的神职人员言语中发展而来,他们误释《圣经》,致使人们认为神圣的感情与自然理性相互矛盾。他们教导每个人是善与恶行为的裁决者。这在自然状态下是正确的,但在公民社会里,民法和统治者才是善与恶的衡量者和仲裁人。

与公民社会不相容的第二个学说认为,一个人违背天良的一切行为,包括统治者命令他实施的行为都是罪恶。如果被命令而为的行为是罪恶的,它就是统治者的罪恶。为此,他必须向上帝负责,这并不是臣民的罪过;反之,不服从统治者就有罪。因为通过反抗统治者命令的行为,臣民僭取了认知和裁决善恶的能力,良知与裁断就真正成了同一个东西。

第三个学说认为,信仰和神圣的感情不能通过研究和推理获得,而要由超自然的灵感或“灌输”获取。霍布斯说,如果承认这个学说,他就不会明白为何基督徒不都是预言家,从而把自己的灵感而不是自己国家的法律作为行动的准则。这个学说也致使人们把自己当作善恶的裁决者,这样就有了亚里士多德、柏拉图、西塞罗、塞涅卡、普鲁塔克以及其他希腊与罗马无政府主义的维护者描写的那些“雄辩的诡辩”。这些“诡辩”被律师们用来为自己的利益服务,诸如这样的理论:统治者服从自己的法律;最高权力可以被分割;财产具有排除统治者干预的绝对权利;等等。还有一种很多神职人员都拥戴的学说，即认为诛杀暴君是合法甚至是值得颂扬的。霍布斯认为，这最后一个学说意味着，一旦民众开始称国君为暴君，他们反叛并谋杀他就是合法的。

最后，还有一种源于对黑暗和幽灵的恐惧、源于对“学派划分的无知”、把世俗权力从神的权力中划分出来的学说。霍布斯试图通过《圣经》，在他的神学讨论中证明这种区分是没有意义的，而且没有人能同时侍奉二主。[1]

仅仅根除煽动性的和虚假的意见是不够的。让民众认识到其权利的真正根据是统治者的责任。首先，这意味着在大学里将霍布斯的著作作为道德和政治学的权威教材。显然霍布斯将此看作一个长远教育计划，因为他说，他对自己的著作是否在“目前”被采用并不十分感兴趣，但他期待自己的书能被统治者以官方名义推荐作为大学教授“公民和道德学说的基本理论”的教材。他指出，应当从未被雅典和罗马学说腐蚀的年轻人开始。那些得到良好教育的人，离开大学后做了传教士、绅士、公务员以及律师，在日常事务中会把公民权利的真正根据教给民众。霍布斯认为，在教导民众的道路上遇到的困难通常被估计得过高。因为，首先，认识人们关心的自我利益所在并不是很艰难；其次，在使人联想到马基雅维利对民众的估计的评判中，霍布斯指出，民众缺乏阻碍富人、权贵以及具有渊博学识声望之人的骄傲感和野心。霍布斯除了颂扬统治权和君主制，显然也盼望有一天他的学说会被普遍接受。[2]

关于霍布斯所希望的和平的条件建立之后的那种美好社会，他没有过多地从正面加以论述。霍布斯把重点放在极端情况下，如所有法律和秩序都被破坏了的内战、由于企图质疑及限制统治

---

〔1〕《利维坦》，第 29 章。

〔2〕《利维坦》，第 30 章，第 288 ~ 296 页；《论公民》，第 13 章，第 9 节。

者权力而导致的对和平的威胁,讨论重点放在消极标准而不是积极标准上。不过,显然他希望一个比他建议的拥有全部统治权的政体更温和的政体。最重要的是他期待一个非帝国主义的社会。但这却与他的下面一个学说产生了矛盾——相互独立的统治者和国家之间彼此处于自然状态之中,必然要竭尽全力征服或削弱邻国力量。只要不存在世界国家,这些政策就不是连贯一致的。然而可能他也期望有这样一个政体:它拥有鼓励渔牧业的法律,制止无所事事和铺张浪费的法律以及鼓励并奖赏工业、航运、机械学和数学学科发展的法律;公众的负担被公平地分配;人们按照消费水平纳税,倡导节俭,反对奢侈浪费;按照每个人从国家的保护中获取的利益按比例给国家纳税。在这个政体中,法律面前人人平等,严格惩罚贪污受贿的法官,上诉程序易于进行。人民的安全就是最高法律。安全包括一个人在不损害国家的情况下合法得到的生活中的一切满足和快乐。[1]

神　学

公民社会的和平依赖于统治者拥有对臣民的生杀权力。如果人们相信存在其他能赋予他们胜过生命的奖赏,能施加甚于剥夺生命的更大惩罚的权力,他们就会服从这种权力,统治者的权威就失去了。永生和永久的折磨即“永死”比自然的生与死具有更大的善或恶。因为霍布斯认为,只要人们信仰掌握着不可见力量的人能赋予他们永恒的幸福或永恒的痛苦的权力,神学就不能从政治

---

〔1〕《利维坦》,第30章,第296页;《论公民》,第13章,尤其是第14节。

哲学中分离出来。[1] 我们必须局限于粗略勾勒霍布斯的基督教神学,略去他从《圣经》中引用作为权威之见的大量章节。

尽管创世纪的上帝通过自然之力统治了所有的人,但与很多神学家的阐释相反,《圣经》中有多处指出上帝王国就是拥有犹太人作为特定臣民的政治王国。亚当和所有在洪水中乘坐诺亚方舟而幸免于难的人以及他们的家人,在洪灾之后直接通过上帝的声音听命于他。神的王国中和神订立契约的第一人是亚伯拉罕,作为对他以及他的子孙后代臣服的奖赏,上帝赐予他圣地迦南(Canaan)作为他的永久财产,因而上帝被设立为犹太人的国家统治者。上帝只需对亚伯拉罕——其家族之父、之主以及统帅——发号施令,因为其家族及后代的意志由他全权代表。由于亚伯拉罕的家族和后代从他们的世俗领导者亚伯拉罕处接受上帝的绝对命令,所以在每个国家里,那些不具超自然天启能力的人,就应当在所有外在行为和宗教信仰上服从自己国家统治者的法律。每个统治者就像亚伯拉罕一样,有权惩罚为了反对法律妄称具有个人启示能力的人。正如亚伯拉罕在其家族中一样,在基督教国家里,只有统治者才可能是福音的权威阐释者。艾萨克和雅各与上帝续订了契约,但当犹太人在埃及主权者统治下时上帝的契约被中止了。

摩西在西奈山下又续订了契约。因为摩西不能承继亚伯拉罕的权威,他的权力只有在公众认同和允诺服从中获得。同样,只有摩西作为上帝统治下的国家统治者被上帝召唤,而不是首席教士亚伦、其他教士、70 个贵族长老或民众,他们都无幸受上帝召唤。摩西抛出亚伦制作的牛犊并控制了那些营中的预言者,这些都显示了在基督教国家里所有教士和预言家的权威都源自统治者的认

---

〔1〕《利维坦》,第 15 章结尾;第 38 章开头。《论公民》,第 17 章,第 27 节。

可和权威。国家是教士统治的国家,摩西作为上帝的最高教士和副摄政统治着世俗世界。国家后来被亚伦继承,然后是其子以利亚撒。约舒亚与以利亚撒死后,据说以色列便没有国王了。仅就统治者权力的行使而言,确实如此。统治的权力即统治权仍然操纵在高级教士手中。士师的权力是特殊或暂时应急的权力。通过废除主教撒母耳,人民就废除了上帝的特殊王国,建立起通常类型的君主制国家。所罗门对亚比亚他献身于祭坛的描述以及整个《圣经》历史载明了从上帝王国的首次建立到"巴比伦囚虏",最高宗教权力都掌握在国家统治权手中。选举扫罗之后,与统治者相对的教士职位是从属的,而不是地方行政级的。在"巴比伦囚虏"期间,犹太人失去了国家,复归家园后一切都如此混乱、腐败以致从那些时代中得不到任何有关国家或宗教的有价值的东西。

霍布斯写道,"我们的救世主"耶稣的职位有三重:救世主、导师和国君。世俗世界中的基督是救世主和导师,而不是国君,他从不介入犹太人或恺撒的国家法律中,也从不向任何其他人保证这样做。只有复活后他才是国君,他宣称的王国在另一个世界里。实际上他从不命令任何人。作为救世主,他奉献了自己以赎回人们的罪孽;作为导师,他为人们指引得救即永生的道路。三位一体意味着上帝的一个位格在三个不同时代和三种不同情况被代表。摩西代表了圣父;基督代表圣子;使徒及其后继者,通过接受并传播圣灵,代表了圣灵。只要没有基督教国家,没有转成基督教徒的国家统治者,主教统辖权就掌握在使徒和那些被指命为神父的手中。他们没有命令权,他们的职责只是指导和倡议人们相信并信仰基督。基督徒唯一必须具有的信念是:耶稣就是基督。如果被不信教的统治者命令去违背自己的宗教信仰,殉道是没有必要的;忏悔只是一种外在行为,一种遵从法律的表示。如果在统治者命令下去做朝拜冒牌上帝一类的事情,这实际上就是否认上帝,统治者而不是那些顺从的臣民就成了罪人。对基督徒或任何人来说,废黜一个已存在的不信教或异教徒的国君的企图都绝不是正当的,因为这是对宗教信仰的践踏,从而违背了上帝的永恒法律——自然法。

第一个基督教皇是康斯坦丁,正如所有基督教统治者是其国家的最高大主教一样,他也是罗马的最高大主教,这一职位拥有实际统治权。霍布斯提出长篇论证抨击罗马教皇的教义主张,尤其反对卡笛纳尔·贝拉明的主张。在基督教国家里所有教士都只是统治者的牧师,他们的权力源自主教士。在外国人有权指派教士的地方,他这样做只能是凭借传教所在地的统治者的权威。事实上,"教堂"一词在《圣经》中就是用来指基督教国家的。所有这一切很清楚地显示了神灵和世俗世界的区分是虚假的。现世的所有政府,不管是世俗还是宗教的,都是临时的,都在一个国家统治者的掌握之中。[1]

霍布斯指出,有关上帝王国的学说给世俗王国带来的影响是巨大的,以致它不应当由最高统治权力以外的人来决定。然而,他指出,由于他的国家正处于内战状态,权威还未决定下来,他将只尝试性地提出他的创新学说。天堂即人的永生之所,应当是一个降临人间复活的基督统治的王国。地狱也在现世,撒旦是教会的现世的敌人。地狱的折磨以隐喻的方式表明了由于看到别人享有永久的幸福而自己却由于不信奉、不尊崇而失去了这种幸福而产生的精神痛苦和嫉恨。罪人还将忍受肉体的痛苦,还会有第二次死亡。因为永不熄灭的炼狱之火和万劫不复的死亡并不意味着受折磨的罪人会被赋予永恒折磨所需要的永生,而是意味着炼狱之火将永远燃烧,让罪人永远受折磨、受屠宰,因为重生后罪人还要

〔1〕《利维坦》,第40~43章,参考第22章,第189~190页及第200页。

像以前一样吃、喝、繁衍和死亡。事实上,在霍布斯的描述中,很难看出最后审判日的亡者复活将以何种方式罪人的生活。永恒的死就显得并不比自然死亡糟糕多少。霍布斯想让他的神学的读者得出的总结论很显然与《圣经》中所揭示的上帝的教诲以及霍布斯的政治哲学中所提出的思想并没有本质的差别。[1]

然而,人们不得不面临这样一个问题,即霍布斯是否信仰他的神学真理?关于上帝,他的确说过这样的话:"很显然我们应当认为他是存在的:因为没有人会愿意去膜拜他认为并不存在的东西。"但是真理和膜拜之间的关系绝非毫不含混的。因为"所有表达害怕触犯或希望取悦的词和行为都是崇拜,无论这些词或行为是多么真诚笃实或虚伪杜撰:因为它们就是为了表达崇拜才出现的"。由于上述以及很多其他陈述,霍布斯在他的有生之年成了著名的无神论者。[2]

也许从他的神学中得出的最温和的结论是,他无畏而积极地抨击所有那些他认为悖逆正确理解的人的权利和责任的观点。霍布斯旗帜鲜明地表示,对他而言,追求和传播哲学真理是最神圣的事业。

阅读书目

1. 托马斯·霍布斯:《利维坦》,第13~15、17~18、21、24、26~30、46章。(中译本:《利维坦》,黎思复、黎廷弼译,商务印书馆1985年版。——译者注)

2. 托马斯·霍布斯:《利维坦》,第6、10~12、16、19、20、22~23、25、31~32、35、43章。

---

〔1〕《利维坦》,第38章及第44章。

〔2〕《利维坦》,第31章,第312页;第45章,第570页;第12章;第45章;参考第27章,第249~250页;第44章,第558~559页;第13章,第104页;第39章,第406页;第42章,第435页;第40章,第417页;第46章,第591~592页。

勒内·笛卡尔

(1596—1650)

里查德·肯宁顿

笛卡尔长期以来一直被人们尊为“近代哲学的奠基者”,但从来没有人将其视为近代政治哲学的奠基人。他的划时代的工作表面上看是在与马基雅维利所开创的早期近代政治传统相脱离的情况下开始的,他甚至于没有进行过以政治问题为主题的讨论。这暗示出近代哲学和近代政治哲学就起源上讲是相互独立的,而就意图而言也许是背道而驰的。不过,我们从笛卡尔与弗兰西斯·培根(他是旨在征服命运和自然的马基雅维利式政治学说的第一个伟大而公开的拥护者)的关系中不难发现他与近代政治传统的联系。他甚至照搬培根的语言宣称:奠基于新方法并旨在“征服和控制自然”的哲学会为哲学争得最大的荣誉并给社会带来最大的益处。因而,笛卡尔的政治学说主要关心的是具有最高的政治必要性的,哲学或科学和社会之间的和谐关系的建立,或者作为现代的支配关系的"启蒙式"翻版。因此,达朗贝这个法国启蒙运动的主要推动者才能在他的《百科全书》(1751)中称笛卡尔"为建立一个比以往所建立的更公正、更令人愉快的政府奠定了基础"。[1]

笛卡尔的政治学说部分看来有些晦涩,这可归咎于其众所周知的、书写方式上的谨慎:"我是以这样的方式构造我的哲学的:它不会使任何人感到震惊,只有这样它才能处处为人们(甚至为土耳其人)所接受。"[2]他的谨慎可以在下述事实中略见一斑:他从没有以自己的名义发表过对任何政治哲学的赞誉或指责,而只是匿名地称赞过培根的《伟大的复兴》和《新大西岛》。不过,在他的私人信件中我们看到,他接受了马基雅维利的"主要说教",他说他在后者的《论李维》中没有"发现任何糟糕之处",并且他认为霍布斯在《论公民》一书中所主张的政治学说要优于他的形而上学。[3]

《方法谈》一书中的政治哲学思想

笛卡尔的政治学说是作为整个哲学之完成的最高级最完善的道德科学的一部分。"整个哲学就像一棵大树,它的根便是形而上学",也即关于上帝和人的灵魂的知识。"树干是物理学,从树干长出来的树枝则是所有其他科学",这主要包括医学、力学和道德之学。"正如我们不是从树根也不是从树干而是从它们的分枝的末

---

〔1〕 J. 达朗贝:《百科全书序言》(*Discours Préliminaire de L'Encyclopédie*)L. 杜克罗编,1930 年,104。

〔2〕 R. 笛卡尔:《著作集》(*Oeuvres*),C. 亚当和 P. 塔纳利编,V. 159。

〔3〕 R. 笛卡尔:《著作集》,XI320、IV67;《著作和书信集》,普雷德版,1952 年,1245。

端"[1]采集到果实的,哲学的主要功用也取决于构成它的诸部分中我们仅仅在最后才学习的那些部分。哲学之树的最后分枝是"那完善的道德科学……它假设了关于其他科学的所有知识,是最高的智慧"。然而,人们几乎都普遍认为在笛卡尔发表或未发表的所有著作中是找不到他所谓的"完善的道德科学"的。这个困难与另一个源自于对知识之树的审查的困难是分不开的。在那里两次提到了人:一次是作为派生的形而上学之根,另一次是作为最高的分支。但在其所有发表了的形而上学表述中,笛卡尔首先处理的都是人的灵魂,然后才是上帝。而且,这个比喻在其"根部"未提及与灵魂共在的那个形而上学原则,也即物质实体,那个"树干"想必是从其中长出的。因此,知识之树这个富有诗意的比喻就其最不可见部分而言是具有很大的欺骗性的。

于是我们就不得不寻找一个不那么富有诗意的论证,照此,人是知识之树的开始和完成,而且"那完善的道德科学"是它的"主要功用"。只是在《方法谈》(1637)中笛卡尔才为他的哲学的开始和完成,以及它的所有部分及其真正次序提供了一个明确的说明。尽管如此,今天人们还是习惯于贬低这本著作的价值,因为它毕竟是通俗性的著作。然而也正是它所运用的通俗性修辞首先表明了,只有《方法谈》才处理了笛卡尔的最高目标所独有的困难:"完善的道德科学"只有借助哲学和大众的史无前例的政治合作才能出现。

笛卡尔说,他是从他的耶稣会士教师的下述意见开始其学术生涯的:学术研究应以获得"所有对于人生有用的清晰和确定的知识"为目的。他根据有用性标准检查并抛弃了经验知识和整个古

---

[1] R.笛卡尔:《著作和书信集》,普雷德版,566。

代哲学,只有一门科学例外,那就是数学。使他感到惊奇的是:"人们竟然没有在数学这个牢固坚实的基础上建立起更为高耸的大厦。"[1]笛卡尔并不对人类心灵所面对的、在古代人那里作为哲学之开端的那些基本困惑感到惊奇,而是对迄今为止人们从未设想过的人类"创造力"的可能性感到惊讶,这种创造力将驱逐一切疑惑:"我将向你们揭示的秘密虽然简单,但它们却能使你从今以后再也不会对经由我们的双手创造出的东西感到惊奇。"[2]与数学相反,应该为科学提供"基础"的"哲学"完全是有争议的、无用的和不确定的。"神学"——在笛卡尔那儿,仅指天启神学——"向人们昭示了进入天国的途径"。对于天国,笛卡尔承认,他"和其他人一样是特别地渴望的"。但"天启真理"是"超越于我们的理智之上的",因而它们并不是对人生有用的清楚而能把握的知识。在他对传统的批评中,他所提到的唯一的道德著作是"异教徒们的著作"——它们同样也缺乏基础。[3]

笛卡尔反对古典传统所追求的目标,因为他抛弃了"思辨",或对于为知识而知识的追求,而倾心于"有用的知识"。笛卡尔为抛弃古典立场而进行的辩护出现在他对有关人类目的的那门学科的处理中。"异教徒们的著作"包括既斯多噶派的道德教诲,也包括柏拉图和亚里士多德的政治哲学。尽管异教徒的著作中包含着很多"很有用的劝人们从善的劝诫",但这个"华丽而宏伟的美德宫殿"是"建立在沙子和泥土之上的"。异教徒"用'美德'这个漂亮的名字所称谓的东西常常是没有感情的,或者有傲慢、绝望、弑亲之嫌"。[4] 因而被称为中庸之道以及人类的卓越之处的异教徒的

---

[1] R. 笛卡尔:《著作和书信集》,普雷德版,127~128、130。
[2] R. 笛卡尔:《著作和书信集》,普雷德版,885。
[3] R. 笛卡尔:《著作和书信集》,普雷德版,130。
[4] R. 笛卡尔:《著作和书信集》,普雷德版,130。

美德常常是极端的东西，而且是非人性的、专横的、可鄙的，甚至是有罪的极端之物。作为极端的东西的异教徒的美德无法区别于激情。“我们从古人那里接受的科学的不足之处，在他们关于激情的论述中得到了最为清楚的表述。”〔1〕

笛卡尔用善的激情、恶的激情的区分取代了古人的激情和美德的区分。古人的这个区分的基础是：灵魂是分成诸部分的，而它的某些部分能倾听并遵从理性，借助它们，理性便能在灵魂内建立并维系一个自然的等级秩序。理性是自发的，因为理性有其自身的适当目的，或者因为“所有人生来就追求知识”而不管它有用与否。笛卡尔抛弃了关于灵魂的自然秩序的这种观点：古人没有看到“心灵”或理性对于激情或者“身体器官的倾向和脾性”的极端“依赖”。〔2〕

笛卡尔对激情的力量和数学的允诺两方面的深思直接导致了他关于新方法的论证，而这同时也是他首要的政治意见。既然美德已为某些激情所取代，那么“于人生有用”就必须被理解为服务于激情的目的的东西。不过我们必须区分善的激情和恶的激情、有用的激情和无用的激情、高尚的激情和卑下的激情。更准确地说，我们所需要的是一个总括的激情，也即那能为其他的激情提供一个秩序原则的激情，因此也就是能主导其他激情的激情。这个最有用的激情因而将是最高尚、最完善的主导激情。笛卡尔以下述原则开始了他对方法的论证：“由一个主导者所完成的作品比由几个部分构成的作品和经由不同主导者之手而完成的作品更为完善。”〔3〕完全由一个主导者完成的作品是完全在那个主导者的掌握

〔1〕 R. 笛卡尔：《著作和书信集》，普雷德版，695。
〔2〕 R. 笛卡尔：《著作和书信集》，普雷德版，168 ~ 169。
〔3〕 R. 笛卡尔：《著作和书信集》，普雷德版，132。

之下的,因而,他像斯多噶派曾做的那样,从完全掌握在一个人自己手里的东西出发,但却没有将其局限于"一个人自己的思想"。他的原则清楚地表达在关于主导者的一系列例子中,这些例子在以理性作为主导形式时达到了极致。但由于是"使用理性的人们的意志"导致了完美的主导,理性是服务于意志的,或者如笛卡尔后来所说,它是服务于他称为"宽宏"(Generosity)的这个至上激情的。

例子有七个:(1)一个建筑物的唯一的设计师;(2)一座城市的建筑物的唯一的缔造者;(3)为一个民族立法的"审慎的、单一的立法者"这个一般的情况;(4)为"真正的宗教国家"或者基督教王国(它必须要比所有其他王国治理得无与伦比地好)颁布"法令"的单一的神圣立法者——上帝——这一特殊的情况;(5)异教徒斯巴达人的单一的人类立法者——这是笛卡尔所称赞过的唯一的人类立法者——尽管斯巴达的许多法令是"很奇怪的,甚至与好的道德相悖";(6)由一个具有"健全心智"的单个的人自然而然地进行的简单的推理;(7)从幼时就不受"欲望或教导"[1]影响而完美地使用他的独立理性的个人这个最后的、假设的情形。

这个由例子构成的序列是上升的:它从较低的有关无生命的事物的实践技艺上升到最高的(包括神圣的)实践立法技艺,由此到达了最高的理论性的"主导",也即独立的人类理性的使用。既然所有主导者都是"作品"的作者,因而"作品"就必须包括对理性的最高的使用:主导在思考和制作、哲学和技艺(technē)的区分中保持中立。因而哲学此后便被描述为"建筑学"(如以前培根所做的那样):知识之树这个有机的比喻具有欺骗性。这个序列中"完

---

〔1〕 R.笛卡尔:《著作和书信集》,普雷德版,133~134。

美”的第一个意义是得自于该单一性主导者“作品”的统一性。在此之上他又加上了第二个,即该主导者在其上进行工作的主题的宏大性。因而,笛卡尔的主导权将像那个序列一样总括。换言之,它是这样的一个关于整体或自然(它们是最重要的对象)的理论性的主导,它也将包括最高的实践主导,即最具重要性的“立法”。这样,亚里士多德意义上的构设或主导技艺便为被理解为理论主导或者“建筑学”的哲学所取代。在统一性和宏伟性之上,笛卡尔通过最后那个例子又加上了完美的第三个根据,即存在于主导者之内的、完美的主导权所从出的那个源泉:人类理性的独立运用。所有这三个根据都出现在笛卡尔称为最高的美德的那个主导的激情即“宽宏”的定义中:“宽宏是自己之内的这样一种坚定而恒常的决心……它总能成功地按照自己的意志从事和执行其判定为最好的事情……也即完完全全地追求美德。”[1]显然,在这里,“宽宏”没有相应的英文词所具有的“自由”的含义。

然而最后的那个例子——一生下来就能不受“欲望或教导”影响的完善地使用其独立理性的那个主导者——是假设性的。在谈及自己时,笛卡尔评论道:他之所以在《方法谈》和《沉思录》中进行主要反思之初就能充分地摆脱激情进行反思,更多地得益于机缘而非美德。至于他所受到的教导,他谈到了宗教。他说他是“从小在宗教的熏陶下长大的”。因而,他必须找到一个能清除掉占据着心灵的、依赖于“欲望和教导”的一切意见和信念的程序或方法。只有方法的建构而不是对自然理性的自然使用才能克服在欲望或激情的增长率和理性的增长率之间存在的自然的不协调。因为自孩提时起从我们的欲望或激情那里接受的偏见便左右着我们的感

〔1〕 R.笛卡尔:《著作和书信集》,普雷德版,768～769。

官知觉,它们是不能为自然而然地服务于那些激情的理性所修正的。因此,由于从感官知觉开始而又缺少一个清除占据着心灵的那些偏见的方法,从前的所有哲学都必然误入歧途。方法通过将数学——它是确实的,因为它与感官或身体无关——当作自己的范型从而控制自然的缺陷或人类本性的不协调。但是要能不仅主导身体而且能主导其他的一切,方法必须达成对所有物体的全面的主导,也即成为数学物理学。

笛卡尔的主导的最高级的例子即“宽宏”,必然包括政治学或“立法”,这在他随后对“改革”[1]进行的反思中非常明显。方法的第一条规则要求我们拒绝接受所有那些“不清楚、不明确”的意见,或者对那些构成了一个人的生活之基础的不确定的意见进行“改革”。与个人的“改革”相对照,笛卡尔问道:一个国家或民族是否也需要由个人来加以改革呢?如果这是必要的,那么它是否也是合法的或者可能的呢?但是个人必须怀疑的意见也是统治性的或构成性的意见,因而也是国家的“基础”。

一个人的改革和公共的改革间的联系,在对“科学总体”中存在的缺陷所进行的个人改革中得到了特别明显的表达,而这便导致了(或许是应该导致)对“学校为了教授科学而建立的秩序”的改革,而学校是作为“伟大的主体”即国家或民族的“基础”的那些意见的权威的容纳之所。因而,笛卡尔同意古典观点:意见是社会的要素和富有约束力的纽带,是它使社会得以统一和运动起来。因而,一旦一个人将自己的个人改革公之于众,就会产生他是否也企图带来一场公共改革这样的问题。这里,笛卡尔对古典学者的下述观点再一次表示了认同:一个哲学质疑一旦公之于众,它就会

---

[1] R. 笛卡尔:《著作和书信集》,普雷德版,134~135。

侵蚀社会赖以生存的意见这个要素。而且,笛卡尔的哲学对于社会的基础性意见构成了史无前例的威胁,因为他的方法要求全面地取消所有那些缺乏数学准确性的意见。不过,笛卡尔确实发表了他的方法(甚至以通俗的方式,用通俗的语言),这表明他是有进行公共改革的意图的。

如果我们不对《方法谈》一书的写作风格的三个主要特征至少作一简短的澄清的话,那么,笛卡尔在该书中所表达的政治意图仍是晦涩难解的。他经常被认为是一个政治上的循规蹈矩者,因为他的临时性的道德规范是这样开始的:"第一个规则是遵守我的国家的法律和习俗,始终坚守着上帝从我幼年起便恩准教导给我的宗教。"[1]除了这个规则的临时性外,人们很少注意到在同一段的中间笛卡尔还说道:"由于道德的沦丧,现在几乎没有人愿意说出他所相信的一切了。"因而,他"不得不加上这些临时性的道德规范",否则"学究之类的人便会说他不信宗教,没有信仰,并企图用他的方法推翻所有这一切"。[2] 这种谨慎的写作风格模糊了《方法谈》主要字面特征的意义。正如关于至上主导权的论证导致了"我的道路"——作为个别人的笛卡尔的道路——是史无前例的、不可重复也无须重复的一样,他的出版行为也是非常特殊的。因而,《方法谈》的形式具有哲学的最初并且也是最终的奠基者的自传的特征。当我们知道了在什么意义上奠基者需要非哲学家时,它的写作风格的第三个特征,也即它对哲学的通俗化表达,也就不难理解了。

笛卡尔著作的出版行为首先是以现存国家的改革的必要性为前提的(而这只从"它们的多样性"中就可以明显地看出来),但最

---

〔1〕 R. 笛卡尔:《著作和书信集》,普雷德版,141。

〔2〕 R. 笛卡尔:《著作集》,亚当和塔纳利编,V. 178。

终它还是以哲学和公众之间关系永久改革的必要性为前提。既然“多样性”自己就表明了现存国家有不完善的地方,那么只能有一个好的政府以哲学和公众之间的完美关系为特征。他对他那时的社会的特殊批评暗示了永久改革的一般特征。现存“基础”所具有的绝对权威孕育了内战:“派别之间的争论由于不知不觉地使参与其中的人们更为吹毛求疵、顽固不化,可能成为现在充斥于世界的种种异端和不和的首要原因。”[1] 笛卡尔在“火炉”前的著名的日子里关于主导权所进行的反思始于德国的“战争”,终于荷兰的战争,而整个说来它又是围绕对宗教改革后在欧洲进行的天主教势力和新教势力间的战争的反省而形成的。因而,“真正的宗教国家”或者说基督王国所展示的并不是其奠基者的统一性而是其自我分裂(self-diremption)。

由个人所进行的公共改革的合法性问题对笛卡尔来说是从属于它是否可能这样的问题的,因为“命运”是使政治权力合法化的资格。他“坚决不同意这样的性情急躁者:他们尽管没有受命运的召唤,也不是生来就适于去管理公众事务,却一再地计划进行新的改革”。[2] 如果我们将命运视为合法性的权力,那么笛卡尔这种将合法性的基础限制在命运和出身上的不寻常的做法将更令人惊讶:如果命运是合法性的源泉,那么由于一个个人在他成功之前不知道他是否“受到了命运的召唤而去管理公众事务”,因而每个攫取权力的企图都有成为合法的可能性。既然机会或命运使笛卡尔自己走上了发现真正“基础”的正确道路,那么他的规划从一开始就有幸具有了合法性。为了证明至上主导权的合法性,笛卡尔必须证明达到对命运的完全主导的可能性。但“一个人必须抛弃在

---

〔1〕 R. 笛卡尔:《著作和书信集》,普雷德版,568。

〔2〕 R. 笛卡尔:《著作和书信集》,普雷德版,135。

我们之外有一个决定着事物发生或不发生的命运之神这样一种庸俗的意见”。像马基雅维利一样(他在笛卡尔对命运女神的处理问题上无可置疑地留下了印记),我们必须制服操纵的是自然而不是别的什么东西。不过,当下的问题还是由个人进行的公共改革的困难性,对笛卡尔来说这个困难将由他的哲学之“果”对于所有人所具有的诱惑力以及对它们的宣传策略来加以解决。

一旦人们知道了物理学的一般原则,那么笛卡尔的“规划”也就成了“于人生而言非常有用”的“实用哲学”了,它能取代“现在学校内传授的思辨哲学”。通过“对自然的征服和占有”,人类就可以发明出“无数的人造物品,它们将使我们能够没有痛苦地享受大地上的果实和一切在那里可以发现的令我们舒适的物件”。[1] 知识之树的果实将消除我们人类祖先在伊甸园中的堕落给我们带来的种种后患,或者,更准确地说,他们将有效地否定这个传说的真理性。于是,《方法谈》作出了这样的保证:存在人间天堂,正是在这里,它达到了它的高潮。这里,笛卡尔在方法上模仿了培根的著作《新工具》(该书的副题提到了“人类王国”),通向人类幸福的科学不是对于灵魂的出色之处或者对于道德和政治科学的传统研究,更不是“向人们昭示了进入天国之路”的“神学”,而是医学这门关于身体的科学。“健康无疑是现世生活中最好的事情,而且是所有其他好事的基础。”医学也是延年益寿的途径,但它首先是产生“智慧”这个最终的果实的科学:“心灵在极大程度上依靠着性情和身体器官的倾向,以至于我认为如果存在可以发现能普遍地使人们比以往更加聪明、更加灵巧的途径的话,我们就必须以研究医学为己任。”[2]

---

〔1〕 R. 笛卡尔:《著作和书信集》,普雷德版,168。
〔2〕 R. 笛卡尔:《著作和书信集》,普雷德版,168～169。

为了统摄社会和允诺了这样的果实的哲学间的关系,笛卡尔断言存在“责成我们尽可能地获得对所有人的普遍好处的法律”。[1] 这个法律是笛卡尔所断言过的我们要无条件地履行的唯一的义务。在他的著作中它仅出现过一次,而且没有进行任何论证。他声称这个法律责成他不得不将自己的哲学公之于众以免他“犯罪”,但他从没有声称这个法律得自于“天启真理”。为了解释大胆的断言和令人瞩目的沉默这个令人感到惊异的混合物,我们首先要注意到这个事实:笛卡尔只在他发现了“相关于物理学的一般概念”时才援用这个法律。他不认为他的形而上学(它包含着他所认为是对上帝存在及其完善性的第一个演绎证明)对公众具有足够的仁善以至于需要发表。确实,在《方法谈》中对自己的形而上学作了解释之后(第四部分)他便立即转向了物理学,在那里他“发现了很多比他以前所学到甚至希望学到的所有东西更有用、更具重要性的真理”。[2]《方法谈》中在讨论出版问题的上下文里(第六部分),笛卡尔心照不宣地重新将这个法律作为假定的义务提了出来,它约束着那些渴望着新哲学的目的或果实的人们去寻求达到这个目的的途径。这些途径就是所要求的实验,或者有资格的人之间的实验的交换,或者会批准和推动这样的交换的政治条件。这个义务的假设性特征在笛卡尔的下述“诺言”中表现出来:他将“清楚地证明公众从他的哲学中所能得到的效用”,由此他“就能责成所有那些总体上渴望着人类福祉的人(所有事实上确具美德而不是只表面如此的人),不仅同我分享他们已经做过的实验,而且帮助我去寻找那些还有待完成的实验”。[3]

---

〔1〕 R. 笛卡尔:《著作和书信集》,普雷德版,168。
〔2〕 R. 笛卡尔:《著作和书信集》,普雷德版,154。
〔3〕 R. 笛卡尔:《著作和书信集》,普雷德版,171。

“人们的好处”——这个词缺少“公益”所具有的共同体意味——现在主要包含所有的人作为个人或通过社会而一直在寻求的东西,即欲求的满足、舒适、健康和长寿,而这个极端降低的关于公益的观点成了美德的标准。因此,笛卡尔和近代政治哲学的奠基者们一样颠倒了古典学者所理解的美德和公益的关系,而在这个过程中他对两者都作出了修改。关于仁善的“法律”在双重意义上都是假设性的:只有当一个人认为效用这个目的值得追求时,也只有当真正的途径、真正的物理学或“果实”之科学触手可及时,它才能责成某人去寻求实现途径。因而,它的关注点主要不是在公民彼此间或君主间的关系上,而是在哲学或科学与社会的相互关系上。出于这个原因,但更主要的是出于下面这个附加的原因——哲学或科学必须是主要的捐赠者,而社会是其效用的受益者,笛卡尔没有为人们提供任何关于公正或自然权利的学说。“宽宏”这个哲学家或科学家的最高美德排除或取代了公正,因为它是建立在这样的灵魂观之上的:它不仅不同于古人的而且也与近代自然权利学者们的灵魂观相异。

《沉思录》一书中的政治哲学思想

笛卡尔有关新方法的最初讨论在一种数学物理学中得以完成,后者迫使他不得不考虑灵魂的处境问题,而有关它的知识在《沉思录》(1641)一书中所进行的形而上学论证中得到了最为充分的表达。他决心绝对地怀疑,或更准确地说,绝对地拒斥哪怕是有些许可疑之处的一切意见或意见的根源,以便为科学的大厦奠定“基础”。后来,笛卡尔对这个要进行“普遍的怀疑”的毫不含糊的要求仔细地进行了限制。在《哲学原理》第一部分第10页笛卡尔否定了它的普遍性。莱布尼茨曾说“怀疑一切事情”的要求大概意在“用新奇刺激懒惰的读者”。怀疑是这样一种步骤,设计它的目的是悬置起我们对感官和从它们那儿而来的印象的自然而然的信任——它们构成了笛卡尔称为“自然的教义”,后来又被称为“自然态度”的一部分。为了验证不依赖对印象之信任的东西——特别是不属于意见的数学——笛卡尔便求助于上帝,因为“上帝能做任何事情”,因而也能使最为自明的推理(比如说,2+3=5)成为假的。根据上帝是全能的观点,若非因为上帝的完美必然排除了此种欺骗,它也必能使矛盾律成为无效,这样人类的一切推理亦将完结。因为迄今我们还没有得到关于上帝的全面知识,或者因为上帝仅是“一个古老的意见”,我们只是没有实在的理由对其加以怀疑罢了,它被一个并非是全能的“恶魔”所取代。不过,这个恶魔并没有使数学面临危险,也没有使不依赖对于印象的信任的推理成为无效。

在此笛卡尔引入了他的“无神论”观点:人类和他的思想是盲目的命运或机会或一连串的前在原因的结果。正是这种无神论观点为他关于恶魔的诗意的虚构奠定了思想基础。这种无神论观点常被看作为怀疑提供了远比全能甚或是邪恶的上帝更为极端的理由,因为笛卡尔主张:人类“作者”的能力越小,则人类受欺骗性的可能性就越大。然而,这个断言只关涉力量的差别,因而没有涉及与一个可能是邪恶的上帝的观点的比较。既然上帝有时会让我们受骗(这是毋庸置疑的)的观念和上帝总是让我们受骗的观念同样与完美上帝的概念相冲突,那么面临着人类求知的神圣危险就构成了贯穿整个《沉思录》的严重困难。在怀疑的背景下,无神论的假定起到了质疑认识者和被认识者间存在的和谐关系的作用,后者看起来蕴含着下述结论：整全为理智所支配。但笛卡尔式的怀疑不只是像近代以前的人们那样仅仅抛弃了支配性的理智，而且同时也放弃了对于由感官而来的印象和它们的对象的和谐关系的信任。印象也许完全是欺骗性的，“人生如梦”也许是自然情形的真实写照，而对我们求知的欲求和需要无动于衷的自然，则成了“恶魔”的化身。

更为接近的观察表明，笛卡尔因广延性、图形、量等科学概念的数学（或者“非经验”）特征而抛弃了对印象和事物间相似性的信仰。然而，对印象和事物间相似性的否定似乎暗示存在“心灵之外”的事物，而它们就是要和心灵进行比较的。而且，对于这种事物的存在的知识似乎依赖于印象。难道对“自然教导”给我们的“相似性论题”的拒斥就没有同时假设在关涉“存在论题”时我们要相信自然这个要求吗？笛卡尔有时的确是这样建议的。无论如何，在《沉思录》中他还是按照习惯的做法将它们看作同等可疑的。据此，存在论题，即“相信存在物体这个巨大的倾向”，势必最终要求上帝的善心作为它可接受性的保证。如果我们反对道：这同样的保证似乎也保证了我们相信事物类似于我们的印象的强烈的倾向，我们就不得不承认这将与笛卡尔的科学的诸要求相抵触。恶魔使“一切外在事物”或者物体（包括怀疑者的身体）的存在成为可疑，并因而也使相似性论题更为可疑。所谓“普遍的怀疑”所怀疑的只是这两个论题。当然，存在这样的逻辑可能：怀疑实体，或休谟意义上的“实际事实”，或者自然的教导，但却不怀疑而是断定怀疑者本人的存在（在这里，怀疑者的存在甚至是必要的）。因此，“‘我存在’这个命题在我说出它或者在我思虑着它的任何时候，都必然是真的”。既然“我存在”的知识的真理性不依赖有关物体的知识或任何有关自然或存在物的知识，它也就有比于在它之后出现的“形而上学”式的论断在“认识论上的”优先性。

这个原则是笛卡尔的“阿基米德点”,它在全体事物中确立了认识自我的存在,而全体事物对这个认识主体的敌意则由作为自然统率的数学物理学克服。只是在确立了这个原则后,笛卡尔才提出什么是心灵或思想的问题。因而,“我思”(cogito)先于并且独立于人类心灵的任何物质性或非物质性结论。在现代大多数学者看来,笛卡尔通过证明一个具有无限完善性的全能上帝的存在而抛弃了思想自我的绝对自主性,因此,上帝是所有事物以及人类和人类知识的第一原理或原因。同时,笛卡尔又断言:有限的人类心灵不能认识任何无限的东西,因而“上帝是不可理解的”,[1]这便给我们解释他的形而上学设立了几乎不能克服的困难。这些困难之解决要看我们是同意现代大多数学者的观点——笛卡尔的根本思想都是用完全坦率的语言发表的,还是同意从前的人们的观点(如莱布尼茨的下述观点:“笛卡尔存心不像霍布斯那样简单明了,但他也禁不住要以一带而过的方式表露出自己的意见,因而,他做得很巧妙,如果我们不对他所论述的主题做深入的检查的话,我们是不能理解他的思想的。”[2])而定。不管解决办法如何,笛卡尔从没有声言我们能从有关上帝的知识推得任何有关人的义务或权利的知识;不过,他确实断言过:“自然律”是得自于“上帝的无限完善性”的。

笛卡尔的形而上学论证为他的灵魂观(这构成了他的“宽宏”理论的基础)提供了一个源泉。他的灵魂观的第二个源泉是物理学,即处理“我们的身体这部机器”的“医学”,在他出版的最后一部

---

〔1〕 R. 笛卡尔:《著作和书信集》,普雷德版,295、579~580;亚当和塔纳利编:《著作集》,Ⅷ 9。

〔2〕 G. W. 莱布尼茨:《哲学通信集》,Ⅰ. 506。

著作《灵魂的激情》(1649)中,笛卡尔对此进行了十分全面的介绍。按照他的形而上学论证,自由意志是心灵或灵魂的功能,是独立于物质实体的非物质性的实体。但它又能以某种方式作用于物质实体,特别地说,即人的身体。至于它究竟以何种方式起到这种作用,笛卡尔承认这尚无充分的解释。这种形而上学观点反映在他的宽宏定义的第一部分中:宽宏是这样一种"认识","真正说来,除了人的意志的自由倾向外,人就一无所有了,而且除了因为他对这种倾向做了或好或坏的使用外,我们也没有其他的理由表扬或责备他"。不过,按照物理学论证,心脏的热量是"我们的身体这部机器"的"所有运动的物质原理",而"古人"的错误的"第一个原因"便是"灵魂使身体运动"这个信念。因而,上述的形而上学论证只是重复了古人的错误。按照物理学论证,思想或意识是对(完全是物质性的)动物灵魂(spirits)之运动的觉悟,至于这是何种觉悟,笛卡尔并没有给出足够的解释。意志不是自由的而是受激情影响的:"人类的所有激情的主要效用在于,它们激发他们的灵魂去意欲它们使身体为之做好了准备的那些事物。"这第二个观点或曰物理学的观点也反映在"宽宏"的第二部分定义中:"人类在自身内感觉到一种坚定的、恒常的决心……他从不违背自己的意愿而不去从事和执行他判定为最好的事情,即完完全全地追求美德的意志。"笛卡尔将"决心"理解为勇气的一个属类,而勇气则是动物灵魂中的"某种热力或骚动",它们"强有力地促使灵魂倾向于去执行它企图做的事情"。关于灵魂的这种生理学观点,绝好地解释了为什么笛卡尔能够说在《灵魂的激情》(此书第一部分处理的是"人类的全部本性")里他是"以一个物理学家的身份"[1]论述的(17

---

〔1〕 R. 笛卡尔:《著作和书信集》,普雷德版,768~769、696~697、698、715;亚当和塔纳利编:《著作集》,XI. 326。

世纪的英国哲学家亨利·摩尔曾公开地赞成对笛卡尔式的灵魂的生理学解释,他将这样的学说称为“虚无论”)。[1]

不管我们怎样看待这些可供选择的解释,我们总可以说,“宽宏”是一个人在他的意志或决心等品质方面对于自己身份的觉悟。意志自由“在某种程度上使我们有如上帝一般,只要我们没有因为懦弱而丢掉了它给予我们的权力,意志自由就能使我们成为自己的主人”。[2] 既然懦弱剥夺了人类的诸种权利,那么这些权利也就只属于勇敢者或有决心者,因此,尤其属于“宽宏者”。然而“懦弱还是有其用途的,当其他更为确实的理由还没有激发起这种激情时,它可以免除我们因受了不怎么确实的理由的激发而不得不接受的诸多痛苦(这些痛苦根据更为确实的理由是无用的)”。[3] 因而,非常确实的理由也许会剥夺宽宏者的上帝给予他们的那些权利。笛卡尔并没有为这些权利的存在提供过任何论证,也没有为它们在《圣经》中寻找任何文本根据,此后他甚至再也没有提到过这些权利。

宽宏的政治含义可以在与亚里士多德的“高尚”(magnanimity)这一美德的比较中看出。在笛卡尔看来,宽宏不过是“高尚”的修正版本。高尚是经教化而来的习惯或者灵魂的倾向,而笛卡尔之所以选择了“宽宏”这个新的名字,恰恰是因为它不是教化的结果而是非生成的、先天的性情,至少部分是生理性的。宽宏的心灵或“强壮而高尚的心灵”的力量是生就的,因此它们天生就是“主人”,它们自然而然就具有高贵性或贵族性。对于亚里士多德来说,高尚是一个总括性的伦理美德,因而它区别于并低于理论美德,而宽

〔1〕《亨利·摩尔哲学著作集》(*Philosophical writings of Henry More*),F. I. 麦克肯恩编(牛津,1925),183 ~ 196。

〔2〕 R. 笛卡尔:《著作和书信集》,普雷德版,768。

〔3〕 R. 笛卡尔:《著作和书信集》,普雷德版,779。

宏在笛卡尔看来则是最高的美德：既然它的最高目标是借由数学物理学“主宰自然”，理论和实践这个区别本身也就成为可疑的了。高尚包括并假设了其他的美德，特别是公正这个美德，因而它也就成了“其他美德的一种装饰物”。[1] 相反，宽宏没有假设其他的美德，而且笛卡尔根本就没有将公正视为美德或激情。毋宁说，宽宏是“通向所有美德的钥匙”。[2] 因而，笛卡尔没有提出任何种类的自然权利学说。与古典学者相对照，由于灵魂不具有任何自然秩序，这便使传统类型的自然权利学说成为不可能。笛卡尔和霍布斯这个现代自然权利学说的主要建立者一样，认为理性服务于激情。在人类和兽类相较量的关键场合，理性成了“全能的工具”[3]：使人类和兽类区别开的就是这个独一无二的手段，而不是什么特殊的、不同的目的。但与霍布斯不同，笛卡尔是以强壮的或宽宏的心灵的（他们对于自身决心的力量以及强烈的激情的意识是独一无二的）眼光看待政治社会的。因而，他抛弃了霍布斯《论公民》一书的平均主义观点：按照这种观点，自我保存的激情是一切人的最为强烈的激情，因而它构成了自然权利的基础。

宽宏是一种政治激情或美德，这不仅是因为它有控制自然以便为所有人带来好处的目标，还在于关于宽宏的知识构成了教导人们成为激情的主人并得以享受这些激情的完善道德科学或“智慧”的首要部分。借此，人类就可以“品尝到人生中最为甜美的东西了”。[4] “伊壁鸠鲁说普遍的快乐构成了人们所说的至福，这没有错。”不过，一个人因意识到自己在控制自然方面所具有的力

[1] 亚里士多德：《尼各马可伦理学》，1124a。
[2] R. 笛卡尔：《著作和书信集》，普雷德版，774。
[3] R. 笛卡尔：《著作和书信集》，普雷德版，165。
[4] R. 笛卡尔：《著作和书信集》，普雷德版，795。

量而产生的自我满足感与别人为了这种控制所产生的仁善结果而给予他的荣耀感并不相互排斥:最高的哲学奖赏和最高的政治奖赏也许在同一个灵魂中并行不悖。笛卡尔并没有"像犬儒学派和伊壁鸠鲁传统那样公然蔑视荣誉"。[1] 对荣誉的追求也许确实扰乱了心灵的"满足感"或"恬静感",但是人们之所以追求作为"人民"或者粗人对"我们的行为的外在的东西"的尊敬的荣誉,也是为了安全和"恬静感"。真正的荣誉是为了从外部无法看到的东西(完善的道德科学或"智慧")的仁善而对其他"强健而高贵的心灵"的认可。"一个人由于看到自己受到了其他人的尊敬才会产生自尊感。"[2]因而其他人因仁善而给予我们的尊重或荣誉增强了我们的原始自尊或宽宏,这样理解的仁善因此也就取代了公正。

笛卡尔的"改革"始于这样一些转变:哲学转变为关于如何控制自然的规划,美德转变为关于激情的科学,完善的理论美德和实用美德转变为单一的具有美德特征的宽宏这一激情。既然对于所有人而言,对自然的控制都是达成实用目的的手段,哲学必须和社会保持一种新颖的关系。这种关系是由对传统社会基础的威胁以及通过控制自然所得之成果达成的仁善的希望二者构成的复合物。不过,下述事实缓解了这种危险:那个方法所要求的"普遍的怀疑"不仅没有怀疑善的东西就是有用的东西这种观点,而且事实上它正是以此为基础,而有用的东西总是为所有社会所共同需要。因而,除了建立在传统美德或虔诚基础上的社会,笛卡尔的规划在所有社会中都会受到欢迎。换言之,它对不同类型的政治制度相对中立。在近代,最专制的政治制度和最自由的政治制度都支持

---

〔1〕 R. 笛卡尔:《著作和书信集》,普雷德版,1199、131、792。
〔2〕 R. 笛卡尔:《著作和书信集》,普雷德版,791。

科学规划的事实,为这种中立性提供了某些明证。也主要是因为这个原因,笛卡尔从没有就何为最好的政府这个问题表达过明确的见解。哲学和社会之目标的一致并没有为下述事实所破坏:宽宏的心灵所追求的有用的东西并不总是能与社会所追求的有用东西相一致。因为宽宏者所追求的激情的最终智慧和荣誉的奖赏要求相同的手段,即促进科学,而这也是为获得社会所追求的有用的结果所必需的。哲学和社会达于和谐的基本前提是:所有人都为激情所支配。

这种共同的手段,即科学的促进,没有社会制度的某种转变,或者说没有有关社会制度的某种新的"立法",是不能获致的。只有当科学不仅在一个社会界限内部而且在社会之间的"实验"的自由交换或自由交流得到认可的情况下才能前进,而且也只有在社会通过给予科学家以安全、收入和尊敬的方式推动科学发展的情况下科学才能实现其承诺。这种自由的交换不能仅局限于知识的交换,社会,或者更准确些说,政治当局并不是知识的称职的法官。因此,社会不仅必须将有能力者或科学家看作法官,而且必须批准各学说之间的一切交流。社会必须放弃对它的意见,也即对它的"基础"的控制,因为社会占主导地位的意见必然要受学说间自由交流的影响。而且,科学技术或"无穷的人造物"也必将深刻地影响着社会。社会不能拥有科学知识,而只能拥有对科学的仁善功用的信念。但既然社会对科学的仁善之功用原本并不怎么熟悉,对它的社会要求原本也不怎么了解,因而笛卡尔便有必要追随培根,从这两方面对社会进行启蒙。

"启蒙"一词可以说有三方面的含义。首先,它是一种为近代哲学的奠基者们所发起而又为他们的大多数追随者所继续的史无前例的政治行为,它在"征服自然"的共同事业中锻造了将哲学或科学与社会联系起来的纽带。同时,也可以说它是锻造这个纽带过程中所使用的修辞方式和由它而建立起的那种关系。因为科学前进的最适条件要求各个国家的科学家之间进行密切合作和自由交流,而且也需要有关科学促进诸条件的知识的传播,所以启蒙必然包含着在“征服自然”的共同事业中彼此相连的“开放社会”的存在。因而它必然和这样的社会或社会要素形成鲜明的对照:它们只追求它们自己的道德和生活方式的自治式的培养和保存。因而,启蒙意在达到一种潜在的具有世界规模并且第一个以哲学为源泉的普遍政治。

因为启蒙的修辞是希望和威胁的复合物,所以实际上它将社会分成了几个部分(不仅在其开始时这样而且在它大获全胜时也是如此)。笛卡尔暗示寄希望于三种人。特别是在《方法谈》中,他求助于有“理智”(goodsense)的人或者“公众”,因为他们是人类中的一大批中等程度的人,自认为已具有充分的“理智”——这里,笛卡尔临时将它等同于理性了,但这并不是没有欺骗性的。这种夸赞的潜台词是:具有理智的人能够就“特别关涉到他们的事情”进行很好的推理,并且清楚在何种事情上所犯的错误判断“随后就会受到惩罚”。[1] 他们的推理能力植根于他们此时此地的自私自利和自我保存,而不在于来生他们会受到的什么惩罚。笛卡尔的修辞向他们鼓吹他们是“毫无痛苦地生产大地上的果实”的规划以及这种规划的进展的社会条件的受益者。他们是由具有宽宏的心灵的人们,或在他的基础上进行建造的科学家们和宣传他的改革的哲学家们所构成的第二个团体的天然同盟。我们还可以区别出第三个团体,这是由真正意义上的政治统治者构成的。他们必然会欢迎笛卡尔对有用于社会的知识的辩护和他对那些相信上帝给予

〔1〕 R.笛卡尔:《著作和书信集》,普雷德版,131、133。

他们以“充分的恩典和热忱以成为先知”的“改革家们”[1]的政治野心的反对。

他邀请所有这三个团体的人们一起加入到反对这样的一些人的阵线之中来，这些人“从古书中，从他们的历史和传说中”引出他们的信念。按照笛卡尔的观点，与“改革家”或“预言家”为伍的还有这种人：他们自认为自己是“上帝的虔诚的信徒或伟大的朋友”，而实际上他们“只不过是冥顽不化者和信神弄鬼的迷信家而已”。他们“犯了人类所能犯下的最大的罪行，例如仅仅因为人们没有听从他们的意见就背叛城邦，杀死国王，灭绝整个民族”。一般大众之所以支持这些狂热的领导者完全是因为他们“心灵软弱”，笛卡尔常常使用这个词来描述那些易于接受“迷信”而其“良心”又常常为“悔恨和懊悔”[2]所折磨的人，这样的人与具有“强有力且高尚的心灵”的人形成明显对照。但是心灵软弱的人还是有一个补救办法的，这就是关于激情的科学：“如果人们用足够的辛劳去训练并指导他们，即使最软弱的心灵也能完全操控他们的激情。”[3]在狂热者后面有“学院派”或经院哲学的权威：“僧侣们通过他们的神学，即他们的经院哲学为所有教派和异端提供了机会，而在此以前他们都是要加以消灭的。”[4]正是由于这个由朋友组成的反对敌人的联盟，达朗贝才能够说笛卡尔是“共谋者的首领，是他第一个勇敢地站出来反对暴虐而专断的权力”。

不过，为了使他的规划能获得持久的成功，笛卡尔启蒙式的修辞必须战胜那些更为根本的敌人。不仅他的“教师”或者拉丁基督教世界的书籍“腐蚀自然理性”，而且一般的“希腊语和拉丁语书籍

---

〔1〕 R. 笛卡尔：《著作和书信集》，普雷德版，168。

〔2〕 R. 笛卡尔：《著作和书信集》，普雷德版，1244、141～142。

〔3〕 R. 笛卡尔：《著作和书信集》，普雷德版，722。

〔4〕 亚当和塔纳利编：《著作集》，V. 176。

也起到同样的腐蚀作用”。[1] 他明确地表示,与他对等的唯一对手,或者说只有“他们的书才值得我们拥有”并且试图发现“第一因和真正的原理”的那些人,是“柏拉图和亚里士多德”。因而,对他的规划有着最多的“偏见”的人是那些“对古代哲学素有研究的人”。于是,他的修辞也就有了反对整个人文学术传统的功能,这就促使他与传统对立。既然好的就是古老的、传统的这个观念永远不能得到彻底的根除,启蒙的修辞也就有了持久的区分性的社会功能。笛卡尔通过将古典学者等同于古老的或传统的东西的方式,成功地将对古典哲学关于好的和古老的东西等同的质疑转变成为对古典学者的质疑。在他看来(斯特温和格老秀斯也持有同样的看法)古典传统似乎败坏了前苏格拉底时代圣贤们[2]所具有的世界黄金青年时代的智慧。由于笛卡尔知道,相对于全体而言,所需要的是更少哲学精确性的信念来作为社会的基础,他便企图为传统提供这样一个能促进科学规划的替代品。借助于“关于世界的科学神话”或者旨在对天空和地球、可见的宇宙和它的所有现象的起源作出科学解释的东西,他建立了科学是万物的主宰的信念;同时,借助于科学进步能给人们带来无限好处的承诺,他和培根建立了“进步的观念”,也即这样的信念:好的东西在于将来,而这并不是传统、自然或上帝的功劳。

结 论

不是笛卡尔,而是培根率先提出了这样一个“规划”:它向人们

---

〔1〕 R. 笛卡尔:《著作和书信集》,普雷德版,179、562、564、879、884。

〔2〕 R. 笛卡尔:《著作和书信集》,普雷德版,560、562、564;亚当和塔纳利编:《著作集》,373~376。

承诺只要借助于一种普遍的方法社会就能得到最大程度的仁善，而这便开创了启蒙政治学。笛卡尔步培根的后尘，可以说他接受但修改了马基雅维利先前借助于一种在人类事务中致力于控制机运和自然的政治学说而达至的最高荣誉或主导与最高的仁善的融合。最初是马基雅维利的"现实主义"教导人们：理性并非按其本性就是追求纯粹的真理的，相反，它是服务于激情的。换言之，仅有"人类判断力的自然力量"是不够的（像培根所说的那样）。因而理性必须为方法这个人造物所"武装"，或者如笛卡尔所说，理性必须为方法的"工作"或技艺所指导。马基雅维利对自然理性的非纯粹性的最初批判恰恰要求自然要为技艺或为方法的构造所纠正，或更准确地说，所征服。马基雅维利认为，人类理智为了达到对人类本性的把握，必须屈尊先行研究动物的本性。而培根则认为，为了达至对人类理智自身的把握，我们首先必须屈尊去学习机械技艺，只有这样我们才能像"借助机械一样"达到把握所有自然的高度。因此，培根企图在马基雅维利的"现实主义"的基础上超过他，这在《新工具》一书（第1卷，第129节）中表现得尤其明显。因为试图通过一个普遍的方法而"建立并扩张人类种族自身对整个宇宙的权势和控制的势力"，要比关于政治模式和政治秩序的学说更为仁善。"因发现而带来的好处可以遍施于整个人类，而国民的好处（Civil benefits）则只能局限于特殊的地方；后者延续不了几个世纪，而前者则可以持续存在于所有时代"；"国内的改革"通常始于暴力，而发现则只会给人们带来好处而不会给任何人带来痛苦。

整体看来，这个论证构成了笛卡尔的规划中最富创造力的部分。笛卡尔的规划的渊源和发展在《君主论》（第6章）、《新工具》（第1卷，第129节）和《方法谈》（第Ⅱ部分）这些著作中包含的关于由个人对政治团体进行"改革"的学说的惊人类似的陈述中表现得尤其明显。在笛卡尔看来,培根并没有足够清楚地看到:新的方法为了成为确定的或"系统化"的必须是数学性的;他也没有看到它需要一门新的数学和一门数学物理学,还需要对灵魂作出相应的界定。通过这些意义重大的修正[1](不过这种修正是在马基雅维利奠定的基础上进行的),笛卡尔便成了"近代哲学的奠基者"。

阅读书目

1. 勒内·笛卡尔:《方法谈》。(中译本:《谈谈方法》,王太庆译,商务印书馆2000年版。——译者注)

2. 勒内·笛卡尔:《沉思录》。(中译本:《第一哲学沉思录》,庞景仁译,商务印书馆1986年版。——译者注)

---

〔1〕关于这些修正,请参见 J. 克莱因:《希腊数学思想和代数的起源》(*Greek Mathematical Thought and the Origin of Algebra*)(1968),197~211。

约翰·弥尔顿

（1608—1674）

沃尔特·伯恩斯

在剑桥大学读本科时，约翰·弥尔顿用拉丁语进行了7次演讲。这些演讲，正如所期望的那样，从风格和语言上反映出的，不仅是他对古典时代作者们的了解程度之深，还有即使只是一个学生，他也已自觉接受了这些作者的权威并以之为师。继而，他勇敢地向有关出版许可的法令挑战，同时向议会陈述废除这一法令的必要性。他把自己的系列演讲命名为《论出版自由》（*Areopagitica*），这将成为他最为知名的散文作品，这使人联想到古代伊索克拉底和古希腊雅典的最高法院（Athenian Ar-eopagus）的例子。他试图改革英国教育，提议建立仿效“毕达哥拉斯、柏拉图、伊索克拉底、亚里士多德等人的古老著名的学院”。在大约20年的时间里，他一直都在阐述并捍卫着从古希腊和罗马的学说和制度中有意识地衍生出的政治学说。

但是他也坚持说,这并不是要引入完全背离英国传统的东西,更不是为建立一个奠基于全新原则上的新政府而进行的反叛。事实上,他在其最全面综合的政治论著《建设自由共和国的简易办法》(以下简称《简易办法》)一书中指出,完全不必"引入……外国模式",在英国历史上有足够的模式可供选择。正如他在其早期的一个反主教的小册中所述:"在历史上没有任何已知的公民政府,即便是被波里比阿所大力赞扬的斯巴达和罗马也不是公民政府。没有任何已知的公民政府比英联邦更神圣更和谐,或在其审判天平和正义之手中比英联邦更平等均衡。"〔1〕

这种自由共和国的优点部分在于它拥有一个混合的宪制;它不是君主制、贵族制或民主制,而是承认它们各自要求的混合体,是一个均衡的产物,是"神圣而和谐的乐音"。这个最理想、不野蛮蒙昧的国家"有一种分有每种政体美德的特定的混合与气质的目标……"〔2〕尽管他宣称是君主制的公开反对者,但他早期接受的观点是全然共和政体式的。因而,就这方面而言他更多地接受了古典范例而非英国传统的精神,他对混合型政体思想的深厚的感情贯穿了他的政治生涯的始终。孕育于古希腊和罗马的政治是一种宪法政治,宪制政府产生之原因,以及英国被上帝恩宠而在17世纪发展强盛于世之原因,正是伟大的弥尔顿推动促成的。甚至在君主制复辟前主教统治的最后时刻——"好的古老目标"一旦出现注定失败的迹象——正是弥尔顿坚持说通向自由共和国的道路是明白且简易的:"……如果人们能放弃成见与急躁情绪,能严肃冷

---

〔1〕《英国宗教改革论》(*of Reformation in England*),载《约翰·弥尔顿全集》(*The Complete Works of John Milton*),F. A. 帕特森编,纽约,1931~1938年版,Ⅲ. i. 63。

〔2〕《英国宗教改革论》(*of Reformation in England*),载《约翰·弥尔顿全集》(*The Complete Works of John Milton*),F. A. 帕特森编,纽约,1931~1938年版,Ⅲ. i. 63。

静地考虑自己在宗教方面和政治方面的利益,能考虑自由的自由以及得到自由的唯一途径……选出能干的、不赞成独夫或上院的城乡议员来,如果人们能这样做,事情就成功了。”[1]我们现在的任务就是理解这个自由共和国的形式和目标。

尽管希腊历史学家波力比阿不是首创者,但是,在与这种混合宪制——或更精确地讲,混合国家——学说的联系上没有任何人比他更紧密。在他对罗马宪制的著名描述(之前有一段对这种政体的谜一般的评论)中,波力比阿看来是把柏拉图和亚里士多德的混合政体的思想与一个新的思想,即分权思想结合起来了。亚里士多德的思想是寡头制与民主制的混合,通过适度把政治权力赋予中等阶级而实现。波力比阿的罗马混合制似乎包括君主制、贵族制和民主制的成分,它们各自行使国家的一部分权力,并且与一个特殊的制度相联系:君主制与执政官相关联,贵族制与元老院相联系,民主制模糊地与公民大会相联。我们不必追问波力比阿的意图,而应当努力把握弥尔顿本人对这一术语的理解。他意指的是否定,正如亚里士多德在《政治学》第4卷中所阐述的那样,是否存在一个把民主制和寡头政治结合起来从而扬各自之长避各自之短,却仍然拥有一个完整未分割的公民主体,最终在各方面有最高统治权的政体?或者是否存在这样一个政体,它的全部政治权力被分成君主制的、贵族制的和民主制的三个部分?

弥尔顿不是其时代重大政治事件的旁观者,相反,他不仅积极支持了国会反对查理一世的斗争,而且在后来还支持了国会对克伦威尔的诉讼。他大部分的政治著作多是在为了现实的迫切需要——无论是为了给自己和英国人民声辩,还是为了阻止君主专制复辟作最

---

[1] 《建立自由共和国的简易办法》(*The Ready and Easy Way to Establish a Free Commonwealth*),载《约翰·弥尔顿全集》,Ⅵ,第125页。

后努力——而匆促写成的小册子。在这种情况下,他在某些问题上的观点在内战爆发及其后果的冲击下而发生改变就不值得惊讶了。他对君主制的看法即属此列,他对普通国民性的看法也属这种情况。

弥尔顿绝不是一个民主人士,但他似乎在开始比后来对人民的政治能力更为赞赏。1644 年在《论出版自由》一书中他之所以攻击并反对出版许可法令,原因之一是他认为,这是对普通大众的侮辱——不合理地假设他们处于"这样一种忠诚和谨小慎微的病态的及虚荣的境地之中,即除了俯首帖耳之外,一事无成"。但在他的《再次为英国人民声辩》(以下简称《再次声辩》)一书中,在为以国家名义废黜、处决查理一世,从而把共和国从残酷统治中解放出来所作的辩护中,他在那些有能力成就伟大的事业并忠诚于此事业的勇敢、宽怀大度以及坚定果敢的人与庸俗的大众之间划分出了明确的分界线。[1] 在他的政治生涯早期,他曾因为一个对手使用"叛乱暴民"一词而谴责了他,但后来他自己也使用了"暴民"这个词,意指那些呆滞、不懂统治艺术、脆弱易变而好冲动的普通大众。他在《为英国人民声辩》一文中说,只有少数人渴望自由且只有少数人能够运用这种自由,"世上多数人宁愿选择公正的主宰——主宰理应是公正的",[2] 但在他的《再次为英国人民声辩》中,他却要求克伦威尔保证"所有同等的公民应当享有平等的权利去获取自由"。[3] 根据这些相互矛盾的论述,也许要了解他对普通国民性的认识,最确实有效的指导是考察他在宪制中为他们安排的位置。在 1641 年他指出政治权力只应在"人民大众的充分认可和选举下"行使,但直到 1660 年他才在《简易办法》中详尽论述了

〔1〕《约翰·弥尔顿全集》,ⅦZZ,第 3~5、151 页。

〔2〕《为英国人民声辩》(*Defense of the English People*),载《约翰·弥尔顿全集》,Ⅶ,第 393、75 页。

〔3〕《约翰·弥尔顿全集》,ⅦZZ,第 239 页。

获得这种认可的方式,在此,描述国家委员会和立法机构成员选举情况时,人民的作用微乎其微,这一点是很清楚的。人民在一个平衡的政体中行使某种权力,但没有人把这种政体看成是民主制。尽管如此,他后来在其混合政体中拒绝承认君主的原因之一便是他对人民主权原则的重视。

弥尔顿并非始终是一个共和党人。在1641年写成的《宗教改革论》一书中,他认为为了促进宗教改革,指明主教制并不是与君主制相容的教会统治的唯一形式是十分必要的。8年后他说当君主为不法之事时,可以被废黜;甚至未为不法之事,他也可能会被废黜,因为他"占用了人民的权力"。是人民首先选择了君主,他们也有权利废弃他!生来自由的人们有"权利……被他们认为最理想的人所统治"[1](但其他民族,尤其是野蛮民族或一个"乌合之众聚集"的国家是否会合法地被君主甚至一个暴君所统治呢?对这个问题的论及在《为英国人民声辩》和《简易办法》中都可以寻到)。君主的封号并非得自上帝,而是得自于人民。"因而,我们所见关于封号和统治与废黜的正当权利,在与上帝有关时,在《圣经》中全部可找到的只有一处,这只在人民中能看到,并仅关乎公正与过失。"[2]人民主权得自上帝,正像他在《失乐园》第12卷中所说:

> ……但是俯视众生的上帝并没有制造君主;这种封号只留给了他自己,人,生来就拥有自由。

弥尔顿可能最初支持君主制,但他很快就成为共和党人,而且

---

〔1〕《国君和行政官的任期》(*The Tenure of Kings and Magistrates*),载《约翰·弥尔顿全集》,V,第14页。

〔2〕《国君和行政官的任期》(*The Tenure of Kings and Magistrates*),载《约翰·弥尔顿全集》,V,第18页。

是一个激进的共和党人。

但是,人民主权与君主制,甚至世袭的君主制是兼容的。因为人民可以把政府的权力委任于一个皇族,但同时保持罢免的权力。但到了他发表《为英国人民声辩》的1651年,在当时的事件中他已经找到了充足的理由弃绝君主制,甚至是弃绝立宪制下的有限君主。在1651年前的十年中,他作为一名英国人的经历已使他从柏拉图和亚里士多德的著作中确定了如下的结论,即君主制易于堕入暴政(虐政)的深渊——事实上,弥尔顿认为在所有形式的政府中,君主制转变为暴政的可能性最大。君主制的积极支持者的任何著作都不能改变他的看法;事实上,在回击各种颂扬君主制的小册子中,他日益成为共和党人。最终,他从君主身上只看到贪污腐化、奢侈浪费、昏庸无能,君主的生活方式使人民凄惨绝望,败坏了"上流社会",豢养出一批奴颜婢膝的贵族,他们不热衷于公共事务,却乐为"管家、内臣、迎宾招待员、马夫,甚至成了贴身密探……"简言之,君主制贬损了人格。君主制,正如这名亚里士多德的弟子所言,并非是一种适合于自由人的政府形式。被君主所管辖,把自己交付于君主家父般的照顾下,无疑是"未成年的孩子而不是男子汉"的行为。"这是多么懦弱无能;只要我们不是懒汉、不是婴儿,便只需依靠上帝、依靠自己的主见,勤勉积极,发奋图强,便能得到我们的全部幸福、安全与福利!"[1]正是这些原因使弥尔顿成了共和党人。当然,这并不意味着他拒绝承认行政权力的行使;混合政体配备了政府中的行政官吏,如果在1641年这是一个君主,1660年就是由立法机构选举的国家委员会。

很显然,既不是民众也不是君主及其扈从该在混合政体中行

〔1〕《简易办法》,载《约翰·弥尔顿全集》,Ⅵ,第120、122页。

使政治决定权,正像他在《宗教改革论》中所说,这个角色被留给了"最高贵、最杰出、最谨慎的人"。很显然,这些人并非指掌握了上议院的加封贵族,因为在自由共和国里不存在上议院,弥尔顿也不屑那种把封号授予贵族持有者的做法。他认为这些最高贵、最杰出、最谨慎的人会通过他们自己的性格和其公共服务被甄选。他对后来被尊为立法者和国父的克伦威尔建议道:"对那些杰出的人和被选出的公民,无疑应当给予自由的关怀……"[1]他意指的那些人并不把公共服务看作夺取权力、获取地位或积累财富的阶梯,而是看成神圣的职责。"哪个政府的所作所为较之自由共和国更接近基督的训诫,哪个国家里伟大杰出的人就会更加竭尽全力甘心做公众永远的仆人。他们会公而忘私,却不会被高高捧于教友之上;他们个人生活作风严谨,像其他人一样地行走在街道上,人们可以与之自由自在、无拘无束、和睦友好地交谈着而不必恭敬有加。"[2]这样的人最有可能在"中等阶级"中寻找到,在这一点上,弥尔顿再次与亚里士多德不谋而合。因为"剩余的人,要么奢华富有,要么潦倒贫穷,大多不会杰出优异,普遍不在法律和政府的选择之列"。[3]

接下来,弥尔顿显然把自由国家中决定性的政治权力委托给了在中等阶级中所发现的真正贵族,而不是"单个的人"或民众,现在有必要看看他是怎样实现他的目标的。有才能且高贵的贵族在民众的认可下——正如他在1641年所说——在民众的"充分许可和选举下"进行统治,直接通过最高委员会或立法机构行使。因为"每一个公正而自由的政府的基础都是由具有真才实学的人组成

〔1〕《再次声辩》(*Second Defense*),载《约翰·弥尔顿全集》,ⅧZ,第235页。

〔2〕《简易办法》,载《约翰·弥尔顿全集》,Ⅵ,第120页。

〔3〕《为英国人民声辩》,载《约翰·弥尔顿全集》,Ⅶ,第393页。

的最高委员会,他们经由人民选举产生,为了公众利益不时处理公共事务”。与波力比阿所描述的罗马共和国不同,这种立法机构不仅制定法律、筹集并管理财政收入、行使一般的立法机构的职责,而且还控制陆军和海军。此外,它还从自己的成员里及外部选举国家委员会,这是一个行政管理机构,处理“秘密而紧急的特殊事务”。最后,还有在各个城镇乡村的地方政府,行使一种从属于共和国的权力,尤其拥有充分完全的权力选举法官和行政官员。[1]下面这些是波力比阿混合政体的组成部分:体现在国家委员会中的君主制或治安官制,体现在最高委员会或立法机构中的贵族制,体现在选举过程中尤其是地方官员的选举中的民主制。这些正是自由共和国的制度:一个旨在建立某种平衡的政体。

然而这是什么类型的平衡呢?是否是一种立法、行政和司法之间的平衡,即把权力分割开来从而防止一个人或一个集团拥有过多的权力?抑或是一种君主制、贵族制和民主制的平衡,每种权力通过各自的宪制组织而行使?当然,在此不存在君主而是治安官,也没有明显的民众集会而是人民(至少其中部分)进行投票选举。这是什么意义上的平衡的政体?对这个问题的回答,至少需要对其中包含的制度因素进行深入周密的分析。

有识之士在人民的认可下进行统治,但这种认可只在国家委员会及地方官员的选举中才显示出来。弥尔顿权衡研究了把国家委员会与民众集会或某些其他民众组织——如斯巴达的监察官(ephors)及罗马的护民官(tribunes)——平衡起来的可能性,但基于如下理由他否决了这种可能,即“这些补救措施要么让人民得益不大,要么把其引入一个放荡而无节制的民主之中,最终在过度的

〔1〕《简易办法》,载《约翰·弥尔顿全集》,Ⅵ,第125~126、144页。

权力之下毁灭受害”。[1] 他认为罗马共和国落入萨拉暴虐统治之中是因为民众不满意仅有自己的护民官,在获得了对其的选择权后,民众接着又控制了对执政官、负责户口、社会风纪的监视官的选择以及每年选出的执政官的选择。在吸取罗马共和国的经验教训的基础上,弥尔顿否定了民众集会,仅仅赞同民主选举或准民主选举。他的深思熟虑的判断使他认识到不可能通过平衡制度之间的对立来调和阶级之间的矛盾:这种妄想要么导致一个非民众的宪制,要么导致一个放肆无节制的民主制,而不是产生一个平衡的国家。

但选举似乎并不民主,即使是民主的,选举机构看来也旨在使普通民众的影响作用达到最低限度。国家委员会的成员由一系列选举委员会从各种选举院提出的候选人名单中选择。“另一方法(为实现平衡)将是提高选举质量、精简选举过程:不要把一切交托给嘈杂喧闹的、冲动莽撞的大众,而只允许其中最有资格者,去提名尽可能多的人选;从这些有良好教养的人中再公正地选举出少量人选,直到3或4次筛选及严格的精选后,就只剩下适当人数,他们就是被大多数人一致公认的最当之无愧的人。”[2] 如果我们考虑到:国家委员会是宪法下的主要统治机构,实行的是终身制,那么在这种政体中的民主成分就很少,而且几乎不足以抗衡国家委员会中贵族的权力。在国家委员会中,除了成员的“死亡或缺席”之外,一旦产生就不再进行选举。弥尔顿偏好永久的国会(他极其不情愿地承认这种安排不民主,也不可取。他作了一定让步,同意采纳议会的1/3成员应每年选举产生),原因是连续选举国会,必然

---

〔1〕《约翰 · 弥尔顿全集》,Ⅵ,第130页。

〔2〕《约翰 · 弥尔顿全集》,Ⅵ,第131页。弥尔顿没有特别论述地方官员的选举办法,但正是“贵族和真正的绅士”运用着有效的权力的论述也在这儿出现了。参见《约翰 · 弥尔顿全集》,Ⅵ,第144页。

产生独出心裁及动荡不安——不稳定——尤其因为新选的立法者将会仅为了“有所建树或显得有所建树”而进行变革。由于国家委员会即是“整个国家的基础和支柱”,对它进行不必要的变革将危及国家的整个结构。

他意识到,这种政体将会由于其自认不能保护人民利益而受到抨击,因而他提出一种防护措施,选举值得信赖的、愿意行使公正原则的人进入委员会,这种选举将由受过良好教育的选民团来进行(并不考虑其中的人数限制)。从这点上,可看到弥尔顿与那些政治哲学家的重要区别所在:这些政治哲学家认为,通过政体混合这样的方法,把权力进行分散和平衡,人类就可以建立一个固若金汤的共和国,它的存活绝不取决于是否拥有具有优秀品质的国民。弥尔顿的自由共和国也宣称是永恒不朽的,[1]但它的优越和不朽完全由良好素质的公民之在场决定。事实上,它完全依靠品德完美无缺之人的统治。对这些人的教育不能可有可无,而必须当作主要的公共责任。“使人民最适合选举,使被选举者最适合统治,将会改善腐化且弊病多端的教育,从而教导人民崇尚美德、勤以律己、谦虚好学、清醒不迷、节俭不奢、公正不倚,而不要去追求金钱财富(商品社会的首要原则)、名誉地位(君主制的首要原则)……每个人都应把个人私利和幸福置于公众和平、自由和安全之中。”[2]尽管正像我们将看到的,表面的问题很快通过他对道德培养和基督自由的理解得到了解决,但由于他对宗教和国家的适当关系的看法,谁或什么样的制度将教育人们“崇尚美德”又成了一个疑问。在《论教育》一书中,他勾勒了教育改革的纲要,在《再

〔1〕“现在正是我们获得一个自由共和国并把它永久地建立起来的大好时机。”《约翰·弥尔顿全集》,Ⅵ,第125页。

〔2〕《约翰·弥尔顿全集》,Ⅵ,第131页。

次声辩》一书中他要求作为立法者的克伦威尔“为青年的教育和道德培养提供良好的措施”,[1]道德训练是一项公共职责。自由共和国的优越和不朽不是建立在制度模式上——不管它被设计得多么完美无缺,而是依赖于构成他的人的素质。因而,人民利益的真正维持不是依赖于制度的均衡完善,而是依赖于人民和统治者的个性。

弥尔顿作了让步,“为了防止各种错误信赖,民众……在每个郡的主要城镇中该有一些一般的集会(这将很有效),以保证他们的自由。如同一个所有民众为了十分审慎的权力交替(也就是频繁的选举)有目的地聚集在一起的大型集会”。这些当地集会“有权公布发表在一定时间限定内通过争议提出的认可或否决的结果,送往上层委员会……”[2]当然,这并不是说每个郡对国家委员会的决定都有否决权,而是说大部分郡必须服从此决定。

这是混合政体或自由共和国的制度,一种由各年龄阶层中最有智慧的人所掌握、最高贵、最公正的政府形式,“与所有适度的自由和有限度的平等完全契合”的政府形式,也是一种“仅仅是委托、而非由我们的‘救世主’所独享”的政府形式,[3]它不仅是一种从古代智者教导中派生出的政府形式,也不仅仅是对英国过去政府模式的模仿。这种政府形式是基督所赞赏的。但是问题仍然是:这种政府要达到的是何种平衡?如果认为在这种政体中各种形式的政府权力——行政权、立法权和司法权之间能达到平衡,那就大错而特错了。对于行政权遴选方式的简单反思就足以揭示这并不是真正意义上的平衡,立法应有决定权。他认为总的来说这才是

---

[1] 《再次声辩》,载《约翰·弥尔顿全集》,Ⅷ,第237页。
[2] 《简易办法》,载《约翰·弥尔顿全集》,Ⅵ,第132、144页。
[3] 《约翰·弥尔顿全集》,Ⅵ,第119页。

合理的,因为尽管有必要将行政权交由非立法机关的人来行使,但立法权的地位是最高的。[1] 当然,如果这样实现了贵族制和民主制的平衡,那么,这种平衡也不是通过将每个阶级都置于制度性堡垒中,而是通过调整选举参政权而实现的。在这点上,它不像通常所说的波力比阿的混合政体,而更像亚里士多德的政治形式,中等阶级的统治主要是通经过适度财产证明而获得的选举权实现。[2] 这样做意在产生一种足够宽泛的选择权来实现其由此而望取得稳定,但又要对其加以限制从而把成员的完整权力降低到最小,因为正像弥尔顿所说的,"没有比这更自然的了:少数应当服从多数,不是数量对数量,而是德性对德性、决策对决策"。[3] 君主制不能在混合政体中占一席之地,对君主的分权只在类似于封建主义的制度中才可以寻到。因为弥尔顿正像他之前的柏拉图和亚里士多德一样认为,权力不能在各阶层中分割,"平衡因而(必将)被精确调节,从而各自一方以及参议院和民众都保持适当的权力"。[4] 是不可能的。即使为民众提供护民官,他们也只有得到了执政官、监察官和每年选出的执政官才会停下,或如此,或不给民众任何东西。宪制不是阶级对抗的平衡,而是贵族制(或寡头政治)与民主制的混合,通过"中等阶级"统治而实现。在"中等阶级"中可寻找到"最谨慎之人",他们是技艺娴熟、德高望重的人。

弥尔顿的宪制政府构想很显然受惠于古典时代的思想家,他与他们共享其宪政目的这一点却并非那么显而易见。是的,波力比阿确实赞扬过莱克尔加斯把稳定引入斯巴达,从而打破了"政体革命之循环"。弥尔顿也曾首先提请克伦威尔,其死后,又提请蒙

---

〔1〕《偶像破坏者》(*Eikonoklastes*),《约翰 · 弥尔顿全集》,Ⅴ,第132页。

〔2〕亚里士多德:《政治学》,1294^b3—8。

〔3〕《再次声辩》,载《约翰 · 弥尔顿全集》,Ⅷ,第153~155页。

〔4〕《简易办法》,载《约翰 · 弥尔顿全集》,Ⅵ,第130页。

克将军仿效莱克尔加斯。他也深信,一经建立,自由共和国将是永存的,一直到基督王国降临。但对古代作家和弥尔顿来说,稳定仅仅是达到政治生活目标的一个必要条件,而不是政治生活的目的。因此他们认为制度之设置不仅是为了稳定,也是为了政治之目标。设想一下,在解决政体连续性这个问题时,最稳定的很可能是独夫对下层民众的绝对统治。正是当我们考察政治生活的目的时,弥尔顿看来背离了他的古典权威老师们的观点,理由很明显,即他的基督信仰。

对弥尔顿来说,至关重要的不是一般的宗教问题,而是特定的教义问题。因而,他改革英国人宗教生活的努力至少与改革英联邦政体的努力并驾齐驱,很难说他把哪一个放在首位。大主教同君主一样对秩序良好的政体是一个巨大威胁,这种威胁比一般民众的所作所为带来的威胁更加直接。正如罗马主教肆无忌惮地控制了此一城市,使自己成为临时统治者,因而,弥尔顿担忧英国大主教也会把暴虐统治施于大英联邦。大主教及整个教会应当废除。大主教不仅对基督徒理解《圣经》中的真理没有任何助益,相反,拥有政治权力的大主教毁灭了基督徒的自由。"……多少忠诚、生来自由的英国人民以及优秀的基督徒被迫放弃了家园、离开了亲友,走向茫茫大海、美洲蛮荒的沙漠,唯有这些地方才能躲开主教的魔爪。"主教统辖制是宪制的一个"疣",它的仪式和教会法庭是吸取国家收入和财富的"水蛭"。[1] 正像他在政治问题改革上所做的一样,弥尔顿长篇论述了有关这些问题的改革。

尽管弥尔顿自己认为,两种权力即主教统辖权和国家权力"区分明确",但是,很难把他思想中的两个方面——政治改革与宗教

---

〔1〕《英国宗教改革论》,Ⅲ. i. 48—49,54。

改革割裂开来。谈到政治改革就必然会牵涉他的宗教改革。说他只看到了主教统辖权和国家权力之间的关系这一个问题并不精确,但需要改革的不只是教会或国家,还有两者之间的关系。因而他建议克伦威尔"任教会顺其自然,明智地把自己和治安官从这个负担中解脱出来,但这只做了一半,同时还应远离大主教管辖区……"[1]要想理解这似是而非的论述,可以看看他上表(写给议会)的书信《在主教统辖制下的国家政权论》。其中,他写道:"……只有当统治者能分辨世俗与宗教之不同,或者允许有此辨别力的人进行统治之时,共和国和宗教必将最终兴盛于基督教国度。"[2]宗教问题并没有得到世俗权威的应有关注,这从大主教劳德及其随从在国家权力做后盾下倒行逆施中可见一斑。另外,宗教问题在消极意义上恰是世俗权威所关心的:保持与宗教之分离是世俗权威的责任。但弥尔顿所指的并不止于这一点,他还指出,作为一个基督徒立法者的克伦威尔能够有效提高基督宗教的地位——这也是他的责任——这通过建立和保持世俗政权和主教制权力分离而实现。需要由他协助来建立一个自由共和国,这个自由共和国比其他形式的国家能更好地促进宗教信仰的自由。"对于人类来说,宗教信仰的自由应当高于一切,所有人都应格外珍视并护卫它……"[3]要想把弥尔顿的宗教学说从他的政治学说中区别开来是困难的,因为他的宗教信条指导着政治改革。在较小程度上,他的宗教改革也受政治考量的影响(虽然他的政治改革的目的毫无疑问是基督徒的自由,但还存在世俗公民的自由,这种自由独立于基督徒的自由并因设立起来的圣公会而处境险恶。对公民自由来

---

〔1〕《再次声辩》,载《约翰·弥尔顿全集》,Ⅷ,第235页。
〔2〕《约翰·弥尔顿全集》,Ⅵ,第2页。
〔3〕《简易办法》,载《约翰·弥尔顿全集》,Ⅵ,第142页。

说,建成的教会类同于加封贵族,因为两者都以功绩以外的因素为依据进行擢升,都限制那些只凭功绩的人进入其中)。正是他的基督教信条,尤其是基督教自由的信条,提供了混合政体的最终目的和形式。自由正是政治生活的目的,不管这是不是特定民族众所周知的目的。事实上,弥尔顿知道在1660年"冲动的群众"似乎为恢复君主制"发了疯"。尽管君主制的华服马饰和宗教信仰都有害于人民的自由,那些曾支持自由事业的很多人变成了"狂热的退化者",但他们的愿望既不公正也不合理,如其反对政府的主要目标,应将这群自由的少数人制服。理性而公正的做法应该是"有能力而值得信赖的"少数人去领导大多数,如果必要可以借助军事力量,"从而保持……他们的自由……"〔1〕

弥尔顿的自由观念是复杂的,不仅仅是因为他把自由按习惯分成两部分,即精神的(或基督教的)和世俗的公民的自由,还因为在《再次声辩》一书某个地方加入了第三部分,即私人的或个人自由。在《论出版自由》中,他讨论的就不是公民自由,而是这种个人自由。他的学说相当复杂,因论题本身亦相当复杂。在他的著作中找不到一个简单明了的概念陈述。他的作品不能列入有关自由及其种类这个论题的学术论著之中。最接近这个议题的算是《论出版自由》,但必须承认,它也只论述了自由的一个方面。正像他在《再次声辩》中所说,自由,在某种程度上是一种达到目的的方法,此一目的即为美德。"要想形成并完善美德,最适合的东西是自由。"但在紧接的下一句里他督促克伦威尔"为青年的教育和道德采取切实的措施",〔2〕这一论述本身足以使我们联想到我们在《论出版自由》中得到的认识,即自由共和国不是一个多元的社会。

---

〔1〕《约翰·弥尔顿全集》,Ⅵ,第140~141页。

〔2〕《约翰·弥尔顿全集》,Ⅷ,第237页。

举例来说,我们知道它不容忍“教皇制度和公开的迷信”,而只容许“差别甚少”或全不关心这些差别。自由共和国的居民被保障有成为品德高尚的人的自由,但没有被保障拥有以任何方式界定其所愿之事物为美德的自由。

其次,存在来自政府的消极意义上的自由。自由共和国不干预主教统辖制问题,正如我们所知道的,它也要求出版执照,这样就为出版提供了自由。但这种自由是有限的。这一点从弥尔顿在《再次声辩》中对“论出版自由”所作的综述中清楚地展现出来。“最后,在常规的言语之后,《论出版自由》即在出版业中的自由,包括什么该出版、真理与谬谈之区别、允许出版与否等在内,不应当掌握在少数负责书籍审查的人手中。这些平凡之人不事学问、趣味低俗,为了从他们手中得到出版许可执照和满足赞许,没有人会费力发表任何超越低俗理解力的东西。”[1]那些“倾向于探究自由的人”有权力相互交流,除自身的不利举动之外,他们“不受任何权威的审查员的调查”。弥尔顿所作的区分就是后来英国普通法所作的区分。普通法中的出版自由体现在能够在没有先前限制条款下进行出版,“而不在于出版之后对书中有罪事项言论免于审查的自由”。[2] 最后,国家委员会同意把政府权主要限定于外交事务,部分原因是在地方层面已有运行行使之权力。这种消极的自由至少与基督徒的自由相容,并且可能是基督教自由所要求的。弥尔顿把基督教的自由部分地定义为,通过教会把人“从法律和人的统治中”解放出来。他在1659年写成《主教制中的国家政权论》,书中的一段话可以很好地帮助我们理解这一基督教自由的含义:

---

〔1〕《约翰 · 弥尔顿全集》,Ⅷ,第133~135页。

〔2〕布莱克斯通:《评注集》,Ⅳ. xi. 13。

……福音统治下的宗教状况与法律统治下的状况有天壤之别:后者是严酷、幼稚、奴役、辛劳之国,并配合着武力强制;现在是幽雅、成熟、自由和忠实之国,这一切基于意愿和理性而非武力。那时法律被写在石碑上,不管你情愿不情愿,法律条款都被付诸实施;福音,我们的新约,深入每一个信奉者的心灵深处,法律之解释只有通过仁慈之意念和内心的忏悔进行:法律不由政府、教会、共和国分别实施,牧师和利未人裁决教会和世俗中的所有问题……在福音统治下禁止所有教会牧师裁决世俗问题……〔1〕

这段话引入了超越意义的自由。

也许人们认为自己是自由的,他们可能还会炫耀自己是自由的。在消极意义上说,或许他们确实是自由的,但他们可能仍然还是奴隶。当他们不能恰当地使用被赋予的消极自由时,他们就可能是奴隶;当他们对是与非浑然不知之时,即如果他们认为权力意味着暴力、尊严即是"骄傲与傲慢不逊"之时,他们就成了奴隶;如果他们在"奢华中失去镇静,迷失了自我",被欲望而不是理智所支配,等等,他们就成了奴隶。简言之,正像他在《再次声辩》中十分明确指出的,他们就成不了自我的主人。法律授予的自由是不够的。"除非你的自由是一种既不能用武力来获得,也不能被武力所夺走的自由。自由仅应是这样的,它萌发于虔诚不二、公正不倚、节制克己,总而言之,萌发于真正的美德,它应当在你的思想中深深地扎下了根,你可以放心,这样的人是不存在的,他甚至不用武力也会迅速剥夺你所引以为豪通过武力夺取的东西。"〔2〕基督徒的

---

〔1〕《约翰·弥尔顾全集》,Ⅵ,第25页。
〔2〕《再次声辩》,载《约翰·弥尔顿全集》,Ⅷ,第237~241页。

自由一词意义如下,即此种自由不能由武力获得,也不会被武力夺去,其他所有的自由都有赖于此种自由。真正的自由人才能理解此种自由。它正是政治生活的最终目标。

只有通过基督才能实现这样的自由。因为正是基督改变了人的境况,使人从"信奉法律转向信奉基督而得救",从"上帝的奴仆"及上帝法令的奴隶走向被允许运用只与上帝共有的才干。这确实是一种"服务于上帝"的自由,但它是一种"依照上帝为达到上述目的而为他根植的灵魂之光"[1]而为上帝服务的自由,事实上它强调的是寻求真理的自由。真理伴随基督而降临人间,"是一个万人仰慕追求的绚丽完美的形象",但真理随后分崩离析成千万片,人类的自由就存在于探求这些碎片中,即意味着通过已知的事物探求未知的真理。人的自由不仅存在于对真理的探求之中,也存在于人的尊严和美德中。在任何时候上帝赐福给那些"勤劳不懈、乐此不疲寻求真理的人,而不是怠懒轻信的人",[2]要实现基督自由就必须在圣灵指导下,在《圣经》范围内寻求真理。[3] 而在圣灵——"人们不知道圣灵在是否他身上"——指导下在《圣经》范围内寻求真理,就是在很广阔的范围内寻求真理。这几乎是在无限之中寻求真理。

这一点从下面的描述中可以体现出来:一个基督徒如何看待独立于上帝之理性可由他对人类被逐出失乐园的看法得出。这是人类对上帝的首次背叛。弥尔顿认为,人类的确由于这次堕落而失去了天堂,但对善与恶的认识使人类超越了原先存在的层面,而达到了与上帝更相像的阶段。弥尔顿对被驱逐于伊甸园情景的诗

[1] 《简易办法》,载《约翰·弥尔顿全集》,Ⅵ,第141页。

[2] 《基督教义》(*Christian Doctrine*),载《约翰·弥尔顿全集》,XⅣ,第9页。

[3] 《国家政权论》(*Treatise of Civil Power*),载《约翰·弥尔顿全集》,Ⅵ,第6页。

意的描述并没有给人以那种心身极度痛苦的景象——就像马萨乔壁画所表现的那样。

他们滴下自然的眼泪,但很快就拭掉了;
世界整个放在他们面前。
让他们选择安身的地方;
有神的意图做他们的指导。
二人手携手,慢移流浪的脚步;
告别伊甸,踏上他们孤寂的路途。[1]

随着基督的降临和摩西律法的发出,天堂复得,但不再是伊甸园,因为那原始洁净的乐园已不可逆转地失去了。人类现在认识了善与恶。而且世界已认识了"最睿智的人"苏格拉底乃至基督,也承认了古典理性之美,他拒绝了撒旦将文明鼎盛之雅典王国献给他的做法。基督拒绝接受雅典因为它不是"真正的智慧",而是"建立在空中楼阁之上"的,仅仅是一种猜想或梦幻。把真正自由的人的生活——他们在圣灵指导下在《圣经》范围内寻求真理——与古代异教徒的哲学家的生活区分开来是可能的,但却不容易办到;弥尔顿已经触及很多后来被讨论的问题。他认为如果不能随意对"每一个学说"进行筛选分出好坏,并探讨、评判之,"按照……个人忠诚和信念来说",人类就"仍然处于奴役之中。不再像以前一样受神圣法管辖,最糟糕的是,人处于人的法律下,或更确切地说,在一个野蛮的暴政统治下受奴役"。[2] 没有多少异教思想家过

〔1〕《失乐园》(Paradise Lost)Ⅻ。(译文引自弥尔顿著,朱维之译:《失乐园》,上海译文出版社1984年版,第480页。——译者注)

〔2〕《基督教义》,载《约翰·弥尔顿全集》,XIV,第11~13页。

着受人尊敬的理性神圣的生活,此种生活较之于经由学习而得来的成果更令人欣悦,如柏拉图这样最杰出的人据说也经常造访那棵著名之树。[1] 幸福对基督徒来说,存在于友爱中,而友爱即在于一同寻求真理。促进这一精神是自由共和国的职责,因为正像曾经的英国一样,自由共和国是"哲学上的自由之所"。政治生活的目标决定政治生活的形式,这种目标超出或超越于政治生活之外。

自由共和国以追求知识为荣耀,并教育公众上帝给予了他们求知的能力,因而,他们应当去行使这种基督给予的自由。自由共和国不仅仅建立在某种制度上,而且建立在自制克己、有能力控制自我的人类身上。弥尔顿没有指明有多少人将学会自我管理而达到真正自由,但他呼吁让所有人都有去尝试的权利。

阅读书目

1. 约翰·弥尔顿:《建立自由共和国的简易办法》《为英国人民声辩》《再次为英国人民声辩》《论出版自由》。(中译本:《建设自由共和国的简易办法》,殷宝书译,商务印书馆2013年版;《为英国人民声辩》,何宁译,商务印书馆1958年版;《论出版自由》,吴之椿译,商务印书馆1958年版。——译者注)

2. 约翰·弥尔顿:《英国宗教改革论》《教育论》《国君和行政官的任期》《主教制下的国家政权论》(*A Treatise of Civil Power in Ecclesiastical Causes*)。

---

〔1〕《第七次演讲》(*Seventh Prolusion*),载《约翰·弥尔顿全集》,Ⅻ,第263~265页。